서동만 저작집

북조선 연구

서동만 저작집

북조선 연구

서동만저작집간행위원회 엮음

창비

| 간행의 말 |

서동만 저작집 『북조선 연구』를 펴내며

　　서동만, 삶의 태도로 보면 낭만파다. 사람을 좋아하고 예술을 아는 사람이다. 정치적으로는 정의파다. 옳은 일에 앞장서는 사람 말이다. 그리고 학문적으로는 성실파다. 자료 분석에 엄격하고, 근거를 중시하며, 기교를 부리지 않는다. 북한연구자로 출발해서 남북관계를 다루었고, 한반도의 미래를 성찰했다.

　　그의 부재가 아쉬운 세월이다. 그의 존재감이 드러나는 현실이다. 그리운 사람은 '여기' 없지만, 그의 글은 남아 있다. 미완의 꿈들은 우리 주위를 맴돌고, 성찰의 과제는 여전하다. 그의 '존재의 의미'들을 분류하고, 엄선했다. 분량의 제한으로 많은 글들을 싣지 못했지만, 현실에서 다시 살아오는 '부재의 존재감'을 드러내기에는 충분한 글들이다.

　　서동만은 북한을 공부하는 연구자에게 많은 것을 남겨준 사람이다. 그가 1995년 토오꾜오대에서 박사논문을 쓰고 귀국했을 때, 국내 북한연구자들이 놀란 것은 두가지다. 첫째는 논문의 두께였고, 둘째는 자료의 방대함이었다. 그의 박사논문은 이후 9년이 흐른 시점에서 한국어판으로 출판되었다. 1천 페이지가 넘는 『북조선사회주의 체제성립사 1945~1961』은 북한연구의 '고전'으로 남겨졌다.

서동만의 귀국은 국내 북한연구자들에게는 축복이었다. 1950년대와 1960년대 북한을 주제로 박사논문을 쓴 연구자들은 대부분 그의 덕을 봤다. 그가 일본에서 발품을 팔아 수집한 방대한 양의 자료들은 그의 귀국과 더불어 공유자산이 되었다. 그 과정에서 일어난 '약간의 난관'은 지금은 추억이리라. 귀중한 자료들이 입국과정에서 관계당국에 압수된 사건 말이다. 다행히 북한연구자들의 연줄이 동원되고, 자료의 가치를 아는 사람들의 도움으로 무사히 대학의 특수자료실로 인도될 수 있었다. 북한연구자들에게 그가 준 소중한 선물이 아닐 수 없다.

그가 박사논문에서 활용하고, 국내로 들여온 1950년대 자료들의 가치는 중요하다. 북한연구에서 자료의 한계는 근본적이다. 해방 이후부터 전쟁시기까지의 북한 자료들은 '자료의 바다' 즉 미군당국의 '노획문서'에 포함되어 있다. 여전히 해제를 기다리는 자료도 적지 않지만, 미국의 국립문서보관소에 가면 이용할 수 있다. 이에 비해 1960년대 이후 자료들은 북한의 공식해석이 대부분이고, 그속에서 북한의 당대현실을 판단할 근거를 찾는 것은 매우 어렵다. 그런 점에서 1950년대에 발간된 북한의 각종 논문집, 잡지, 그리고 단행본들은 새로운 해석의 근거들을 제공했다. 전후 북한체제의 형성을 판단하는 중요한 근거가 아닐 수 없다.

1950년대 자료들, 즉 '서동만 컬렉션'의 흔적을 보면, 그의 땀과 노력이 배어 있다. 서동만의 토오꾜오대 지도교수인 와다 하루끼(和田春樹) 선생이나 카지무라 히데끼(梶村秀樹) 선생과 같은 일본의 북한연구자들이 수집한 자료가 적지 않지만, 그 또한 그의 성품이 있었기에 얻을 수 있었고, 나머지 자료들은 대부분 그의 발품을 팔아 수집한 것들이다. 표지가 없는 자료도 있고, 삐뚤어진 문서들도 적지 않지만, 그 또한 일본 땅에서 유학생의 땀이 묻은 복사의 흔적들일 것이다.

　이 책에 실린 논문들에서도 자료를 다루는 그의 장인정신을 엿볼 수 있다. 「북한연구에 대한 반성과 과제」라는 논문을 보면, 북한연구에서 자료의 문제를 종합적으로 다루고 있다. 꼼꼼하게 수집된 자료를 분석하고, 자료의 성격과 한계를 지적한다. 자료를 만지는 그의 솜씨는 그가 다루었던 대부분의 논문들이 반드시 포함하는 풍부한 연구사 정리에서 엿볼 수 있다. 또한 그는 북한의 공식문헌을 다루는 방법도 제시한다. 「50년대 북한의 곡물생산량 통계에 관한 연구」에서, 그는 북한 공식자료들을 비판적으로 독해하고 있다. 시계열별로 해당 주제에 대한 근거들을 모으고, 일관성을 분석하며, 차이의 숨은 뜻을 자료 분석을 통해 드러내준다. 지역연구자가 갖추어야 할 기본적인 품성이 아닐 수 없다.

　세월이 흘러도 그의 연구논문들이 여전히 빛을 발하는 것은 단순히 후학들의 정체 때문은 아닐 것이다. 그도 지적했지만 북한연구에서 방법과 실제연구의 괴리는 극복해야 할 과제다. 북한연구는 여전히 평론은 많으나 작품은 부족하다. 서동만은 그런 점에서 이론과 실제를 겸비한 학자다. 1차자료의 더미 속에서 그가 건져올린 것은 북한체제를 분석하는 핵심 주제들이다. 이 책에 실린 「북한체제와 민족주의」나 「북조선의 유교담론에 관하여」 또는 「북한 사회주의에서의 근대와 전통」 같은 논문들은 현대 북한을 읽는 그의 통찰력이 돋보이는 글들이다. 그의 글들은 '인상비평'이 아니다. 해당 주제들의 역사적 흐름을 꼼꼼히 밝히고, 그 속에서 지속과 변화를 읽는다. 현대 북한체제의 성격을 역사와 구조라는 두가지 측면에서 해부하고 있다.

　북한연구자인 그가 학계에 기여한 성과 중의 하나가 또한 '1950년대의 재발견'이다. 해방전후사나 한국전쟁을 통해 북한을 해석하는 사람들은 '현대 북한'을 '역사환원론'의 맥락에서 해석하는 경향이 있다. 그러나 전후 북한에서 '대안의 길'은 존재했고, 근대성을 성찰할 수 있는 기회가 있었다. 그것이 이른바 '패배한 백화제방의 시기' 1950년대다. 서동만의 연구들은 1960년대 이후 북한의 공식 역사에서 사라진 자기성찰의 단서들을 1950년대에서 찾는다. 민족부르주아지와의 동맹이 필요하다고 주장했던 송예정, 주류이데올로기에 의문을 제기한 행정법학자 김상헌 등 지금은 사라진 비주류들에게 역사적 재평가의 기회를 부여한 것은 그의 공이다.

그의 부재가 더욱 부각되는 영역은 남북관계와 한국외교다. 이 책에서 엄선한 논문과 칼럼들이 여전한 생명력으로 다가오는 것은 무엇 때문일까? 성찰은 정체되고, 시간은 퇴행하기 때문이 아닐까? 서동만, 알다시피 그는 2002년 노무현 대통령후보의 외교안보 좌장이었다. 권력을 탐했겠는가? 아무도 이름 걸기를 두려워할 때, 그는 그의 성품대로 앞에 섰을 뿐이다.

역사의 무대에서 그가 맡은 배역은 고난의 연속이었다. 국가정보원 기조실장에 임명될 때는 색깔론의 공세가 그에게 집중되었고, 국가정보원의 개혁을 둘러싸고 힘겨운 싸움을 하기도 했다. 석연치 않은 이유로 무대에서 내려왔을 때, 그는 곧바로 학자의 자리로 돌아왔다.

이 책의 2부는 그의 기대감, 좌절감, 안타까움, 그 속에서 융합된 꿈과 희망이 묻어 있는 글들로 채워졌다. 그는 노무현정부의 외교안보정책에 쓴 소리를 아끼지 않았다. 애정이 있었기에 비판에 날이 섰고, 책임감이 있었기에 변명하지 않았으며, 꿈이 있었기에 작은 성과에 만족하지 않았다.

노무현시대 외교안보정책에 대한 성찰은 중요하다. 그곳이 한반도에서 '평화를 찾는 사람들'이 가볼 수 있는 최대치였기 때문이다. 좌절도 있었다. 논란도 있었다. 그러나 반성해야 할 부분이 적지 않다. 더 나은 미래를 생각하는 사람들이라면 더욱 그렇다. 그는 시대의 한계에 자족하지 않았다. 상황논리에 매몰되지도 않았다. 노무현정부에 참여했던 많은 사람들이 관료적 현실주의로 퇴각했을 때, 그는 초심을 얘기했고, 나아가야 할 미래를 강조했다. 그 정도 했으면 잘했다는 사람들도 있지만, 그는 더 잘할 수 있었음을 강조한다. 한반도에서 '평화 만들기'는 결국 노무현정부가 멈추었던 곳에서 다시 시작할 수밖에 없다. 2006년초 핵문제와 남북관계를 연계하고자 했던 시도를 그는 'YS식 대응'이라고 비판했다. 평화와 공동번영의 초심이 어디로 갔는지를 묻는다. 남겨진 과제들이다. 우리 내부에서 토론이 필요한 영역들이다.

퇴행의 시절이 자기성찰의 기회마저 앗아가버린 것은 안타까운 일이다. 서동만의 글들이 더욱 빛나는 것은 배경의 어두움 때문이리라. 「남북이 함께하는 '2008년체제'」라는 글에서 그가 제기한 '안보비대화의 안보취약국가'라는 개념은 얼마나 현상황에 딱 들어맞는가?

남북관계에 대한 그의 글들은 성찰의 새로운 근거를 제공한다. 그의 글에서 돋보이는 것은 한반도적 시각이다. 기존의 남북관계 연구에서 남한 변수와 북한 변수를 종합적으로 상호관계적으로 다루는 것은 쉽지 않았다. '모든 것이 북한 때문이다.' 즉 한반도 정세를 북한이 결정한다는 시각이 있다. 역설적이게도 대북정책이 부재한 인식론이다. 다른 한편으로 북한을 남한 중심의 '희망적 사고'로 바라보는 시각도 적지 않다. 중요한 것은 세가지 변수, 즉 남한과 북한, 그리고 국제사회가 작동하는 방식을 주목하는 것이다. 이 책의 글들이 한반도적 시각을 포괄적으로 보여줄 수 있는 것은 아마도 북한연구자의 역량과 남북관계에 대한 통찰력이 결합되었기 때문일 것이다.

또한 그의 글들에서 시도되었던 정치경제학적 시각 역시 주목해야 한다. 국내적으로 대북정책을 분석할 때, 그의 글이 갖는 힘은 포괄적 분석이다. 남북관계의 미래를 분석하면서, 국내적인 양극화와 토건국가의 일그러진 초상을 결합하는 문제의식이나, 한미FTA와 한반도 경제권의 과제를 제기하는 방식은 시사하는 바가 적지 않다. 대북정책이나 남북관계에서 정치와 경제의 관계를 종합적으로 분석하는 그의 시도들이 좀더 완성된 형태로 발전했으면 하는 아쉬움, 후학들의 분발을 촉구하는 그의 배려가 아닐까?

서동만, 그가 우리에게 남겨놓은 것은 상상력이다. 탈분단의 상상력 말이다. 외교문제를 분석하는 그의 글들의 중심적 화두는 '한국의 역할'이다. 남북관계는 국제정세에 민감하다. 그러나 그가 강조했던 것은 한반도 평화를 만드는 당사자의 입장이고, 의지이며, 전략이다. 국제정세에 피동적으로 끌려갈 것이 아니라, 탈분단의 과제를 스스로 제기하고 환경을 만들어가는 적극성 말이다.

탈분단의 미래는 장밋빛이 아니다. 두개의 분단국가, 남도 북도, 스스로 개혁해야 할 과제가 적지 않다. 북한체제가 변해야 함은 두말하면 잔소리다. 동시에 냉전반공주의에 포장된 우리 안의 허물들을 직시할 필요가 있다. 정권의 문제만은 아니다. 정책의 한계로 담아둘 수도 없다. 우리 안의 역량에 대한 성찰과 미래지향적인 상상력이 필요한 시기다. 언젠가 다시 그의 꿈과 희망들이 꽃피는 날들이 올 것이다. 그가 남기고 간 생각의 편린들을 정리하면서, 성찰의 힘을 본다. 살아남은 자들의 어깨가 무겁다.

서동만이 우리 곁을 떠난 후 서동만의 연구성과를 누군가 정리해야 하지 않는가라는 의견들이 있었다. 2009년 10월 서동만과 함께 우리 시대를 고민하며 북한과 사회과학을 공부했던 연구자들인 최대석, 박건영, 조석곤, 김의영, 남기정, 구갑우, 김연철, 이남주, 김용현 등이 모여 '서동만저작집간행위원회'를 구성했다. 저작집의 출간을 제안한 창비에서는 염종선이 위원회의 모임에 함께 참여했다. 몇차례의 회의를 통해, 『북조선사회주의 체제성립사 1945~1961』과 중복되지 않는 학술논문들과 짧지만 현재적 의미를 가지는 글들을 선정했다. 2010년 5월 간행위원회는 원고를 최종 검토하고, 서동만의 뜻을 담아 책의 제목을 『북조선 연구』로 하기로 결정했다.

책을 만드는 과정에서 많은 분들이 도움을 주셨다. 위원회에 참여하지는 않았지만 지속적인 관심을 가져주신 선후배 동학께 감사드린다. 서울대 장달중 교수님은 서동만 저작집의 연구사적 의미와 추모의 뜻이 담긴 추천의 말을 보내주셨다. 토오꾜오대 와다 하루끼 교수님은 서동만의 『북조선사회주의 체제성립사 1945~1961』의 해제를 보내주셨다. 깊은 감사를 드린다. 창비의 백영서 주간님과 고세현 사장님은 책의 출간과정에서 여러모로 지원을 해주셨다. 이화여대 석사과정의 이명주님은 처음부터 끝까지 어려운 일을 마다하지 않았다. 창비의 박영신님은 편집자이자 첫 독자로서의 역할을 해주셨다. 깊은 감사를 드린다.

2010년 6월 3일 서동만 1주기 모임이 있다. 북한연구의 한 초석이 될 이 책이 그 자리에 함께할 것이다.

2010년 5월
서동만저작집간행위원회

| 추천의 말 |

북한연구와 서동만

장달중

　서울대 정치학과 10년 후배인 서동만과 인연을 맺게 된 시점은 그가 일본 토오꾜오대학에서 '북조선사회주의 체제성립사 1945~1961'라는 주제로 박사학위를 받고 귀국한 1997년경이었다. 당시 그는 내가 연구책임자로 있던 3년간의 한일 공동연구에 참여했다. 서동만과 함께 한 그 공동연구는 성실한 북한연구자로서의 그의 모습을 확인할 수 있었던 계기였다.

　서동만은 1990년을 전후해서 시작된 '북한 바로알기 운동'의 1세대에 해당되는 학자군들과 이미 동일한 이념적·정치적 친화성을 공유하고 있었다. 당시 1세대 북한연구자들에게 가장 큰 문제는 역시나 재독학자 송두율(宋斗律)이 던진 내재적 접근론에 대한 논란에 대해 어떤 입론을 펴는가 하는 것이었고, 여기에 혜성처럼 등장한 서동만의 주장은 내재론적 접근법의 위상에 눌려 빛을 보지 못하는 듯했다. 왜냐하면 그는 사실 다른 논객들에 비해 실제적이고 실용적인 접근을 강조하고 있었기 때문이다. 이론 자체로 접근하기보다는 정책적 요구의 견지에서 접근해야 한다는 취지로써 "병들어 있던" 북한연구를 바로 세우려 했다.

서동만은 이 책에 실려 있는 「북한연구에 대한 반성과 과제」라는 글에서 시종일관 북한의 공간(公刊)문헌 독해의 중요성을 강조했다. 그의 주장을 보자. "최근 상황과 관련해서 본다면, 북한이 천명한 '사회주의 강성대국론'을 이해하는 데는 1998년 9월 9일자 『로동신문』 사설을 한번 읽는 것이 다른 어떤 제2차, 제3차 해설을 읽는 것보다 도움이 된다"라고 하여 정확하지 않다면 장황한 해석을 달기보다는 차라리 독자들이 1차자료를 그대로 접하게 하는 것이 타당하다는 주장을 던졌다. 당시까지도 지배적 경향이던 2, 3차자료 위주의 북한연구서들에 경종을 울리는 소리였던 것이다. 내재적이든 외재적이든 추상적 논리를 앞세우기보다는 북한의 1차자료를 검토하는 것이 북한연구에서 기본의 기본이라는 그 논리야말로 실사구시 그 자체이자, 북한연구에서 한번도 물러서지 않고 지킨 그의 강단있는 원칙이었다.

오히려 그가 보기에 한국의 북한연구는 정보기관에 의한 대북 정보독점이 지속되는 상황에 비해 너무나 많은 북한통일 관련 학술지가 난무하는 역설적 현실이 문제였다. 그러다보니 1차자료에 대한 검증이 없는 상황에서 1차자료를 단순가공한 2차, 3차자료의 중복 게재를 통한 글들이 양적으로 1차자료를 압도하는 상황이 지속되고 있다는 것이다. 결국 아카데미즘에 입각하지 못한 많은 글들이 쏟아지고 상호검증 메커니즘이 없다보니 북한연구에서 일종의 '모럴 해저드'(moral hazard)가 난무하고 있다는 것이다.

북한연구에 대한 환영(幻影)이 그의 개입을 통해 치유되는 계기를 맞았다. 그는 외재든 내재든, 제대로 공부하고 제대로 된 컨텐츠를 가지고 가자는 방향을 제시하여 북한연구의 병폐를 치유하는 데 단초를 제공했다. 말은 많지만 제대로 된 비교사회주의연구도 없고, 제대로 된 역사연구도 없다는 질타와 함께 그는 북한역사에 대한 50~60년대의 공백기를 채워나갔다. 역사연구가 없는 현상분석은 거대한 사상누각이라는 주장으로 그는 환영을 벗어나지 못하고 있던 북한연구를 본궤도에 끌어올리는 데 길잡이 역할을 했다.

연구자로서 서동만은 국가의 일에 참여하면서, 자신의 북한연구와 정책을 접목하려 했다. 그리고 그 누구보다도 국가와 사회에 봉사하는 지식인의 역할을 하고자 했다. 정부를 떠나 학계로 다시 돌아와서 그는 북한연구와 현실비판을 병행하는 작업들을 했다. 이 책에는 서동만의 북한연구 성과와 현실에 치열하게 개입하고자 했던 한 지식인의 모습이 담겨 있다. 북한연구자는 물론 한국의 지식인사회에 주는 울림이 크리라 생각한다.

張達重·서울대 정치학과 교수

차례

- 004 　간행의 말 서동만 저작집 『북조선 연구』를 펴내며 / 서동만저작집간행위원회
- 011 　추천의 말 북한연구와 서동만 / 장달중

제1부 북한정치

- 019 　50년대 북한의 곡물생산량 통계에 관한 연구
- 049 　북한 사회주의에서 근대와 전통
- 083 　북한연구에 대한 반성과 과제
- 122 　1950년대 북한의 정치갈등과 이데올로기 상황
- 169 　북한 정치체제 변화에 관한 시론
- 199 　한국전쟁과 김일성
- 220 　북한체제와 민족주의
- 246 　북일수교 교섭의 전망과 과제
- 264 　'북조선＝유격대국가'론의 제기와 의미: 와다 하루끼 『북조선: 유격대국가에서 정규군국가로』 역자 후기
- 269 　북조선의 유교담론에 관하여

제2부 남북관계

- 335 　'동북아시아 전쟁'으로서의 한국전쟁: 와다 하루끼 『한국전쟁』 역자 후기

343　탈북동포문제 어떻게 보아야 하나
352　현충원에서 한반도의 '과거'와 '미래'를 보다
359　6·15시대의 남북관계와 한반도 발전구상
375　참여정부는 초심(初心)을 버렸는가?
382　미사일사태에서 NSC는 '국가안전을 보장'하고 있나
391　미국의 초점은 애당초 북핵이 아니었다
406　남북이 함께하는 '2008년체제'
427　대안체제 모색과 '한반도경제'

447　해제 서동만의 북조선 연구 / 와다 하루끼

457　수록글 발표지면
459　저작목록
465　찾아보기

제 1 부

북한 정치

50년대 북한의
곡물생산량 통계에 관한 연구*

1. 문제제기

1995년 북한에는 엄청난 수해가 발생하여 곡물생산에 막대한 지장을 초래하고 급기야는 북한당국이 남한당국과 일본에 쌀 제공을 요청하기에 이르렀다. 북한의 식량부족 상황이 널리 알려진 지 오래지만 그 실태를 구체적으로 파악할 수 있는 공식적인 곡물생산량 통계는 현재로서는 거의 존재하지 않는다. 북한당국이 곡물생산량 통계를 공표하지 않게 된 기점은 1964년이며, 그 배경에는 곡물생산의 정체나 대외정세의 변화에 따른 경제노선의 변화 등 복합적인 요인이 작용했다고 생

---

* 이 글은 필자의 일본 토오쿄오대 대학원박사학위논문 「北朝鮮における社會主義體制の成立 1945~1961」(1995. 9)의 내용 중 일부를 수정한 것이다.

각된다. 그러나 64년까지의 공식통계가 갖는 정치적·경제적 의미를 추적하는 작업은 현재의 곡물생산량을 추정하는 데 있어 기초적인 자료를 제공할 뿐 아니라, 북한의 사회주의 개조과정에 있어서 농업의 역할이나 농·공간의 관계를 파악하는 데 결정적인 실마리를 제공해준다. 즉, 50년대부터 60년대초까지 곡물생산량통계의 변동을 둘러싼 정치과정은 북한의 농업집단화의 성격이나 공업화과정에 있어서 농업으로부터의 경제잉여 창출 여부를 결정짓게 되는 것이다.

북한의 곡물생산량 통계는 한국전쟁 이전까지는 절대숫자까지 정상적으로 공표했지만 전쟁 발발 후인 51년 통계부터 이상을 보이기 시작, 57년에는 그간의 통계가 확정되기까지 심한 변동을 보였다. 이는 농업정책을 둘러싼 지도부 내의 갈등을 반영하고 있는 것이다. 1957년 2월 22일 국가계획위원회 중앙통계국 보도 '1954~56년 전후 인민경제복구발전 3개년계획 실행 총화'에서 1946년 이래 56년까지 곡물통계가 완전히 확정된다. 전쟁시기부터 이때까지는 매년의 곡물총수확고에 대해서는 전쟁 전이나 전년도와의 대비 등을 나타내는 상대숫자만을 공표하고 그 절대숫자에 대해서는 일체 공표하지 않았다. 매년도의 곡물총생산고의 실적이나 장래의 목표숫자는 농업정책의 수립에 있어서 결정적인 기준이 되기 때문에 당시의 시점에서 취했던 통계를 추적하는 작업은 농업정책의 성격을 가늠하는 데 기초가 된다. 특히, 매년의 농작물 실수확고 판정에 입각한 농업 현물세제를 채택하고 있던 1955년까지는 곡물총생산고는 현물세의 징수액과 직결되었던 만큼 정치적·정책적으로 민감한 쟁점이었고, 농업집단화의 속도와 관련해서 지도부 내의 정치적 갈등과 얽혀 있던 문제이기도 했다. 따라서 작황이 좋을 때는 전년도에 비해 몇퍼센트 또는 몇톤 증가로 발표하지만, 좋지 않을 때는 수년 전의 기준연도와 비교하는 방식을 취했다.

그러나 상대숫자의 표시방식이나 기준연도가 때때로 변하고 김일성의 발언을 통해서 공표된 숫자는 수록자료의 간행시기에 따라 내용이 개찬(改撰)되는 경우도 있어, 그 확정작업에는 많은 곤란이 따른다. 또한 1957년에는 이전까지의 곡물생산 통계를 확정짓고 나서도 다시 숫자가 폭주하는 움직임을 보이게 되며 이러한 흐름이 결국은 곡물생산량 통계를 공표하지 않는 상태로 이어지게 된다.

이 문제에 관해서는 일찍이 이정식, 스칼라피노(R. Scalapino)의 저작에서 비교적 계통적으로 분석되었지만, 주로 경제적 측면에만 한정해서 1957년 이후의 시기만을 대상으로 하고 있으며, 이전의 시기는 물론 전체적인 정치적 배경이나 농업정책과의 관련에 대해서는 추적하고 있지 못하다.[1] 이 글에서는 1951~64년경까지의 곡물생산량통계를 당시의 경제발전노선이나 농업정책을 둘러싼 지도부 내의 갈등과 관련하여 추적하고, 이를 토대로 북한의 전후 경제발전노선 및 농업집단화의 성격을 규명하고자 한다.

2. 기점으로서의 전시(戰時) 곡물생산량 통계

전쟁 발발 이후 최초로 곡물수확고가 공표된 것은 1952년 12월 15일

---

[1] 곡물통계의 확정치에 대해서는 「1954~56년 전후 인민경제발전 3개년계획 실행 총화에 관한 국가계획위원회 중앙통계국 보도」, 『경제건설』 1957년 3월, 85~86면; 『조선중앙년감』 1958년판, 196면 참조. 이 통계에 대한 논의로는, 이정식·스칼라피노 『한국 공산주의 운동사』 제3권, 한홍구 역, 돌베개 1987, 666면; Lee & Scalapino, *Communism in Korea* vol. 2, University of California Press 1972, 1089~99면, 1111~14면 참조.

에 열린 당중앙위원회 전원회의에서 행해진 김일성의 보고를 통해서였다. 『조선중앙년감』 1953년판과 54년판, 『김일성선집』 제4권에 수록된 보고텍스트에서는, 김일성은 1952년의 곡물총수확고는 51년에 비해 113%로 증가했는데 이는 34만톤의 증산이며, 전쟁 전의 최고 수확연도인 1948년에 비해 13만톤의 증산이라고 말하고 있다. 『조선중앙년감』 1951～52년판에는 전쟁 전의 곡물통계가 발표되어 있으므로 이를 기준으로 계산해보면 1952년은 293만 9,000톤, 1951년은 260만 1,000톤이 된다.[2] 1953년 2월 8일 조선인민군 창건 5주년 기념식전에서 민족보위상 최용건도 연설중에 이 숫자를 인용하고 있는 사실로부터 당시 이 숫자가 통용되고 있었음을 확인할 수 있다.[3] 그러나 전시의 파괴상황을 고려하면 이것은 너무도 높은 숫자였다. 이 총수확고의 숫자가 농민의 노동의욕을 높이기 위한 선전목적 외에도 식량이 절대적으로 부족했던 전시상태에서 현물세 징수의 기준이 되었음은 의심할 수 없을 것이다.

휴전되고 난 직후 1953년 8월 당중앙위원회 전원회의에서 김일성은 전후 인민경제복구발전 3개년계획에 관한 보고를 행했지만, 중공업 중시 노선을 기조로 하는 그의 보고는 당내의 반대에 부딪혀 통과하지 못했다. 중공업 중시 노선과 맞물려서 농업협동화 실시 방침도 논란의 대상이 되었다.[4] 그런데 문제는 당시 농업정책의 기준이 될 1953년도 곡

---

[2] 『조선중앙년감』 1951～52년판, 347면, 357면. 1945년도 218만 7000톤, 1946년도 199만 8,000톤, 1947년도 217만 8,000톤, 1948년도 280만 9,000톤, 1949년도 279만 5,000톤이다. 이 숫자를 퍼센테이지로 역산해보면 1951년도 261만 5,000톤(34만/13%), 1952년도 295만 5,000톤이 되어 거의 일치한다.
[3] 최용건 「조선인민군 창건 5주년 기념 보고」, 『인민』 1953년 2월, 『조선문제연구』 1953년 제6호, 53면. 1953년도 곡물생산목표는 1952년의 105%로 잡고 있다.
[4] 이 문제에 대해서는 서동만 「北朝鮮における社會主義體制의 成立. 1945～1961」(토오쿄오대 대학원박사학위논문, 1995), 398～99면 참조.

물총수확고에 대해서는 연말까지도 일체 공표하지 않았던 점이다. 농업집단화를 포함해서 농업정책을 둘러싼 당내 대립으로 인해 미묘한 의미를 갖는 곡물총수확고 통계가 확정되지 못했을 가능성이 크다.

3. 곡물수매사업과 곡물생산량 통계의 부풀림

3개년계획안은 1954년 3월 23일 최고인민회의에서 '1954~56년 조선민주주의인민공화국 인민경제복구발전 3개년계획에 관한 법령'으로서 채택되었다. 이 가운데에서 계획목표인 1956년 곡물생산량은 1949년에 비해 19% 성장으로 전망되었다. 이 법령이나 그 초안에 해당하는 국가계획위원장 박창옥의 보고 중에는 그 절대숫자는 나오지 않지만, 『조선중앙년감』 1951~52년판의 숫자 279만 5,000톤을 기준으로 하면 332만 6,000톤이 된다. 당시는 일반적으로 330만톤으로 통용되고 있었다.[5] 법령의 기초가 된 박창옥의 보고 내용 중 중요한 사실은 1953년도 곡물총생산고에 대해 최초로 언급하며, 그 절대숫자는 밝히지 않았으나 그것이 1949년에 비해 저하했다고 말한 점이다. 전쟁 전의 통계를 기준으로 하면 279만 5,000톤을 밑도는 숫자가 된다. 1953년도 곡물생산고 통계는 미묘한 의미를 띠고 있었던 것이다.

한편, 기준연도로서 빈번히 사용되던 전쟁 전의 곡물총생산고에 관련한 숫자도 3개년계획 채택 직후 발표되고 있다. 1954년 5월 『근로자』

---

[5] 박창옥 「1954~56년 조선민주주의인민공화국 인민경제발전 3개년계획에 관한 법령」, 『인민』 1954년 5월, 3~30면; 「1954~56년 조선민주주의인민공화국 인민경제복구발전 3개년계획에 관한 보고」, 37~66면. 3개년계획 법령에서 개성과 평양을 제외한 각도의 생산과제를 집계하면 326만 9,000톤이다.

에 게재된 유명한 농업경제학자 김한주의 논문에서는 곡물생산고에 있어서 1946년을 100으로 하면 1947년 109%, 1948년 140.6%, 1949년 139.9%로 성장한 것으로 되어 있다.[6] 이것은 일단 전쟁 전 수준에 관해서는 3개년계획이 채택되는 시점에서 지도부 내의 잠정적인 합의가 이루어졌다는 의미를 갖는다.

그러나 1954년 10월이 되어 돌연 1953년도의 곡물총수확고에 관한 숫자가 등장했다. 국가계획위원회 국장 남인호의 논문이 『인민』에 게재되어 1953년의 곡물총수확고는 1951년에 비해 126.4%로 성장했다고 밝혔다. 이것은 1953년 생산고에 대해 당시 발표된 유일한 통계숫자로서 앞에서 언급한 기준연도의 통계에 변화가 없었다면(1951년 260만 1,000톤), 328만 8,000톤을 생산한 결과가 된다.[7] 3개년계획에 관한 박창옥의 보고를 뒤엎는 숫자이며 정책적 의도가 개재되었음이 틀림없다. 박창옥의 숫자는 279만 5,000톤 미만이므로 무려 50만톤 이상의 차가 생긴다. 이것은 당시 농업정책의 전환과 관련된 변동이었다.

1954년 11월 3일 당중앙위원회 전원회의가 열려 농업협동화의 대중적 전개와 곡물수매사업의 실시가 결정되었다. 이 회의에서 보고를 담당한 부수상 겸 농업상 김일은 1954년의 곡물생산은 동해안지방의 자연재해에도 불구하고 다른 지방에서 수확고가 증가하여 계획이 거의 달성되었고, 기후조건이 좋았다면 계획을 훨씬 초과했을 것이라고 전제한 다음, 1955년의 총수확고를 3개년계획의 말(1956년)에 예정된 330만톤을 넘어서 360만톤 이상으로 증가시켜야 될 것이라고 주장했다. 그런데 이 회의에서 채택된 결정서에서는, 최근의 1~2년 내에 곡

---

[6] 김한주 「농촌경리 발전은 전후 경제건설의 중요한 고리」, 『근로자』(1954. 5), 112면.
[7] 남인호 「조국의 융성 발전을 위한 공화국의 경제발전」, 『인민』(1954. 10), 41면.

물총수확고를 전쟁 전의 최고수준에 비해 적어도 40% 이상 증가시켜야 될 것이라고 그 표현이 바뀌었다.[8] 기간을 1년 길게 잡고 있지만 절대숫자로 계산하면 360만톤보다 부풀어오른 무려 393만 3,000톤이 된다. 앞서 언급한 남인호의 숫자가 김일의 숫자의 근거가 되었음은 의심할 수 없을 것이다. 그러나 360만톤이란 명백한 절대숫자의 목표가 명시되지 않게 된 것은 미묘한 변화였다. 곡물통계와 관련해서, 이견이 표명되었으나 이를 흡수하면서 방침을 관철시키려 했던 데서 생긴 결과일지도 모른다.

1953년도 곡물생산량 통계가 부풀려서 발표된 것은 이때 개시되는 국가에 의한 곡물수매사업에 있어서 수매량의 근거가 되는 1954년도 생산량을 확정짓기 위한 기초작업의 성격을 갖는다. 이렇게 터무니없는 곡물생산량의 부풀림에 근거한 수매사업은 54년말과 55년초에 걸쳐 농민대중의 반발에 부딪혀 후퇴하지 않을 수 없었다.[9] 따라서 54년말까지도 1954년도 곡물생산량 통계는 공표되지 않았다.

1955년 1월 7일에 열린 전국다수확모범농민대회에서 당농업부장 박

---

[8] 김일 「농촌경리의 급속한 복구·발전을 위한 로동당의 금후 투쟁대책에 관하여—— 조선로동당중앙위원회 1954년 11월 전원회의에서의 보고」,『로동신문』1954년 11월 4일자. 전시에는 퇴보한 것이 아니라 전쟁 전의 수준을 견지했다고 주장. 「농촌경리의 급속한 복구·발전을 위한 로동당의 금후 투쟁대책에 관한 조선로동당중앙위원회 11월 전원회의 결정」,『인민』(1954. 12). 항일빨치산 출신으로 유능한 행정가였던 김일은 김일성의 뜻을 대변하면서 급진적인 농업집단화노선의 추진자 역할을 수행하고 있었다. 집단화의 템포를 둘러싸고 김일은 구소련계의 국가계획위원장 박창옥과 대립하고 있었으며, 연안계의 당농업부장 박훈일도 비교적 온건한 집단화 방식을 지지하고 있었다고 생각된다.

[9] 당시의 곡물수매사업 및 집단화정책과 관련해서 1954년 11월 당중앙위 전원회의가 갖는 의의에 관해서는 서동만, 토오꾜오대 대학원박사학위논문(1995), 402~08면 참조.

훈일은 1954년에는 불리한 기후조건에도 불구하고 다른 지방에서의 순조로운 작황에 따라 1953년에 비해 20만톤의 곡물을 증수했다고 보고했다. 그는 인민경제복구발전 3개년계획에 예정된 곡물생산 목표 330만톤을 1955년도에 '초과수행'해야 한다고 주장했다. 당중앙위원회 전원회의에서 김일이 당초 제기했던 360만톤이라는 목표를 완전히 부정한 것은 아니지만 그것을 330만톤으로 내려잡은 것은 분명했다. 박훈일의 보고는 3개년계획에 제시된 1956년 목표를 55년으로 앞당겨 초과완수하는 데 중점을 두었고 당중앙위원회 전원회의에서 결정된 목표를 수행한다는 데 대해서는 언급하지 않았다.[10] 다만, 1955년의 330만톤이라는 목표는 남인호가 발표하여 김일이 제시한 목표의 근거가 된 1953년의 328만 8,000톤이라는 실적을 부정한 결과가 된다. 이미 1954년 12월부터 곡물수매사업에서 생겨온 혼란이 이 숫자 속에 반영된 것이다.[11]

이와는 달리 『로동신문』 1955년 1월 7일자에 실린 전국다수확모범농민대회와 관련된 사설은 당중앙위원회 전원회의의 결정 즉, 1~2년 안에 곡물생산고를 전쟁 전 최고수준에 비해 40% 이상 증가시킨다는 것을 강조하고 3개년계획의 목표에는 전혀 언급하지 않았다.[12] 표면적으로는 다수확농민대회에서의 박훈일의 발언과는 배치되는 논조였다. 동시에 같은 일자의 『로동신문』에는 "3개년계획의 실행에 있어서 결정적 연도인 1955년의 농촌경리 부문의 과제는 어렵지만 중요하다"고 하면서 "당중앙위원회 11월 전원회의의 결정대로 1~2년 내에 곡물생산

---

10 『로동신문』 1955년 1월 28일자.
11 1954년 11월부터 개시된 곡물수매사업에 대해서는 서동만, 앞의 글 403~08면; Lee & Scalapino, 앞의 책 1,059면에 나오는 김남식의 증언과 「여정」, 『붉게 물든 대동강』, 동아일보사 1991, 57~62면 등 참조.
12 「전국다수확모범농민대회」, 『로동신문』 1955년 1월 7일자.

고를 전전 최고수준에 비해 40% 이상 증가시켜야 한다"고 주장하는 논설도 게재되었다.[13] 이는 박훈일과 김일의 목표를 절충시키려는 논조였다. 당과 정부 내에 의견의 대립이 생긴 것은 분명하며 일련의 조정작업이 진행되고 있었던 것으로 보인다. 그러나 이 시점에서는 1955년도 곡물생산목표의 절대치가 정식으로 공표된 것은 아니므로 목표가 330만톤과 360만톤의 어느 쪽으로 설정되었는지는 확정할 수 없다.

그후 농업부상 박문규는 『경제건설』 1955년 3월호에 1955년도 곡물생산과제는 1949년에 비해 118.2%로 설정했다고 쓰고 있다. 이것은 3개년계획의 최종목표인 1949년도 대비 19% 성장이라는 수치를 밑돌고 있다. 당시 통용되던 1949년 생산량 280만 9,000톤을 기준으로 역산하면 330만 4,000톤이 된다.[14] 이 시점에는 박훈일이 제기했던 3개년계획의 목표로 다시 되돌아간 것이 분명해진다.

이처럼 1955년 목표가 변동하고 있던 만큼 그 기준이 되는 1954년의 실적에 관한 통계도 흔들리고 있었다. 우선 1월 7일에는 1955년도 농촌부문 경제계획에서 곡물생산과제는 1954년도 실적에 비해 112.1%로 성장한다고 전망했다.[15] 그런데 1월 25일자로 국가계획위원회 중앙통계국이 보도한 '조선민주주의인민공화국 인민경제복구발전에 있어서 1954년 국가계획 실행 총화'에 의하면 1954년도 곡물총수확고는 53년에 비해 3%가 증가했다고 되어 있다.[16] 어느 쪽도 54년을 포함해서

---

13 고창운 「1955년 농촌경리의 전망」, 『로동신문』 1955년 1월 7일자.
14 박문규 「우리나라 농업생산의 가일층 고양을 위하여」, 『경제건설』 1955년 3월, 15면. 1948년에 비해 117.8%다. 백홍권 「1956년 인민경제계획의 정확한 작성을 위하여」, 『경제건설』 1955년 10월, 16면.
15 고창운, 앞의 글.
16 『로동신문』 1955년 1월 28일자.

1953년 수확고의 절대숫자에 대해서는 명확히 언급하지 않았다.

앞서 언급했듯이, 나중에 확정된 1955년의 목표숫자 330만톤을 기준으로 역산하면 1955년 1월 7일 당시까지 공식적으로 취하고 있던 1954년의 총수확고는 294만 1,000톤이 된다. 같은 시점에 이루어진 박훈일의 보고에 기초해서 계산하면(20만톤을 빼면) 1953년의 수확고는 274만 1,000톤이 된다. 그러나 이 숫자를 기준으로 1955년 1월 25일 국가계획위원회의 보도대로 1954년의 수확고가 53년에 비해 3% 증가했다고 하면 282만 3,000톤이 된다. 요컨대 1월 7일 시점에서 박훈일은 1954년 곡물수확고를 294만 1,000톤으로 잡고 있었던 데 반해 25일 시점에서 국가계획위원회는 282만 3,000톤으로 바꾸고 있다. 이 곡물생산량 통계의 문제는 1955년 2월 2일 당중앙상무위원회 및 4월 4일 당중앙위원회 전원회의에서 곡물수매사업의 오류와 함께 공식적으로 거론되어 비판되고 있다.[17]

4. 오류 및 책임소재의 추궁문제

1955년 4월 당중앙위원회 전원회의 직후 내각결정 제37호 '1955년 농촌경리 부문 인민경제발전계획을 변경한 데 관하여'가 나와 농촌경리 부문 지도간부들이 계획을 수립함에 있어서 많은 결함을 범했다고 비판하고 있다. 1955년도 곡물생산량목표가 수정된 것은 분명하지만

---

[17] 이 회의들에서 행한 김일성의 발언텍스트는 전부 곡물 통계를 둘러싼 쟁점이 당내에서 정리된 후에 공표된 것으로서, 이들 텍스트에 나오는 숫자들은 전부 나중에 개찬된 것으로 여겨진다. 이 점에 관해서는 이 글의 마지막 부분에서 간단히 언급했다.
[18] 리용석「농촌경리 부문 인민경제 계획화 사업」,『인민』(1955. 8), 50면.

그 내용은 공표되지 않았다.[18] 나아가 1955년 4월 이후 전시 및 전후기의 곡물수확고에 관한 통계는 일체의 공식매체에서 사라져버렸다. 그 대신 "농촌경리는 아직 극심한 전쟁 피해로부터 완전히 회복하지 못하고 급속히 성장하는 공업의 발전속도에 멀리 뒤떨어져 있으며, 증대하는 국내의 식량 및 공업 원료에 대한 수요를 충족시킬 수 없다"는 설명이 붙게 되었다.[19] 공업생산은 이미 1954년에 전쟁 전인 1949년 수준을 능가했는데 농업생산은 아직 그 수준까지 회복하지 못하고 있다고 시인하게 되었다.[20] 인민경제발전 3개년계획의 농산부문에 있어서 전체 목표는 아직 유지되고 있었지만 3개년계획의 곡물총생산고 목표를 당초의 1955년이 아니라 56년에 달성한다는 전제 아래 1955년 목표는 하향조정되었던 것이다.[21] 그러나 다시 수정된 1955년 목표치도 지나치게 높다는 것이 드러나고 있었다.

1955년 10월 21일 열린 '당·정권기관 일군회의'에서 행한 김일성의 연설이 1980년판 『김일성저작집』 제9권에 수록되어 있다.[22] 이 회의는 1955년 경제계획의 실행과정에서 생긴 문제점과 56년 경제계획의 수립과 관련된 과제를 토의했다. 김일성은 공업, 농업을 비롯해서 산업 전반에 걸쳐 1955년 인민경제계획을 비판하고, 특히 1955년 계획목표를 과도하게 높이 책정하여 예정목표를 실행할 수 없게 되었다는 이유로

---

19 최영일 「농촌경리에 대한 당적 지도 수준을 높이기 위한 몇가지 문제」, 『근로자』 (1955. 9), 24면.
20 김한주 「공화국 북반부에 있어서 공업과 농업의 균형적 발전을 위하여」, 『근로자』 (1955. 10), 37면.
21 박경수 「해방 후 10년간의 공화국 농촌경리의 발전」, 『인민』(1955. 7), 21면.
22 김일성 「인민경제계획을 세우는 데 있어서 나타난 결함과 이를 시정하기 위한 몇가지 과제에 대하여: 당·정권기관 일꾼회의에서 행한 연설」(1955년 10월 21일), 『김일성저작집』 제9권, 410~40면.

국가계획위원장을 공격했다. 계획실패의 하나의 예로 농업계획을 거론하며 330만톤의 곡물생산목표는 조건과 가능성을 고려하지 않고 책상 위에서 세운 계획이라고 지적했다. 김일성의 비판대상이 된 국가계획위원장은 소련계의 박창옥으로 전후 경제발전노선을 둘러싼 갈등과 관련하여 중요한 의미를 지닌다. 이 비판은 1955년 12월 당중앙위원회 전원회의로 이어지면서 12월말의 사상사업에 있어서 '주체'문제의 제기 및 소련계 비판으로 발전한다.

다음해의 경제발전을 작성하는 시기인 1955년 10월경부터 55년 계획에 대한 비판이 공공연하게 행해지게 되었다. 1955년 생산목표를 전쟁 전 최고수확년도인 1948년에 비해 117.8%로 설정한 것은 심각한 과오였다는 내용이었다. 즉, 1955년 농촌부문계획을 작성함에 있어서 짧은 기간 안에는 복구하기 어려운 전쟁 피해지와 휴한지를 파종면적계획에 포함시키고, 또한 1955년 총수확고를 규정함에 있어서도 노력, 축력, 비료 등 영농에 필요한 제조건이 불리한 상태에 놓여 있는 점을 고려하지 않았다는 이유였다.[23] 여기서 주목해야 할 것은 당초의 360만톤이란 목표가 제시된 사실은 전혀 언급하지 않고 수정된 목표인 330만톤에 책임을 전가하고 있는 점이다.

1955년 12월 2~3일 당중앙위원회 전원회의가 열려 "1954년 당중앙위원회 11월 전원회의 결정의 집행상황에 대하여" 김일이 보고하고 토론이 행해진 후, 김일성의 "중요 발언"이 있었다. 그러나 김일의 보고도 김일성의 중요 발언도 공표되지 않았다. 회의에서 채택된 결정서도 공표되지 않고 단편적으로 논문이나 논설, 신문기사에 인용되는 형태

---

23 김한주, 앞의 글; 백홍권 「1955년 인민경제계획의 정확한 작성을 위하여」, 『경제건설』(1955. 10). 김한주는 농업정책 입안에 깊이 관여하고 있던 저명한 농업경제학자이며 백홍권은 국가계획위원회 부위원장이었다.

로 보도되었다.[24] 회의에서는 1955년 계획을 작성함에 있어서 "농촌 현실을 구체적으로 타산하지 않고 주관주의적 욕망에 사로잡히거나 공명주의에 사로잡혀 계획을 높이 세워 하부에 강요하였다"고 비판했다. 그러나 당시의 보도내용으로 보아 농산계획의 오류에 대한 책임소재는 명확하지 않아 보인다. 박창옥에게 책임을 지우려는 김일의 보고에 대해 박창옥은 김일의 책임이 크다고 반론하여 김일의 보고내용은 관철되지 못하고 공표도 되지 못했을 것이다. 김일이 후퇴했을 것이라는 추측은 이 회의에서 농업집단화의 추진방식을 둘러싸고 종래의 제3형태를 중심으로 하는 방침에서 개인 농민의 처지를 존중하고 노력 협조반 즉, 제1형태를 확대하는 방침으로 변화한 사실에서 드러난다.[25] 농산계획 오류의 책임문제는 집단화의 방침과 연동하고 있었던 것이다.

그러나 농업집단화를 강행적으로 추진하고 있던 김일성-김일 주류파는 반격에 나서게 되었다. 1955년 12월 20~22일 열린 최고인민회의 제10차회의에서 김일이 보고하며 3개년계획에서 농업부문 생산과제가 과도하게 높이 설정되어 계획을 실행할 수 없었다고 비판을 가했다. 그는 3개년계획이 부정확한 통계에 기초하여 전쟁 전 수준을 훨씬 넘어서야 한다는 주관적 관점에서 세워져 전시의 피해상황을 충분히 고려하지 않은 비현실적 계획이므로, 3개년계획의 농촌부문 계획목표는 수정되어야 한다고 주장했다. 김일의 보고에 따라 1956년도 농촌경리의 계

---

[24] 「1956년도 농산계획의 정확한 수립」, 『로동신문』 1955년 12월 10일자 사설; 「농촌경리의 가일층 발전을 위해 지도사업을 개선·강화하자」, 『인민』(1956. 1) 권두언; 박동욱 「농촌경리의 발전을 위한 당과 정부의 정책」, 『인민』(1956. 3); 박문규 「농촌경리의 가일층 발전을 위한 전인민적 과업」, 『경제건설』 제1호(1956) 등.
[25] 농업집단화 과정에서 이 문제를 둘러싼 쟁점에 대해서는 서동만, 앞의 글 412~14면 참조.

획과제를 일부 수정, 곡물총수확고 목표는 273만톤으로 예정되었다. 게다가 56년 목표를 수행해도 겨우 전쟁 전 수준을 회복할 정도에 이를 것으로 추정되었다.[26] 이리하여 1956년 계획부터 목표의 기준은 전전 수준의 회복으로 내려잡게 되었다. 당초 3개년계획의 최종연도 목표 330만톤에서 약 60만톤의 삭감이었으나, 1954년 11월 전원회의에서 김일이 제시한 360만톤으로부터는 90만톤, 390만톤으로부터는 무려 120만톤의 삭감이었다. 비판받아야 할 입장이었던 김일이 거꾸로 공격을 가할 위치에 있던 것이 당시의 세력관계를 반영한다고 할 수 있다.

12월 27일 당선전선동 부문 일군회의가 열려 문예총위원장 겸 작가동맹위원장 한설야가 문학 부문에 있어서 '사상적 오류'를 거론하며 구소련계의 정률, 기석복을 비판했다. 다음날인 28일에는 같은 간부들을 앞에 두고 김일성 자신이 중대한 연설을 행하여 당의 사상사업이 "교조주의와 형식주의에 빠지고" "주체가 결여되어 있다"고 단언했다.[27]

유명한 '주체'의 제기다. 김일성은 구소련계의 약점이라 할 수 있는 사상사업 분야에서 구소련계를 비판한다는 우회적 방법으로 농업문제에서의 수세를 만회하게 된다. 1956년 1월 박창옥은 국가계획위원장직에서 해임되고 중공업 우선론자인 이종옥으로 교체되었다. 이후 농업집단화 과정에서 제1형태를 중시하는 방침은 철회되고 종래의 방식으로 되돌아가게 된다.

■

[26] 『민주조선』 1956년 12월 21일자; 장세기 「공업과 농업의 균형적 발전을 위하여」, 『경제건설』 제3호(1956), 78면.
[27] 연설의 내용에 대해서는 김일성 『사상사업에서 교조주의와 형식주의를 퇴치하고 주체를 확립할 데 대하여』, 조선로동당출판사 1960 참조.

5. 곡물 통계의 확정과 이후의 추이

1956년 1월 14일 국가계획위원회 중앙통계국이 보도한 '1955년 조선민주주의인민공화국 인민경제발전 국가계획 실행 총화'에서는 1955년 곡물생산고에 대해 서해안지방이나 일부지역에 자연재해가 있었음에도 불구하고 "1954년에 비해 훨씬 증가"했지만 "계획은 실행할 수 없었다"고 발표했다.[28] 하지만 여기서도 54년과 55년 실적의 절대숫자에 대해서는 밝히지 않았다. 단지, 1956년 2월 시점에 가면 1956년 곡물총생산고 목표가 55년에 비해 108.2%, 거의 49년 수준에 도달한다고 하는 숫자가 발표된다.[29] 1955년 12월 당시 제시된 목표숫자 273만톤에서 역산하면(273만/108.2%) 1955년 실적은 252만 3,000톤이 된다.

그러나 1956년 4월 시점에 가면 곡물총수확고 목표를 285만톤으로 설정하게 된다. 곡물생산목표를 높이는 이유로 "공업생산은 그 주요 부문에서 1954년에 전전 수준을 능가하였는데 곡물을 비롯해서 일련의 중요 농업생산물은 아직 전전 수준에 이르지 못하고 있다"고 설명했다.[30] 곡물생산목표를 높이 설정한 것은 다수확곡물로서 옥수수 재배면적을 확대하는 정책과 관련되어 있었다. 이는 구소련의 흐루시초프가 처녀지를 개간하면서 옥수수 재배면적을 확대한 정책에서 영향을 받은 것이었다.

---

28 『경제건설』(1956. 2), 138면.
29 백홍권 「1956년 인민경제계획과 그 완수 및 초과완수를 위하여」, 『경제건설』(1956. 2), 18면.
30 한희정 「공화국 농촌경리 발전에서 조선로동당이 쟁취한 거대한 성과」, 『경제건설』(1956. 4), 25~26면.

다음해인 1957년 곡물생산목표로 가면 당초는 1956년 대비 102.5%로 설정되어 있었다.[31] 절대숫자는 밝히지 않았으나 1957년 2월에 발표한 통계에 따르면 1956년도 곡물생산고는 287만톤이므로 57년도 목표는 294만 2,000톤이 된다.[32] 그런데 1956년 12월 당중앙위원회 전원회의 이후 당지도부의 현지생산 지도에 '고무되어 증산결의에 나선 노동자들에 호응'하여 1957년 4월경 농업부문에서는 어느틈에 당초 계획보다 50여만톤의 증산이 결의되어 340만톤이 목표로 설정되어 있었다.[33] 비현실적으로 보이는 방대한 양의 증산을 내건 것은 옥수수 재배면적의 확대와 관련한 정책적 자신감에도 연유하지만, 무엇보다도 열광적인 분위기를 조성하는 가운데 가능하게 되었다고 할 수 있다. 1956년부터는 당초에 정부의 생산목표가 설정되고 그 목표를 웃도는 농민의 '자발적' 증산목표가 더해진 다음 정부가 이를 목표로 승인하도록 하는 식으로 이중의 목표치가 정해지게 되었다.

한편, 1957년 2월 22일 국가계획위원회 중앙통계국이 보도한 '1954~56년 전후 인민경제복구 3개년계획 실행 총화'에 의해 1946년 이후 56년까지의 공식 곡물통계가 확정되었다.[34] 전후 곡물생산량 목표

---

31 이종옥 「1957년 인민경제발전계획의 성과적 실행을 위한 제과업」, 『경제건설』 (1957. 1), 4면.
32 조선민주주의인민공화국 국가계획위원회 중앙통계국 보도 「3개년 인민경제계획실행에 있어서 조선인민이 쟁취한 위대한 성과」, 『로동신문』(1957. 2), 24면.
33 권두언 「경제사업에 대한 지도를 경제건설의 새로운 임무에 더욱 접근시키자」, 『경제건설』(1957. 4), 7면. 1956년 생산량 대비 약 118%가 된다.
34 『로동신문』 1957년 2월 24일자; 『경제건설』(1957. 3); 『조선중앙년감』 1958년판 196면. 수정된 통계수치는 별표로 정리했다. 수정된 비율은 전쟁 전의 1949년도까지의 일률적으로 5% 정도가 하향조정되었고 이후의 통계에 대해서는 각각의 경우에 따라서 조정되었다. 이러한 조정은 전쟁 전에도 곡물통계에 일정한 정도로 조작이 있었을 가능성을 시사한다.

를 터무니없이 부풀리게 된 근거가 되었던 51년, 52년, 53년의 통계가 대폭 하향조정된 것이 눈에 띈다. 이러한 수정은 이전보다 비교적 합리적인 농업정책을 펴기 위한 작업으로 평가할 수 있지만, 이후의 흐름을 보면 이는 새로운 '폭주'를 위한 출발점에 지나지 않았다. 1956년 8월 종파사건에서 발단이 된 연안계와 구소련계, 일부 국내계에 대한 숙청이 개시되어 이미 지도부 안에서는 내부적으로 통계의 조작이나 폭주를 견제할 수 있는 비판세력이 제거되었기 때문이다. 이후 잘못된 통계가 도중에 수정되거나 과도한 목표가 비판받고 시정되는 예는 거의 없어지게 된다. 1957년 곡물생산실적은 320만톤, 56년 대비 111.4%, 33만톤 증산으로 발표되었다.[35] 다만 추가된 증산목표와의 관련에 대해서는 전혀 언급이 없었다.

1958년에도 당초의 국가계획은 330만톤으로 설정되었으나 각도 농업협동조합 열성자대회에서 각 부문의 증산과제가 결의되어 이를 내각 결정에 따라 승인하는 형태로 곡물생산목표는 당초 계획보다 65만 8,000톤 증산의 395만 8,000톤으로 설정되었다.[36] 다음해 1월에 1958년 총수확고는 "극심한 한발에도 불구하고" 계획의 112%, 370만톤(저류도 포함해 계산하면 390만톤)에 달했다고 발표되었다. 역사상 최고의 수확고로 대대적으로 선전했다.[37] 계획의 112% 달성은 당초 목표인 330만톤을 기준으로 한 숫자이며, 이번에도 추가된 목표와의 관련에

[35] 「1957년도 조선민주주의인민공화국 인민경제발전 실행 총화에 관한 조선민주주의인민공화국 중앙통계국의 보도——1958년 1월 18일」, 『로동신문』 1958년 1월 19일자.
[36] 「조선로동당 중앙위원회 1956년 12월 전원회의 결정 실행에 대한 농촌경리 부문의 사업 총화와 1958년 과업에 대하여——1958년 1월 14일」, 『로동신문』 1958년 1월 16일자, 3월 27일자.
[37] 「1958년 조선민주주의인민공화국 인민경제발전 실행 총화에 관한 국가계획위원회 중앙통계국의 보도」, 『로동신문』 1959년 1월 17일자.

대해서는 언급이 없었다. 통계의 수정 확정 이후를 보면 56년 287만톤, 57년 320만톤, 58년 370만톤으로서 절대숫자에 의문이 없는 것은 아니지만, 추세로서 곡물생산량이 비약적으로 증가되었다고는 생각된다. 증가하게 된 가장 큰 요인은 옥수수 재배면적의 대대적인 확장에 있으며 그 면적은 1954년 23만 6,000정보에서 58년 82만 6,000정보까지 확대되었다.[38]

1958년 8월에 농업집단화가 완료되어 곡물생산목표의 설정과 관련된 농업정책은 새로운 단계를 맞이하게 된다. 집단화가 완료된 이상 그 성과는 곡물생산 실적증대로 '입증'되어야만 했기 때문이다. 1959년 신년사에서 김일성은 "금년은 곡물생산을 500만톤 이상에 도달하도록 해야만 한다"고 말했다.[39] 1월 9일 농업협동화의 완료를 기념하는 전국농업협동조합대회에서는 김일성의 연설에 의거하여 2~3년 안에 곡물생산고를 700만톤 이상으로 도달시킨다고 결의했다.[40] 과대한 목표를 설정하는 수법이 다시 폭주하기 시작한 것이다. 김일성의 신년사대로 1959년 곡물생산량목표는 500만톤으로 설정되었다.[41] 58년 생산량 370만톤보다 무려 130만톤, 35.1%의 증가를 목표로 한 것이다. 그러나 1959년은 천리마 작업반운동도 발기되어 북한의 건국 이래 열광적 분위기가 최고조에 달한 시기였다. 6월까지 제1차 5개년계획의 공업생산목표달성에 총력이 경주되어 농업노동력의 상당부분도 공업에 투입되

---

38 김일성 「우리나라에 있어서 사회주의적 농업협동화의 승리와 농촌경리의 금후 발전에 대하여──전국 농업협동조합대회에서의 연설」, 『로동신문』 1959년 1월 6일자.
39 『로동신문』 1959년 1월 1일자.
40 「전국 농업협동조합대회 선언──1959년 1월 9일」, 『로동신문』 1959년 1월 10일자.
41 최고인민회의에서 수매양정상 정성언의 「농업 현물세에 관한 보고」, 『로동신문』 1959년 2월 21일자.

었다. 공업생산 증대에 맞추어 원료를 공급한다는 이유로 농업생산의 다각화도 꾀하여 곡물생산에 영향을 미치게 되었다. 이 해의 곡물총수확고는 340만톤으로 발표되었다. 사료작물 및 공예작물의 재배면적 확장과 관련, 밭곡물의 파종면적이 전년보다 감소했기 때문이라는 설명이었다.[42] 그러나 500만톤 목표 미달성에 대한 구체적 이유는 설명하지 않았다.

1959년 곡물생산의 저락으로 인한 충격이 커서 1960년의 곡물생산목표는 발표되지 않았다. 1960년은 제1차 5개년계획 목표의 조기달성으로 인한 과열을 진정시키기 위해 완충기로 설정된 만큼, 내부적으로는 비교적 조심스러운 목표가 정해져 380만톤 정도에 머무르게 된다.[43] 금후 2~3년 안의 곡물생산목표도 700만톤에서 300만톤이나 줄어든 400만톤으로 수정되었다.[44] 500만톤 목표에 실적이 160만톤이나 미달해도 정치적인 문제가 되지 않았으므로 700만톤에서 300만톤을 줄인 목표수정에 대해서도 책임은 묻지 않았다. 연말에 1960년 곡물생산실적은 380만 3,000톤으로 발표되었다.[45] 문제를 해결하기 위해 농촌노동력 배치에 커다란 노력을 기울이고 인위적으로 대규모로 편성했던 농업협동조합의 작업반을 자연부락이나 지역단위로 개편하는 등 일련의 정책이 실시되었다. 특히 경지면적, 파종면적의 확장, 옥수수 재배면적

---

[42] 「1959년 조선민주주의인민공화국 인민경제발전 실행 총화에 관한 국가계획위원회 중앙통계국의 보도」, 『로동신문』 1960년 1월 17일자.
[43] 오선묵 「완충기 농업정책의 관철을 위한 몇가지 문제」, 『근로자』 1960년 2월 15일자, 27면.
[44] 「조선인민의 민족적 명절 8·15 해방 15주년 경축대회에서 행한 김일성 동지의 보고」, 『로동신문』 1960년 6월 15일자.
[45] 「1960년 영농사업에 대한 조선중앙통신사의 보도——1960년 11월 18일」, 『로동신문』 1960년 11월 18일자.

의 확대가 대대적으로 추진되었다.⁴⁶ 1958년까지 저류는 따로 집계되었으나 59년부터는 곡물생산에 포함되어 생산량이 증가한 하나의 이유가 되었다.

    그러나 농업생산에서 거대한 목표를 설정하는 정책은 완화되지 않았다. 1960년 12월 당중앙위 확대전원회에서는 1961년도 곡물생산목표를 100만톤 이상으로 증가시키기로 결정했다.⁴⁷ 이것은 공업생산목표를 낮게 잡는 대신 농업생산을 중시하는 정책의 표현이기는 했지만 비현실적으로 과대한 목표를 설정하는 식으로 되돌아가는 결과가 되었다. 연말에는 "극심한 한발과 풍수해가 있었음에도 불구하고" 483만톤의 곡물을 생산하여 "유례가 없는 대풍작을 거두었다"고 발표하고 "식량을 외국에서 수입하지 않고 자급자족할 수 있는 확고한 토대를 쌓아올렸다"고 설명했다.⁴⁸ 이미 목표설정의 단계에서부터 1960년에 이어서 청산리방식의 효과가 곡물생산에서 나타나야만 한다는 기본전제가 깔려 있었다. 100만톤 증산목표에 실패는 있을 수 없는 일이었다.

    1961년 11월 27일~12월 1일 당중앙위 제4기 제2차 확대전원회의가 열려 1962년도 계획의 중심과업을 '여섯개 고지의 점령'에 두고, 그중 가장 중요한 것은 '알곡 500만톤의 고지'라고 조처하였다.⁴⁹ 1961년의

---

46 『로동신문』 1960년 11월 18일자: 「농촌경리 부문에서 청산리 교시의 실행 총화와 1961년도 과업에 대하여: 전국 농업열성자대회에서 내각부수상 김일 동지의 보고」, 『로동신문』 1960년 12월 29일자. 평안북도, 평안남도, 함경북도에서는 밭면적의 70% 이상에 옥수수를 재배하게 되었다.
47 「조선로동당 중앙위원회 12월 확대전원회의에 관한 보도」, 『로동신문』 1960년 12월 24일자.
48 내각결정 제157호 「농업협동조합 경영위원회를 조직할 데 관하여」, 『로동신문』 1961년 12월 24일자; 김일성 「새해 인사를 드린다」, 『로동신문』 1962년 1월 1일자.
49 「조선로동당 중앙위원회 제4기 제2차 확대전원회의에 관한 보고」, 『로동신문』 1961년 12월 1일자.

실적 483만톤을 전제로 하면 500만톤이란 목표는 3.5%의 성장에 지나지 않아서 지금까지의 추세로 보면 너무 낮은 숫자였다. 여섯개 고지의 점령은 공업부문에서는 완충기의 저성장을 거쳐 고성장으로 복귀하는 것을 의미했고, 상대적으로 농업부문의 성장을 낮게 잡는다 해도 지나치게 낮은 목표였다. 이미 곡물생산목표를 계속해서 높게 설정해가는 데에는 실적이 따라갈 수 없는 한계에 달했다고 할 수 있다. 1962년의 실적에 대해서는 "혹심한 가뭄에 이어서 3개월 이상 계속된 장마와 4차례에 걸친 큰 홍수와 태풍, 냉해와 병충해 등의 극히 불리한 자연조건을 용감하게 극복하여 알곡 500만톤 고지를 성과적으로 극복했다"고 발표하고 "관개체계와 치산치수시설의 위력한 시위로 되고 청산리정신과 청산리방법의 위대한 결실이다"라고 설명했다.[50]

1961년부터 식량자급의 토대가 이루어졌다고 주장했으나 실은 식량은 여전히 수입되고 있었다. 실제 어느 정도까지 접근했는지는 알 수 없지만 알곡 500만톤 고지는 여전히 달성해야 하는 목표였다고 할 수 있다. 유엔식량농업기구(FAO)의 추정통계의 따르면 1959년에는 밀이나 밀가루를 4만 2,000톤 수입, 쌀을 1만 9,800톤 수출, 1961년에는 마찬가지로 4만 8,000톤 수입, 2만 5,100톤(쌀 2만 2,500톤, 옥수수 2,600톤) 수출, 1962년에는 9만 9,900톤(밀 9만 4,900톤, 옥수수 5,000톤) 수입, 1만 3,200톤(쌀 300톤, 옥수수 1만 2,700톤) 수출했다. 식량자급의 토대가 이루어졌다고 한 1961년에 수입이 급증하고 있다. 보다 가격이 비싼 쌀을 팔아 값싼 밀을 사는 구조로 되어 있었지만, 1963~64년에는 쌀 수출이 제로가 된다.[51] 쌀의 작황이 좋지 않았기 때문으로 여겨진다.

---

50 「1962년도 인민경제발전 실행 총화에 관한 조선민주주의인민공화국 국가계획위원회 중앙통계국의 보도」, 『로동신문』 1963년 1월 17일자.
51 쌀 수출은 1965년부터 증가하기 시작한다. *FAO Trade Yearbook*의 각년도 통계의

쌀농사와 관련해서 1963년 10월 내각은 "1963년 농촌경리 부문의 앞에는 곡물 500만톤 고지점령으로 달성한 성과를 계속 견지, 공고화하여 1964년에는 60만정보의 논면적을 확보하고 30만정보에 밭벼를 심어 공화국 전체인민이 이밥을 먹을 수 있도록 하는 새롭고 높은 고지를 점령해야 할 전투적 과업이 제기되고 있다"고 결정했다.[52] 옥수수 증산에 기초한 식량증가에 한계가 보여 오히려 양 많고 값싼 식량을 수입하기 위해 값비싼 수출용 쌀의 증산을 꾀한다는 농정의 전환이었다. 전체인민에게 이밥(쌀밥)을 먹을 수 있게 한다는 것은 아직도 실현되지 못하고 있는 북한 농정의 염원이기는 하지만 당시로서는 당장의 실현을 내다본 것이 아니라 단순한 명목에 지나지 않았다.

한편, 1963년의 곡물생산량목표에 대해서는 1962년 12월 16일 당중앙위 제4기 제5차 전원회의에서 "이미 점령한 알곡 500만톤 고지를 공고히 견지하면서 벼수확을 더욱 증가시켜 곡물생산의 질적 구성을 높이고 특히 밭벼의 면적을 확장하여 명년에는 15만정보, 1964년에는 30만정보에 도달시킬 것"을 결정했다.[53] 양적 목표가 전년과 같은 수준으로 정해진 것은 이 해가 처음이었다. 이미 옥수수농사를 쌀농사로 전환하는 정책이 시작된 것이다. 이 해의 실적에 대해서는 "농촌경리의 물적·기술적 토대가 강화되고 선진영농기술이 광범위하게 보급된 결과, 기후조건이 매우 불리했지만 농업생산에서는 유례가 없는 대풍작이 이루어져 알곡 500만톤 고지가 더욱 공고화되고 벼의 생산이 대대적으로 증가했다"고 발표되었다. 벼 생산량이 전년에 비해 48만톤 증가, 곡물

의거, Lee & Scalapino, 앞의 책 1126~27면에도 수록. FAO측에 의하면 이 통계도 추정에 지나지 않으므로 사용에는 주의를 요한다고 한다.
52 『로동신문』 1962년 10월 20일자.
53 「당중앙위원회 제4기 제5차 전원회의에 관한 보도」, 『로동신문』 1962년 12월 16일자.

생산에서 차지하는 비중이 51%에서 58%로 높아졌다고 밝혔다.[54] 전후 문맥으로 보아 500만톤의 양적인 목표가 달성된 것은 당연한 일이었다.

1964년 농업부문의 과제에 대해서는 1963년 9월 6일 당중앙위 제4기 제7차 전원회의에서 "알곡 특히 벼의 증산을 위해 논면적을 확장하고 그것을 62만정보 이상으로 도달케 하여 단위당 수확고를 높이고 이모작과 간혼작을 광범위하게 실시할 것, 토지를 개량하고 치산치수사업을 전인민적 운동으로 전개할 것"을 결의했다.[55] 그런데 1964년의 경우 어떠한 양적 목표도 제시되지 않았다. 64년 실적에 관해서는 "장마가 오래 계속되어 일부지방에 강한 태풍의 피해가 있었지만, 알곡생산에서 1963년 수준을 확고하게 견지"했으며 6만정보의 논벼착부 면적이 확장되고 곡물 총파종면적에서 벼의 비중이 3.2% 증가했다고 발표하는데 그쳤다.[56] 1963년도 수준을 견지했다는 것은 양적 수준에서는 62년부터 3년 연속으로 답보상태에 있음을 시인하는 결과가 된다.

그러나 이 해의 발표를 마지막으로 1965년 이후는 곡물생산에 관해서는 목표도 실적도 포함해서 어떠한 숫자도 발표하지 않았다. 생산량을 엿볼 수 있는 단서는 일체 외부에 공표하지 않게 된다. 중소분쟁 확대나 한일국교수립 움직임, 남한의 군사정권 성립 등 대외정세의 변화에 대응하여 1962년부터 개시한 국방·경제 병진노선에 의한 경제의 군사화에 따라 중요한 통계를 발표하지 않게 된 측면도 작용했겠지만, 과도한 목표설정과 이를 합리화하기 위해 무리한 통계조작을 거듭하는

---

54 「1963년 인민경제발전 실행 총화에 관한 조선민주주의인민공화국 국가계획위원회 중앙통계국의 보도」, 『로동신문』, 1963년 1월 17일자.
55 「당중앙위원회 제4기 제7차 전원회의에 관한 보도」, 『로동신문』 1963년 9월 6일자.
56 「1964년 인민경제발전계획 실행 총화에 관한 조선민주주의인민공화국 국가계획위원회 중앙통계국의 보도」, 『로동신문』 1965년 1월 16일자.

방식이 이미 한계에 이르렀기 때문이기도 하다.

6. 곡물통계와 농업으로부터 공업으로 경제잉여 이전의 문제

북한의 공식적인 곡물통계에서 결정적으로 빠져 있는 것은 곡물수매량과 곡물가격이다. 이 두 숫자를 공개하지 않는 이유는 곡물가격이 상당한 저가격이었기 때문이라고 할 수밖에 없다. 이 숫자가 공표되지 않는 한 사회주의건설 과정에서 농업으로부터 경제잉여가 어느정도 추출되었는지를 정확히 파악할 방법은 없다. 이 문제는 구소련이나 중국 연구에 있어서도 오랜 기간 쟁점이 되어왔으며 아직 완전한 결론을 내릴 수 없는 상태에 있다.[57] 국내의 북한연구에서 이 문제는 지금까지 구체적인 수준에서 본격적으로 거론되지 못하고 있는 실정이다.[58]

이 문제와 관련해서 실태를 파악할 수 있는 북한문헌은 거의 없으

---

[57] 구소련의 경우에 대해서는 J. Miller, "Soviet Rapid Development and the Agricultural Surplus Hypothesis," *Soviet Studies* Vol. 22, No. 1, July 1970; J. Miller & A. Nove, "A Debate on Collectivization: Was Stalin Really Necessary?" *Problem of Communism* Vol. 25, July-August 1976; M. Ellman, "Did the Agricultural Surplus Provide the Resources for the Increase in Investment in the USSR during the First Five Year Plan?" *The Economic Journal* 85, Dec. 1975 참조. 중국의 경우에 대해서는 中兼和津次『中國における農業集團化政策の展開』1·2, 大學研究年報; 『經濟學研究』31·32(1991~92); 山內一男「中國經濟近代化への摸索と展望」, 『中國の經濟轉換: 岩波講座現代中國』第2卷, 岩波書店 1989; 古澤賢治「中國經濟の歷史的展開: 原蓄から改革·開放へ」, 이재은 역『중국 경제의 역사적 전개』, 한울 1995 참조.

[58] 경제잉여의 추출 문제를 직접 다루고 있지는 않지만 북한의 경제발전 방식과 관련해서 농업집단화에 대한 성격규정을 모색한 글로서, 김연철「북한식 발전모델: 역사적 형성과 구조적 한계」(1995년 한국 정치연구회 심포지엄 발제 논문) 참조.

나, 1957년 7월 2일 과학원 경제법학연구소 주최로 '우리나라에 있어서 가치법칙과 가치형성에 관한 토론회'가 개최되어 그 일부가 『경제건설』지에 게재되었기 때문에 판단의 단서를 얻을 수 있다. 이 토론회가 열린 배경은 1954년말에 실시하려다가 농민의 반발에 부딪혀 중단된 곡물의 국가적 수매가 57년부터 다시 시행된 데 있다. 1957년부터 곡물수매는 집단적 수매방식으로 전환했고 현물세 징수사업과 병행하여 실시하는 것이 주요 특징이었다. 이러한 조치는 대량으로 일시에 집단적으로 진행하는 수매는 지방경리성에서 담당하도록 하기 위해 종래 소비조합에서 관할하던 수매사업의 대부분을 지방경리성으로 이관하고, 나머지 소량의 개별적 수매만을 소비조합이 연간을 통해 수시로 행하도록 한 것이다.[59]

우선 토론회 발제자의 한사람인 정태식의 입장은 『경제건설』 1957년 10월호에 게재되었다. 그는 "현단계에서 수매가격은 가치 이하로 제정되어 농민이 생산한 순소득의 일부가 공업발전을 위해 끌어들여져야만 한다. 현물세가 징수되고 있다는 사정을 고려하면서 수매가격은 신축성을 갖고 조절함으로써 로동동맹을 강화하고 공업과 농업의 균형적 발전을 촉진해야 한다"고 주장했다.[60] 뒷부분의 표현에서 보면 수매가

---

59 "곡물행정은 협동단체보다 국가가 담당하는 것이 합리적"이라는 이유로 정당화되었다. 김운종 「1957년 곡물수매의 성과적 보장을 위하여」, 『경제건설』(1957. 10), 37~41면.
60 정태식 「계획가격 형성과 관련된 몇가지 문제」, 『경제건설』(1957. 10), 81면. 경성제대 조수 출신으로 이재유사건에 관련, 투옥되었다가 출옥 후 경성콤그룹의 일원이 되었던 정태식은 인공경제부장대리, 민전중앙위원, 남로당조사부장을 역임했다. 그는 1956년에 개최된 제3차 당대회에서 박헌영을 개인숭배의 장본인으로 비난하는 산증인의 역할을 수행했고, 이후는 학자의 길을 걸으면서 몇가지 중요한 저작을 남기고 있다. 『정치경제학독본(사회주의편)』, 조선로동당출판사 1960; 『우리 당에 의

격을 비교적 높이 설정하려는 입장이었다고 보이지만 그 이상 깊은 내용은 보이지 않는다. 그의 정치적 경력 외에도 당시의 지배적 분위기가 이 이상의 선을 넘을 수 없는 한계로 작용했다고 볼 수 있다. 다만, 농업에서 공업으로의 소득이전은 당연한 전제가 되어 있다.

다음으로 또 한사람의 발제자인 남춘화의 입장이 『경제건설』 1957년 11월호에 게재되었다. 남춘화는 "사회주의국가는 사회주의 경제법칙의 요구에 의거하여 가격을 가치로부터 계획적으로 배리시킬 수 있다"고 전제한 다음, "국가는 수매가격을 제정할 때 농업에서 조성된 순소득의 일부를 전인민적 수요를 위해 동원할 목적으로 가치보다 낮게 설정할 수 있다. 사회주의국가가 농촌에서 농산물을 수매할 때 각종 수매가격의 평균가격이 가치보다 낮은 이유가 여기에 있다"고 지적했다. 또한 "농업에서 조성된 순소득의 압도적 부분"이 "주로 현물세를 통해 국가에 인입될 수 있다"고 하면서도 "현물세 수입만으로는 사회주의 현단계에서 경제발전의 요구에 응한 순소득의 분배는 만족하게 이루어질 수 없다. 여기서 금후 수매가격을 통해 그 순소득의 재분배를 보충적으로 진행할 대책이 요구된다"고 덧붙였다. 나아가서 1957년 6월경 곡물수매가격을 내렸음에도 불구하고 농민들이 국가수매에 열성적으로 응했던 것은 당과 정부의 인하정책이 옳았던 증거라고 저가격정책을 옹호하면서 "금년도의 농산물 수매가격이 작년도보다 낮게 정해질 것은 의심할 수 없다. (…) 앞으로 농산물의 수매가격은 계속 내릴 수 있다. 국가의 재정형편을 고려하지 않고, 우리 공업의 발전한 현상태를 고려하지 않고, 농산물가격을 계속 높이려는 경향은 용납할 수 없다"고 강력하게 주장했다.[61] 당지도부의 정책적 입장을 대변하는 주장이었다

∎

한 속도와 균형 문제의 창조적 해결』, 조선로동당출판사 1964 등.

〈표 1〉 곡물생산량 통계의 변동(1957년의 수정·확정까지)   (단위: 만톤)

시점 연도	1957년 2월	1954년 10월	1955년 1월 7일	1955년 1월 25일	1956년 2월
1945		218.7			
1946	189.8	199.8			
1947	206.9	217.8			
1948	266.8	280.9			
1949	265.4	279.5			
1950	?	?			
1951	226.0	260.1			
1952	245.0	293.9			
1953	232.7	328.8	274.1		
1954	223.0		294.1	282.3	
1955	234.0				252.3
1956	287.3				

〈표 2〉 곡물생산량 통계의 변동(확정 이후)   (단위: 만톤)

1957년	320.1
1958년	370.0
1959년	340.0
1960년	380.3
1961년	483.0
1962년	500.0
1963년	500.0
1964년	63년도 수준

(자료: 1956년까지 수정·확정된 생산량에 대해서는 「1954~56년 전후 인민경제복구발전 3개년계획 실행 총화에 관한 국가계획위원회 중앙통계국 보도」, 『경제건설』 1957년 3월호 및 『조선중앙년감』 1958년판, 196면 참조. 기타 통계에 대해서는 이 글에 기술된 해당부분의 문헌 참조.)

■

61 남춘화 「현시기에 있어서 농산물 수매가격 제정과 관련된 몇가지 문제」, 『경제건설』(1957. 11), 72~75면.

고 할 수 있다.

당시 곡물수매와 관련해서는 그것이 구소련이나 인민민주주의국가에서도 실시되고 있는 정책으로서 "알곡의 국가납부는 ① 잉여알곡의 전량, 또는 경우에 따라서는(전쟁이나 흉년 등) 필요알곡의 일정부분까지 의무적으로 납부해야 한다. ② 이는 가격을 지불함에 있어서 등가를 보장할 수 없다고 하는 일반적 특징을 갖고 있다"고 하는 생각이 전제되어 있었고 "농업은 공업의 복구, 건설을 위한 자원을 알맞은 규모로 공급해야 한다"는 사고가 당연시되고 있었다.[62] 이러한 경향은 연안계나 구소련계 등 반대파가 숙청되어 경제노선을 둘러싼 이견이 제거되면서 지배적이 되었다고 할 수 있다.

이러한 조류가 당의 공식노선이었음을 김일성 스스로도 인정하고 있다. 1964년 2월 25일 당중앙위 제4기 제8차 전원회의에서 김일성의 명의로 공표된 '우리나라 사회주의 농촌문제 테제'에서는 "우리나라와 같이 과거에 낙후한 농업국가였던 나라에서는 혁명이 승리한 후 사회주의공업화를 위해 농촌에서 일정한 기간 일정한 자금을 얻지 않을 수 없다. 이러한 사회주의국가에서 현대공업을 창설하기 위한 농민의 자금지출은 전사회의 이익을 위한 것이며 농촌경리의 장래발전과 농민들의 생활향상을 위해서도 필수적인 것이다"라고 말하고 있다.[63] 이 테제에서는 도시와 농촌과의 차이, 노동계급과 농민계급과의 차이를 없애는 문제를 논하고 가까운 장래에 농업 현물세 폐지를 예정하며 공업에서 농업으로의 지원을 주장하지만, 실제 종래의 정책이 어느 정도 전환

------

[62] 김춘점 「공화국 북반부에 있어서 농촌에 대한 조세의 여러 특성과 그 정당한 이용」, 『김일성 종합대학학보』 제5호(1958. 9), 5면.
[63] 『로동신문』 1964년 2월 26일자.

되었는지를 입증하기는 불가능하다. 국가가 곡물수매를 통해 잉여곡물의 전량을 장악한 이상 현물세 폐지는 아무런 의미도 갖지 못하기 때문이다. 곡물수매가격 및 공업제품과 농산물과의 가격비율이 가장 중요한데 그것은 일체 발표되지 않기 때문이다.

이처럼 곡물수확량 통계의 변동과정을 추적해보면 북한은 전후 3개년 경제복구발전계획이나 제1차 5개년계획을 통해서 농업으로부터 상당량의 경제잉여를 추출해냈음을 짐작할 수 있다. 또한 곡물수매사업과 관련된 언술들을 분석해보면 이것은 당시 정책 결정자들 사이에서 당연시되고 있었다는 사실도 확인할 수 있다. 이러한 결론은 북한의 경제발전노선 및 농업집단화의 성격을 규정하는 데 열정적인 의미를 띠고 있다.

7. 약간의 보족

이 글에서 인용된 곡물통계가 나타내고 있는 김일성의 발언은 당시 공표된 원문을 사용했지만, 이후 간행된 선집 속에 수록된 같은 문헌에서는 문제의 숫자가 삭제되거나 수정된 경우가 있다. 또한 1980년판 『김일성저작집』에는 당시 공표되지 않았던 주요 회의에서의 김일성의 몇가지 발언들이 처음으로 수록되어 있다. 이 경우에는 문제된 숫자가 이 글에서 추적한 바의 당시 통용되던 숫자가 아니라 전부 1957년 이후 수정·확정된 숫자로 바뀌어 있다. 이렇게 추후에 수치의 개찬이 이루어졌다고 하는 사실은 북한당국이 이 점에 상당히 신경을 쓰고 있었다는 증거가 되며 오히려 이 글의 결론을 보강하는 재료가 된다고 하겠다. 여기서는 지면관계상 개찬된 수치의 문제점을 입증하는 작업은 생

략하고 단지 해당자료들을 열거하는 데서 그치기로 한다.[64]

〈1996〉

---

[64] 서동만, 앞의 글 440~46면에서는 추후 개찬된 수치들을 당시 통용되던 수치와 비교, 대조하여 의문점을 지적, 정리했다.

북한 사회주의에서 근대와 전통

1. 머리말

사회주의이념은 인류의 역사만큼이나 오랜 역사를 가지고 있으나, 20세기 들어서는 무엇보다도 자본주의체제를 극복하기 위한 대안으로서 제시되었다. 고전적 사상에서는 자본주의체제가 그 생명력을 다 소진하고 멸망한 다음 단계에서 실현된다고 설정되었던 사회주의체제는, 그러나 전 자본주의적 단계를 벗어나지 못한 세계 자본주의의 주변 내지 반주변부에서 출현했고, 여기서 역사적으로 성립한 사회주의체제에는 전근대적 측면이 뚜렷이 각인되지 않을 수 없었다. 어떤 의미에서 사회주의체제는 하루빨리 이러한 전근대성을 극복하고 나아가서는 자본주의체제를 통해 드러난 근대의 모순까지도 해결하고자 하는 의지의 산물이었다.

그런데 자본주의체제 아래서 나타난 근대의 모순 가운데 최대는 '세계전쟁'이었다. 20세기의 사회주의체제는 세계대전에 대한 주변 내지 반주변부 지역의 대응과정 속에서 출현했다.[1] 세계전쟁은 국력을 총동원할 수 있는 '총력전 체제'를 갖추지 않고는 수행될 수 없는 것이었고, 전세계적으로 모든 지역에서는 불가피하게 국가권력의 강화를 통한 체제의 효율화를 꾀하지 않을 수 없었다. 그러나 주변 내지 반주변부에서 세계전쟁을 견뎌낼 만한 이러한 체제를 단기간 내에 수립할 수 없는 곳에서는, 구체제는 붕괴하거나 제국주의의 식민지나 반식민지로 전락할 수밖에 없었다. 구체제가 붕괴한 곳에서 성립한 새로운 체제에서는 상대적으로 국가권력의 강화가 더욱 용이했고, 근대적 생산력을 단기간에 증대시키기 위해서 이는 매우 효과적인 수단이었다.

이러한 상황에서 역사적으로 성립한 현실의 사회주의는 '국가사회주의' 체제였다.[2] 거대한 국가권력이 사회적 자원을 단기간에 최대한으로 동원해냄으로써 국가사회주의체제는 일정한 시기까지는 근대적 생산력을 급속하게 증대시킬 수 있었다. 그러나 '사회'에 비해 극단적으로 비대화한 '국가'는 이어서 사회에 대한 질곡으로 변했고, 그 결과는 사회의 근대화라기보다는 전근대성의 온존, 재생산으로 귀결되었다. 소련, 동구에서 국가사회주의체제는 수세대에 걸친 존속기간을 거치면서도 결국은 자체의 수정 내지 혁신을 통해 그러한 질곡을 극복해내지 못

---

1 '국가사회주의'체제를 세계전쟁시대의 산물로서 일종의 총력전 체제라고 규정하는 논의로서는 和田春樹『歷史としての社會主義』, 岩波書店 1992;「世界戰爭の時代の終わりとソ連・東アジア」, 東京大 社會科學研究所 編『現代日本社會 3: 國際比較 2』, 東京大出版會 1992 참조.

2 역사 속에서 성립한 사회주의가 '사회'에 대해 '국가'가 주가 된 '국가사회주의' 즉 '국권적 사회주의'로 귀결된 경위에 대해서는 和田春樹 같은 책들 참조.

하고 붕괴해버렸다.

　아시아지역에서 국가사회주의체제는 유럽보다 훨씬 가혹한 조건에서 성립했다. 이 지역은 세계 자본주의의 가장 주변부에 속했고, 후진적인 일본 제국주의에 의한 피지배에서 벗어나기 위한 전쟁 속에서 탄생한 것이다. 따라서 이 지역의 사회주의는 강렬한 저항적 민족주의와 결합하면서 대중 속에 더욱 깊이 뿌리내릴 수 있었다. 전후에는 아시아 지역에 지속된 냉전상황 아래에서 미국이라는 초(超)거대 자본주의국가와 대치하면서 대중동원적 성격을 더욱 강화할 수 있었고, 이것은 역으로 사회주의체제의 생명력을 유지시키는 방향으로 작용했다. 특히 1960년대를 통해 이 지역의 국가사회주의체제는 자본주의와의 대결의식이 최고조에 달했고, 이것이 한때 유럽 신좌익에게는 사상적 영감의 원천이 되기도 했다. 이 지역은 자본주의적 근대를 제국주의로서 체험했고, 이에 따라 반제국주의는 반자본주의로, 나아가서 반근대로 쉽게 전환될 수 있었다. 중국의 문화혁명은 그 극단적 표현의 하나라 할 수 있다. 그러나 이 지역의 국가사회주의체제도 소련에서 성립한 국가사회주의를 모델로 하여 건설된 것임에는 차이가 없었고, 그 내적 모순에서 예외일 수 없었다.

　북한의 사회주의체제는 국가사회주의체제의 하나의 전형이며, 이러한 아시아 사회주의의 성격을 가장 짙게 체현하고 있다. 북한의 국가사회주의체제는 국가권력의 집중이란 점에서 모델로 삼거나 참고로 했던 소련과 중국의 사회주의보다 훨씬 철저하며 전쟁사회주의로서의 성격도 더욱 첨예하다. 이 글에서는 북한 사회주의가 그 근대적 과제를 어떤 식으로 수행하려 했으며, 그 과정에서 어떠한 모순과 문제점을 남기면서 현재에 이르고 있는지를 역사적으로 추적해보려 한다.

2. 북한에서 근대적 과제의 수행

　북한정권이 실질적으로 수립된 것은 1946년 2월 북조선임시인민위원회 출범부터였으며 그 정당성의 기반은 토지개혁에서 주어졌다. 토지개혁 실시는 소련군의 점령정책이 배경으로 작용했으며 이후 남북한 양 지역의 진로가 엇갈리게 된 결정적 계기가 되었다. 북조선임시인민위원회는 좌우세력간의 관계에서는 북조선지역에서 공산당과 민주당의 합작이 대표하는 좌우세력간의 통일전선이 붕괴하면서 결성되었고, 좌익세력 내부의 관계에서는 남조선의 민주주의 민족전선에 대한 북조선 좌익의 독자화를 통해 실현되었다. 북한정권의 출범은 초기의 자율적 인민위원회체제에 비하면 현저하게 그 세력기반이 축소된 가운데 이루어진 것이다. 이 당시까지 유지되던 미·소 협조의 기조 아래 한반도 내 좌우세력이 망라된 통일정권의 수립이라는 과제는 토지개혁 실시를 통해 훨씬 곤란해지고 복잡한 양상을 띠지 않을 수 없게 된다. 그러나 토지개혁은 식민지 반봉건사회의 근본적 변혁을 꾀한 점에서 역사적 의의를 갖는다. 친일파나 반봉건적 지주층은 근대성의 실현에서 가장 큰 장애물이었다. 역설적으로 정치적으로 좁아진 북한정권의 세력기반이 공고해진 것은 토지개혁의 이러한 진보적 측면 덕분이었다.

　식민지시기 이래 전조선에서 근대민족국가 수립은 절실한 염원이었다. 북한지역에서도 소련군 진주 이전 극히 짧은 기간 동안에 전지역에 걸쳐서 인민위원회가 자연발생적으로 조직되어 일제패망 직후의 권력공백을 급속히 메워갔고, 나아가 남북관계의 단절 속에서도 토지개혁 이후 국가기구가 급속히 형성되어간 것은, 이러한 염원의 반영이었다. 그러나 자신이 통치하는 국가를 갖고 싶다는 이러한 염원은 조선 내 정치세력들이 미·소의 분할점령이라는 현실을 극복하지 못함으로써 남북한 양 지역에서 불과 3년이란 단기간에 분단정권의 급속한 형성으로 왜곡되었다. 북한에서 근대국가의 모델은 소련이었으며 '당＝국가체제'를 근간으로 한 고도의 중앙집권적 국가가 수립되었다.

북조선에 수립된 체제는 정치적 측면에서 보면, 소련의 쏘비에뜨제를 모방하여 외양은 다당제에 입각한 연립정권의 형태를 취했으나 실질적으로는 노동당지배인 일당제였다. 당은 북조선공산당시대에 토지개혁을 계기로 급속히 성장했다. 북조선공산당과 신민당이 통합하여 거대한 북조선로동당이 결성되면서 북조선 내 경쟁적 정당체제는 종식되고 민주당, 청우당은 군소정당으로서 북로당의 외곽정당으로 전락했다. 노동조합, 농민조합, 여성단체, 청년단체 등 각종 사회단체도 통일전선조직 산하에 묶여 정치적 자율성을 상실했다. 북조선의 모든 정치·사회단체는 북로당 창립과 동시에 성립한 북조선민주주의민족통일전선위원회를 통하지 않고는 대외적으로 자신의 정치적 견해를 밝힐 수 없게 되었다. 북조선인민위원회-인민회의체제는 표면적으로는 민주적 원리를 유지하고 있으나, 소련의 쏘비에뜨제도를 모방하여 인민회의의 의회적 기능은 유명무실화된 '의행합일(議行合一)'적인 고도의 중앙집권체제였다.

해방정국에서 폭발적으로 성장한 자율적 조직은 사회 내에 충분히 뿌리내릴 여유를 갖지 못한 채 급속한 국가기구 형성과정 속에서 당과 국가기구 내에 흡수·편입되고 말았다. 실제로 초기의 밑으로부터의 인민위원회 형성과정이나 위로부터의 중앙집권화 과정 모두가 사회단체, 당, 인민위원회 사이의 구분이 애매한 상태에서 진행되었고, 이데올로기적으로는 스딸린식 '전도벨트론'에 따라 당, 정부, 사회단체 간의 관계가 규정되고 있었다. 대표적인 예로 오기섭이 주장했던 노동자계급의 권익단체로서 노동조합의 독자성에 대한 견해는 '부르주아적'이라는 이유로 억압되었다. 이미 1947년의 시점에 지방레벨에서 인민위원회나 각 사회단체의 간부는 조직 고유의 선출절차가 무시되어 노동당의 지시에 따라 임명이 이루어지고, 인민위원회-당-사회단체 사이에 조직성격의 구분 없이 인사이동이 행해지고 있었다. 기록상으로도 1949년쯤에는 잘 짜인 이른바 '노멘끌라뚜라'제도의 존재가 확인되고 있다.

다만 거대한 당=국가체제는 성립했으나 당 내부의 다양성은 상당히 유지되고 있었다. 또한 당=국가체제의 형성이 각 부문별로 분절적으로 이루어진 관계로 외양과는 달리 일사불란한 내적 통제가 관철된 것은 아니었다. 우선 공산당분국은 남북 공산주의자간의 합의하에 국내계와 만주파, 소련계의 연합을 통해 결성되었고, 북조선로동당은 공산당과 신민당이 합하여 창립되었으며, 조선로동당은 이러한 양당합당을 통해 결성된 북조선로동당과 공산당, 인민당, 신민당 삼당합당을 통해 결성된 남조선로동당이 합당하여 성립한 연합정당이었다. 성격적으로도 조선로동당은 북조선에서 당=국가체제하 집권당으로서의 북로당과 남조선에서 밑으로부터 대중봉기를 지향한 혁명정당으로서의 남로당이 결합한 복합적인 정당이었다. 세계정당사상 그 형성과정에서 볼 때, 조선로동당만큼 내부의 인적 결합이나 정치적 성격에서 복잡다단했던 정당은 없을지도 모른다.

또한 당=국가체제가 사회 전체를 장악하기에 이른 것은 아니며 농촌지역에서 촌락 레벨의 자율성은 유지되고 있었다. 여기에는 경제적으로 복수소유권이 인정되고 시장의 기능이 활용되었다는 측면이 작용했다. 일제의 소유였던 중요 기간산업은 국유화되었으나 중소규모의 기업이나 상업은 거의가 사적 소유였고 농업은 기본적으로 개인농에 입각한 소농체제를 유지하고 있었다. 중앙행정기구의 영향력도 농촌 말단에까지 미치기에는 부족하여, 당조직의 경우 리당에는 유급 상근자를 두지 못했고 리인민위원회 조직의 경우 리인민위 간부는 상급기관으로부터 급료를 받지 못하고 생계를 주민에 기대야만 했다. 북한체제의 동원적 성격도 농업생산체제에서 노동력의 조직화에까지는 이르지 못하고 있다. 농업생산은 전통적인 소겨리나 품앗이 등 계절적인 상호부조 조직에 의존할 수밖에 없었고, 지방인민위 차원의 토목공사 등을 위한 주민의 노력동원도 무상동원의 경우 실적이 극히 부진했다. 소비조합이 담당한 곡물수매의 경우도 행정당국의 계획대로 실적을 달성하기는 곤란했다. 미·소간 냉전이 본격화하여 코민포름이 결성된 이후에도 다른 동유럽국가들과 달리 북한지역은 사회주의로의 이행을 위한 도정에는 오르지 못했으며 이러한 점에서 북한지역에 성립한 것은 '인민민주주의국가'였다고 규정할 수 있다.[3]

북한체제는 이같은 문제점에도 불구하고 '선개혁 후통일' 노선에 입각하여 착실한 내적 역량의 축적에 힘씀으로써 체제역량에서 남한을 압도했고, 이는 중국혁명의 진전과 함께 북한정권으로 하여금 무력통일로 나서게 하는 배경이 되었다. 소련의 군사적 지원, 국공내전에 참가한 최정예부대인 조선인부대 북한으로 이관 등 군사력 확충 이외에도 북한의 경제체제는 국유화된 대공업을 중심으로 부분적으로 계획경제를 실시했고 공장에는 지배인 책임하의 '유일관리제'를 도입하는 등 동원체제를 갖춤으로써 남한보다 전쟁수행에 훨씬 유리한 조건을 갖추고 있었다. 근대적 통치체제의 수립이란 점에서 북한은 남한보다 훨씬

---

[3] 북한체제의 발전과정에서 '인민민주주의' 단계를 설정하는 의의와 그 구체적인 역사적 내용에 대해서는 서동만, 토오꾜오대 대학원박사학위논문(1995) 참조.

앞서 있었다. 북한의 토지개혁은 전쟁발발 직전 남한의 농지개혁에 영향을 주었고 전쟁과정에서 이루어진 북한정권의 남한지역 점령을 통해 남한의 농지개혁은 불가역적이 되고 지주계층은 결정적으로 몰락했다.

그러나 전쟁과정에서 단기간에 낙동강까지 밀고내려간 초기 북한정권의 승리는 정규군의 압도적인 군사적 우위에서 이룩된 '군사적 승리'이지 '정치적 승리'는 아니었다. 이 기간 동안에 남한에서 빨치산투쟁이나 남한인민의 대중적 봉기가 없었다는 사실은 승리의 군사적 성격을 말해준다. 유엔군 참전과 이후 인천상륙작전으로 북한 인민군의 군사적 우위가 무너지자 전세는 바로 역전될 수밖에 없었다. 유엔군과 남한군은 서슴없이 38도선을 넘어 북진통일을 추구했는데, 이는 대한민국정부도 1948년 정부수립 이후 언제든지 기회만 있으면 무력통일을 단행할 의지를 갖고 있었음을 실증해주는 결정이었다.[4] 그렇지만 유엔군과 남한군의 신속한 진격도 중국군 참전 이전에 이루어진 잠정적인 군사적 승리이지 정치적 승리는 아니었다. 중국군 참전으로 전세는 다시 역전되었고 조·중연합군의 서울점령 이후 전선은 과거 38도선 부근에서 교착상태에 빠지게 된다. 전쟁 이전의 남북 양 체제의 정치적 정당성(legitimacy)은 전쟁과정을 통해 각각의 부분적 한계를 입증한 셈이 되었다. 앞서 언급했듯이 북한의 토지개혁이 전한반도적 의미에서 진보적 성격을 갖는 것이기는 했으나, 역설적으로 북한에서의 '혁명'의 진전은 한반도 전체에 걸쳐 혁명을 촉진한 것이 아니라, 오히려 남한에서 '반혁명'이 뿌리내리게 하는 작용을 했다. 북한에서 국가형성이 진행될수록 남한에서도 북한보다는 취약한 역량이기는 하지만 국가는 내

---

4 북한군의 남진에 의한 한국전쟁의 개전 및 인천상륙작전 이후 유엔군과 남한군의 38도선 이북으로의 북진이 갖는 역사적, 정치적 의미에 관해서는 和田春樹 『朝鮮戰爭』, 岩波書店 1995 참조.

부적으로 자체의 정당성을 강화해간 것이다. 어떤 의미로 북한에서의 '혁명'과 남한에서의 '반혁명'은 동전의 양면과 같은 관계에 있었다. 한반도 전체에 대한 유일 대표정부를 자임하면서 성립했던 남북 양 정부의 정당성 범위는 각각의 통치영역에 한정될 수밖에 없음을 전쟁은 확인시켜준 것이다. 나아가 내전으로 개시된 한국전쟁은 유엔군과 조·중 연합사령부의 형성을 통해 국제전으로 비화하면서 종결되었고 국제적 휴전체제는 현재까지 유지되고 있다.

전쟁을 통해서 북한지역은 거의 초토화되다시피 했다. 북한정권은 이때부터 현재에 이르기까지 한국전의 '악몽'에서 완전히 벗어나지 못한 상태라 할 수 있다. 전쟁이 남긴 참혹한 폐허에서 하루빨리 일어나기 위해 북한정권은 서둘러 복구에 나서야만 했다. 막대한 인명손실 때문에 야기된 노동력 부족 상황으로 인해 북한정권은 전시에 형성된 전시체제적 노동관계를 평시적 관계로 돌려놓지 못한 채 전후 복구건설 3개년계획, 제1차 5개년계획을 수행하면서 사회주의공업화를 이룩했다. 전시체제의 가장 두드러진 특징인 식량을 비롯한 중요 생필품 배급제의 폐지도 결국 실현되지 못했다.

북한이 사회주의로 가는 과도기에서 그 시점 내지 계기를 잡는다면 그것은 한국전쟁시기라 하지 않을 수 없다. 북한은 중국군 참전으로 유엔군과 남한군의 북한점령에서 벗어난 뒤, 피점령의 후유증을 치유하고 민심 수습에 나서면서 전반적인 통치체제의 재편을 꾀한다. 종래 도-군-면-리로 이루어진 행정체계에서 면단위를 폐지함으로써 하부말단에 대한 중앙행정력의 통제력을 강화한 것이다. 여기서 토지개혁 이후에도 유지되던 농촌부락 레벨의 자율성은 상당히 저하되었고, 전후 농업집단화를 위한 중앙통치권력의 조직적 기반은 이때 조성되었다고 보아도 좋을 것이다. 전쟁을 통해서 총체적 차원에서 유지되던 남한

지역과의 일체성에 대한 의식도 거의 완전히 단절된다. 남북한간에는 심리적으로 철저한 적대적 관계가 지배하게 되며, 정치세력관계에서 남한지역을 대표하던 정치세력으로서 박헌영을 중심으로 한 남로당계의 숙청은 남북한간의 정치적 연계를 차단하는 효과를 낳게 되었다. 북한지역의 사회주의적 개조에서는 우선 북한지역 내부의 조건도 중요하지만 그에 못지않게 민족통일이라는 측면에서 남한지역과의 관계가 큰 의미를 지니고 있었다. 북한의 사회주의적 개조란 남한지역과의 연계문제를 일단 유보하고 북한만이 먼저 질적으로 다른 새로운 단계로 이륙하는 것을 뜻했다. 전쟁은 남한과의 관계를 끊어내는 심리적·정치적 조건을 마련해주었다.

전후 복구건설 과정에서 가장 중요한 초점은 농업집단화를 중심으로 한 전사회의 사회주의 개조과정이었다.[5] 집단화는 농업호조반에 해당하는 제1형태를 통해 꼴호즈(농업생산 협동조합)와 유사한 제3형태로 이행하는 점진적인 것이 아니라 단기간에 직접 이행하는 급진적인 것이었다. 이는 농업부문의 기계화 없이 소련모델을 철저하게 관철한 '협동조합의 국가화'였다. 집단화 완료 이후에 협동조합의 리단위 통합이 단행되고 군협동조합관리위원회가 설치되면서 '국가화'는 더욱 강화되었다. 소농체제보다 집단화가 농업생산을 비약적으로 증대시킬 수 있다는 '믿음' 이외에도 농업생산부문을 포함하여 경제 전반을 완전히 장악해야 한다는 당=국가체제의 내적 논리가 작용한 결과였다. 농업생산을 계획의 틀 속에 편입시키는 집단화와 잉여곡물 처분권을 완전

---

[5] 북한의 농업집단화를 중심으로 한 사회주의 개조과정에 대해서는 서동만, 앞의 논문 참조. 이 가운데 일부는 서동만 「북한의 농업집단화에 관한 연구」, 한국정치학회 월례발표 논문, 1996; 서동만, 「북한의 곡물생산량 통계에 관한 연구——경제잉여의 이전과 관련하여」, 『통일경제』 1996년 2월호에 각각 발표되었다.

히 국가가 장악한다는 곡물의 유일 국가수매는 어떠한 국가사회주의체제의 경우이건 사회주의 개조과정에서 불가분의 관계에 있다. 나아가 중국 인민공사화의 영향으로 '사회주의 단계'에서 비약하여 꼬뮌적 요소'가 도입되고, '공산주의로의 이행'이란 측면이 강조되었다. 협동조합의 리단위 통합은 이러한 배경 없이는 이해할 수 없는 정책이었다.

한편 집단화과정에서 함경남북도 지방을 중심으로 한 과거 적색농조 운동지역에서는 초기에 제2형태의 비중이 상당히 크게 나타났으나, 1955년 중반 이후 실시된 중앙당 집중지도를 통해 급속히 제3형태로 수렴해갔다. 개성, 평양 등 상업중심지역에서는 집단화의 템포가 다른 지역보다 상당히 뒤처졌고 1956년말까지는 당국도 이를 방임하지 않을 수 없었다. 1954년 12월부터 1955년초에 걸쳐 집단화의 대중적 단계로의 이행에 맞추어 강행된 곡물수매사업에 대해서는 광범한 농민들의 반발이 일어났다. 북한 지도부는 일시적으로 후퇴하여 곡물수매사업을 중단하지 않을 수 없었다. 특히 56년말에서 57년초에 걸쳐 황해도, 개성 지방 등 신해방지구에서 발생한 집단화로부터의 대대적인 이탈 움직임은 지도부가 집단화를 강행하든가 일시적으로 후퇴하든가 해야 하는 기로였다고 할 수 있다. 그러나 1956년 8월의 종파사건은 중·소까지 얽히면서 국제적으로 비화했고 권력중심부의 급격한 정치변동은 집단화과정과 분리될 수 없었다. 또한 당시 주한미군의 전술핵 배치계획과 관련하여 조성된 남북한의 군사적 긴장은 집단화를 강행, 완료의 방향으로 나아가게 하는 데 결정적인 배경으로 작용했다.

집단화과정은 표면적으로는 대규모의 유혈사태 없이 순조롭게 완료된 인상을 주지만, 위에서 간단히 언급한 예만으로도 그 내적 과정이 결코 순탄치만은 않은, 후퇴와 반전을 거듭한 기복이 많은 과정이었음을 알 수 있다. 이러한 점에서 급격한 집단화방침을 비판한 지도부 내의 점진적 노선은 단순히 소련의 북한 집단화에 대한 소극적 입장을 반영한 것으로만 볼 수 없는, 광범위한 국내적 지지기반을 가지고 있었다. 또한 1959년 집단화가 완료되고 전인민적 소유로의 이행문제를 논의하는 과정에서 '협동조합의 군연맹' 구상 등 협동적 소유의 장점이나 그 자율성을 보존하려는 시도가 있었으나, 전반적인 국가화의 진행 속에서 좌절되고 만다. 군연맹 구상도 협동조합의 국가화에 대한 비판적 흐름의 하나였다. 실현되지 못한 이러한 방향은 사회주의체제 형성과정에서 중요한 대안(얼터너티브)으로서의 의미를 갖는다.[6]

사회주의 공업화는 소련, 중국의 원조를 기본축적 원천으로 하여 농업으로부터의 경제잉여 추출에 의거한 고축적 노선에 따라 위로부터 강행되었다. 공업화의 기조에는 기복이 있었으나 전통적인 스딸린적 중공업 우선 노선으로 관철되어갔다. 북한에서는 공식적으로는 "중공업의 우선적 성장을 보장하면서 경공업과 농업을 동시적으로 발전시킨다"는 표현을 쓰고 있었으나, 실질적으로 그 내용은 중공업 중시의 고성장노선이었다. 이 측면과 관련해서 경공업 및 인민생활 중시 노선은 공업화과정에서 강력한 대안으로서 존재하고 있었으며, 이는 점진적 집단화노선과 결합되어 있었다. 8월 종파사건은 초기의 당건설 및 정권수립 과정에서 형성되어온 정파간 갈등에다가 새로이 전후 경제복구 건

---

6 국가사회주의 성립과정에서 '얼터너티브'가 갖는 의미에 대해서는 和田春樹「國家の時代における革命──ブハーリンとレーニン」,『ネップからスターリン時代へ──ソビエト史研究會報告』第1集, 木鐸社 1982; Stephen F. Cohen, *Bukharin and the Bolshevik Revolution*, Oxford University Press 1971 참조. 중국의 맥락에서 이를 논의하기 위한 실마리는 David Bachman, *Bureaucracy, Economy and Leadership in China: the Institutional Origins of the Great Leap Forward*, Cambridge University Press 1991; 中兼和津次『中國における農業集團化政策の展開』1·2, 一橋大學硏究年報『經濟學硏究』31·32號, 1992에서 얻을 수 있다.

설과정에서 빚어진 이러한 노선투쟁이 결합되면서 폭발한 사건이었다.

8월 종파사건이 내부의 정치과정 속에서 자체적으로 수습되지 못하고 국제적으로 비화하면서 파국으로 치달은 것은, 남로당과 숙청 못지않게 이후 북한의 정치문화에 부정적 영향을 미쳤을 뿐 아니라 심각한 후유증을 남기게 된다. 이것은 정치·경제·사회·문화 전반에 걸쳐 엄청난 인적 손실을 가져왔을 뿐만 아니라, 북한체제 형성에 기여한 복합적 요소 중 상당부분을 철저히 배제해버리는 결과가 되었다. 국가사회주의체제에서 일어나는 숙청의 관행에서는 일단 권력투쟁에서 제거된 자는 거의 예외없이 영원히 사회적·육체적으로 말살된다. 이것은 법치주의 결여, 사법제도 무시, 인권경시 등에 기인하며 국가사회주의의 가장 전근대적 특징을 이룬다고 할 수 있다. 소련의 스딸린시대에 확립된 이러한 관행은 모든 국가사회주의체제에서 일반화되었으며, 북한의 경우 분단상황이 이를 더욱 악화시키고 있었다. 중국의 경우 개혁·개방 이후 과거에 실각했거나 단죄되었던 간부들을 다시 복권시킨다는 예외적인 상황을 만들어냈으나, 여기에는 문화혁명 당시 엄청난 희생을 치른 뒤 노선을 전환하면서 문혁을 포함해 과거에 대한 철저한 반성이 뒤따랐다.

1970년대 이후 나타나기 시작한 '주체'의 극단적 자기중심성, 폐쇄성, 기반의 협소성은 그 근원을 거슬러올라가면 상당부분 여기에 기인한다고 해도 지나친 판단이 아닐 것이다. 주체가 남한과의 상관성을 무시하고 외부 사회주의체제, 사회주의사상과의 연관성을 상실하게 된 주된 이유는, 그 부분을 매개했던 세력이 '미제의 간첩'으로, 사대주의적·교조주의적 '반혁명분자'로 낙인찍혔기 때문이다. 간첩이나 반혁명분자란 낙인은 한번 단죄하고 나면 엄청난 정치변동 없이 그것을 되돌리기란 거의 불가능하다. 한 체제가 과거의 정책을 수정하고 새로운 방향 및 노선을 모색할 때, 반드시 과거의 잘못을 반성하거나 과거에 대한 해석을 바꾸는 작업이 따르지 않을 수 없다. 중국이 개혁·개방노선을 취할 때 50년대 대약진운동이나 60년대 문화대혁명 등 과거역사를 재해석하려는 노력을 보인 예는 새삼스레 언급할 필요도 없을 것이다. 과거를 보는 눈이 바뀌지 않으면 현재나 미래를 보는 눈도 제대로 변화할 수 없는 것이다.

1958년에 전사회의 사회주의적 개조가 완료된 이후 59년부터 61, 62년에 걸쳐서 북한에서는 통치체제가 재편되고 이 과정을 통해 현재까지 근저에서 변함없이 유지되고 있는 제1차적 구조로서의 '국가사회주의체제'가 확립된다.[7] 농촌에서 '청산리방식', 공장에서 '대안의 사업체계'는 농촌통치와 산업관리에서 '당의 일원적 지도'에 의한 관리체계가 확립되었음을 의미한다. 그러나 이 속에서 종래 유지되고 있던 산업부문에서 지배인-당-직업동맹의 권한분업체계는 정지되고 당위원회의 일원적 지도하의 유기적 관계로 전환되었다.[8] 형식적이나마 근로자의 권익단체로서 규정되었던 직업동맹은 사상·교양단체로 격하되고, 근대적 노동관계가 형해적으로나마 남아 있던 '단체계약'도 '자본주의의

---

[7] 북한에서 '국가사회주의체제의 확립과정'에 대해서는 서동만, 토오꾜오대 대학원박사학위논문(1995) 참조.

[8] 해방 이후 북한체제의 성립시기부터 1960년대초 대안의 사업체계 확립시기에 이르기까지 북한의 산업관리체계 전반 및 노동관계 변화과정에 대해서는 서동만, 같은 글 참조. 특히 한국전쟁 휴전 이후부터 60년대초 대안의 사업체계 확립에 이르기까지 북한의 산업관리체제 전반의 변화과정에 대한 심층분석으로는 김연철「북한의 산업화과정과 공장관리의 정치(1953~1970): 전통적 지배형태의 사회경제적 기원」, 성균관대 정치학과 박사학위논문, 1996 참조. 이 논문은 60년대초 공장관리체제의 전환을 '수령의 직할관리'로 파악하고 이를 정치체제 레벨에서 '수령제' 확립과 직결시키는 주목할 만한 시각을 제시하고 있다.

잔재'라는 이유로 철폐되고 만다. 농촌에서도 인민위원회-당-농민동맹, 당-인문위-농업협동조합의 체계는 당의 일원적 지도하의 협동조합의 철저한 국가화로 귀결되었다.

　사회주의 개조과정을 완료한 결과는 시장철폐와 사회적 자율성 상실이었다. 정치적으로는 '인민민주주의적 독재'에 대신해서 '프롤레타리아독재'가 선언되어 '인민주권'의 민주적 원리를 형식적이나마 담보했던 인민회의-인민위원회체제는 완전히 형해화되고, '당의 일원적 지도'야말로 더욱 높은 민주주의의 구현으로 찬양되었다. 사법·재판과정에서 법에 의거한 판단이 '당의 지도'에 의해 대체되고 '준법성' '인권' 등이 '부르주아적 가치'로 부정되었다. 경제적 소유형태에만 집착한 결과, '국가적 소유=전인민적 소유'라는 사회주의권 일반의 '고전적 확신'에 대한 추호의 의문도 허용되지 않았다.

　사회주의 개조과정은 대외적으로 보면 중국군이 계속 주둔하는 가운데 수행되었다. 집단화는 중국에서 선행적으로 개시되고 있었고 소련은 반대했지만 중국의 격려를 받아 추진되었다. 중국군 주둔이나 중국의 집단화에 대한 지지는 북한의 사회주의 개조과정에 대한 중요한 국제적 보장이었다. 중국군과 인민군은 양국에서 동시진행중인 사회주의 혁명을 휴전선을 사이에 두고 한미연합군에 대해 공동으로 수호한 것이다. 한국전쟁이 국공내전에서 중국공산당의 승리, 중국혁명 수행의 연장선상에 있었다고 한다면, 북한 사회주의 개조과정은 한국전쟁의 연장선상에 있었다고 할 수 있다. 중국과 북한의 사회주의체제는 흔히 '순망치한(脣亡齒寒)' 관계에 있다고 얘기하지만, 이는 지정학적·전략적 관계 이상으로 밀접한 양 체제의 역사적·태생적 관계를 말해주고 있다.

　사회주의체제 성립과정에서 좌절되거나 '종파적' '반당적' 요소로 숙청되어버린 논의나 입장 들은 현재시점에서 새롭게 재평가되어야 하는 역사적 유산들이다. 우선 직업동맹위원장 서휘를 중심으로 1956년경부터 단체계약을 전면화하려는 시도가 이루어졌으나 8월 종파사건으로 백지화되고, 50년대말까지 부분적인 시도도 흐지부지되고 만다. 이는 '전시체제적' 노동관계를 '평시적' 노동관계로 이행시키려 한 중요한 시도였다. 인민위원회-인민회의의 기능을 활성화해서 밑으로부터 관료주의의 폐해를 시정해야 한다는 논의도 전개되었다. 이는 형해화되던 인민주권의 원리를 활성화해보려는 시도로서의 의미를 갖는다. 중앙당 집중지도과정에서 당의 행정대행이 공공연해지자 지방인민위원회를 중심으로 주장되었던 인민위원회-당의 동격론은 당의 독주에 대한 중요한 비판적 흐름이었다. 1956년말에 정부기관지 『인민』에서 사회주의로의 과도기와 인민민주주의단계 규정을 둘러싼 논쟁이 벌어지면서 송예정을 중심으로 북한의 현단계를 프롤레타리아독재가 아니라 인민민주주의적 연합독재로 규정한 이론이 전개된다. 그러나 이러한 논의는 곧이어 반당 종파주의로 낙인찍히고 그 후유증으로 『인민』 자체가 폐간되었다. 사법부에서는 당에 대해 재판의 독자성을 주장하고 인권의 보편성을 주장하는 논의도 전개되었다. 이러한 좌절된 움직임은 전부 재평가되어야 할 중요한 움직임이지만, 무엇보다도 1955년말부터 56년 제3차 당대회를 거쳐 8월 종파사건에서 절정에 달했던 개인숭배 비판의 흐름이야말로 가장 큰 좌절이었다. 김일성을 비롯한 북한 지도부는 개인숭배에 대해 공식적으로 비판하거나 스스로의 잘못을 공식적으로 인정한 일이 없다. 이 좌절이 60년대말 70년대초 이래 유일사상체계의 확립을 통해 극단화된 수령중심체제를 가능케 한 요인이다.

   사회주의 공업화가 단기간에 고도의 성장을 이룩한 것은 표면적으로는 괄목할 만한 성공이었다. 전사회가 김일성과 당지도부 주위에 일치단결하는 모습이 외부에는 엄청난 위협으로 비쳤다. 성장노선은 많은 기복을 수반하고 있었으나 고축적을 달성해야만 한다는 것은 지상명령적 과제가 되었다. 집단적 혁신운동, 천리마운동은 물질적 동기 외에도 정신적 동기에 의해 비약적으로 생산력을 증대시킬 수 있다는 믿음으로 추진되었다. 이른바 '혁명적 군중노선'은 소련으로부터 경제원조가 끊기면서 자체의 힘으로 사회주의를 건설한다는 '자력갱생' 원칙과 결합되어 더욱더 열광적인 모습을 띠어간다. 사회주의보다 한단계 더 나아간 '공산주의' 원리가 더 큰 생산력을 보장한다는 인식이 지배하게 되었다. 이는 '근대의 초극' '근대의 부정'을 통해 생산력의 증대를 이루겠다는 전망이었다.[9] 여기에는 자본주의적인 경제적 합리성은 물론, 소련의 국가사회주의가 갖는 계산성까지 뛰어넘겠다는 의지가 발동하고 있었다. 다만 중국이 대약진운동을 통해 이 방향을 극단적으로 추구하면서 엄청난 경제적 파국을 초래한 데 반해, 북한의 경우 기술에 대한 중시경향을 남기면서 큰 파국은 회피할 수 있었다. 이는 중국과 북한 간에 공업기반의 차이, 소련 영향의 차이 등이 존재했기 때문이라 할 수 있다.

그러나 1960년대 이후 북한 국가사회주의체제는 이미 생산력 증대에서 한계에 달해 있었다. 이를 타개하기 위해 북한정권이 취한 방식은 동유럽처럼 부분적으로 시장적 요소의 작용을 이용하는 개혁적 방향이

---

9 중국의 대약진 이래 문화대혁명에 이르기까지의 움직임을 '반근대'의 시도로 이해하는 입장으로는 加加美光行 『逆說としての中國革命: 〈反近代〉情神の敗北』, 田畑書店 1986; 同編 『現代中國の挫折: 文化大革命の省察』 I, 『現代中國のゆくえ: 文化大革命の省察』 II, アジア經濟硏究所 1986 등 참조. 북한의 이러한 양상이 부분적으로 나타나기는 하지만 중국만큼 철저한 '근대의 부정'으로 이어지지는 않았다. 다만 결과로서 근대의 미달이라는 점에서는 동일하다.

아니라 스딸린주의적 방식을 강화하는 방향이었다. 국가사회주의체제도 경제가 일정하게 고도화하면 기술외부요소의 투입만으로 성장을 달성하는 외연적 성장에 한계가 나타나고 기술혁신에 의한 생산성 향상을 통한 내포적 성장단계로 이행하지 않을 수 없다는 인식이 북한의 지도부 내에도 존재했으나 이러한 인식에 기초한 정책전환은 이루어지지 못했다. 동시에 남북한간 대결 속에서 이루어진 북한의 공업화는 철저한 '비시장적' 즉 '비자본주의적' 방식을 고집하지 않을 수 없었다. 북한의 사회주의이론은 언제나 전통적 노선에 집착하여 이로부터의 이탈을 극히 꺼리는 경향을 갖고 있다. 중소분쟁의 와중에 택한 주체노선이나 한·미·일동맹에 대항한 경제-국방 병진노선도 경제적으로는 큰 부담이었다. 60년대말 70년대초에 성립하는 '수령제' '유격대국가' '유일사상체계'는 국가사회주의체제의 모순과 외적 위기를 권력을 더욱 집중시키는 방향에서 해결하려 한 결과였다.[10] 이는 국가사회주의체제라는 '제1차적 구조' 위에 성립한 '제2차적 형성물'이란 성격을 갖는다.[11]

이렇게 북한 사회주의가 벽에 부딪쳤을 때 남한의 공업성장은 괄목할 만하게 진전되었다. 5·16쿠데타로 집권한 박정희정권은 경제기획을 사령탑으로 고도성장을 추진했는데, 남한정권의 계획경제 실시에는 박정희가 의식했던 북한의 '선발'공업화의 영향이 컸다고 할 수 있다.

---

10 '수령제'에 관해서는 鈴木昌之 『北朝鮮: 社會主義と傳統の共鳴』, 東京大學出版會 1992 참조. '유격대국가'에 대해서는 和田春樹 『金日成と滿洲抗日戰爭』, 平凡社 1992 참조. '유일사상체계'에 대해서는 이종석 『조선로동당연구: 지도사상과 구조변화를 중심으로』, 역사비평사 1995 참조.
11 '제2차적 형성물'에 관한 논의로는 和田春樹 「遊擊隊國家の成立と展開」, 『世界』 1993년 10月號와 『歷史としての社會主義』, 岩波書店 1992 등 참조. 일본의 소련사학계에서 이를 둘러싼 논쟁에 관해서는 塩川伸明 『終焉の中のソ連史』, 朝日選書 1993 참조.

새마을운동 등 박정희의 경제정책에는 항상 북한의 그림자가 짙게 드리워 있었다. 그리고 박정희 성장정책의 직접적인 모델이 되었던 일본의 전후 고도성장은 전전의 이른바 '1940년체제'가 그 모태였다.[12] 소련의 제1차 5개년계획을 모델로 괴뢰국가 만주국에서 계획경제 실험을 했던 일제는 미국과의 태평양전쟁에서 총력전을 수행하기 위해 이 씨스템을 본토에 도입했던 것이다. 장 제스(蔣介石) - 장 징꿔(蔣經國) 정권의 대만, 리 꽝야오(李光耀)의 싱가포르에도 국가사회주의의 경제계획 방식은 직접적인 영향을 미쳤다. 또한 남한, 대만, 전후 일본의 고도성장에는 농지개혁으로 인해 반봉건적 지주층이라는 질곡이 제거되었다는 점이 경제적 이륙을 위한 중요한 조건으로 작용했다.[13]

제1차 7개년계획의 실패와 60년대말 70년대 전세계적 데땅뜨의 흐름에 맞추어 북한도 자체의 경제운영방식에 부분적 변화를 꾀하게 된다. 동구권의 움직임에 자극받아 북한도 서방국가들로부터 차관에 의한 대형 플랜트 도입을 통해 경제의 활성화를 시도한다. 그러나 오일쇼크 이후 국제적인 원자재가격 하락은 북한경제의 외자상환을 불가능하게 하고 북한은 급증하는 외채부담이 경제적 종속을 가져오리라 우려하면서 외자상환을 거부하여 세계경제와의 연계를 차단하는 길을 택한다. 1970년대 이후 북한의 대외적 움직임을 보면, 그 대응방식을 어떻게 평가하든 외부세계의 움직임에 극히 민감하게 반응하고 있었음을 알 수 있다.

---

12 일본에서 '1940년체제'에 관한 논의로는 岡崎哲二·奧野正寬 編『現代日本經濟システムの源流』, シリーズ現代經濟新聞社 1993; 野口悠紀雄『1940年體制—さらば「戰時經濟」』, 東洋經濟新聞社 1995 참조.

13 '국가사회주의' 체제의 이러한 역사성과 남한, 대만과의 관련성에 관한 논의로는 和田春樹 앞의 책과「世界戰爭の時代の終わりとソ連·東アジア」참조.

이러한 점에서 1984년 합영법 제정은 중국, 베트남의 개혁·개방노선이 북한에도 남의 일일 수 없었음을 말해준다. 중국, 베트남의 새로운 노선은 아시아 NIES국가들의 경제발전에 대한 대응으로 이루어진 것이지만 한반도에서 신냉전의 형성은 북한이 과감하게 정책전환하는 것을 방해했으며 여기에는 남한 내 신군부의 등장, 광주사태 등 한반도 내부의 사정도 영향을 미쳤다. 1984년 이후 소련, 동구권이 붕괴하기까지 북한체제가 대내외적으로 큰 노선상의 변화 없이 지나쳤다는 것이 북한체제가 현재의 위기를 맞이하게 된 가장 직접적인 원인이라 할 수 있다. 1980년 제7차 당대회에서 김정일이 공식 후계자로 지명되어 이후의 북한체제를 김일성-김정일체제로 명명할 수 있다는 점에서 이에 대한 책임은 김일성, 김정일 부자 공동의 몫이라 할 것이다. 이후 현재에 이르기까지 북한은 10년을 허송했고 소련, 동구권의 붕괴로 대외적 위기를 맞이하고 있다.[14]

1960년대 이후 북한이 모든 것에 우선해서 추구해온 대외적 자주의 원칙은 역사적으로 보면 식민지시기 민족해방투쟁의 경험이나 소련점령을 배경으로 한 건국과정, 중소분쟁에서의 위치 등과 밀접한 관련을 갖고 있다. 식민지가 조선공산당의 해체에 따른 민족공산당 부재 속에서 소련공산당, 중국공산당, 일본공산당 내에서 민족해방투쟁을 전개할 수밖에 없었던 조선 공산주의자들이 코민테른에의 종속과 민족독립의 과제라는 모순을 극복하기 위한 방편은 철저한 국제주의자가 되는 길뿐이었다. 해방 이후에도 소련점령하의 정권수립, 국공내전시 중국공산당에 대한 지원, 국공내전 참가 조선인부대의 북한 이관 및 소련의

---

14 1980년대 남북한 상호관계와 관련하여 북한의 개방이 지체된 배경에 관한 논의로서는 서동만 「분단의 극복과 통일」, 『오늘의 한국지성, 그 흐름을 읽는다』, 문학과지성사 1995 참조.

군사적 지원을 통한 '조국해방전쟁' 개시 등 복잡다단한 정세를 북한 공산주의자들은 국제주의로써 정당화할 수밖에 없었다. 나아가 1960년대 중소분쟁이 격화하는 가운데서도 조선로동당은 중·소 양국 공산당에 대해 국제공산주의적 단결의 원칙을 견지할 것을 호소하고 있었다. 이러한 경험에 비추어볼 때 주체는 과거의 철저했던 국제주의 원칙에 대한 환멸이자 반작용이었다.

국제공산주의운동이 결국은 전통적인 근대국가간의 국제관계를 넘어설 수 없었다는 점에서 북한은 이를 뛰어넘으려고 발버둥쳤던 마지막 국가였는지도 모른다. 다만 북한은 뒤늦은 자각 속에서 대외적인 자주의 원칙을 극단적으로 추구하지만 역설적으로 북한은 냉전시대는 물론 소련, 동구권 붕괴 이후에도 동북아시아에서 근대적 국가관계의 일원으로 편입되기를 거부당해왔다. 북한체제의 개혁은 대내적으로 '근대로부터의 비약'에서 '근대로의 회귀'로 전환하는 것을 의미하기에 대외적으로 근대적 국가관계의 일원이 될 수 없는 한, 이 전환은 불가능한 일이라 할 것이다. 이는 냉전 후 동북아시아의 서측을 구성해온 미·일·남한에서 제2차 세계대전, 한국전쟁, 베트남전쟁 등 모든 전후처리에 있어 북한만이 배제되어온 사정과 관련되어 있다. 이 점에서 북한체제의 개혁은 동북아시아에서 새로운 탈냉전질서의 형성과 직접 맞물려 있는 것이다.

3. 북한에서 '전통'의 문제

북한 정치과정에서는 초기부터 '역사'와 '정치'가 결합하는 경향이 있었다. 김일성정권의 정통성을 항일무장투쟁에서 찾으려는 시도는

'김일성 장군'이라는 명칭에서 나타나는 지도자 원리뿐 아니라 남한정권에 대한 우월성을 식민지시기 민족해방투쟁의 경험에서 찾으려는 노력과 결합되어 있다. 이것은 권력 내부의 경쟁관계에도 작용하여 조선공산주의운동의 대표성을 어디에 둘 것인가는 매우 미묘한 문제였다. 잠정적인 타협은 1949년 최창익이 주도한 '조선민족해방투쟁사' 서술에서 이루어지는데 김일성의 리더십을 인정하는 선상에서 지도부 내 세력관계나 소련과의 관계를 배려한 내용이었다. 또한 표면화된 것은 아니지만 북조선로동당의 기원을 어디에 둘 것인가도 '조선공산당 북부조선분국'의 명칭문제를 둘러싸고 내연하고 있었다. 전쟁 직전까지는 조선인민군의 기원문제도 김일성의 빨치산투쟁에만 둘 것인가, 연안의 독립동맹도 포함시킬 것인가가 쟁점이 되면서 잠복해 있었다.

그러나 전반적인 이데올로기 상황은 사회주의 모국 소련을 모방하려는 분위기가 지배하여 '소련혁명 전통'의 압도적 우월 속에서 '조선혁명'의 전통은 뒷전에 밀려 있었다 할 수 있다. 지도부 내 세력관계가 균형을 이루고 있었다는 측면뿐만 아니라 소련의 압도적 영향력이 작용하여 전통계승문제를 둘러싼 갈등이 표출되기 어려웠던 것이다. 당시에는 코민테른 이래의 국제공산주의 전통이 강력한 영향력을 발휘하고 있었고, 이제 갓 식민지에서 벗어난 북한의 수준에서 볼 때 소련은 거대한 선진국이었다. 이데올로기적으로 초기 북한의 사회주의이념은 압도적으로 소련중심으로 재편되었고, 연안계를 중심으로 수용되었던 중국공산당의 대중노선 경험이나 맑스-레닌주의를 조선현실에 창조적으로 적용한다는 민족주의적 경향은 1947년 후반 이래 냉전의 진행에 따라 억압된다. 다만 냉전의 진행에 따라 동유럽국가들에서는 지도부 내 숙청이 단행되었던 반면, 북한에서는 그러한 스딸린식 숙청은 행해지지 않았다. 한편 한국전쟁 발발 직전부터 군대 내 빨치산파를 중심으로 추진되기 시작한 김일성에 대한 수령 호칭은 단순한 개인숭배의 차원을 넘어 소련공산당이나 중국공산당처럼 조선의 공산당(로동당)도 이에 버금가는 지도자를 갖고 싶다는 민족주의적 원망의 표현이기도 했다.

'역사'와 '정치'의 결합에서 큰 난제가 된 것은 한국전쟁 휴전 직전 박헌영을 중심으로 한 남로당파의 숙청이었다. 이들을 미제 스파이로 단죄한 이상, 해방 직후 서울에서 재건된 조선공산당의 처리문제가 심각한 이슈로 제기된 것이다. 특히 박헌영을 비롯한 상당수의 남로당계 간부들이 식민지시기 조선공산당이 창립되던 시절부터 활약해온 터라, 이는 조선공산주의운동의 정통성문제로까지 비화될 수 있는 복잡다단한 것이었다. 이 문제는 몇차례의 해결시도에도 불구하고 거의 3년을 끌다가 1956년도 당대회를 1946년 북조선로동당 제1차 대회, 1948년 제2차 대회에 이어 조선로동당 제3차 대회로 규정함으로써 해결을 보았다. 나아가 1945년 10월에 결성된 조선공산당 북부조선분국을 조선로동당의 기원으로 삼고 서울의 조선공산당 중앙을 부정하여 조선로동당의 역사에서 남조선로동당의 역사를 말소시킴으로써 쟁점의 소지를 아예 없애버리는 방식을 취한 것이다.

한편 1955년말부터 제기된 사상사업에서 '주체'의 제기는 조선의 혁명전통을 살린다는 점에서 중요한 의의를 지닌다. 식민지시기 민족해방투쟁사연구나 국학연구의 토대는 이때부터 본격적으로 마련된 것이었다. 선전, 학술 부문에서 소련계의 영향력은 급속히 퇴조하고 일제 때 교육받은 인텔리 출신을 중심으로 이데올로기부문을 주도하게 된다. 1956년말까지 조선혁명의 현단계를 둘러싼 인민민주주의 논쟁 등 중요한 생산적인 논의도 이루어졌다. 소련의 스딸린 개인숭배 비판의 움직임, 중국의 백화제방 등 외적 조건도 작용하면서 1955년부터 57,

58년경까지는 북한에서 이념적으로 가장 풍부한 시기였다. 그러나 주체의 제기는 복합적인 양상을 띠고 있었다. 이는 조선적 전통을 소련의 질곡에서 해방시킨다는 점에서는 중요한 기여를 했으나, '8월 종파사건' 이후 지도부 내에서 소련계, 연안계가 숙청되면서부터는 소련, 동구에서 진행되던 비스딸린화 경향이 북한으로 파급되는 것을 차단하는 역할도 한 것이다.

이른바 역사와 정치가 결합하는 가장 극적인 예는 1958년 연안계, 소련계, 일부 국내계가 숙청되고 김일성을 중심으로 한 빨치산파가 권력의 공백을 메워 당·정·군을 장악하면서 '항일빨치산혁명 전통'이 확립되는 과정이었다. 혁명전통 확립문제는 인민군 내 숙청과정의 발단이 되었고 지방으로까지 확대되어 식민지시기 함경남북도를 중심으로 활발했던 국내 적색노조, 적색농조 운동 출신의 지방 당, 인민위원회 간부가 대거 숙청되었다. 여기서는 '향토사연구' '○○지방제일주의' '당-인민위원회 동격론' 등이 주된 비판의 이유가 되고 있다. 이는 북한지역 내부에 뿌리를 가진 중요한 토착적 전통의 단절을 의미하게 된다. 천리마운동이 공산주의 교양운동과 결합하여 사상교양사업으로서의 기능도 겸하게 되면서 항일빨치산혁명 전통의 확립은 노동생산성 증대를 위한 모범일 뿐 아니라 전체사회를 지배하는 최고의 이데올로기, 나아가서 건국이데올로기로까지 격상되어간다. 식민지시기 민족해방운동은 항일빨치산투쟁으로 일원화되고 이와 관련이 없는 운동은 제거되거나 축소되어갔다. 급기야는 실제로 항일빨치산투쟁과 직접 관련이 없던 운동들도 관련이 있던 것처럼 창작되는 식의 사실과의 정합성을 무시한 역사서술이 일반화한다. 역사와 정치의 긴장관계가 무너지고 역사가 정치에 완전히 종속되는 상황이 조성된 것이다.[15]

1957년부터 59년에 이르는 정치적 소용돌이 속에서 식민지시기 좌익 인텔리 출신 지식인은 대거 모스끄바 유학 출신의 새로운 지식인으로 대체되어갔다. 이미 남로당파 숙청을 통해서 북한 사회주의의 중요 구성요소였던 인텔리적 사회주의의 흐름이 타격을 받았던데다가 이들 '과학아카데미식'의 '체계적' 지식인들이 등장하면서 전통적인 '인문학적' 맥을 잇는 이데올로그들은 몰락했고, 이것이 이후 북한 사회주의의 이념적 성격을 강하게 규정짓게 된다. 이 변동은 1970년대 주체사상의 체계화나 『조선전사』, 『백과전서』 등 집단저작에 의한 익명성 대형 간행물의 편찬으로 결실한다. 지적 생산은 체계화를 지향하면서 어떤 면에서는 세련되어가는 모습을 띠기도 하지만, 생산과정의 집단화가 강화되고 이러한 집단성 내에 연구자의 개성이 매몰되면서 생산물의 황폐화·공허화가 진행된다. 70년대 이후 이데올로기적 저작은 김일성 교시의 주석서 내지 해설서로 천편일률화해간다.

빨치산혁명 전통이 이른바 혁명적 군중노선과 결합하면서 북한 사회주의는 대중적 성격을 강화해가지만 내용적으로는 비속화·통속화하는 경향을 보이는데, 이는 고도의 이론적 모색을 저해하는 요소가 된다. 또한 지도부 내의 군사적 성격의 강화는 전반적인 지적 불모화의 경향을 촉진했다. 60년대 중반부터 북한의 각종 매체에 등장하는 글들은 북한사회를 이해하기 위한 설명력을 거의 잃은 슬로건 차원으로 전락하고 있다. 이때부터 북한의 인문·사회과학 관련문헌에서는 구체적 사실을 담은 내용은 거의 찾아보기 어렵게 된다. 이러한 현상은 주체사상의 체계화와 동시에 진행되었다. 외부의 북한연구에서 북한의 공식문헌이 갖는 자료적 가치는 이때부터 급격하게 떨어지고 있다. 지루한 김일성

---

15 북한에서 역사와 정치의 이러한 결합양상에 대해서는 서동만, 토오꾜오대 대학원 박사학위논문(1995), 549~55면 참조.

교시의 나열과 그에 대한 동어반복적 해설로 가득 채워진 북한의 공식 문헌에 익숙해지기 위해서 북한 연구자에게 요구되는 자질이란 무엇보다도 이들 문헌을 읽어낼 수 있는 무한한 인내심이었다. 70년대 이후를 대상으로 한 외부의 북한연구가 주로 이데올로기 분석으로 시종하게 된 것도 이때문이다. 남한을 포함해서 외부의 북한연구가 낙후된 중요 이유는 무엇보다도 냉전상황에 있었지만, 60년대 중반 이후 북한 내 지적 불모화 경향이야말로 그에 못지않게 결정적인 이유라 할 것이다.

주체사상은 맑스-레닌주의를 조선현실에 창조적으로 적용한다는 데서 출발했으나 점차 기존의 사회주의사상과의 연결을 차단하고 극도로 자기중심적인 모습을 띠게 된다. 주체사상은 사람중심의 사상이란 측면을 강조하여 동학 '인내천'사상의 전통을 이어받는 모습도 보이지만, 유일사상체계와 결합함으로써 폐쇄적 공간에서밖에 자기유지를 할 수 없는 것이 되어버렸다.[16] 다른 사회주의사상과 의사소통을 이루고 사회주의사상의 역사 속에서 스스로의 위치를 확인할 수 있는 실마리를 잃고 있다. 더욱이 북한의 주체사상은 그 강렬한 민족주의적 내용에도 불구하고 거꾸로 남한의 사상적 흐름과의 연결을 찾기 어렵게 자기 중심화되어간다.[17] 80년대 이후 남한 내 주체사상의 흐름은 남한에 대한 북한 주체사상의 영향이란 측면을 무시할 수는 없으나, 그보다는 오히려 남한 내 민족주의적인 사상적 흐름이 북한과의 연결을 모색하고 전한반도적 전망을 확보하려는 과정에서 나타난 일시적 현상이라고 할 수 있다.

---

16 주체사상과 유일사상체계의 결합에 대해서는 이종석, 앞의 책 참조.
17 백낙청은 북한이 '분단체제'로서의 자기인식을 상실했다고 지적하면서 이를 북한 체제의 이데올로기가 직면한 최대의 문제점으로 간주하고 있다(『월간 사회평론 길』 1994년 10월호; 『분단시대 변혁의 공부길』, 창비 1994).

한편 유일사상체계의 확립은 북한의 이데올로기의 폭을 극도로 축소시키고 있다. 북한의 모든 사상적 내용은 체계화된 주체사상을 통해 표현되고 있다. 동시에 이렇게 좁은 기반 위에서 80년대 이후 북한의 이데올로기 상황은 종래의 사회주의적 담론과는 동떨어진 갖가지 표현을 동원하고 있다. 우선 '어버이 수령' '어머니 당' '사회주의 대가정'이란 이미지는 유교적 전통을 부활시킨 것으로 일종의 '가족국가론'이다. 이러한 가족국가론이나 유교적 담론은 동아시아나 동남아시아 국가들에서는 그리 낯선 현상이 아니며, 이미 남한에서도 70년대 박정희시대에 풍미한 충효사상이 그와 유사한 예라 할 수 있다. 그러나 혁명적 수령관에서 수령을 '뇌수', 당을 '심장', 인민을 '팔다리'로 비유하는 것은 유교적 전통과는 구별되는 '유기체적 세계관'에 입각한 것이다. '사회정치적 생명체론'은 유기체적이면서 기독교적 뉘앙스도 풍기고 있다. 이러한 담론은 국가사회주의체제를 정당화하면서 전주민을 동원상태로 끌어내는 데 있어서 기존의 담론이 한계에 부딪치면서 끊임없이 새로운 논리를 만들어내기 위한 인위적 작업의 일환이다. 최근의 '인덕정치' '광폭정치' '이민위천' '일심단결' '사회주의 한식솔' 등에서 보이듯이 유교적 가치를 더욱 중시하는 경향이 나타나지만 기본적으로 유교적 논리와 유기체적 논리는 두개의 축을 이루고 있다.[18] 특히 유기체적 논리는 조선적 전통과는 전혀 인연이 없는 서구나 동유럽, 일본의 천황제에 나타나는 파시즘 논리와 통하고 있다. 유기체적 논리의 문제점은 지도자에 대해 인민의 위치를 극도로 축소시킨다는 측면이며, 인민의 창의를 증대시키고 자발성이나 생산의욕을 북돋우고자 하는 지도부의 의도와도 정면으로 배치된다는 점이다.

---

18 이 두가지 축의 구분에 대해서는 和田春樹 「遊擊隊國家の成立と展開」 참조.

붕괴 이전 동유럽의 국가사회주의국가들도 통치이데올로기로서 가부장적 관계를 활용하고 당=정의 상층부나 공장 말단의 권력관계에서 후견-의존관계를 일상화하는 등 전통적 요소의 등장은 드문 일이 아니었다. 오히려 '권위주의적' 관계는 국가사회주의체제에 내재한 현상이며, 북한 사회주의를 '유교사회주의'로 규정하는 일련의 경향은 통치이데올로기 차원의 문제를 현실의 차원과 혼동한 결과다.[19] 이데올로기 차원에서 제시되는 전통적·유교적 가치관이 실제 인민들의 생활이나 의식 수준에서 어느 정도 관철되고 있는지는 현재의 북한연구에서는 확인되지 않는다. 오히려 체제의 모순이 심화되면서 실생활과 가치의 괴리가 커지고 가치나 도덕의 공허화가 진행되고 있을 가능성이 크다. 갈수록 외부와의 의사소통이 거의 불가능해 보이는 담론이 확대재생산되고 시대적으로 복고화되어가는 방향에서 끊임없이 새로운 담론이 등장하고 있는 현상은 기존의 담론이 현실과의 정합성을 잃고 인민을 설득하기 위한 효험이 떨어지는 데 대한 지도부의 반응일 것이다. 북한의 이데올로기에서 보이는 일련의 현상은 경직된 국가사회주의체제를 무리하게 견지하려는 데서 생긴 것이지만, 그것을 사회주의로부터의 일탈이라고는 할 수 없다. 전통의 부활 현상은 상당부분 통치상 필요에 의해 동원된 인위적 소산이며 자연적 결합이라기보다는 선택적 결합이다.

북한 사회주의는 '자립적 민족경제'의 건설을 목표로 했지만 그 내용은 철저한 반자본주의적 근대화를 지향했다고 할 수 있다. 북한은 공

---

19 수령제를 중심으로 최근의 일련의 현상까지를 포괄하여 '유교적 전통'으로 환원시키는 입장으로는 鈴木昌之, 앞의 책 참조. 국가사회주의체제의 생산현장 일반에서 나타나는 권위주의적 인간관계를 토대로 이를 이데올로기에서 전통적 담론의 활용과 구분짓는 논의로는 김연철, 앞의 글 참조.

식적으로 '민족주의'란 표현을 배제해왔지만 '주체'란 북한 민족주의의 다른 표현이라고 할 수 있다.[20] 그런데 사회주의단계로의 이행이 선언된 이후 이는 민족주의란 관점에서 보면 '사회주의=민족주의'로서 사회주의 이외에 자본주의적 요소가 민족적인 것 안에 끼어들 여지는 전혀 없었다. 이 점에서 북한의 민족주의도 냉전시대의 진영대립에 기초한 사회주의에 지배된 민족주의라는 한계를 벗어날 수 없다. 북한의 민족주의는 사회주의의 자본주의에 대한 우월성 확신에 기초해 있었다. 그러나 우선 전세계적인 사회주의권 붕괴나 중국, 베트남 등 아시아 사회주의의 변용은 민족주의의 외연적 확대를 불가피하게 하고 있다. 이미 베트남의 경우, 베트남 사회주의가 아닌 '호찌민주의'가 체제의 민족적 정통성을 확인하는 슬로건이 되고 있다.[21] '조선민족제일주의'라는 담론의 등장, '우리식 사회주의'에서 '우리식'의 강조, 단군릉 발굴을 통해 민족적 정체성을 확인하는 작업 등은 이러한 추세에 대한 북한체제 나름대로의 대응이었다. 또한 냉전붕괴 이후 동아시아 질서의 변화, 남북한간 교류·협력의 증대, 북한경제의 대외개방 등도 더이상 북한의 민족주의가 사회주의의 틀 속에 머물러 있을 수 없게 하는 상황이다. 그러나 급격한 체제개혁이 몰고올지도 모를 붕괴에 대한 두려움은 지도부로 하여금 북한체제의 개혁을 망설이게 하고 있다. 체제개혁을 통한 자본주의적 요소의 도입 없이는 근본적인 의미에서 민족주의의 확대는 불가능한 일이다. 김일성이 생전에 조국통일 10대 강령 속에서 생산수단의 복수소유권을 인정한 것은 이러한 딜레마의 소산이라 할 수

---

20 북한의 민족주의적 언술에 관한 연구로서는 이종석, 「주체사상과 민족주의: 그 연관성에 관한 연구」, 『현대북한의 이해: 사상·체제·지도자』, 역사비평사 1995 참조.
21 베트남의 새로운 경향에 대해서는 古田元夫 「ベトナムにおける『社會主義の道』の堅持」, 『社會主義を哲學する』, 大月書店 1992; 『ホ-チ-ミン』, 岩波書店 1996 참조.

있다. 이것은 아직 북한의 헌법질서 속에 편입되지 못하고 북한 사회주의체제의 외부에 붙어 있는 부차적 요소로 유지되고 있다. 북한 내륙과 철조망으로 철저히 차단된 경제특구는 그 정책적 표현이다. 따라서 지극히 당연한 일이지만 북한 사회주의의 체제개혁은 필연적으로 민족주의의 수정을 동반하지 않을 수 없게 될 것이다.

다만 여기서 짚고넘어가야 할 점은 남한의 민족주의가 자본주의를 넘어 사회주의적 요소를 자기 속에 포용해낼 수 있을 것인가의 여부다. 이는 남한 자본주의의 수정 내지 자기혁신의 가능성 여부로 바꿔 말할 수 있다. 물론 자본주의체제의 역사도 사회주의적 요소를 자기 안에 도입함으로써 자기수정을 꾀해왔으며, 흡수통일을 이룩한 서독의 자본주의는 그 가장 성공적인 사례에 속한다. 서독은 자본주의의 사회적 성격을 확대시킴으로써 동독을 자기 안에 포용해낼 만큼 체제의 폭을 넓혀 간 것이며, 이 점이 가장 중요한 통일의 기반이 되었다. 그러나 남한의 정치지형은 사회민주주의적 정당은커녕, 기존의 보수정당과 이념적·실천적으로 구별되는 진보적 성향의 정당조차 제도권으로 진입하는 데 실패했다. 노동조합의 정치참가권리를 포함하여 공무원의 단결권 등의 인정을 둘러싼 노동개혁은 자본가측의 완강한 반대 속에서 진통을 겪고 있다. 남한에서 국내냉전의 해소 없이 남북한간의 냉전적 대결을 종식시킬 수는 없으며, 이 점에서 남한체제의 개혁 여부는 평화공존을 통한 통일로 접근할 수 있는지를 가늠하는 열쇠라 할 것이다.

4. 앞으로의 전망

이와같이 북한 사회주의 형성과정에서 첫째로 '근대적 과제'가 어떻게 실현되고, 둘째로 전통과의 접맥이 어떤 식으로 이루어졌는지를 살펴보았는데, 이를 토대로 북한체제의 성격 및 앞으로의 방향에 대해 가늠해보기로 한다.

첫째 문제와 관련해서, 북한체제는 정권 출범부터 1950년대까지는 토지개혁 실행, 계획경제 실시, 공업화 개시 등을 통해 근대적 과제의 실현이란 점에서 남한보다 출발이 앞섰고 남한에 대해 상당한 영향을 미쳤다. 북한 사회주의는 한반도 내에서는 남한에 대해 선발적인 공업화를 이룩하여 남한보다 앞서나갔을 뿐 아니라, 한때는 제3세계 사회주의에서 모범적인 사례로 꼽히기도 했다. 그러나 국가사회주의체제를 철저하게 확립하면서 시장의 철폐, 국가에 대한 사회의 자율성 상실, 세계경제와의 단절 등 근대적 과제를 실현시킬 조건을 제거하게 된다. 이러한 것이 북한 사회주의가 위기에 빠지게 되는 체제적 원인이었다. 이는 결과적으로 북한사회에서 '근대의 공백'이란 측면을 가져왔음을 의미한다.

체제의 점진적 변용을 추구하여 상당한 성과를 거두고 있는 중국, 베트남 등 아시아 사회주의국가들이나 체제붕괴 이후 전면적 시장경제화의 진통을 겪고 있는 구소련, 동구도 속도나 폭의 차이는 있으나, 국가사회주의 확립과정에서 제거된 조건을 다시 회복시키는 방향을 취하고 있다 할 수 있다. 이러한 흐름에서 뒤처지고는 있으나 예외일 수 없다는 것을 북한이 취하고 있는 정책은 그대로 말해주고 있다. 이러한 흐름에 적응하는 데 실패할 때 체제의 붕괴가 오리라는 것은 북한 지도부도 암암리에 인정하고 있는 바다.

체제개혁과 관련해서 중요한 것은, 기저에 있는 제1차적 구조로서의 '국가사회주의 씨스템'과 그 위에 만들어진 제2차적 형성물로서의 '유격대국가' '수령제'와의 관련이다. 이 제2차적 형성물은 국가사회주의

체제가 '제대로' 기능하는 데 장해요인이 되고 있으며, 따라서 이를 개혁하는 데도 역작용을 하고 있다. 씨스템(system)의 변화가 레짐(régime) 수준의 변화와 불가분리의 관계에 있다는 것은 이미 구사회주의국가들이 겪은 오랜 개혁실패의 경험이 말해주고 있는 바다. 시장적 요소를 도입하여 적극 활용한다는 것은 얼핏 보기에 정치와 분리될 수 있는 중립적·순수경제적 측면으로 간주될 수 있으나, 그것이 실현되려면 경제적 단위의 정치적 규율에 대한 자율성이 확대될 수밖에 없으며, 여기에는 필연적으로 사회의 자율성 확대가 뒤따를 수밖에 없다.[22] 이것은 우선 당과 행정기구의 관계, 다음으로 이들을 망라한 정치적 단위와 생산적 단위, 즉 경제와의 관계, 나아가서 전체로서의 국가와 사회의 관계 전반이 재조정될 수밖에 없음을 뜻한다. 제2차적 형성물의 변화를 통한 국가사회주의체제의 개혁을 순탄하게 이루어낼 수 있는가에 김정일의 정치적 운명이 걸려 있다 할 것이다.

둘째 문제와 관련해서, 북한체제는 자체의 혁명전통을 확립해가는 과정에서 김일성의 항일빨치산투쟁으로 혁명전통을 일원화하고 다른 사상적·투쟁적 경험을 말살함으로써 자체의 사상적·문화적 기반을 현저하게 축소시켰다. 나아가 '주체'의 확립을 통해 소련, 중국에 대한 정치적·경제적 자주성을 확보할 수 있었으나, 외부세계와 소통할 수 있는 북한 사회주의의 '보편적 근거'를 차단함으로써 다른 사회주의국가들의 경험을 수용할 능력이나 외부의 변화에 대해 적응할 능력이 극도

---

22 붕괴 이전 국가사회주의체제에서 레짐과 씨스템, 정치와 경제가 갖는 불가분의 관계에 대한 논의로는 W. Brus, *Socialist System and Political Systems*, Rutledge & Kegan Paul 1975 참조. 사회주의의 붕괴 및 변용 과정과 관련해서는 W. Brus & K. Laski, *From Marx To Market: Socialism in Search of an Economic System*, Oxford 1989 참조.

로 저하되었다. 북한 사회주의는 그 실제에서나 이데올로기에서 철저한 순화경향을 보여왔고, 외부의 이질적 요소의 혼입을 극도로 거부해왔다. 나아가 과거역사 서술을 철저하게 김일성 한사람을 중심으로 한정함으로써 새로운 방향에서 과거역사를 되돌아보고 과거와 대화할 수 있는 여지를 현저하게 축소시켰다.

이러한 점과 관련해서 '유교적 전통'을 부활시키고 있는 근래의 움직임은, 계승할 수 있는 과거경험의 폭을 축소시키는 방향에서 이루어진 사회주의와 전통 접맥의 하나의 특수한 방식에 지나지 않는다. 이렇게 되살리려는 경험의 폭이 극도로 제한된 데서 나온 극단적 예가 수천년 전의 단군릉이라는 실존여부도 알 수 없는 '경험'을 복원하려는 시도라 할 수 있으며, 이는 불과 수십년 전의 역사 속에도 풍부하게 널려 있는 경험을 되돌아보기 두려워하기 때문이라 생각된다.

북한체제의 앞으로의 과제는, 체제형성과정에서 겪은 경험 가운데 '근대성'에 가장 근접한 것이라 할 수 있는 '인민민주주의 단계'의 경험을 되살리고 그 의미를 다시 되씹어보는 데서 모색해볼 수밖에 없을 것이다. 인민민주주의 단계는 레짐 수준에서 '당=국가체제'의 지배가 관철되기는 하지만, 실질적 의미에서도 복수소유권이 인정되고 시장적 요소가 활용되며, 형식적이나마 정치적 다원성이 부분적으로 용인되고 프롤레타리아독재가 아닌 인민주권의 원리가 이념적 정통성의 근간을 이루고 있었다. 1992년 헌법개정에서 프롤레타리아독재규정을 폐기하고 인민민주주의 독재규정을 부활시킨 것은 북한 지도부도 이러한 방향을 모색하기 시작했다는 증거로 보인다. 이 점에서 중국의 개혁·개방노선의 근거가 된 '사회주의 초급단계론'의 내용이 중국 인민민주주의에 해당하는 과거 '신민주주의'와 대동소이하다는 사실은 귀중한 참고가 된다. 또한 식민지시기 민족해방운동에서의 다양한 전통과, 정권

수립 및 사회주의건설 과정에서 존재했던 다양한 '얼터너티브'를 재평가하고 현재에 되살리는 작업이 불가결하다.

〈1996〉

북한연구에 대한 반성과 과제
90년대 연구성과와 문제점

1. 머리말

 80년대말, 90년대초에 몰아친 소련과 동구 사회주의권의 붕괴, 이에 따른 동서독통일과 전세계적인 냉전의 소멸은 한반도에도 엄청난 파장을 몰고왔다. 이것이 북한체제에 미친 영향은 국제적 고립, 극심한 경제난과 식량난이었다. 1994년 남북정상회담 직전의 김일성 주석 사망 이후 북한연구의 '화두'는 북한붕괴와 흡수통일이었다. 이러한 급격한 변화 이후 거의 10년이 다 되어간다. 남한에는 김대중정부가 들어섰고 대북정책을 화해·교류정책으로 전환했다. 북한에서는 김정일의 권력승계가 마무리되고 헌법개정이 이루어졌다. 북한은 김정일체제 출범에 맞추어 인공위성을 발사하고 '사회주의 강성대국'을 지향한다고 선언했다. 최근까지 남한학계를 지배했던 붕괴론에 이어 새로운 화두는 무엇이 될 것인가? 과연 남한학계를 지배했던 '붕괴'란 화두가 대북정책에서 그리고 학문적으로 어떤 성과를 남겼는가 하는 자문과 반성이 절실한 시점이다. 이것은 근본적으로 남한학계의 북한연구가 그동안 제대로 되었는가에 대한 반성의 토대가 될 수밖에 없다.

IMF 경제위기 이후 한국사회 전체에 걸쳐 거품이 빠지고 있다. 동시에 우리 스스로 무엇이 잘못되었는지 모든 분야에서 자기반성과 비판 작업이 진행되고 있다. 90년대 이후 붕괴론으로 얘기하지 않아도 북한체제가 위기에 처해 있음은 누구도 부정할 수 없었다. 남한체제의 위기를 감지하기 이전에 이미 북한체제가 위기상황임은 누구나 인정했기에, 북한연구분야에서는 상대적으로 스스로의 문제를 뒤돌아볼 생각이 거의 없었다. 문제가 항상 대상인 북한 쪽에 있었기 때문에 연구주체 자신에게도 문제가 있는 것으로는 보지 않았다. 이러한 점에서 연구성과나 문제점을 스스로 자기점검하는 작업은 다른 어떤 학문분야보다 북한분야에서 절실한 것이다. 거칠게 말하자면 북한분야만큼 거품이 많았던 학문분야는 없을지도 모른다.

이러한 반성적인 자세에 설 때 북한연구가 다른 분야와 먼저 비교되는 것은 자료접근상의 제약이다. 북한붕괴론이 지배적인 상황에서 대상에 대해 가장 우월한 위치에서 연구를 진행했던 북한분야는 거꾸로 대상에 대한 자료적 접근에 가장 제약을 받았던 것이다. 그러나 아이러니하게도 가장 제약이 많은 북한분야야말로 지면이 가장 많고 필자도 가장 많은 것이 현실이다. 따라서 이 글에서는 우선 북한연구와 관련된 연구여건 가운데 여전히 제약으로 작용하고 있는 자료이용상의 문제에 대해 언급해보기로 한다. 또한 북한연구에 있어서 일종의 거품일 수도 있는 지면문제 등에 대해서도 지적해보고자 한다.

그리고 역시 북한연구를 뒤돌아보는 것은 구체적인 성과를 두고 논의하지 않으면 공론에 빠지기 쉽다는 점에서 북한연구의 방법 내지 주제에 대해서도 살펴보기로 한다. 다만 이와 관련해서는 추상적인 논의보다 북한연구에서 부딪치고 있는 실제적인 쟁점이나 문제에 대해 전반적으로 검토해보고자 한다. 구체적인 주제나 쟁점을 둘러싸고 실제로 어떠한 연구성과가 있었는지 그리고 어떠한 문제점이 있는지 정리해보는 것이 훨씬 유용한 작업이 될 것이기 때문이다. 사실 방법론이란 해당 연구자 자신이 구체적인 연구를 진행할 때 문제가 되는 것이지, 그러한 연구와 동떨어진 방법론논의란 연구현실과 분리된 규범적이고 선언적인 것으로 끝나버릴 가능성이 크다.

2. 연구여건

1) 자료이용 여건

북한연구는 과거 냉전시대나 아직 계속되는 남북 대치상황에 의해 크게 규정되어왔으며, 전세계적인 냉전붕괴 이후 이데올로기적인 상황은 크게 개선되었으나, 자료 공개 및 이용 면에서 제약은 여전히 무시할 수 없는 연구여건으로 작용하고 있다. 사실 북한에 대해 무슨 발언을 하는 것이 적어도 학문적 차원에서는 더이상 금기가 아니다. 그런데 자료이용에 있어서는 아직 해결되어야 할 과제가 많다. 아직도 '특수자료 취급인가증' 없이는 자료이용에 큰 불편을 겪을 수밖에 없고, 학술적인 연구와 교육의 중심이라 할 대학에도 특수자료 취급인가를 받은 연구소가 설치되어 있지 않으면 제1차 자료를 소장할 수가 없다. 따라서 학문 외적인 연구상의 제도적, 물적 기반이 바로 연구의 제1차적 요건인 자료이용상 제약으로 나타난다는 것이 북한연구에 영향을 주는 가장 큰 요인이라 하지 않을 수 없다.

미 국립공문서관 소장 노획문서를 국사편찬위원회에서 편집하여 간행중인 북한관계 사료집이나 중앙일보, 서울신문, 북한연구소에서 각각 간행한 인명사전[1] 이외에 최근 간행된 북한관련 제1차 자료집은 충분한 수준이라 할 수 없다. 1946~53년을 커버하는『북한관계사료집』[2] 이외에 1950년 이후 현재에 이르기까지 시기 전반을 망라한 자료집은 고대아세아문제연구소가 미국 포드재단의 재정지원으로 70년대부터 80년대초 사이에 간행[3]한 이래 나오지 않고 있다. 80년대에 통일원에서 간행한 것으로 역대 최고인민회의 회의록을 모은『북한최고인민회의자료집』, 역대 당대회 회의록을 모은『조선로동당대회자료집』, 대륙연구소가 북한법령을 수집, 편집한『북한법령집』, 경남대극동문제연구소가 편집한『김정일저작선』이 유용한 자료집이지만 일부 주제에 한정된 것이다.[4] 중앙일보사에서 편찬한 CD-ROM판『북한백과』는 최초로 영상자료를 수록하는 등 획기적인 시도를 했지만, 전문적인 견지에서 보면 초보적인 수준에 머물고 있다.[5] 북한연구소에서 연감류로서 1968년, 83년에 이어 10여년 만인 96년에『북한총람』[6]을 발행한 것이 특기

---

1 『북한인명사전』, 북한연구소(1996); 중앙일보사(1990); 서울신문사(1995) 등.
2 국사편찬위원회 편『북한관계사료집』은 1989년 현재 1권부터 22권까지 간행되었다. 시기는 1946년부터 한국전쟁 기간을 포함한 1953년까지를 다루고 있다.
3 고대아세아문제연구소 편『북한연구자료집』은 1969년 제1집이 간행된 이래 1980년대 중반까지 제11집까지 간행되었다. 1945년부터 1970년대까지 북한에서 간행된 주요 공식문헌을 중심으로 편집되어 있다.
4 통일원 편『북한최고인민회의자료집』1~3권(1988);『조선로동당대회자료집』1~4권(1988); 정경모·최달곤 편『북한법령집』1~5권(대륙연구소 1990); 경남대극동문제연구소 편『김정일저작선』(1995).
5 『멀티미디어 북한백과 1945~1997』(CD-ROM), 중앙일보사 1997.
6 북한연구소 편『북한총감 1968』(1968),『북한총람』(1983),『북한총람』(1996).

할 만하지만, 아직 개선할 여지가 많다. 북한에 관한 기본자료집 수준이 과거 냉전하 미국의 공산권연구 지원으로 이루어진 것을 넘어서지 못한다는 점이 현재 우리 북한연구의 현주소다.[7]

다만 정보기관에서는 상당한 정보와 자료를 소장하고 있다는 것이 연구자 사이에서는 정설로 되어 있다. 최근 국가안전기획부에서 대외비로 간행한『북한지역정보총람』전7권은 북한의 경제·지리에 관한 정보를 각 시도별로 정리한 매우 유용한 자료집이다.[8] 이 자료집에 수록된 정보를 학문적으로 검증하는 동시에 다방면으로 활용하는 것이 매우 필요하다. 이것은 안기부가 소장하고 있는 정보 가운데 극히 일부에 지나지 않을 것이다. 이 자료집은 시간적으로는 북한의 과거부터 현재에 이르는 정보를 담고 있는데, 북한의 현재에 관한 자료집도 몇가지 중요한 것이 있다. 안기부 산하의 국제문제조사연구소가 매달 대외비로 간행하는『북한정책자료』는『로동신문』『민주조선』『근로자』등 북한의 주요 공식매체의 중요한 사설, 논설, 기사, 연설, 논문 등을 편집한 매우 유용한 자료집이다. 또한 국가정보원에서 매일 대외비로 간행하는『북한방송청취록』은 북한의 조선중앙방송, 평양방송의 주요 방송내용을 편집한 자료집이다. 자매편으로 중국이나 러시아 방송의 청취록인『주요해외방송청취록』도 여전히 간행되고 있다. 이러한 현재의 자료집은 북한의 현상을 분석하는 데 더없이 요긴한 것들이다.

물론 90년대 이후 자료공개가 많이 개선된 것도 사실이다. 내외통신

---

7 미국 내 자료집 간행상황에 대해서는, 김학준『한국정치론사전』, 한길사 1990, 848~51면 참조.
8 국가안전기획부『북한지역정보총람』제1~7권(1998). 제1권은 총론, 제2권부터 7권까지는 평양특별시 이하 각 도를 다루고 있다. 자연환경, 인구와 취락, 경제와 산업, 국토개발 및 관광, 사회와 문화 등 각 분야에 걸쳐 기초적인 정보를 담고 있다.

은 천리안 등 컴퓨터통신에서 자유롭게 이용할 수 있게 되었고, 편집방침도 제1차 자료를 가공하지 않고 원문대로 공개하는 부분을 늘리는 방향으로 바뀌고 있다. 통일원의 '주간북한동향분석' '남북경제협력 현황' 자료도 컴퓨터통신에서 무료로 이용할 수 있게 되었다. 이러한 노력은 정보화시대에 맞추어 더욱 강화되어야 한다. 인터넷을 활용한 북한정보 제공도 활성화해야 하며 조선중앙통신 등의 싸이트에 대한 접속제한도 해제되는 것이 바람직하다.[9]

현재 신정부는 북한 정보, 자료의 공개제한 조치를 상당히 완화할 것으로 보도되고 있다. 일단 위에 언급한 대외비 자료들은 제1차로 공개되어야 할 것이며, 통일원이나 국사편찬위원회 간행 자료집들도 일반 판매가 가능해져야 한다. 또한 북한의 공식간행물에 대해서도 최소한 연구자나 북한전공 학생들은 자유롭게 소지, 이용할 수 있게 되어야 할 것이다. 이정도의 조치만으로도 북한연구는 상당한 활기를 띠게 될 것이다.

나아가 정치, 경제, 군사, 사회, 문화, 예술, 과학 등 각 분야에 걸쳐 기본적인 북한의 제1차 자료를 모은 자료집을 시기별로 나누어 편집, 간행하는 사업을 시급히 추진해야 한다. 이것은 방대한 규모 때문에 국책사업이 될 수밖에 없지만, 정부의 재정적 지원하에 가급적이면 학술단체나 연구기관이 중심이 되어 작업을 진행하는 것이 바람직하다. 지엽적인 예가 될지 모르지만, 북한에서 과거에는 중요한 비중을 차지했으나 숙청당하거나 잊혀진 인물들의 저작들 가운데 새롭게 조명될 수 있는 것들을 복간하는 작업도 필요하다. 이러한 저작 중에는 북한에뿐

---

9 주요 인터넷싸이트로는, 통일원www.unikorea.go.kr, 주간코리아웹www.kimsoft.com 등이 있다.

아니라 남한측에도 유용한 지적 유산이 많이 남아 있을 것이다.

이렇게 자료 인프라스트럭처(infrastructure)를 축적함으로써 북한연구는 한단계 높이 도약할 수 있다. 자료상황을 개선하기 위해서는, 21세기 정보화사회를 지향하는 이때에 북한자료에 대한 현재의 제한조치를 그대로 유지해서는 안된다는 현실인식이 전제가 되어야 한다.

2) 발표지면

북한, 통일 분야 학술지는 다른 어떤 분야보다 양적으로는 많다. 그러나 순수 학술지로서 중립적인 연구단체가 발행하는 북한전문 학술지는 거의 존재하지 않으며, 기존의 것은 정부 산하단체나 산하출연 연구기관, 정보기관 산하연구소, 기업연구소 등에서 발행하는 것이 거의 대부분이다. 『통일경제』(월간, 현대경제연구원) 『통일문제연구』(반년간, 평화문제연구소) 『통일연구논총』(계간, 민족통일연구원) 『북한경제논총』(연간, 북한경제포럼) 『북한연구』(폐간, 계간, 대륙연구소) 『북한문화연구』(연간, 한국문화정책개발원) 『북한학보』(연간, 북한연구소, 북한학회) 『북한조사논총』(반년간, 통일정책연구소) 『통일연구논집』(연간, 전국대학통일문제연구소협의회) 등의 잡지가 비교적 학술지 성격이 강하며, 『북한』(월간, 북한연구소) 『통일한국』(월간, 평화문제연구소) 『통일샘』(격월간, 자주평화통일민족회의) 『통일로』(월간, 안보정책연구소) 『북한경제』(폐간, 월간, 한세정책연구소) 등은 시사종합지에 가깝다. 물론 시사종합지라도 학술적 성격의 논문을 배제하지는 않는다. 이밖에도 『새물결』 『동화』 등 북한 및 남북관계를 다루는 잡지도 있으며, 연구기관들이 간행하는 국제관계, 군사·안보관계 잡지에서도 상당부분 북한관련 주제를 중요하게 다루고 있다. 웬만한 시사종합지도 중요한 이슈가 발생할 때에는 북한관련 주제를 취급한다. 최근 대학부설 통일, 북한 관계 연구소에서는 거의 모두 연간 1회 정도 학술지를 발행하고 있다. 숫자로 보면 이것도 결코 적은 지면은 아니다.

어느 잡지라고 특정하지는 않겠지만, 위의 잡지들 중에는 과거에는 대북화해, 포용정책과는 배치되는 극단적인 강경정책만을 고집했던 잡지들도 포함되어 있다. 어떻든 이 많은 잡지가 존재한다는 것은 앞으로 이들 지면이 정확하고 객관적인 북한 정보, 자료를 제공하는 데 활용된다면, 그리고 양질의 연구에 지면을 제공해준다면, 북한연구에 엄청난 역할을 할 수 있음을 말해준다. 북한 연구자들은 우리 주변에 널린 이 많은 지면에 주의를 기울일 책임이 있다. IMF위기시대에 국가적으로 낭비요인을 줄이는 작업이 모든 분야에 걸쳐 진행되고 있으며, 북한연구분야도 여기서 예외일 수는 없다.

이 많은 북한, 통일 관계 잡지들이 기본적으로는 정책적, 혹은 '정책에 대한 봉사적' 성격의 것이 많기 때문에 게재 논문도 자연히 그러한 성격을 가질 수밖에 없었다. 또한 현상분석적인 논문이 압도적인 비중을 차지하고 있다. 이 문제는 연구자 분포와도 관련이 있다. 북한 연구자 가운데 국책연구기관 소속 연구자나 기업소속 연구자는 이제 북한연구에 있어서 무시할 수 없는 큰 비중을 차지하고 있다. 연구기관 소속 연구자들은 당연히 정책 지향적인 경향이 강하다.[10] 물론 남북한관계의 현실을 생각하면 정책연구의 중요성을 강조해야 하지만, 문제는 이에 비해 다른 분야 연구가 너무 왜소한 데에 있다. 대학에서 북한 과목을 전공으로 가르치는 연구자는 우선 자료를 쉽게 접할 수 없고, 북한 전공자로서 북한 과목을 담당하는 경우가 적다. 대학에 있어서 북한 연구의 상대적 취약성은 북한연구에 있어서 아카데미즘을 확립하는 데

---

10 각 연구기관에서는 수많은 현상분석과 정책연구가 축적되고 있다. 다만 이에 대한 전반적인 조감이나 평가는 같은 처지에 있는 연구기관 종사자로서 필자 한 개인의 역량한계를 넘어서는 일이다.

한계로 작용하고 있다.

지면의 양적 수준만 볼 때, 북한연구는 상당한 수준에 달하고 있다. 북한관계 논문이 양적으로 어느 분야보다 많이 쏟아져나오지만, 이를 학문적으로 평가하고 논의할 수 있는 메커니즘이나 '지적 공동체'가 존재하느냐 하면 회의적이 되지 않을 수 없다. 최근 민간 북한 연구회나 연구자 간 네트워크 결성 움직임이 나타나고 있지만 대체로 시작 단계에 있다. 이렇게 매년 간행되는 북한, 통일 관계 논문들은 엄청난 분량에 달하지만, 상호검증 메커니즘이 없다보니 북한연구에 있어서 일종의 '모럴 해저드' 현상이 있지 않았나 싶다. 이 점에서 현재 평화문제연구소에서 천리안을 통해 유료로 써비스하는 '북한 정보(IPA)' 싸이트가 진행중인 북한관련 논문에 대한 색인 및 분류 작업은 북한연구 주제를 조감하는 데 유용한 역할을 하고 있다. 그런데 상당수의 잡지에 실린 글들은 북한에 관한 사전, 연감, 기초자료집으로 충분히 커버될 수 있는 것도 많다. 학문공동체가 확립되고 그 속에서 북한연구 성과에 대한 검증 및 토론이 이루어지지 않으면 연구상의 낭비를 막을 수 없다. 나아가 많은 북한관련 잡지들은 나름대로 주제 선정에서 특성을 살리거나 분야별로 전문화하는 등 특화가 필요하다. 물론 이러한 개선 노력은 각 잡지 차원에서 자율적으로 행해질 수밖에 없지만, 이러한 방향에서도 학계의 역할은 중요하다.

지면과 관련해서 또 지적할 것은 북한, 통일 분야 학술회의만큼 양적으로 그 수가 많은 회의도 없다는 사실이다. 북한분야 논문의 상당수가 회의 발표용이라는 것도 그 논문의 성격을 규정하는 중요한 요인이다. 우선 회의는 거의 대부분이 정부 부처나 기관, 언론사 등의 재정적 후원으로 개최된다고 보아도 좋을 것이다. 여기서 기본적으로 회의의 주제가 규정될 수밖에 없게 된다. 예컨대 개최 시점에서 정부의 대북정책이나 남북한관계, 북한정세 평가, 혹은 한반도 국제정세가 거의 대부분의 학술회의 주제가 된다. 이러한 점도 북한연구에 있어서 현상분석이나 정책연구가 압도적인 비중을 차지하게 하는 요인이 되고 있다. 이러한 목적의 학술회의 논문이 나름대로 북한이해에 기여해왔음을 부정하려는 것은 아니다. 어떤 점에서는 지면이 많다는 점과 아울러 생각한다면 북한연구만큼 그 조건이 좋은 분야는 없다고도 할 수 있다. 그러므로 수많은 회의와 지면이 북한연구에 있어서 아카데미즘을 확립하는 데 기여하도록 발전시키지 않으면 안될 것이다.

북한연구 논문을 게재하는 지면과 관련해서 우리가 간과해서는 안될 것은, 제1차 자료가 불완전하게 공개되는 상황에서 제1차 자료를 단순가공한 제2차, 제3차 자료가 양적으로 제1차 자료를 압도한다는 사실이다. 이데올로기 상황 외에 북한의 제1차 자료를 접할 때 언어상의 제약이 있는 것도 아니다. 웬만한 이슈라면 특별히 해설을 하지 않아도 제1차 자료를 그냥 소개하는 것만으로도 이해할 수 있는 경우가 많다. 정확한 것이 아니라면 괜히 쓸데없이 장황한 해석을 달기보다 독자에게 간단한 해설 정도로 제1차 자료를 그대로 접하게 하는 편이 상황이해에 훨씬 도움이 될 수 있다.

예컨대 최근상황과 관련해서 본다면, 북한이 천명한 '사회주의 강성대국'론을 이해하는 데는 9월 7일자 『로동신문』 사설을 한번 읽는 것이 다른 어떠한 제2차적, 제3차적 해설을 읽는 것보다 도움이 된다. 앞서도 언급했듯이 최근 내외통신에서는 중요한 제1차 자료를 원문 그대로 게재하는 경우를 늘리고 있다. 매우 고무적인 방침이라 하지 않을 수 없으며, 앞으로 이러한 방향에서 더욱 큰 개선이 있어야 한다. 제2차, 제3차 자료를 게재하는 잡지들도 되도록 더 많은 제1차 자료를 직접 접할 수 있도록 편집방향을 개선하는 것이 바람직하다고 여겨진다. 물론 궁극적으로는 제1차 자료에 대한 완전한 공개가 바람직하다.

3. 연구 방법론 및 주제[11]

남한의 북한연구에 있어서 대표적인 논쟁을 들자면 '김일성 진위 논쟁'과 '내재적 접근 논쟁'이라는 데 이의를 달 수 없을 것이다. 전자는 한국사회가 처해 있던 냉전적 상황이 조성한 어처구니없는 해프닝이었다. 물론 북한에는 '김일성 신화'가 존재하고 이를 탈신화화하는 작업은 계속되어야 하지만, 북한연구에서 다시는 되풀이되어서는 안될 일이다. 후자는 북한연구에 있어서 나름대로 가장 진지한 논쟁이었다는 점에서 여기서 잠깐 언급하고 넘어가기로 한다.

북한연구는 아직도 상당한 문제점을 지니고 있지만, 꾸준히 연구수준이 향상되고 주제가 확대된 것도 사실이다. 총체적인 방법론에 대한 논쟁이 여전히 필요하지만, 여기서는 추상적인 쟁점보다는 연구과정에서 부딪히는 문제를 중심으로 실제적으로 접근하여 역사연구, 비교연구의 부족, 공식자료 활용에 대한 경시, 구체적인 모델형성 노력의 부족 등 문제점에 대해 지적해보려 한다.

1) 내재적 접근을 둘러싼 논쟁

김일성 진위설과 내재적 방법론 논쟁은 같은 자리에서 논하기에는

---

[11] 이하 본문에서는 여러 연구를 참조하며 인용하고 있지만, 수많은 북한연구 성과를 망라한 것은 아니다. 필자가 다룰 수 있는 연구문헌의 범위에는 한계가 있을 수밖에 없으며, 적지 않은 좋은 연구가 누락될 수 있음을 미리 지적해두고자 한다. 다만 거의 모든 연구는 90년대 이후의 것에 한정했다.

분명 차원이 다른 논쟁이었음에 틀림없지만, 이 두가지 논쟁 모두 분단현실에 깊이 규정된 남한사회의 척박한 학문적 상황의 산물이었다는 느낌은 버릴 수 없다. 서구의 사회주의연구에 있어서 '내재적 연구'의 기초를 다진 학자는 쏘비에뜨 러시아사의 세계적 권위자 카(E. H. Carr)라고 할 수 있다.[12] 한국에 있어서 내재적 연구에 대해서는 강정인의 평가를 빌리지 않더라도, 한때 북한 옹호적인 성향을 가진 것으로 비쳤다는 것을 부정할 수 없다. 거기에는 무엇보다도 남한사회 내부의 이데올로기 상황이 작용했고, 그에 못지않게 북한연구 전반이 갖는 조건이나 연구상의 빈약함 때문이기도 했다. 그러나 카의 소련연구나 비슷한 경향을 가진 연구를 두고 '친소적'이라고 비판할 사람은 아무도 없을 것이다. 그것은 소련뿐 아니라 중국 등 다른 사회주의연구에서도 비슷한 접근법을 취한 연구들이 갖는 사실적, 내용적 풍부함 때문이다.[13]

카의 소련연구가 개척한 것은 소련 공문서를 풍부하게 활용하여 소련 역사상을 풍부하게 한 것이다.[14] 이것은 기본적으로 공개된 자료의 양적·질적 수준, 입수할 수 있는 자료의 수준과 깊은 관련이 있다. 카의 소련연구가 이룩한 업적은 무엇보다도 쏘비에뜨 당과 국가의 정치, 경제, 사회 전반에 걸친 체제형성 과정을 사실대로 그려낸 데 있다. 카는 이 작업 속에서 당 및 국가 지도자의 공식이데올로기나 정책 이외에

---

12 E. H. Carr, *Socialism in One Country 1924-1926*, I, II, III, Macmillan 1959.
13 이러한 점에서 중국연구에 있어서 개척자적 연구로는 Franz Shurman, *Ideology and Organization in Communist China*, University of California Press 1966를 들 수 있다.
14 여기에는 소련 자료의 입수 정도가 북한과는 비교할 수 없을 만큼 풍부했다는 점이 작용하고 있다. 카의 연구 이후에는 스몰렌스끄 문서가 커다란 역할을 했다.

도 최고지도자들간의 갈등, 고위간부들뿐 아니라 중·하급 간부나 각계 각층의 기층민중들의 움직임 등을 역동적으로 서술, 묘사하고 있다. 다름아닌 방대한 소련의 공문서를 사용하여 이 복잡다단하고 풍부한 사실들을 입체적으로 묘사해낸 것이다.

남한의 내재적 방법론이 지닌 한계는 방법론이 지닌 한계라기보다는 북한연구 여건에서 오는 한계라는 측면이 강했다고 여겨진다. 특히 내재적 접근에 대한 기존 평가의 문제점은 그 정의를 기본적으로 "사회주의의 이념과 논리"에 따라 보는 것으로 좁게 정의한 데 있다고 생각된다.[15] 그리고 이를 공식화된 것만으로 본 데 있다. 따라서 이 정의에 의하면 북한의 내재적 발전논리를 기본적으로 그 결과로만 보게 되는 문제점을 가진다. 북한의 유일체제 확립 이후 시기라 할지라도 정책결정과정에서는 내부에 반대론이 있기 마련이지만, 그 추적이 거의 불가능하기 때문에 결정된 결과만을 가지고 분석하는 데서 이러한 문제점이 생기게 된다. 북한의 공식논리가 귀결되기까지 정책형성의 프로쎄스를 추적하기가 거의 불가능했기 때문에 내재적 접근법에 입각한 연구는 성과가 빈약할 수밖에 없었고, 북한체제를 옹호하는 듯한 인상을 주었다고 생각된다.

또한 기존의 내재적 방법론은 북한사회의 발전논리를 하나로만 보는 것으로 지극히 단순화되었다. 북한체제는 유일사상체계가 확립된 이후

---

15 내재적 접근법을 둘러싼 논의에 대해서는, 송두율 『역사는 끝났는가』(당대 1995)의 제4부에 수록된 논문들; 강정인 「북한연구 방법에 대한 새로운 제언」, 『역사비평』(1994년 가을); 강정인 「북한연구방법론: 내재적 방법론에 대한 비판적 성찰」, 『동아연구』 제26집(1993년 8월); 이종석 「북한연구 방법론: 비판과 대안」, 『역사비평』(1990년 가을); 「연구방법의 모색」, 『현대북한의 이해』(역사비평사 1995); 강정구 『통일시대의 북한학』(당대 1996)의 제1부, 제1, 2장 등 참조.

공식적인 발전논리가 '하나'로 표출되었을지 몰라도, 지도부 내에 이견이 존재하고 그것이 외부로 드러났을 시기에는 설사 그 이견이 후에 실현되지 못하고 좌절되었을지라도, 내재적 논리가 하나였다고 볼 수만은 없다. 좌절한 이견은 확립된 국가의 논리에 대한 '대안'으로서의 의미를 가질 수 있으며, 승리한 국가의 논리에 문제가 생기거나 극단적으로 파탄상태에 빠졌을 때에는 과거에 폐기되었던 이견은 새롭게 조명받거나 복권될 수도 있다. 북한체제를 '안'에서 본다고 했을 때, 북한이 지향했던 공식적인 사회주의의 방향이 반드시 단선적인 것은 아니며, 복수의 상을 설정할 수 있는 것이다. 또한 북한사회를 초기부터 총체적인 체제형성 과정 전반에 걸쳐서 살펴본다면, 공식적으로 확립된 '주체사회주의'만으로 북한사회의 경험을 포섭해낼 수 없다. 이는 중국에 있어서 사회주의 개조과정이나 문화혁명시기 연구가 개혁, 개방 이후 새롭게 연구되면서 그 역사상이 완전히 변화한 데서도 알 수 있다.

따라서 강정인이 상정하는 내재적 방법론도 집필 당시 현실상황이나 연구성과의 제약을 받아 지나치게 좁게 정의된 것이 아닌가 싶다. 강정인은 기존의 내재적 접근론자들이 내재적 접근을 지나치게 좁게 정의했다고 정확하게 지적했으나, 강정인이 확대시킨 내재적 경험도 훨씬 넓게 잡을 필요가 있다.[16] 이종석이 '비판적 내재적 방법론'으로 이름하여 내재적 방법론과 구별을 시도한 것도 나름대로는 내재적 방법론이 하나일 수 없음을 주장한 것이다.[17] 다만 '비판적'이라 함은 '내재적'이라 함과 반드시 구분되어야 할 별개의 범주는 아니며, 그 속에 내포될 수도 있는 것이다. 체제형성 과정이나 의사결정 과정에서 공식

---

[16] 강정인(1993), 21~23면. 여기서는 마키아벨리적인 권력정치, 역사문화적 접근 등을 예로 들고 있다.
[17] 이종석, 앞의 글 87~88면.

화된 입장에 대해 비판적이었던 견해를 내재적 경험에 포함시킨다면 굳이 '비판적'이란 표현을 가지고 내재적 접근을 구별할 필요는 없다. 또한 강정구도 지적했듯이, '비판적'이란 것은 연구자의 학문행위 자체에는 당연히 따르는 자세다.[18] 북한에 대해 옹호적이라는 것은 남한의 이데올로기 상황에서 그렇게 비친 측면이 컸던 것이지 연구자 자신이 주관적으로 반드시 그러했음을 뜻하는 것은 아니다. 이러한 점에서 비판적이란 것은 내재적 방법론의 다양성을 구분하는 징표로서는 적절치 못하다.

오히려 예컨대 북한체제 형성이나 변화를 위로부터 보는가(지도부의 정책이나 노선이란 측면), 아래로부터 보는가(민중 혹은 기층간부들의 요구나 생활의 측면) 하는 것도 충분히 내재적 관점에서 포괄해낼 수 있다. 또한 사회주의체제의 변동론 차원에서 경제적 요인이 중요한가, 정치적 요인이 중요한가 하는 초보적인 문제제기도 가능하다.[19] 나아가서 사회주의 개혁에 있어서 외적 요인이 결정적인가, 내적 요인이 결정적인가 하는 것도 내재적 접근 속에서 논의가 가능하다. 즉 북한체제의 어느 위치에 '내재'하는가에 따라 내재적 접근도 그 성격이 달라질 수 있다. 이종석도 적절히 지적했듯이 '시민사회론'과 같이 외재적이라고 정의된 많은 요소들이 내재적 접근 속에 포괄되거나 양립할 수 있다.[20] 내재적 논의도 얼마든지 다양화하고 풍부화할 수 있는 여지가 있

---

18 강정구, 앞의 책 69면; 강정인(1993), 19~20면.
19 스스로 내재적 접근으로 의식한 것은 아니지만, 북한체제 연구와 관련된 다양한 방법론이 갖는 의미에 대한 최근 논의로는, 김연철「북한의 산업화 과정과 공장관리의 정치(1953~70): '수령제' 정치체제의 사회경제적 기원」(성균관대 정외과박사학위논문, 1996) 참조.
20 이종석, 앞의 책 19면.

으며, 그 성패여부는 자료발굴 및 그에 입각한 연구성과에 달려 있을 뿐이다.

외재적 접근법도 마찬가지로 다양화될 수 있다. 외재적이란 것도 북한체제 외부의 어느 위치에 '외재'하는가에 따라 성격이 달라질 수 있다. 우선 그것은 한반도의 남쪽에 외재할 수도 있으며, 남쪽에서도 다양한 위치가 있을 수 있다. 예컨대 '분단체제론'이란 북한체제를 중심에 두면, 한반도 내부에서 내재적 접근과 외재적 접근을 통합하려는 시도일 수 있다.[21] 또한 한반도 '내부'에 '외재'해서 본다는 점에서 민족주의적 관점의 하나일 수도 있다. 같은 외재적 접근도 한반도 내의 어디에 위치하는가에 따라 극단적으로 다른 성격의 것이 될 수 있다. 이 점에서는 외재적 접근에 대한 보다 엄밀한 구별도 매우 중요한 작업이다.

그것은 또한 다른 사회주의국가에 외재할 수도 있다. 중국일수도, 러시아일수도, 루마니아일수도, 꾸바일수도 있다. 이러한 접근을 '비교사회주의적 접근'이라고 할 수 있을 것이다. 그런데 이러한 비교사회주의적 접근도 반드시 외재적인 것만은 아니다. 국제공산주의 조류 속에서 일시적이기는 했으나 '개혁사회주의' 흐름은 북한에서도 나타난 적이 있다. 소련의 개인숭배 비판, 중국의 백가쟁명-백화제방 등의 움직임도 북한의 '8월 종파사건'에 외재적인 것만으로 볼 수는 없다. 떵 샤오핑 이후 중국의 '개혁·개방노선', 베트남의 '도이 머이'노선도 1984년 북한에 합영법이 제정된 사실과 대응시킬 수 있으며, 따라서 북한에 외재적인 것만은 아니다. 92년 헌법개정이나 98년 9월 헌법개정의 내

---

21 백낙청 『분단체제 변혁의 공부길』, 창비 1994; 『흔들리는 분단체제』, 창비 1998. 다만 백낙청의 분단체제론은 북한사회의 경험에 기반을 둔 것이라기보다는 남한사회에 의거한 것이다. '적대적 상호의존관계'로서 남북한을 관련시키려는 시도로는 최장집 「통일의 조건과 전망」, 『한국민주주의의 조건과 전망』, 나남 1996 참조.

용을 적극적으로 해석하는 입장에 선다면, 이미 아시아 사회주의의 개혁·개방노선이 북한에 내재적인 것이 되었음을 부정할 수 없다.

강정인이 외재적 접근과 내재적 접근의 '공존 가능성'이나 '상호보완 가능성'과 함께 '상호대립성'을 말한 것은 적절한 지적이라 할 수 있다. 시간적 변수를 도입하면 그러한 경향은 더욱 두드러진다. 특히 90년대 이후 북한의 변화를 보면, 시간의 경과에 따라 외재적이었던 것이 '내재화'해가는 흐름임을 확인할 수 있다. 내재화는 내부에 잠복해서 겉으로 드러나지 않던 것이 일정한 조건하에 표면화했을 수도 있으며, 외부로부터의 영향에 따라 발생한 것일 수도 있다.

북한체제를 형성과정에서 보면, 내재적인 것이 외재화한 것도 있다. 자본주의적 요소, 시장적 요소는 북한사회의 초기조건에는 존재했으나 사회주의 개조과정을 거치면서 소멸한 것이다. 정치세력관계에서 보면, 중국과 마찬가지로 그러한 요소를 대변했던 세력은 잠복했을 수도 있다. 최근의 탈북자사태나 사상적 거물의 망명도 커다란 부분은 아니지만 내재적인 것이 외재화한 예다.

시간적 한계 때문에 내재적 접근을 둘러싼 이러한 논의에서는 내재적 접근과 외재적 접근을 기본적으로는 구별되는 별개의 것으로 설정할 수밖에 없었다. 그러나 내재적인 것이 외재화하고 외재적인 것이 내재화한 예를 볼 때, 두가지는 결국 통일되어야 하는 것이 아닌가 하는 생각이 든다. 이제 21세기를 바라보는 현시점에서, 저간의 역사적 경험은 내재적 접근과 외재적 접근은 보완적으로 절충할 것이 아니라 양쪽을 포괄할 수 있는 틀로 종합할 것을 요구하고 있다. 내재적 접근과 외재적 접근은 하나로, 총체적인 접근법으로 통합되어야 한다는 것을 부정하기는 점점 어려워지고 있다. 물론 모든 외재적 접근과 내재적 접근이 종합될 수 있는 것은 아니며, 양자 가운데 일부 요소만이 선택적으로 구성될 수밖에 없을 것이다.

종합의 위치는 어디다 잡아야 할 것인가? 우선 전세계적으로 붕괴했건 변화했건 사회주의권은 이미 시장경제화하고 있다는 관점에서 보면, 시장경제의 위치에서 두 접근을 종합해볼 수 있다. 조금 좁혀본다면 중국식의 '사회주의 시장경제' 입장에서 볼 수도 있다. 또한 내부에서 다양한 시민사회가 형성되어가고 있다는 전망에 선다면, 시민사회라는 위치에서 종합해볼 수도 있다. 나아가 그것은 다름아닌 '세계체제'일 수도 있다. 세계체제의 관점에서 보면, 북한도 포함하여 어떤 사회주의체제건 그것은 세계체제에 내재적인 경험이다. 이것은 북한체제의 외부에 위치하면서 종합해보려는 시도일 수 있다. 어떤 입장에 서는가는 북한체제의 변화 전망과 직접 관련되어 있다. 북한체제 붕괴론인가, 변화-개혁론인가는 이러한 전망의 직접적인 예다.

어떻든 북한체제를 바라볼 때는 현재 북한체제가 처한 상황을 감안하여 그 변화 방향에 대한 총체적 전망을 가지고 임할 수밖에 없다. 더욱이 전세계적으로 소련, 동구의 국가사회주의체제가 붕괴하고, 중국, 베트남 등 아시아 사회주의도 개혁·개방노선을 통해 시장경제화가 진행되고 있는 시점에서 북한 사회주의체제 변화의 필연성은 당연한 전제이기도 하다. 이런 점에서 북한의 변화에 대한 접근도 미래에 대한 전망이란 점에서는 그것이 붕괴론에 입각했다고 해도 외재적인 것만은 아니다. 사회주의체제 붕괴에 대해서는 전체주의적 접근처럼 외재적으로도 접근할 수 있지만, 궁극적으로 소련을 붕괴시킨 요인을 내부에서 찾는다면 얼마든지 내재적으로 접근할 수 있는 것이다. 다른 사회주의 국가와의 비교나 과거 북한의 역사를 통해 북한의 변화 방향을 예측해보는 것도 충분히 내재적 접근에서 가능한 작업이다.

여기서 지적하고 넘어가야 할 것은 무엇보다도 그토록 성행했던 북한붕괴론이 학문적으로 남긴 허망함이다.[22] 북한붕괴론이 그토록 유행하고도 이렇다 할 학문적 성과를 남기지 못한 것은 북한연구에 있어서 내재적 연구의 비중이 적었고 또한 취약했기 때문이었다. 강정인의 지적처럼 사회주의권 붕괴에 무력했던 것은 내재적 접근 자체라기보다는 단순화된 내재적 접근인 것이다. 반면에 북한체제 생존을 점치는 데는 내재적 접근이 상당한 힘을 발휘한 것도 사실이다. 오히려 내재적 접근이 충분히 제 역할을 하지 못했기 때문에 근거없는 북한붕괴론이 판친 것이라 생각된다. 북한연구에서 더 다양해지고 풍부해져야 할 접근법은 내재적 접근법이다. 북한연구에 있어서 기존의 내재적 접근이 아직은 허약하기 때문이다.

마지막으로 북한붕괴론과 관련해서 빠뜨려서는 안될 것은 매스컴에서 북한붕괴를 주장했던 많은 필자들이 북한연구를 전문으로 하는 연구자들은 아니었다는 사실이다. 북한붕괴론은 북한연구에 외재적인 경우가 많았다. 이것은 외재적, 내재적 가릴 것 없이 북한연구 자체가 취약했기 때문이었다.

2) 방법론과 실제연구의 괴리

이상 내재적 접근과 외재적 접근에 대해 언급해보았으나, 여기서 거론한 방법론들이 갖고 있는 의의를 인정한다는 것과 그것들이 실제로

---

22 필자도 북한붕괴론을 명시적으로 표방한 것은 아니지만, 그 흐름에서 결코 자유로울 수 없었음을 고백하지 않을 수 없다. 서동만 「북한 붕괴는 반드시 군사충돌 수반한다」, 『신동아』 1996년 5월호. 붕괴론을 포함하여 한·미·일 북한전문가들의 북한정세 평가를 정리한 것으로, 김용호·서동만·이근 「북한 정세에 대한 국내외 전문가들의 평가」, 『통일경제』 1997년 1월호 참조. 북한붕괴론에 대한 비판으로는, 서동만 「북한 붕괴론에 대하여」, 『북한의 개방과 통일 전망』, 건국대학교출판부 1998 참조.

북한연구에 적용되어 어느만큼 성과를 올릴 수 있는가는 전혀 별개인 것이 현실이다. 내재적, 외재적 접근 모두가 그 유효성을 설득력있게 말한 바 있는 갖가지 사회주의연구 방법론도 북한이란 대상 앞에서는 무력해지는 경우가 많다. 실제 연구과정에서 어느 정도 성과를 얻었는가는 회의적이지 않을 수 없다. 우선 이러한 다양한 방법론이 적용되기 위해서는 실증할 수 있는 자료가 어느정도 갖추어져야 하고, 부족한 자료나마 자유롭게 이용할 수 있는 풍토가 조성되어야 한다.

그러나 북한연구에 있어서는 특정한 방법론을 적용하여 일정한 결론을 얻어낼 수 있을 만큼의 자료도 부족할뿐더러 기존자료도 자유롭게 이용할 수 있는 조건이 마련되지 못했다. 앞서 남한 내 자료활용의 제약에 대해 장황하게 말한 것도 이때문이다. 북한연구에 있어서 시기적으로 보면 연구의 질이 상대적으로 높은 것은 한국전쟁시기까지를 다룬 연구들이다. 이는 북한 노획문서의 사용과 관련이 있다.

그리고 무엇보다도 방법론과 실제연구의 괴리가 나타난 데에는 북한 공식자료의 성격이 크게 작용했다. 특히 60년대 중반 이래 북한 공식자료의 질이 급격히 떨어진 것이 중요한 이유라 할 수 있다. 60년대 후반부터 북한의 공식간행물에는 중요한 사실적 정보가 그다지 실리지 않게 된다. 북한의 모든 지적 생산물들은 거의 대부분이 김일성 교시의 주석 내지 해설 수준으로 저하한다. 따라서 북한의 70년대 이후 시기에 대한 외부의 연구는 주로 이데올로기를 근거로 현실을 추적할 수밖에 없었다. 북한연구에 적용할 수 있는 방법론의 다양성이나 풍부함도 실제 북한연구에 적용하여 어느 정도 성과를 얻을 수 있는가와는 별개의 일이었다.

다만 90년대 들어서 외부로부터 북한방문의 기회가 많아지고 탈북자수가 증가하면서 새로운 정보 쏘스가 등장하게 되었다. 이것은 확실히 북한연구에 있어서 새로운 조건이 아닐 수 없다. 공식매체에는 등장하지 않는 많은 사실이나, 공식이데올로기로는 설명할 수 없는 현상에 대해 설명할 수 있는 가능성이 열린 것이다.[23] 80년대까지는 북한 방문자의 수기(手記)가 문헌 이외에 북한 실상을 이해하는 데 큰 기여를 했다면,[24] 90년대 이후는 탈북자들이 새로운 차원에서 이러한 역할을 하게 되었다. 탈북자들을 북한연구에 활용하려면 우선 연구자들의 적극적인 자세가 요구된다. 유용한 정보를 끌어내기 위해서는 유능한 질문자가 필수불가결하다. 또한 90년대 이후뿐 아니라 추측건대 그 이전시기부터 방대하게 축적되었을 정보기관의 탈북자 인터뷰 내용이 일정한 조건하에서 공개되어야 한다. 그리고 탈북자들이 증언한 정보가 유용하게 쓰이려면 무엇보다도 일정한 학문적인 검증과 그러한 과정을 통한 상호커뮤니케이션이 필요하다.

특히 탈북자수가 늘어나면서 수기나 증언 등이 책으로 간행되어 북한실상을 이해하는 데 도움을 주고 있다.[25] 그런데 증언자료의 경우 대개가 정보기관 등의 중개를 거쳐 출판되지만, 그 타당성이나 신뢰성을 입증할 수 있는 통로가 막혀 있는 경우가 대부분이다. 민감한 내용을

---

[23] 90년대 이후 탈북자들의 증언을 비교적 정리된 질문을 통해서 체계적으로 취록한 것으로는, 『통일한국』 96년 1월호부터 97년 8월호까지 연재된 「귀순자 쟁점대담」 참조. 탈북자들의 증언을 비교적 적극적으로 활용한 연구로는 서재진 『또 하나의 북한사회』, 나남 1995를 들 수 있다. 김연철, 앞의 글도 탈북자 증언을 부분적으로 이용하고 있다. 학문적으로 여과되지 않은 채 매우 조야한 탈북자 증언으로는, 『북한실상종합자료집: 탈북자들의 증언을 통해 본 북한사회』(내외통신사 1995) 참조.
[24] 주로 80년대부터 90년대초에 이르기까지 대표적인 수기나 방문기 목록은, 최완규 「북한연구방법론: 연구시각, 자료, 이론틀」, 『계간 북한연구』 1995년 봄호 136면 참조.
[25] 『최은희·신상옥 수기』 상·하(행림출판사 1994), 고영환 『평양 25시』(고려원 1992), 강명도 『평양은 망명을 꿈꾼다』(중앙일보사 1995), 이한영 『대동강 로열 패밀리 서울 잠행 14년』(동아일보사 1996) 등.

담은 것일수록 더욱 그렇다. 따라서 연구자가 직접 증언자에게 접촉하여 중요한 사실의 경위를 더욱 심층적으로 파헤쳐보기가 어려운 현상태도 어떤 식으로든 해소되어야 한다.

3) 공식자료의 효용성[26]

앞서 잠깐 언급했듯이 북한연구에 있어서 북한에서 공간된 공식자료의 실증적 가치에 대해서는 다른 분야와는 달리 일정한 유보를 하지 않을 수 없다. 그러나 이러한 자료는 사용에 있어서 제약이 따르기는 해도 국내에서 입수할 수 있는 것만으로도 방대한 양에 달한다.[27] 일정한 방법상의 훈련이 필요하지만 공식문헌이야말로 북한연구에 있어서 가장 중요한 자료임은 누구도 부정할 수 없다. 우선 북한 내외에서 선전자료로서의 역할이 크다고 해도 북한 내에서 공식자료가 가지는 위치는 절대적이다. 『로동신문』이나 『민주조선』 『근로자』 등 북한의 공식 매체는 어떻든 북한주민의 정신생활을 지배하는 가장 중요한 자료다. 최소한 북한체제의 공식제도가 형성되는 과정, 간부인사, 이데올로기 등에 관한 한, 공식매체는 가장 중요한 일차적인 자료다. 따라서 북한의 공식문헌을 계통적으로 정리하는 것은 북한연구에 있어서 가장 초보적인 작업이 된다.

다음으로 김일성 발언의 비중도 절대적이다. 연설, 논문, 보고 등 다양한 형태로 나오고 있는 김일성 발언은 중요한 정책적 의미도 가지고

---

26 북한 공식자료의 효용성 및 활용방법에 관해서는, 최완규, 앞의 글; 이종석 「북한 연구 어떻게 할 것인가」, 앞의 책에 상세히 서술되어 있다. 이 글에서는 간단히 언급하고 넘어가기로 한다.

27 북한 공식자료의 목록과 국내 소장처에 대해서는, 북방정보자료협의회 편『북한 및 공산권 자료목록: 전국 특수자료 취급기관 소장』(1989)을 참조.

있다. 유일체제 확립 이후 김일성의 권력은 거의 절대적인 무소불위의 위치에 있었기 때문에, 다른 어떤 고위간부도 입밖에 낼 수 없는 사실들을 말할 수 있었다. 『김일성저작집』이야말로 북한 내 다른 어떤 간행물보다도 가장 풍부한 사실의 보고다. 이것은 과거뿐 아니라 극히 최근 김일성 사망 이후에도 해당되는 것이다. 예컨대 이번 주석제 폐지 여부를 둘러싸고 김일성 사후 김정일의 국방위원장 취임 때까지 북한 외부에서는 많은 논란이 있었다. 그러나 결국 주석제 폐지를 시사해준 북한 유일의 공식자료는 김일성 사후 김정일이 편집, 간행한 『김일성저작집』이었다.[28]

북한 공식자료 가운데 가장 생생하고 따라서 귀중한 자료는 북한의 내부용 자료지만, 이러한 자료는 입수하기 가장 어려운 것들이다. 예컨대 과거의 것으로는 『당정치위원회 결정집』 『조직위원회 결정집』 『상무위원회 결정집』으로서 연구자 사이에 산재해 있는 실정이지만, 전반적인 국내소장 상황은 파악되지 않고 있다. 정보기관이나 연구기관에 소장된 것이 있다면, 우선 상당시간이 경과한 것부터라도 자료집 형태로 연구자 사이에서 활용되도록 해야 한다. 최근 것으로 비공개 김일성 연설이나 김정일 연설 등이 정보기관에 입수되어 일부 공개되는 경우가 있으나,[29] 가능한 한 더욱 많은 자료들이 공개되어 연구자 사이에서 활용될 수 있는 방법이 모색되어야 한다.

한편 북한에서 공간된 자료는 간행시점에 따라 정치적으로 민감한

---

[28] 『김일성저작집』 제41·42권, 조선로동당출판사 1995.
[29] 예컨대, 「김정일의 육성 테이프」, 『월간 조선』 1995년 10월호; 김정일의 연설 「우리는 지금 식량 때문에 무정부 상태가 되고 있다」, 『월간 조선』 1997년 4월호; 김정일 「올해를 사회주의 경제건설에 있어서 혁명적 전환의 해로 되게 하자」, 백학순 「북한경제 실패에 대한 하나의 해석」, 『통일경제』 1997년 9월호에 간접 인용.

원문 부분이 개찬되는 경우가 많다. 이러한 것도 북한 공식자료의 신뢰성을 손상시키는 원인이다. 다만 흥미로운 것은 오히려 개찬 자체가 북한당국의 정치적 의도를 드러내주어 알려지지 않았던 사실을 전해주는 역할을 한다는 점이다. 북한 내부자료들을 입수할 수 없는 한에서는, 시기적으로 공식자료들을 크로스체크해봄으로써(예컨대『로동신문』과 김일성 발언 등) 서로 어긋나는 점을 발견하거나, 당시 발표된 원문과 나중에 편집된 원문의 차이를 대조하거나 함으로써 오히려 새로운 사실이나 시사점을 나중에 찾아낼 수도 있다. 활용 여하에 따라서는 공식 문헌이 갖는 자료상의 한계는 일정부분 극복될 수 있다.

그러나 남한의 북한연구에 있어서는 북한의 공식간행물을 극도로 경시하거나 거의 그 가치를 인정하지 않으려는 분위기가 있다. 따라서 북한의 공식간행물이 북한연구에 있어서 차지하는 위치를 제대로 잡아주는 작업이 시급하다. 또한 공식자료를 북한연구에 인용하는 데 익숙해질 필요가 있다. 북한의 공식자료에 대한 위화감을 줄이기 위해서는 북한연구 풍토를 개선해나가야 한다. 학부나 대학원 수준에서 북한 과목을 교육할 때 북한의 공식문헌을 읽고 해석하는 방법에 일정한 비중을 두어야 한다. 이는 '북한연구 문화'의 형성이라고도 말할 수 있다. 이를 위해서는 북한의 제1차 자료에 대한 개방조치가 선결조건이 된다. 특히 영상자료의 일반공개 확대는 그 압도적인 매체적 영향력을 감안할 때 절실한 과제라 할 수 있다.

4) 모델설정 및 연속과 단절의 문제

북한체제의 특징은 초기부터 거의 최근 사망했을 때에 이르기까지 김일성이 최고지도자였다는 데에 있다. 그리고 아들에게 권력승계가 이루어졌고 김일성의 유훈통치도 부분적으로는 계속되고 있는 터라 북한연구는 김일성연구, 김정일연구와 구분되기 어렵다는 특징을 갖고 있다. 북한역사에 대한 연구나 사료발굴이 김일성에 집중되었고, 학문적인 여과 없이 김일성체제에 대한 공격재료로 쓰인 것도 사실이다. 북한체제는 외부에는 베일에 싸인 채 신화가 지배해온 만큼, 외부와의 관계에 있어서는 사실을 밝히는 단순한 사료발굴만으로도 취약성을 안고 있는 체제다. 특히 북한의 공식 역사연구는 외부와의 학문적 의사소통이 거의 불가능할 정도로 김일성의 역할이 과장되어 있다. 실증적인 뒷받침 없이 역사와 자료와의 연결관계가 무너져버린 점이 객관적인 연구를 더 어렵게 했다. 북한역사의 신화를 벗겨내는 작업은 그 외재적, 내재적 접근과 관계없이 학문적인 기초작업으로서 꾸준히 진행되어야 할 과제가 된다.

어떻든 김일성을 중심으로 한 지도자의 '초장기적 연속성'으로 인해 초기부터 현재에 이르기까지 북한체제 형성, 발전에 있어서 '연속성'과 '단절'의 문제, 북한체제의 '단계구분'의 문제 등 이슈가 제대로 다루어지지 못했다. 북한의 공식연구에 있어서는 과도기론으로서 북한체제의 단계구분문제가 논쟁이 된 적이 있었으나, 남한 연구자의 독자적 입장에서 이에 대한 본격적인 연구는 이루어지지 못했다. 가장 초보적이라 할 수 있는 북한 사회주의체제의 성립시기를 언제로 잡을지에 대한 논의도 활발히 진행되지 못했다. 또한 김정일과 김일성의 관계에 있어서 김정일체제가 언제 시작되는 것으로 보아야 하는지도 이 점에서는 중요한 테마가 된다. 앞으로는 김일성 사후 김정일체제와 김일성체제와의 비교도 중요한 연구과제로 등장할 것이다.[30]

---

30 김정일에게 김일성과 거의 같은 비중을 두고 김일성-김정일체제로서 하나로 다룬 저작은 해외의 연구지만, 徐大肅 『金日成と金正日: 革命神話と主體思想』, 岩波書店 1996 이 유일하다.

이러한 주제는 총체적으로는 북한체제에 관한 모델설정과 관련하여 접근해야 할 것이다. 북한체제의 발전과정을 이론적으로 이해하는 작업은 내재적 접근법에 입각하든 외재적 접근법에 입각하든 북한체제의 경험을 체계화하는 데 있어서 귀결이 되는 작업이다. 이에 대한 모델형성 작업은 주로 외국의 북한 연구자들이 주도해왔다고 해도 과언이 아니다.[31] 대표적인 것으로서 브루스 커밍스(B. Cumings)의 '사회주의적 코포라티즘(corporatism)'[32] 와다 하루끼(和田春樹)의 '유격대국가'[33] 스즈끼 마사유끼(鐸木昌之)의 '수령제'[34] 거번 매코맥(G. MaCormack)의 '신전체주의'[35] 등을 들 수 있다. 이러한 외국학자들의 작업은 문제점을 안고 있으면서도 나름대로 한국학계에 많은 자극을 주었다. 다만 국내에서는 이러한 이론화에 있어서 독자적인 성과는 그다지 많지 않았다. 이종석의 '유일지도체계'[36]에 대한 이론화가 거의 유일하게 실증적 연구에 입각한 외로운 작업이 아니었나 생각된다. 이 점에 있어서 한국학계의 현황은 북한연구의 이론적, 실증적 연구수준을 반영하는 것인지 모른다.[37]

---

31 이론화 내지 모델형성에 대한 전반적 논의에 대해서는, 和田春樹『北朝鮮: 遊擊隊國家の現在』, 岩波書店 1998, 16~20면 참조.

32 B. Cumings, "Corporatism in North Korea," *Journal of Korean Studies*, No. 3(1983).

33 和田春樹「遊擊隊國家の成立と展開」, 『世界』1993년 10월호; 同『北朝鮮: 遊擊隊國家の現在』(岩波書店 1998). 이에 대한 비판적 논의로는, 이종석「'유격대국가론'과 현대북한」, 앞의 책 참조.

34 鐸木昌之『北朝鮮: 社會主義と傳統の共鳴』, 東京大學出版會 1995.

35 G. MaCormack, "Understanding the North Korea," *New Left Review*, No. 198, 1993.

36 이종석『조선로동당연구』, 역사비평사 1995.

37 이 주제와 관련된 포괄적인 논의는 다른 기회로 미루기로 하고, 여기서는 이와 관

이론화 작업에 있어서 몇가지 문제점을 지적해보면, 우선 이론화레벨에 대한 구별이 없이 모델형성이 이루어진 점을 들 수 있다. 즉 씨스템 내지 사회구성체 수준, 레짐 내지 정치체제 수준, '1인 지배체제'를 중심으로 한 권력구조 수준 등에 대한 의식적인 구별 없이 작업이 진행된 점이다.[38] 다음으로 북한체제의 시기적인 변화에 따라 각 수준에서의 연속성과 변화를 포착할 수 없었다는 점을 들 수 있다. 나아가서 그렇기 때문에 이 세가지 수준의 상호관계도 적절하게 분석될 수 없었다.

우선 첫째로 씨스템 수준에서 보면, 북한의 이른바 '국가사회주의' 씨스템이 언제 성립되었는가에 관한 의식적인 논의가 부족했다.[39] 때문에 '과도기'로서의 '인민민주주의' 단계를 설정하는 것이 바람직한지에 대한 검토도 충분치 못했다.[40] 이 문제는 전후 50년대 사회주의 개조과련된 부분적 쟁점 및 과제에 대해 간단히 언급하는 데서 그치기로 한다.

[38] 이 점에 관해서는, 류길재 「북한체제 변화론의 재고찰」, 『한국정치사회의 새흐름』, 나남 1993에서 이론적인 수준을 구별해보려는 시도가 이루어지고 있으나, 일부 부적절한 분류가 이루어지고 있다. 예컨대 '전체주의'와 '당=국가체제'를 양립시키고 있는 논의 같은 것이다.

[39] 이 점에 관해서, 초기단계의 북한체제를 '사회주의체제'로 보는 연구로 박명림 『한국전쟁의 발발과 기원』 제2권, 나남 1997, 제4장, 제12, 13장, 특히 734~35면 참조. 이에 대해 시기를 늦추어 1961년도 전후에 사회주의체제가 성립했다는 입장으로는, 서동만 「북한의 전통과 근대」, 역사비평사 편 『한국의 근대와 근대성비판』, 역사비평사 1996; 토오꾜오대 대학원박사학위논문(1995) 참조. 필자는 1946년 8월 북로당 창설시기부터 1947년 2월 북조선인민위원회 결성시기에 걸쳐서 '인민민주주의'체제가 형성되어 한국전쟁 이후 농업집단화를 중심으로 한 전사회의 사회주의 개조를 거쳐 대체로 1961년 제4차 당대회를 전후하여 '국가사회주의' 씨스템이 확립된 것으로 본다. 이후 70, 80년대에도 국가사회주의 씨스템은 근저에서는 계속 유지되어오다가 90년대 전세계적인 사회주의권의 붕괴에 따라 큰 격변을 겪고 있다고 보여진다.

[40] 인민민주주의 단계 문제를 의식하면서 초기 북한체제를 기본적으로는 사회주의(쏘비에뜨)체제로 보는 연구로서는, 류길재 「북한의 국가건설과 인민위원회의 역할

정에 있어서 북한 내 노선투쟁과도 깊이 관련되어 있다는 점에서 앞으로도 계속 해명되어야 할 과제다. 또한 이 쟁점에 대한 해명은 90년대 이후 북한체제의 변화를 씨스템 수준에서 확인하기 위해서도 불가결한 작업이다.

둘째로 레짐 수준에서 보면, 이른바 '당=국가체제'의 형성시기 및 그 변화에 대한 논의도 충분치 못했다.[41] 예컨대 1946~47년 당시의 당=국가체제와 1961년 시기의 그것과는 어떻게 다른 것인가, 군의 위치, 빨치산파의 비중은 어떻게 평가해야 할 것인가에 대한 검토가 필요하다. 이를 위해서는 당=정관계, 당=군관계에 대한 분석이 뒷받침되어야 한다. 이에 대한 논의는 최근 김일성 사후 북한체제의 변화에 있어서 두드러진 김정일의 '군중심 체제', 특히 1998년 9월의 권력승계 및 신헌법하에서의 '국방위원회체제'에 대한 성격 규정과 직결되어 있다. 새로운 레짐을 종래와 변함없이 여전히 당=국가체제인 것으로 보아야 하는가, 그렇지 않으면 '당=군=국가체제' '군=당=국가체제' '군=국가체제' 가운데 어느것으로 변화했다고 보아야 하는가는 과거에 대한 이론적 검토 없이는 해명할 수 없다.[42]

■

1945~1947」(고려대 정외과박사학위논문, 1995) 참조. 국내에서 인민민주주의문제는, 양호민『북한의 이데올로기와 정치』, 고려대아세아문제연구소 1972에서의 문제의식을 토대로 논의를 전개하고 있다. 다만 류길재는 이를 소련에 의해 외삽된 것이 아니라 자생적으로 수립된 '쏘비에뜨 국가'라고 보고 있다. 인민민주주의 단계를 적극적으로 설정한 연구로는, 김성보「북한의 농업개혁론과 농업개혁 1945~1958」(연세대 사학과박사학위논문, 1997); 서동만, 앞의 논문들 참조.

41 이 점에 대해서는, 류길재, 앞의 논문에서 1946년 북로당 창립과 함께 '당=국가' 체제가 형성된 것으로 본다. 서동만, 앞의 논문들도 같은 견해를 취하고 있다.
42 이 문제에 대한 본격적인 논의는 아니지만, 군부의 역할에 대한 검토로는 '한국정치학회 1997년도 연례학술회의 : 북한통일 분과 Roundtable'에서 발표된 김구섭, 이종석, 김영수, 류길재의 발제 참조. 해외 연구자의 본격적인 논의로는, Haruki

셋째로 '1인체제'와 권력구조의 수준에서는 최고지도자로서의 김일성의 위치의 연속성 때문에 그 변화에 대한 분석이 소홀했다. 1946년 정권수립 당시 김일성의 위치와 1961년 제4차 당대회를 전후하여 빨치산파가 당정군을 장악한 시기에 있어서 김일성의 위치, 나아가 1960년대말~70년대초 유일사상체계 확립운동 이후 김일성의 위치에 대한 구별작업이 필요하다.[43] 여기에는 조선노동당 내 계파관계의 변천, 빨치산파의 역사성 등 식민지시기 공산주의운동과 관련된 분석이 그 전제가 된다. 이러한 작업이 토대가 되어야 1980년 권력 계승자로서 김정일이 당 공인을 받은 이후, '김일성-김정일체제'가 그 이전까지의 '김일성체제'와 어떻게 다른지, 김일성 사후 '김정일체제'는 그 카리스마성과 권력 장악도에 있어서 '김일성체제'와 어떤 차이가 있는지에 대한 구별도 가능해질 것이다.

이러한 세 수준에서의 변화와 연속성의 측면 못지않게 중요한 것이 세 수준 사이의 상호관계에 대한 분석일 것이다.[44] 특히 세번째의 '1인체제' 문제, 거기에 따르는 개인숭배의 절대화는 북한의 국가사회주의체제, 당=국가체제에 있어서 필연적으로 따르기 마련인 현상인가, 그

Wada, "The Structure and Political Culture of the Kim Jong Il Regime: Its Novelty and Difficulties, a Dissertation Presented at International Conference Commemorating the Opening of the Graduate School of North Korean Studies," Kyungnam University, May 28~29, 1998. 와다 하루끼는 북한체제가 '유격대국가'에서 '정규군국가'로 전환했다고 주장하고 있다.

43 이종석의 '단일지도체계'와 '유일지도체계'의 구분은 이 수준에서의 이론화라고 볼 수 있다. 또한 노동당 내 권력구조에 대해서도 당내 계파의 존재를 기준으로 시기적인 구분을 행하고 있다. 다만 '단일'과 '유일'의 차이에 대한 설명 등이 문제점으로 남는다. 이종석, 앞의 책.

44 이에 대한 간략한 언급으로는 서동만, 앞의 논문들 참조.

것이 마오 쩌뚱 이후 중국이나 스딸린 이후 소련과 같이 집단지도적 체제로는 변화할 수 없는 것인가 등에 대한 전망이 가능하기 위해서도 과거에 있어서 세 수준의 상호관계에 대한 해명이 필요하다. 이미 98년 헌법개정에서 나타나듯이 씨스템 변화, 레짐 변화가 두드러지는 북한체제에 있어서 김정일의 정치적 운명을 점쳐보려면 이러한 이론적 작업이 토대가 되어야 할 것이다. 이 상호관계의 차원에서는, 중국이나 베트남에서처럼 개혁·개방으로 국가사회주의 씨스템은 시장경제화하고 있음에도 불구하고 공산당의 당=국가체제는 비교적 연속성을 유지하고 있는 경우와 북한의 경우와의 비교도 흥미로운 주제가 될 것이다.

5) 역사연구, 비교연구의 부족

역사연구가 크게 부족하다 함은 과거연구, 과거와 현재를 관련시켜 보는 연구가 부족하다는 점을 말하고자 함이다. 북한은 정권이나 체제의 정당성을 과거역사에서 찾고 있다는 점에서 역사와 정치가 일체화되어 있다. 이는 내부권력 관계에서도 그러하지만 특히 대외관계에 있어서는 여전히 과거역사와 직결되어 있다. 1930년대 이후 45년까지의 식민지시기 민족해방운동도 건국신화로서 김일성, 김정일의 역사적 정통성을 보장하는 기능을 하고 있다. 일본과의 관계에 있어서는 과거청산 및 국교수립이 이루어지지 않은 상태에서 현실을 규정하는 중요한 요인이 된다.

이러한 역사성은 북한 내부 권력관계에서도 드러난다. 빨치산세력의 성장을 중심으로 북한체제의 변화를 설명하려는 시도들은 이러한 측면에 착안한 연구지만,[45] 혁명 제2세대의 경우도 김정일이나 권력 핵

---

45 이러한 연구로는 해외에서는 Dae-Sook Suh, *Kim Il Sung: North Korean Leader*,

심층의 구성에서 나타나듯이 혁명 제1세대의 자제가 중추를 이루고 있다. 이러한 주제는 역사연구 없이는 현재를 제대로 이해할 수 없다는 점을 실증해준다.

이와는 다른 측면에서 역사연구의 부재는 북한연구에 많은 문제를 남기고 있다. 특히 50년대, 60년대 연구는 거의 공백이라 해도 과언이 아니다.[46] 역사연구가 부족했기 때문에 초기 북한과 최근 북한에 대한 이미지가 구별없이 혼재되어온 경우도 많다. 더구나 연구가 비교적 많아지는 70년대 이후도 80년대, 90년대 등 각 시대와 구분이 이루어지지 않은 상태에서 북한연구가 이루어지는 경우가 많다. 물론 이것은 김일성이란 절대권력자가 계속 집권했다는 사실과 관련되어 있기도 하지만, 남북한 대치상태가 계속됨으로써 북한에 대한 객관적인 접근이 어려웠다는 사정과도 관련이 있다. 과거역사에 대한 이해 없이 쌓인 북한이미지는 '환영'일 수 있으며, 역사연구 없는 현상분석은 거대한 사상누각일 수 있다.

물론 북한연구에 있어서도 역사연구가 활발하게 이루어지고 있는 대상 시기가 있다. 바로 1945~53년의 시기다. 다름아닌 한국전쟁과정에서 미군이 북한지역에서 확보한 '노획북한문서'의 존재 덕분이다. 역시 역사연구에 있어서는 주제에 따라 사료를 수집하는 것이라기보다는 사료가 주제를 결정하는 면도 강하다. 이 시기 연구에는 이미 적지 않은

Columbia University Press 1988와 그 번역서로 서대숙 『북의 지도자 김일성』, 서주석 역, 청계연구소 1989; 和田春樹 『金日成と滿洲抗日戰爭』, 平凡社 1992 등이 있고, 국내에서는 이종석, 앞의 책 등이 있다.

[46] 50년대 북한에 대해서는, 역사문제연구소 학술심포지엄 '북한 사회주의체제의 역사성과 개혁의 전망: 50년대 사회주의 이행 논쟁과 정치사회 갈등'(1997. 5)에서 발표된 김성보, 김연철, 김재용, 서동만의 논문을 각각 참조. 또한 서동만, 앞의 논문들 참조.

중요한 성과들이 축적되고 있으며, 앞으로도 계속적인 발전이 있어야 한다.[47] 한편, 소련 자료를 발굴한 일련의 성과들이 나오고 있으며, 노획문서에서도 발견할 수 없는 희귀한 북한자료를 러시아에서 발굴하는 성과도 나오고 있다.[48] 다만 이 시기 연구에서도 연구상의 불균형은 존재하는 듯하다. 뒤에서 언급하겠지만 총론이 각론을 압도하는 상황이다. 예컨대 강원도 인제군에 대한 수천장의 방대한 사료가 존재함에도 이에 대한 연구는 나타나지 않고 있다. 이 시기 연구에서는 적지 않게 축적된 성과를 토대로 각 연구 사이에 존재하는 차이나 쟁점을 정리하고, 나아가 연구상 공백부분을 채워가는 일이 과제가 될 것이다.

이러한 역사연구의 부족 내지 불균형은 당연히 북한역사를 한반도 전체의 역사 속에서 어떻게 위치시킬 것인가에 대한 성찰의 부족으로 연결될 수밖에 없었다.[49] 분단과정, 한국전쟁, 남북한관계 등 관계사적

■

[47] 이 시기에 대해서는 박명림, 앞의 책, 류길재, 앞의 논문(1995), 강정구『좌절된 사회혁명: 미군정하의 남한, 필리핀과 북한 연구』, 열음사 1988 외에 Hak-Soon Paik, *North Korean State Formation 1945~1950* (A Ph. D. Dissertation in Political Science), University of Pennsilvania 1993 참조. 북한의 국가수립 과정을 남북한 양측의 분단국가 수립과정과 결합시켜 분석한 연구로는, 정해구『남북한 분단정권 수립 과정 연구 1947. 5~1948. 9』(고려대 정외과박사학위논문, 1995) 참조.

[48] 김성보, 앞의 논문에서는 토지개혁의 의사결정 과정에 대해 소련 문서를 발굴하여 새로운 사실을 밝히고 있다. 또한 소련 문서를 발굴하여 1945~48년 시기 북한체제를 경제분야에 초점을 맞추어 분석한 연구로서는, 전현수「1947년 12월 북한의 화폐개혁」,『역사와 현실』제19호(1996); "ЧЖОН ХЮН СУ, СОЦИАЛ ь НО-ЭКОНОМИЧЕСКИЕ ПРЕОБРАЗОВАНИЯ В СЕВЕРНОЙ КОРЕЕ В ПЕРВЫЕ ГОДЫЕ ПОСЛЕ ОСВОБОЖДЕНИЯ 1945~1948 гг."(해방 직후 북한의 사회경제개혁 1945~1948년)(모스끄바대학 역사학박사학위논문 1997) 참조.

[49] 북한의 토지개혁과 농업협동화를 조선시대 봉건적 토지소유제에 대한 전통적 농업개혁론의 전통과 관련시켜 그 의의를 평가한 연구로는 김성보, 앞의 논문 참조. 이 논문은 김용섭의 조선후기농업사 연구에 대한 문제의식을 북한연구에 접속시킨 연

연구에는 당연히 이러한 전제가 깔려 있지만, 북한체제 연구 일반에까지 확대되기는 어려웠다. 북한체제도 같은 한민족의 절반이란 점에서 북한체제의 경험이 민족사 전반에 어떠한 의미를 갖는지에 대한 검토는 한국 민족주의의 관점에서는 중요한 테마가 된다. 북한체제의 경험을 부정적으로 보든 긍정적으로 보든 그것이 민족사 전체에 있어서 갖는 의미를 자리매김해보는 작업은 북한체제의 경험을 '타자' '저들'의 경험이 아닌 '우리'의 것으로 포용하기 위한 첫걸음이 될 것이다.

역사연구에 못지않게 지적되어야 할 점은, 북한체제의 보편성과 특수성 문제에 접근하기 위해서는 다른 사회주의국가와의 비교연구가 불가결하다는 것이다.[50] 그런데 한국에서는 뻬레스뜨로이까 이전까지 사회주의체제 연구가 워낙 일천했다. 이후 사회주의체제 연구가 개시되고 오래지 않아서 사회주의권이 붕괴했기 때문에, 사회주의체제에 대한 매력이 단시간 안에 사라짐으로써 이에 대한 연구도 충분히 진행되지 못했다. 소련, 동구에 대한 관심도 급속히 식어갔고, 세계적인 연구주제인 '체제전환'에 대한 연구도 그다지 흥미를 끌지 못했다. 지역연구 차원에서 소련, 동구 연구, 체제전환 연구가 활성화되는 것도 비교 차원에서 북한연구를 위한 중요한 토대가 된다.

지정학적 위치 때문에 그리고 확대된 교역관계 때문에 중국연구는 지역연구 차원에서 비교적 활발히 이루어지고 있는 것은 사실이지만, 북한연구와의 접점을 정확하게 포착한 분석은 그다지 이루어지지 못했다. 이는 사회주의권 붕괴에도 불구하고 북한체제가 좀처럼 개혁의 조

구라 할 수 있다.

50 위에서 언급한 방법론 논쟁에서 인용한 강정구, 강정인, 송두율, 이종석 외에도 북한연구 방법에 대해 논한 연구자들은 누구나 비교사회주의적 방법이 필요함을 적극적으로 주장하지만, 실제 비교사회주의적 연구의 성과는 그다지 많지 않다.

짐을 보이지 않았으며, 김일성 사후 북한붕괴론이 급속히 확산된 것과 직접적인 관계가 있다. 북한체제가 변화를 보이지 않는 데 대해 실망했다고 하더라도, 과거 사회주의 개조과정, 농업집단화, 개인숭배, 대중노선, 그밖의 여러 주제에 걸쳐 의미있는 비교연구가 가능함에도 그다지 성과는 없었다. 중국과의 비교는 물론 소련이나 다른 사회주의국가와의 비교도 그다지 진행되지 못했다. 동서독이 통일됨에 따라 독일통일을 남북한관계에 적용하여 많은 연구가 이루어졌으나, 이는 붕괴론의 영향에 따른 것이며 그 대부분도 총론적인 연구에 머무르고 있다.

  북한연구에 있어서 비교연구는 활발하게 전개될 필요가 있다. 외부에 대한 북한체제의 고립상황은 북한연구의 '고립상황'을 불러왔다 해도 과언이 아니다. 이것은 북한체제의 '특수성'이 국가사회주의체제로서의 '일반성'을 압도하는 듯이 보이면서 생긴 현상이기도 하다. 그러나 북한체제의 '과도한 특수성'이란 역설적으로 말한다면 곤란한 상황 속에서 국가사회주의를 고수하려는 데서 나온 현상이라고도 할 수 있다. 국가사회주의로서의 북한체제 인식이 확인되면서 북한사회의 특수성도 제대로 이해될 수 있을 것이다. 또한 북한연구가 상대적으로 서구의 중국 내지 소련을 중심으로 한 사회주의연구에 비하면 양적으로나 질적으로 따라가지 못했다는 사실도 비교연구에 제약으로 작용했다.

  북한체제의 핵심적인 측면은 모두 흥미로운 비교의 대상이 되는 주제들이다. 예컨대 북한의 김일성이나 김정일의 '1인체제'는 소련의 스딸린체제, 문화혁명 당시 중국의 마오 쩌뚱 체제, 루마니아의 차우셰스크체제가 모두 좋은 비교대상이다.[51] 김정일의 국방위원장 취임에 따른

---

[51] 이 주제와 관련된 비교연구로서, 박형중 「루마니아와 북한: 사회주의 주변부의 스탈린주의 체제에 대한 비교 연구」, 『통일문제연구』 1995년 상반기호 참조. 그밖의

군부중심의 신체제는, 사회주의국가로서는 폴란드의 야루젤스끼정권, 중국 문화혁명 당시 일시적인 군부의 역할 등이 비교대상이 된다. 나아가서 삐노체뜨정권, 수하르또정권, 박정희정권 등 제3세계의 군부독재체제도 비교대상으로 확대될 수 있다. 특히 남북한관계 못지않게 남북한의 비교연구도 중요한 주제가 된다. 여기에는 남북한을 하나의 기준으로 가늠할 수 있는 이론틀이 열쇠가 된다.[52] 궁극적으로는 남북한관계 연구, 남북한 비교연구, 하나로서의 남북한 전체 연구 등 서로 다른 세가지 차원이 결합되어야 할지도 모른다.

신정부 들어서 정경분리 원칙에 따른 경제협력정책이 실시됨에 따라 남북한관계에 있어서도 비교대상의 변화가 일어나고 있다. 예컨대 동서독관계보다 중국-대만관계가 더욱 현실성이 있다는 상황판단에서 이에 대한 관심이 증대되고 있다. 남북한관계와 동서독관계뿐 아니라 중국-대만관계 등도 현실적인 비교대상이 된다.

6) 총론 위주 및 부분연구 부족

북한연구에 있어서 정치(이데올로기, 군사, 안보 등 포함)연구가 커다란 비중을 차지한다는 데 이의를 달 사람은 없을 것이다. 남북경협이 진전되면서 경제연구도 비중이 커지고 전문잡지도 간행되고 있다. 인문사회분야에서는 정치, 경제 분야가 비대해졌으므로 그밖의 사회, 문

유익한 비교연구의 예로는, 서재진 외 『사회주의 체제 개혁 개방 사례 비교 연구』, 민족통일연구원 1993; Hyuk-Bum Kwon, "The Politics of Transition to Socialism in Cuba and North Korea"(Massachusetts University Ph. D. 1990) 등이 있다.

52 남북한 비교에 있어서 주목할 만한 시도로서, 남북한의 군비문제를 대상으로 '국가론'이란 하나의 이론틀을 가지고 비교한 연구로는, 함택영 『국가안보의 정치경제학』, 법문사 1998이 있다. 이른바 '역사추상적 접근'에 의해 남북한의 토지개혁을 비교한 연구로는 강정구, 앞의 책(1988) 참조.

화, 예술 등에 대한 연구가 더욱 많이 이루어져야 함은 두말할 필요가 없을 것이다. 그런데 정치, 경제 연구라 할지라도 총론적 연구가 대다수를 차지하고, 부분연구나 작은 이슈에 대한 천착이 매우 부족하다. 정치연구에 있어서도 이데올로기 분석 내지 정치체제 분석이 지배적이며, 엘리뜨,[53] 당=군관계,[54] 당=정관계 등의 분야에서 세분화된 주제에 대한 분석이 부족하다. 경제분야에 있어서도 기업관리, 공장관리 씨스템,[55] 근로단체,[56] 대중운동[57] 등에 대한 분석을 좀더 세분화하여 전

---

53 김성보「해방 후 북한의 엘리트 형성에 관한 연구」,『한국문제와 국제정치』1998년 봄. 이 논문은 해방 이후 북한의 정권수립 과정에서 각 분야의 엘리뜨 형성과정을 역사적으로 추적한 연구다. 항일빨치산 인맥을 중심으로 한 북한 엘리뜨 연구로는, 이종석『현대북한의 이해』, 247~59면 참조. 역시 엘리뜨 연구 현황은 현상분석이 압도적이다.『김정일 북한대백과』(『신동아』1997년 1월호 별책부록); 중앙일보사 취재반 편『한반도 절반의 상속인—김정일』, 중앙일보사 1994;『북한 권력엘리트 연구』, 민족통일연구원 1993.
54 당=군관계를 직접 다룬 것은 아니지만, 북한정권 수립과정에서 조선인민군의 위치에 관한 연구로는 박명림, 앞의 책, 제12장 참조. 정권 형성기 및 한국전쟁시기의 당=군관계에 관해서는 서동만「북한 당=군관계의 역사적 형성 1946~1961」(한국정치학회 하계학술회의 발표논문, 1996) 참조. 이중 일부는「북한 당=군관계의 역사적 형성: 창군기에서 한국전쟁 직전까지를 중심으로」,『유석렬박사 회갑기념논문집』(1997. 9);「북한 당=군관계의 역사적 형성: 한국전쟁부터 1961년 전후시기까지를 중심으로」,『통일문제연구』제8권 제2호(1996년 하반기)로 각각 발표했다. 또한 최완규「초기 조선인민군의 발전과정과 당=군관계」, 김일평 외『북한체제의 수립과정 1945~1948』, 경남대학교출판부 1991 참조.
55 산업관리체제의 변화를 정치체제의 변화와 관련시켜 분석한 연구로는 김연철, 앞의 논문 참조.
56 이 주제에 관해서는, 이종석 편『북한의 근로단체 연구』, 세종연구소 1998 참조.
57 류길재「천리마운동과 사회주의 경제건설: 스타하노프운동 및 대약진운동과의 비교를 중심으로」, 최청호 외 편『북한사회주의 건설의 정치경제』, 경남대학교출판부 1993.

문적으로 연구할 필요가 있다.

또한 시기별로도 역사연구가 부족하기 때문에 개별주제에 대한 연구도 특정시기마다 이루어지는 것이 아니라 통시적으로 이루어진 것이 많다. 특정시기의 특정분야에 대한 북한 연구나 자료, 정보가 축적되는 것이 시급하다. 이러한 축적 위에서 총론적인 북한연구가 제대로 설 수 있을 것이다.

실용주의적 차원에서는 북한의 모든 분야가 연구대상이 된다. 예컨대 북한의 기술수준, 정보화수준, 쏘프트웨어 개발수준 등 과학, 자연과학, 공학 분야에 대한 연구가 북한의 정치, 군사, 경제를 이해하는 데 불가결한 분야임은 이번 인공위성발사에서 여실히 증명된 바다.[58] 1950년대말 소련이 미국에 안겨준 '스뿌뜨니끄 쇼크'가 남한의 북한연구에도 생기지 않으면 안된다. 남한에서는 북한의 가장 기초적인 분야에 대한 정보, 자료의 축적 및 연구가 병행되지 않은 채로 정치, 경제 연구가 일방적으로 독주해왔다고 할 수 있다. 남한의 북한연구는 철저하게 실용주의적 방향에서 전면적으로 재검토되어야 한다. 위에서 언급했듯이 이같은 공백을 메우기 위해서는 시기별로 다양한 분야에 관한 자료집 간행이나 기초연구가 시급하다. 한국의 모든 분야의 연구자가 북한 연구자와의 협력 아래 자기 전문분야의 거울로서 해당분야의 북한을 연구하는 작업을 시도해볼 만하다.

---

[58] 박찬모 「북한의 정보화 동향과 남북 교류 방안」, 한국여성정치연구소 주최 국제학술회의 '정보화 시대와 여성인력'(1996년 11월) 발표 논문. 이 논문은 북한의 컴퓨터 쏘프트웨어 개발능력을 중심으로 정보화수준을 분석한 흥미로운 연구다.

4. 맺음말

90년대 북한연구를 살펴보면서 확인된 것은 남한의 북한연구가 많은 문제를 안고 있으면서도 꾸준히 진전하고 있다는 사실이다. 또한 모든 학문분야가 그렇듯이 기초적인 연구를 토대로 하지 않고서는 발전이 있을 수 없다는 데에 북한연구도 예외가 아니라는 점도 절감하지 않을 수 없다. 남한사회에서 북한, 통일, 안보 분야는 '거대한 지식산업'이라고 일컬어지기도 하지만, 그 규모를 감안하면 북한연구만큼 양적으로 많이 생산되면서도 그 토대가 허약한 연구분야도 없을 것이다.

이 점에서 자료 이용과 공개 등을 중심으로 기초적인 연구여건을 개선하기 위한 제도적, 물적 기반을 충실히 해나가는 것이 무엇보다 시급한 과제가 된다. 자료이용상의 제약조건에도 불구하고 꾸준히 축적된 연구성과를 감안할 때 이러한 여건이 개선됨에 따라 연구가 새롭게 발전할 잠재력은 매우 크다고 본다. 또한 광범위한 북한 지면을 살리고 수많은 북한 전문가들을 효율적으로 활용하기 위해서는 쟁점별로 정리하고 평가하는 작업을 시작할 필요가 있다. 이러한 기초적인 논의만 있어도 북한분야의 '모럴 해저드'는 크게 줄일 수 있을 것이다.

이제 북한연구도 새로운 단계를 맞이하고 있다. 남북한관계는 여전히 수많은 기복을 거치겠지만, 교류, 협력이 꾸준히 확대되어가리라는 것만은 의심할 수 없다. 북한체제가 고립되어 있다고 하지만, 역설적으로 남한의 북한연구도 남북한대치라는 냉전적 상황 속에 고립되어 있었다. '입증도 반증도 할 수 없다'는 기막힌 상황 앞에서 옥석을 구분하기 어려운 학문적 현실이 지배하고 있었다. 그러나 이제 남한의 북한연구도 현실을 통해서 검증받지 않을 수 없는 시대가 되었다. 이제는 누구라도 북한 전문가가 될 수 있는 시대는 가고 북한연구도 전문성이 인정받지 않을 수 없는 시대가 되었다. 장기간의 학문적, 지적 수련과 연구경험의 축적 속에서 길러진 전문성이 제대로 평가받는 것이 거스를 수 없는 대세가 된 듯하다.

남북한관계의 진전 속에서 남한의 북한연구는 남한의 북한인식에 머무르지 않고 북한의 자기인식을 시야에 넣은 것이 되어야 할 단계에 이르고 있다. 남한의 북한연구는 북한이란 현실에 의해 검증받지 않을 수 없게 된 것이다. 나아가서 남한의 북한인식도 북한의 자기인식에 의해 영향을 받게 되겠지만, 그보다 훨씬 큰 정도로 이제는 남한의 북한인식은 구체적으로 북한의 자기인식에 영향을 주는 시대가 될 것이다. 남한의 북한연구는 향후 북한체제의 변화에 있어서 어떠한 역할을 해야 하는가 하는 과제에 직면할 것이다. 이는 남북한 통틀어서 가장 객관적이고 정확한 북한연구를 지향해야 한다는 것을 뜻한다. 따라서 남한의 북한연구는 과거 그 연구대상에 대한 접근이 차단되었을 때처럼 무책임한 것이 되어서는 안되고, 그렇게 될 수도 없게 될 것이다.

〈1998〉

1950년대 북한의 정치갈등과
이데올로기 상황

1. 1950년대의 역사적 의미

　북한의 전후 50년대는 북한 역사상 정치적으로 가장 풍부했던 시기였다. 제한된 틀 내에서이긴 하지만 당내에는 여러 정파가 국가의 방향을 둘러싸고 이견을 표명할 수 있었고, 사상적, 학문적, 예술적으로도 비교적 자유롭게 견해를 발표할 공간이 열려 있었다. 이때 북한에서는 자신의 진로를 두고 여러가지 모색을 해볼 수 있었다. 또한 북한의 전후 50년대는 전사회의 사회주의적 개조가 진행되면서 현재와 같은 국가사회주의 씨스템의 골격이 형성되어가던 시기이기도 했다.
　58년 8월 농업집단화가 완료되고 61년을 전후하여 통치체제 전반의 개편이 이루어진 다음 모습을 드러낸 체제는 공식적인 의미에서는 현재의 북한체제와 다름이 없다. 현재 북한체제가 당면하고 있는 문제점도 기본적으로는 이때 형성된 것이다.

북한체제의 미래를 바라볼 때 필요한 것은 변화의 관점이다. 초기 정권수립 과정에서부터 이어져오는 북한체제의 연속성에 주목하는 것도 의미가 적지 않지만, 북한체제가 직면해 있는 변화의 과제를 생각할 때, 과거 북한체제가 현재에 이르기까지 어떻게 바뀌어왔는지를 서로 비교, 분석하는 일은 필수불가결한 작업이다. 그러한 점에서 현재 북한체제의 모습을 거의 결정지은 시기를 살펴보는 것은 현재의 북한체제를 이해하는 데 가장 가까운 길이라 할 수 있다. 사실 현재의 북한체제의 문제점은 형성 당시 이미 배태된 것이기 때문이다.[1]

특히 북한 국가사회주의체제의 형성과정에서 주류가 되지 못하고 패배한 노선은 나름대로 문제점을 안고 있는 불완전한 대안이지만, 그것이 제기한 문제의식은 당시는 물론이고 현시점에서도 상당한 적실성을 띠고 있다는 점에서 본격적으로 조명되어야 한다.[2] 현재의 북한체제가

---

1 물론 현 북한체제의 위기 원인을 직접적으로 50년대 사회주의 개조시기로 거슬러 올라가 잡는다는 의미는 아니다. 북한체제의 위기가 현재와 같은 지경에 이르게 된 것은, 특히 국가사회주의체제의 모순이 누적되면서 80년대에 합영법 제정 등이 이루어질 시기에 과감한 변화로 나아가지 못하고, 80년대말, 90년대초 소련, 동구의 붕괴라는 사태를 맞이했기 때문이다. 1980년대 한반도의 신냉전상황 및 남북한관계와 관련하여 북한체제의 변화가 지체된 배경에 관해서는 서동만 「분단의 극복과 통일」, 『오늘의 한국지성, 그 흐름을 읽는다』, 김병익 편, 문학과지성사 1995 참조. 다만 이 글의 문제의식은 앞으로 북한체제가 본격적인 의미에서 개혁, 개방으로 나아가려 한다면, 50년대 사회주의 개조시기까지 시야에 넣은 역사수정 작업이 수반되지 않을 수 없다고 보는 데 있다.

2 국가사회주의 성립과정에서 '얼터너티브'(대안)가 갖는 의의에 대해서는, 和田春樹 「國家の時代における革命 ── ブハーリンとレーニン」, 『ネップからスターリン時代へ ── ソビエト史研究會報告』第1集, 木鐸社 1982; Stephen F. Cohen, *Bukharin and the Bolshevik Revolution*, Oxford University Press 1971 참조. 중국의 맥락에서

만들어질 당시 여러가지 다양한 모색이 있었다는 사실을 접해본다는 것만으로도 북한연구나 북한체제의 전망에 대한 절망에 가까운 분위기를 조금이라도 완화하는 데 도움이 될 것이다.

이 주제를 다루는 데 있어서 최대의 난점은 역시 자료입수의 곤란에 있다. 당시 비주류노선의 실체를 정확하게 파악한다는 것은 현재 입수할 수 있는 자료만 가지고는 용이한 작업이 아니다. 우선 당시 비주류노선이 주류노선을 누르고 승리할 가능성이 적었다는 점에서 그 실체를 과장해서는 안될 것이다. 하지만 사회주의체제 속성상 반대파의 논리나 그것을 전해주는 자료는 철저하게 은폐하거나 말살하는 것이 통례인 만큼, 그 실제는 표면에 드러난 것보다는 훨씬 크다고 보는 것이 합당할 것이다. 이 점에서는 개혁·개방 이후 중국에서 진행된 50년대 집단화 당시 권력관계 및 사회경제 상황에 대한 연구나 자료공개에 힘입어서 당시 중국에 관한 시대상이 완전히 뒤바뀌고 있다는 점은 중요한 참고가 된다.

시장경제로의 급격한 체제전환이 이루어진 소련, 동구에서의 연구상황이 과거의 시대상을 바꾸고 있는 정도는 이보다 훨씬 크다. 따라서 이 글에서 본격적으로 이루어질 수는 없지만, 방법상으로는 구소련, 중국을 비롯한 다른 국가사회주의체제와의 비교연구의 시점이 매우 중요한 의미를 지닌다. 물론 궁극적으로 북한에 관한 연구결과는 자체의 실증적 자료에 의해 뒷받침되어야 한다.

■

논의하기 위한 실마리로서, 中兼和津次 『中國經濟論——農工關係の政治經濟學』, 東京大學出版會 1992; David Bachman, *Bureaucracy, Economy and Leadership in China: the Institutional Origins of the Great Leap Forward*, Cambridge University Press 1991 참조.

2. 1950년대 북한의 정치갈등[3]

1) 남로당파 숙청과 한국전쟁의 후유증[4]

한국전쟁 이후 50년대 북한의 정치적 갈등은 그 이전 시기에 비하면 복합적이고 중층적인 의미를 띠게 되었다. 우선 46년 8월 북조선로동당 창립 이래 유지되어왔던 빨치산파와 연안계, 소련계 등 해외출신 세력 사이의 제휴관계에 결정적인 금이 가게 된 것이다. 또한 박헌영을 중심으로 한 남로당파에 대한 숙청은 북한정권 최초로 스딸린식 숙청 재판극을 연출했다는 점에서 북한 정치문화에 질적인 변화를 가져오게 되었다. 이것은 권력투쟁을 위한 수단과 방법에 있어서 유지되어왔던 일정한 윤리적 억제나 식민지시대 민족해방운동 참가자로서 각 정파 사이에 남아 있던 상호신뢰 관계가 무너졌음을 뜻했다.

한국전쟁 과정에서 이루어진 권력관계의 변화에서 중요한 것은 북한 권력구조를 특징짓고 있던 각 정파간의 균형에 입각한 연합구도에 일정한 변화가 일어났다는 점이다. 이것은 무엇보다도 당내 최고의사결정구조 내에서 갖는 김일성의 위치와 관련되어 있다.

당내 의사결정구조에서 김일성은 박헌영, 허가이, 박일우, 김두봉 등 여러 정파의 영수급 지도자들과 동렬에 서 있었다고 보여진다. 당내 최고의사결정기구인 정치위원회는 집단지도적 성격을 지니고 있었다. 그리고 한국전쟁 이전까지 김일성 스스로는 당무에는 거의 손을 대지 않

---

[3] 50년대 북한 정치사 전반에 관해서는 서동만, 토오꾜오대 대학원박사학위논문 (1995); 이종석 『조선로동당연구』, 역사비평사 1995 참조.
[4] 한국전쟁 당시 내부권력 관계의 변화 및 그 국제적 배경에 관해서는 和田春樹 『朝鮮戰爭』, 岩波書店 1995; 서동만, 같은 글 219~64면 참조.

고 내각을 담당하고 있었으며, 주로 허가이가 당의 실권을 쥐고 있었다. 특히 박헌영, 허가이, 박일우는 과거 식민지시대 공산주의운동 경력이나 현실적인 권력관계에서 김일성의 라이벌이 될 수 있는 거물들이었다. 이들이 제거됨으로써 당내에서 김일성에 맞설 수 있는 인물은 사라지게 되었다.

52년 12월 남로당파의 숙청이 개시되면서 원수 칭호를 수여받고 김일성의 제1인자로서의 위치는 확고해진다. 김일성에 대한 개인숭배현상은 이를 계기로 더욱 확대되어갔다. 다만 여러 정파 사이의 연합구조라는 조선로동당의 성격은 전후에도 계속 유지되었다.

또한 한국전쟁과정에서 중요한 변화는 김일성과의 제휴하에 국내 토착세력을 견제하면서 당내 주류파를 구성하고 있었던 연안계와 소련계 등 해외출신들이 점차 그 위치에서 밀려나게 된 점이다. 허가이의 좌천에 이은 자살로 소련계의 위세는 결정적으로 꺾이게 되었고, 박일우의 좌천도 한국전쟁과정에서 활약했던 연안계 군인들의 사기를 저하시켰다. 또한 전쟁을 치르면서 점령되었던 지역을 탈환하고 피점령의 후유증을 수습하는 과정에서 연안계나 소련계가 주로 담당하고 있던 도당위원장직이 국내계들로 교체되었다. 이들은 북로당 창립과정에서 소외되었던 과거 식민지시대 적색농조, 노조 운동의 지도자들로서 국내에 기반을 가진 토착세력이었다.

새로이 북한 국내에 기반을 가진 토착세력과 김일성과의 제휴가 실현된 것이다. 그 매개가 된 세력이 박금철, 리효순 등 갑산계였을 것이다. 특히 이들이 당과 정부 내에서 부상하게 된 계기로는 남로당파의 숙청이 못지않게 중요했다. 남북조선을 통틀어 국내세력을 대표했던 것은 박헌영을 중심으로 한 남로당파였기 때문에 남로당파의 숙청으로 생긴 공백을 이들 북조선 국내 토착세력이 메울 수 있게 된 것이다.

남로당파의 숙청을 둘러싸고는 기본적으로 소련계와 연안계가 김일성과 입장을 같이한 것으로 보이지만, 일부 소련계와 연안계 가운데는 이견도 존재했다고 생각된다. 북한의 공식설명은 소련계 허가이나 연안계 박일우가 박헌영에 동조하는 태도를 보였다고 주장하고 있다.[5] 증언에 따르면, 남로당파 숙청은 내각에서는 내무상 박학세가 지휘하고 당내에서는 허가이가 좌천된 이후 소련계의 중심인물이 된 박창옥이 주도했다고 한다.

연안계의 윤공흠은 박헌영 숙청을 48, 49년에 행해진 동구에서의 숙청재판과 연결시키는 논문을 써서 이를 지지하고 있다. 따라서 남로당파 숙청의 처리를 둘러싼 당지도부 내 입장은 복잡했다고 생각되며, 숙청의 후속조치로서 조선공산주의운동 및 조선로동당의 역사해석을 둘러싼 이견 조정은 55년 12월에 가서야 매듭지어진다.

2) 전후 복구건설과 사회주의 개조를 둘러싼 세력구도의 재편[6]

한국전쟁 이후 북한 내 세력관계는 과거 식민지시대 민족해방운동 과정에서 형성된 인맥을 중심으로 한 관계가 기저에 있어서 유지되는 한편, 전후 인민경제 복구건설 3개년계획의 방향을 둘러싸고 새롭게 관계가 재편되어갔다. 53년 8월 제6차 당중앙위원회 전원회의에서 김일

---

[5] 『당의 공고화를 위한 투쟁』, 조선로동당출판사 1956, 85면. 박일우에 대해서는 남로당파를 비호하거나 묵과하는 태도를 취했다고 하고, 허가이에 대해서는 그들에게 방관적인 태도를 취했다고 비난하고 있다.

[6] 전후 복구건설 및 사회주의 개조과정에 있어서 정치적 갈등에 관해서는 서동만, 앞의 논문, 제4장 참조. 노선대립의 이론적 내용에 대해서는 김성보, 「북한의 토지개혁과 농업협동화」, 연세대 사학과박사학위논문; 김연철 「북한의 산업화 과정과 공장관리의 정치(1953~1970): '수령제' 정치체제의 사회경제적 기원」, 성균관대 정외과박사학위논문 참조.

성의 보고에 입각하여 결정된 전후 복구건설의 기본방향은 전통적인 스딸린주의적 중공업중시 노선이었다.

그러나 건설의 자금원이었던 소련과 원조내용을 협의하기 위해 방문한 김일성은 소련의 반대에 부딪혀 이를 수정하지 않을 수 없었다. 스딸린 사후 소련에서는 말렌꼬프 신노선이 등장, 인민생활을 중시하는 경공업과 농업 및 중공업의 균형발전론이 공식화되어 동유럽 여러 나라의 경제정책에 영향을 미치고 있었다.

이러한 소련의 새로운 정책방향이 북한에도 영향을 미치게 되고, 이러한 배경하에 지도부 내에도 전통적인 중공업중시 노선에 대해 반대하는 세력이 형성된다. 한편 중공업중시 노선과 동전의 앞뒷면 같은 관계에 있는 농업집단화에 대해서도 소련은 기계화가 이루어진 이후에나 가능하다는 반대입장을 표명하자, 김일성은 당시 중국에서 집단화를 개시하고 있던 마오 쩌뚱의 격려를 받아 집단화에 나서게 된다.

54년 3월 당중앙위 전원회의에서 인사개편이 단행되어 전후 인민경제 복구건설 3개년계획을 추진하기 위한 진용이 짜여졌다. 경제계획의 사령탑인 국가계획위원장에는 정준택 대신 소련계 박창옥이, 농업집단화 추진자인 농업상에는 빨치산파 김일이 임명된다. 이밖에 재정상에 연안계 최창익, 경공업상에 소련계 박의완, 상업상에 연안계 윤공흠, 중공업상에 정일룡, 화학건재공업상에 정준택, 전기상에 김두삼이 임명되었다.

주로 연안계와 소련계 들인 박창옥, 최창익, 박의완, 윤공흠 등이 경공업중시 노선을 대표하게 된다. 게다가 정부수립 당시부터 국가계획위원장을 역임해왔던 정준택, 공업부문의 테크노크라트들인 정일룡, 김두산, 리종옥 등은 전통적인 중공업 중시론자들이었다. 김일성을 중심으로 이들과 김일이 가세한 세력이 중공업 성장과 급진적인 농업집단화를 지지하는 주류파를 형성하게 된다.

54년 4월 전후 3개년계획이 확정, 발표될 당시 당내 세력관계는 경공업중시 노선이 우세했다. 초기 농업집단화는 빈농을 중심으로 상당한 호응을 얻었고 산업도 초기효과가 작용하면서 급속한 성장속도를 보였다. 54년 후반에 들어서 중공업중시 및 급진적 농업집단화 노선이 세를 얻음에 따라 주류파는 농업과 공업의 '확대균형성장' 방침에 의거, 대대적인 농업집단화의 확대에 나서게 된다. 54년 11월 전원회의는 농업진단화를 대중적 단계로 확대하고 동시에 곡물수매를 국가로 일원화하는 조치를 결정했다.

내각에서는 최창익이 재정상에서 물러나 세력이 주류파 우세로 기울어졌다. 당내에서도 갑산계 박금철이 간부부장에서 조직지도부장, 국내계 한상두가 함북도당위원장에서 간부부장으로 발탁되었다. 이 인사는 식민지시대 적색농조운동 출신들의 당 고위직 진출을 상징하는 것이었다. 농업집단화의 대중적 전개—곡물수매사업—당지도기관 결산선거—지방인민위원회 선거로 이어지는, 북한 농촌을 근저로부터 바꾸기 위한 일대 대중운동이 계획되고 있었다.

그러나 무리한 곡물수매에 대해 전국적으로 농민들의 집단적 반발이 일어남으로써 이러한 계획은 벽에 부딪히게 되었다. 곡물수매사업은 백지화되고, 주류파는 일단 후퇴하지 않을 수 없었으며, 농민들에 대한 양보조치가 이어졌다. 하지만 55년 4월 전원회의를 기점으로 김일성은 다시 반격에 나서게 된다. 당내에 종파문제를 제기함으로써 연안계 박일우를 비판하고 방호산을 숙청함으로써 반대파, 특히 연안계에 대해 우회적인 공격을 가했다. 나아가 김일성은 전원회의에서 테제를 발표하여 사회주의혁명을 선언함으로써 농업집단화 추진에 대한 불퇴전의 결의를 다진다. 또한 '맑스-레닌주의의 조선 현실에 대한 창조적 적용'을 주장하여 민족주의적인 분위기에 호소한다.

이 전원회의에서 해방 이후 줄곧 민주당에 머물렀던 민족보위상 최용건이 로동당 중앙위원이 되어 주류파에 가세한다. 주류파는 여세를 몰아 55년 6월 이후 농업협동조합에 대한 '중앙당 집중지도사업'을 추진한다. 이후 중앙당 집중지도는 농업집단화를 추진함에 있어서 가장 강력한 조직적 수단이 된다.

그런데 55년도 농업작황은 무리한 집단화와 일부지방의 자연재해로 계획에 현저하게 미달했다. 터무니없이 부풀린 최근 작황을 근거로 곡물생산목표가 무리하게 높이 책정된 것도 중요한 원인이었다. 서너차례나 곡물생산계획이 수정되는 한편 책임소재가 문제되지 않을 수 없었다.

54년 4월 공표된 3개년계획부터 원천적으로 문제가 있었는가, 이를 더 부풀린 54년 11월 전원회의에 더 큰 책임이 있는가를 둘러싸고 반대파인 국가계획위원장 박창옥과 주류파인 농업상 김일 사이에 공방전이 벌어졌고, 상황적으로 농정 실패의 책임은 김일성을 중심으로 한 주류파에 돌아가지 않을 수 없었다.

여기서 김일성은 다시 우회적으로 반대파를 공격하는 방법을 사용하는데, 그것이 사상선전부문에서 '주체'의 제기였다. 이미 초창기 북한정권 수립과정부터 선전부문을 주도해왔던 소련계의 '사대주의적' 경향에 대해서는 북한사회 내에 불만이 팽배해 있었으며, 김일성은 이러한 민족주의적 감정에 적절히 호소함으로써 정치적 수세를 만회할 수 있었다.

3) 개인숭배 비판과 8월 종파사건[7]

전후 경제 복구건설을 둘러싸고 일진일퇴를 거듭하던 지도부 내 세력관계는 55년 12월 김일성이 선전부문에서 교조주의 비판을 감행해 박창옥을 비롯 박영빈, 기석복, 전동렬, 정률 등 소련계가 철퇴를 맞고 밀려남으로써 새로운 국면을 맞이한다. 박창옥은 국가계획위원장과 당 정치위원직에서 해임, 기계공업상으로 좌천되며 박영빈은 선전선동부장직과 당중앙위원에서 해임되어 상업성 부상으로 전락한다. 특히 48년 3월 북로당 제2차 대회 이래 선전부문을 장악해왔던 소련계는 선전부문에서 완전히 손을 떼게 되었다.

박창옥을 견제하도록 당공업부장에 임명되었던 중공업 중시론자 리종옥이 55년초 후임 국가계획위원장이 되었다. 이미 55년 12월 당중앙위 전원회의에서 김일성은 체신상으로 좌천되어 있던 연안계 박일우를 반당종파분자로 숙청하고, 황해도당위원장인 소련계 김열을 반당적 범죄분자로 숙청함으로써 당내 기선을 제압했다.

이 회의에서 빨치산파 당중앙위원 최용건과 갑산계 조직지도부장 박금철이 각각 당부위원장에 발탁되고 국내계 한상두가 조직지도부장, 국내계 리일경이 선전선동부장, 갑산계 리효순이 간부부장으로 임명되었다. 김일성 직계의 주류파가 조직, 선전 등 당 중추부서를 완전히 장악한 것이다.

이 회의를 전후하여 박헌영 재판이 열리고 49년 6월 남북 조선로동당이 합당하여 조선로동당이 된 이후 처음으로 당대회를 개최하기로 결정되었다. 이 대회는 북로당 창립대회, 제2차 대회에 이어 조선로동

---

7 56년 8월 종파사건의 구체적 경과에 대해서는, 안드레이 란꼬프 『북한현대정치사』, 도서출판 오름 1995, 제6장; 이종석, 앞의 책, 238~84면; 서동만, 앞의 글 310~50면 참조. 소련 측 정보문서로, 「평양 주재 4대 소련대사 이바노프 비망록」, 「평양 주재 5대 소련대사 푸자노프 비망록」, 각각 『월간 WIN』(중앙일보사), 1997년 6월, 7월호 등 참조.

당 제3차 대회로 확정되었다. 남로당의 역사를 조선로동당의 역사에서 말소시키기로 한 것이다. 이렇게 제3차 당대회를 앞둔 시점에서 국내 공산주의운동 출신들로 직계를 형성, 당내 헤게모니를 장악하고 있던 김일성은 그 여세를 몰아 교조주의를 비판하는 일대 정풍운동을 계획하지만, 당시 소련에서 불기 시작한 스딸린 개인숭배 비판 움직임으로 벽에 부딪히게 된다.

소련공산당 제20차 대회에는 최용건이 단장이 되어 참가했다. 대회에서 결의된 개인숭배 비판의 내용은 56년 3월 당중앙위 전원회의에서 있는 그대로 보고되었고 조선로동당 내에 개인숭배현상이 있었음이 인정되었다. 김일성은 일단 비판세력과의 타협으로 사태를 수습하게 된다. 그런데 56년 5월 제3차 당대회는 김일성 등 주류파의 의도대로 진행되어 개인숭배 비판은 오히려 박헌영 등 남로당파 비판의 분위기로 탈바꿈하게 되었다.

김일성 개인숭배문제는 과거 남로당 내 박헌영에 대한 개인숭배문제로 전가되어 처리되었고, 조선로동당은 창립 이래 당내에서 레닌주의적 민주집중제 원칙을 준수해왔다고 결의되었다. 당대회에서 중앙위원 등 지도부 인사도 주류파의 의도대로 짜여졌다. 연안계, 소련계를 비롯한 비주류파의 초조함과 불만이 쌓여갔음은 말할 것도 없다. 그들은 반격의 기회를 엿보게 된다.

56년 6～7월 장기간 김일성은 제1차 5개년계획의 건설자금을 끌어내기 위한 목적으로 소련, 동구를 순방했다. 김일성은 소련, 동구 방문에 앞서 인도의 한 신문과의 회견에서 스딸린 개인숭배는 잘못이라는 입장을 밝혀야만 했다. 이것이 그의 소련, 동구 방문에 대해 소련이 내건 조건이었다. 그 다음날 소련으로부터 방문 초청장이 왔다. 김일성은 동구 방문길에 먼저 모스끄바에 들러 흐루시초프와 만나 개인숭배에 대한 자신의 입장을 다시 밝혀야만 했다.

김일성의 소련, 동구 방문시기는 공교롭게도 스딸린 개인숭배 비판의 바람이 동구를 휩쓸고 있던 때였다. 동유럽의 거의 모든 나라에서는 스딸린 비판의 움직임이 확대되었고, 해당국가의 사정에 따라 소련의 암묵적 승인 혹은 의식적 개입이 작용하는 가운데 '소(小)스딸린'에 해당하는 지도자들이 교체되었다. 중국에서도 사상계에 자유로운 입장 표명이 허용되면서 백화제방, 백가쟁명의 열풍이 불기 시작했다. 이러한 국제공산주의운동 내 새로운 상황에 고무되어 북한에서도 새로운 분위기가 조성되었고, 그동안 수세에 있던 반대파는 힘을 얻게 되었다.

김일성이 장기간 자리를 비운 사이에 평양에서는 최창익, 박창옥 등 연안계와 소련계를 중심으로 소련대사관과 연락을 취하면서 김일성을 축출하기 위한 계획이 세워졌고, 상당한 세력이 규합되었다고 생각된다. 그러나 계획은 김일성세력에게 탐지되었고, 김일성은 귀국과 함께 만반의 대비책을 세워놓는다. 56년 8월 당중앙위 전원회의는 김일성의 소련, 동구 방문을 총괄하는 자리였다. 반대파는 이 자리를 김일성에 대한 공격의 기회로 삼으려 하여 연안계의 상업상 윤공흠이 비판발언에 나섰다.

그러나 윤공흠의 발언은 김일성 지지파에게 저지되었고 그 기세에 위협을 느낀 윤공흠, 서휘, 리필규 등은 중국으로 도피하는 길을 택했다. 전원회의에서 박창옥, 최창익, 윤공흠, 서휘, 리필규 등을 축출하는 결의가 행해지고, 사태는 국제적으로 비화했다.

당시 반대파가 상당한 세를 얻고 있었던 것은 사실이지만, 당내 세력관계로 보아 반대파의 김일성 축출계획은 무리였다. 소련과 중국이 개입하여 사태를 수습, 반대파는 다시 지위회복이 이루어지지만, 11월 헝가리동란이 발발하여 소련 내에 다시 스딸린주의적인 복고 분위기가 지배하게 되었다. 중국의 백화제방도 마오 쩌뚱이 '반우파투쟁'을 전개하면서 전면 후퇴했다. 한편 당시 주류파와 반대파의 대립 속에서 진행 중이던 57년부터 시행 예정의 제1차 5개년계획 입안작업은 완전 백지화되었다.

국제공산주의운동에 불어온 역풍으로 김일성파는 자신감을 되찾는다. 57년초부터 당지도부와 내각을 중심으로 반대파를 축출, 비판하는 집회가 잇달아 열리며 반대파와 그 추종자들을 몰아내는 숙청의 회오리가 불어닥친다. 동시에 제1차 5개년계획의 입안, 시행을 뒤로 미룬 채 김일성을 중심으로 한 당지도부는 현지지도에 나서 생산현장에서 대중의 열의를 불러일으키며 생산을 독려하는 이른바 '혁명적 군중노선'의 실행을 개시한다. 소련의 원조에 의거한 자원투입에 의존하지 않고 자체의 역량으로 성장률을 높일 수 있음을 실증함으로써 중공업중시 노선의 정당함을 기정사실화한 뒤 제1차 5개년계획의 입안을 꾀한다는 전략이었다. 57년도 인민경제계획은 목표를 초과달성했고 자원의 추가투입 없이도 숨겨진 잉여자원을 찾아냄으로써 경제성장을 달성할 수 있다는 논리를 제시했다.

그러나 주류파의 행보가 순탄한 것만은 아니었다. 57년초부터 개성과 황해도 일대에 농업협동조합에서 이탈하는 움직임이 널리 확산되었다. 집단화 개시 이래 곡물수매사업에 이어 두번째 시련이지만 집단화에 있어서 최대의 위기이기도 했다. 이 이탈 움직임은 북한의 집단화가 후퇴할지를 가늠하는 기로였다. 57년 6월 당중앙상무위원회는 '반혁명분자에 대한 전군중적 투쟁을 전개할 데 대하여'를 결의함으로써 이러한 움직임에 대해 강경진압에 나서기로 결정했다. 당내 숙청의 회오리가 집단화 거부 농민에 대한 탄압방침과 결합하면서 전사회의 사회주의적 개조작업은 마지막 완료단계를 맞이한다.

연안계와 소련계, 일부 국내계의 중심인물들이 숙청되고 58년 3월 제1차 당대표자회에서는 일단 당내 숙청이 총괄되었다. 그러나 권력중심부의 숙청은 군사폭동 음모가 조작되면서 이와 결합되어 58년 후반부터는 군내로 숙청이 확대되어 갔다. 군대 내 숙청은 당이나 내각보다 훨씬 철저했다. 소련계나 연안계 장군 및 고위장교는 거의 남아나지 못하고 숙청되었다. 특히 군대 내에서는 항일빨치산파가 군 지휘부는 물론 각급 야전군의 지휘계통까지 완전 장악했다. 제1차 당대표자회에서는 그동안 미루어오던 제1차 5개년계획도 공표되었다. 대표자회는 중공업중시 노선의 승리를 고하는 자리이기도 했다. 농업집단화도 거의 완료가 임박해 있었다.

4) 국가사회주의 확립과 빨치산파의 주류화[8]

58년 8월 농업집단화 및 개인 상공업의 국영화 완료와 함께 전사회의 사회주의적 개조는 일단락되었다. 하부구조의 사회주의화가 완료되면서 상부구조, 즉 통치체제의 전면적인 개편작업이 이루어진다. 그것은 종래 당을 통한 통치체계와 정부를 통한 통치체계가 상호견제하에 이원적으로 작동하던 것에서 당중심의 일원적 통치체계로 일원화하는 작업이었다. 이것이 북한의 공식적 표현으로는 이른바 '당의 일원적 지도체계'다. 이 작업은 군대 내에서 개시되었다는 데 그 특징이 있다. 이것은 항일빨치산파가 당, 정, 군을 장악하면서 그들이 군대를 중시한다

---

8 전사회의 사회주의적 개조가 완료되고, 1959년에서 1961~62년 사이에 이루어진 통치체제 재편과정에 대해서는 서동만 앞의 글, 472~576면 참조. 제4차 당대회에서 이루어진 빨치산파의 주류화에 대해서는 서동만 앞의 책, 472~513면; 和田春樹『金日成と滿洲抗日戰爭』, 平凡社 1992, 370~76면; 서대숙『북한의 지도자 김일성』, 서주석 역, 청계연구소 1989, 145~51면 참조.

는 인식을 반영하는 것이지만 군대의 특권적 지위를 말해주는 것이기도 하다.

이 작업은 대체로 61년 8월 제4차 당대회를 전후한 시점에 완료된다. 사회 전체에 빠짐없이 당단체가 조직되고 당이 모든 분야에 걸쳐 조직의 우위에 서게 된다. 종래 당단체가 조직되지 않았던 내각이나 최고인민회의에도 당단체가 조직되고, 경제분야에도 부문별로 당부서가 설치되어 이른바 '대구공작부문(對口工作部門)'이 완결을 보게 된다.

이리하여 공식적으로는 인민민주주의 단계에서 당과 정부의 이원적 통제계통으로 이루어져 있던 통치체제가 당 우위의 일원적 통제계통으로 전환된다. 농촌에 있어서 청산리방식, 공장에 있어서 대안의 사업체제가 확립된 것은 이러한 체제가 통치제제의 근간을 이루는 생산분야에서도 관철되었음을 뜻한다.

당시 세력관계는 제4차 당대회에서 선출된 지도부 구성에서 잘 드러난다. 군에서 헤게모니를 장악한 빨치산파는 당내에서도 최대세력이 되며 갑산계를 제외하고 소련계나 연안계, 국내계 등은 거의 남아나지 못했다. 이른바 당, 정, 군의 일체화란 빨치산파의 헤게모니를 매개로 이루어진 것이다. 동시에 빨치산파가 주류파로 부상하는 과정에서 김일성의 항일빨치산투쟁으로 역사해석을 일원화하는 '혁명전통 확립'운동이 전개되고, 이를 생산부문을 중심으로 전사회에 확대시키는 천리마운동이 개시된다. 항일무장투쟁의 전통은 역사해석을 넘어서서 당과 국가의 공식이데올로기로 격상되었고, 나아가서 항일무장투쟁 참가자들의 정신은 노동자, 농민 등 생산자들이 본받아야 할 모델로 떠받들어지게 되었다.

이러한 통치체제 개편은 농업집단화를 중심으로 한 전사회의 사회주의적 개조가 완료되고 권력 중심부에서 여러 정파가 숙청되고 난 이후에 이루어진 것이기는 하나, 그것이 무리없이 순탄하게 진행된 것은 아니었다. 당연히 사회 곳곳에서 마찰이 일어났고, 이 과정에서 '지방주의'나 '가족주의' 비판의 명목으로 농촌지역의 기층간부들이나 공장 레벨의 간부들이 다수 희생되었다.

54년초 3개년계획이 실시되고 집단화가 본격적으로 개시된 시점부터 58년 8월경 집단화가 완료된 시점까지는 북한체제에 있어서 최대의 사회, 경제적 긴장기였다. 소농체제가 집단농으로 바뀜으로써 농촌사회의 소유구조와 농업 경영방식이 전환되었을 뿐 아니라, 농촌과 도시, 농업과 공업, 생산과 소비를 연결해주던 시장이 거의 철폐되고, 그 담당자인 소상인층도 소멸한 것이다. 또한 공업화의 진전 및 농업집단화의 진행과 함께 농민이 대거 이농하여 도시 및 공업부문으로 투입되었다. 56년 8월 종파사건 이후 59년 지방주의, 가족주의 비판시기까지는 북한체제에 있어서 최대의 정치적 격동기이기도 했다. 당, 정 상층부의 권력구조는 물론이고 농촌지역의 하부권력구조도 대대적으로 재편되었다. 정치적 격동은 사회, 경제적 긴장의 반영이면서 역으로 그것에 영향을 미치는 관계에 있었다고도 할 수 있다.

3. 각 시기의 이데올로기 상황[9]

1)정치
주체의 제기[10]

50년대 북한에서 '주체'문제가 제기된 것은 북한정권 수립과정에서

---
[9] 50년대 이데올로기 상황을 다룸에 있어서 경제부문에 대해서는 다른 발표 논문과의 중복을 피하기 위해 이 글에서 제외하고 남북관계와 관련된 부분에만 언급하기로 한

띨 수밖에 없었던 '점령 공산주의'로서의 성격에 기인한다. 이 성격은 소련점령하에서 정권이 수립되었고 초기부터 권력중추에 소련군의 점령요원으로 입북한 소련출신 조선인 공산주의자들(소련계)이 자리잡고 있었다는 사실에서 비롯된다. 이들은 북한체제 전반의 기초를 놓는 데 지대한 기여를 했으나 소련의 정책에 봉사했고, 그 방식이란 그들이 경험했던 소련공산당 방식일 수밖에 없었다.

이에 대해 처음으로 반발한 것은 47년말 당시 북로당 선전부장으로 대중노선을 고취하고 있던 김창만을 중심으로 한 연안출신 공산주의자들(연안계)이었다. "맑스-레닌주의를 조선 현실에 창조적으로 적용한다"는 것은 이미 이때 나온 이데올로기였다. 그러나 국제적인 냉전이 격화하고 코민포름이 결성된 이후 이러한 '민족주의적' 흐름은 북한에서 억압되고 김창만 등 연안계 일부가 좌천되었다.[11] 다만 북한은 동유럽과 달리 민족공산주의자들에 대한 피의 숙청은 피할 수 있었다.

냉전의 심화와 분단정부수립, 한국전쟁을 거치면서 잠복했던 이 이

다. 상세한 내용에 대해서는 김성보, 김연철의 논문을 참조할 것. 50년대 이데올로기 상황 전반에 대한 간략한 개관에 대해서는 서동만 「북한 사회의 근대와 전통」 참조.
10 주체의 담론 및 주체사상에 대한 포괄적 연구로는 이종석『조선로동당연구』, 역사비평사 1995 참조.
11 당시 연안계의 당선전부장 김창만을 중심으로 "맑스-레닌주의의 진리와 조선 인민의 민주독립운동의 구체적 실천과 결합시킨다"고 하는 민족주의적 움직임이 나타났으며, 마오 쩌뚱의 대중노선을 북한에 도입하려는 시도가 이루어지고 있었다. 연안계를 중심으로 한 이러한 민족주의적 움직임은 소련계에 의해 제동이 걸리고, 48년초 선전부장은 소련계 박창옥으로 교체되는 한편, 김창만, 리상조, 윤공흠 등 연안계 소장파 간부들이 좌천당하게 된다. 코민포름 결성과 함께 동유럽 여러 국가들에서는 민족파 공산주의자들이 다수 숙청을 당하게 되는데, 북한의 경우 이러한 숙청극은 피할 수 있었으나 내부의 민족주의적 흐름은 억제되었던 것이다. 연안계가 중심이 되어 담당하고 있던 선전부문을 소련계가 장악하게 된 것은 바로 이때부터였다. 서동만, 앞의 논문 101~12면.

슈가 다시 제기된 것은 55년 4월이었다. 이때만 해도 김일성의 문제제기는 억제된 수준에 머물렀고 당내에서도 큰 힘을 얻지는 못했다. 주효한 것은 55년 12월 사상, 선전 분야에 한정하여 교조주의와 사대주의 비판의 이름으로 '주체'를 제기하면서 문제를 터뜨렸을 때였다. 55년 12월의 유명한 김일성 연설은 북한 현실을 무시하고 소련만을 본보기로 선전사업을 진행하던 소련계들을 비판함으로써 당내에서 상당한 공감을 얻었다고 생각된다. '주체'의 제기는 북한 내부 개혁세력의 일부를 사대주의자로 낙인찍는 데 커다란 상징적 효과를 거두었다.

동유럽에서는 소련에 대한 종속적 성격이 강한 체제의 역사적 성격 때문에 스딸린 비판 이후 개혁의 흐름이 과거 숙청되었던 민족공산주의적 흐름과 결합하는 양상을 보인다. 대표적인 예가 고무우까(W. Gomulka)가 복권된 폴란드이며 극적으로 폭발한 예가 개혁이 동란으로 확대된 헝가리였다. 그러나 북한의 경우 민족주의적 흐름은 내부개혁에 반대하는 입장에 있던 김일성이 선취함으로써 상황이 복잡해진다. 그 세력기반의 단초는 한국전쟁 당시부터 김일성과 국내 적색노조, 농조 출신 공산주의자들 사이에 제휴가 이루어지면서 주어졌다. 결과적으로 북한에서는 내부개혁의 움직임이 민족주의적 지향과 분리되는 양상을 나타냈다. 이때문에 내부개혁을 지향하는 세력이 국내적 기반을 갖지 못한 채 소련, 중국의 힘에만 의존했다는 인상을 주어왔다.

그러나 내부개혁을 지향했던 북한의 비주류파가 국내적 기반을 갖지 못했다는 주장은 역사적 사실에 반한다. 주류파는 집단화과정에서 많은 무리를 범했고 그 불만은 대중적 차원에서는 곡물수매사업에 대한 반발이나 집단화 이탈 움직임으로 가시화되었다. 57년부터 59년까지 당, 정, 군 내부뿐 아니라 사회단체, 나아가서 지방수준에서 벌어진 숙청의 광범위함은 반대파의 기반이 만만치 않았음을 역으로 전해준다.

'주체'를 제기할 당시 김일성과 입장을 같이했던 세력의 상당수도 결국은 '혁명전통 확립'과정에서 제거되어갔다.

55, 57년 당시는 아직 국제공산주의운동이라는 큰 국제적 틀이 존재하던 시기이며, 김일성에 대한 개인숭배 비판은 단순한 내정간섭이 아니라 국제공산주의 내 보편적 조류의 변화를 의미했다. 다만 8월 종파사건에서 김일성을 비판한 비주류파의 일부가 중국으로 도피하고 소련과 중국이 개입하게 됨으로써 비주류파는 사대주의적이라는 낙인을 면할 수 없게 되는 전술적 실패를 자초한 셈이 되었다. 김일성이 이들에 대한 숙청에 나서게 된 것도 헝가리동란으로 소련을 중심으로 국제공산주의의 조류가 급속히 과거의 스딸린주의적인 형태로 회귀했기 때문이었다. 스딸린 비판에 부정적이었던 마오 쩌뚱을 중심으로 한 중국 주류파의 입장도 북한 주류파의 입지를 강화하는 데 큰 도움이 되었다. 57년부터는 김일성 스스로도 내부숙청을 위한 근거로 '주체'가 아니라 이러한 국제공산주의 내 흐름의 변화를 활용하여 개혁의 흐름을 국제공산주의 내 '수정주의'란 이름으로 규탄한다.

50년대에 제기된 '주체'는 그 민족주의적 성격에도 불구하고 국제공산주의 내 개혁적 흐름이 북한으로 유입하는 것을 차단하기 위한 역할을 했고, 결국 북한 내부에 기원을 갖는 개혁적 흐름을 수정주의적 외래사조로 규정하여 이를 배제시키는 전가의 보도가 된다. 주체는 그 딛고 선 내부세력 기반이나 사상적 기반이 축소되는 가운데 정립되었다는 한계를 갖는다. 따라서 62년 이후 대외정세가 변화하면서 본격적으로 정립되는 '주체노선' 내지 '주체사상'에는 그 사상적 체계의 측면에서 체제개혁이란 요소가 끼어들 여지가 없어진 것이다. 또한 60년대 이후의 주체가 군사적 성격을 강하게 띠는 것은 그 세력기반과 직결되어 있다.

개인숭배와 당내 민주주의[12]

북한의 개인숭배현상은 북로당 창립 당시부터 일반화하고 있었다. 그러나 당시 김일성에 대한 찬양은 남로당 지도자로 김일성보다 조선공산주의운동의 지도자로 먼저 부각되었던 박헌영에 대한 조선공산주의운동의 헤게모니를 둘러싼 경쟁, 남북조선의 대립 속에서 남조선의 이승만이나 김구 등에 대해 김일성을 전조선의 지도자로 추대한다는 경쟁 등이 작용한 결과였다. 또한 북조선로동당이 소련공산당이나 중국공산당을 모델로 해서 만들어진 만큼 조선공산당도 스딸린이나 마오쩌뚱 같은 지도자를 추대하고 싶다는 민족주의적 원망의 발로였다.

따라서 김일성에 대한 찬양에는 특히 스딸린에 대한 것과는 차등을 둘 수밖에 없었다. 48년 3월 북로당 제2차 대회 당시 소련계가 김일성에 대한 찬양에 브레이크를 건 것은 47년 후반 코민포름 결성 이후 동유럽에서 민족공산주의에 가해진 억압과 성격을 같이하는 것이었다.

이러한 북한의 개인숭배에 변화가 온 것은 한국전쟁시기인 1952년 4월 15일 김일성의 40회 탄생일부터였다. 김일성에 대한 개인숭배는 스딸린과 동렬에서 이루어지기 시작한다. 김일성의 공식전기『김일성장군략전』이 발표되고『김일성선집』이 간행되기 시작했으며 김일성은 원수 칭호를 수여받았다. 한국전쟁과정에서 라이벌들이 제거되어 당내 제1인자로서 김일성의 위치가 확고해지자 김일성에 대한 개인숭배는 이전과 다른 차원에서 확대되어갔다. 이제 북한에서 개인숭배현상은 소련 못지않게 정치문화로서 일반화된 것이다.

---

[12] 소련의 스딸린 비판과 북한의 개인숭배 비판과 관련된 당시 정세에 대해서는 서동만, 앞의 박사학위논문 참조. 50년대부터 60년대 유일사상체계 확립운동까지의 경과에 대해서는 이종석『조선로동당연구』참조.

56년 2월 소련공산당 제20차 대회에서 행해진 스딸린 개인숭배 비판은 국제공산주의 전체에 엄청난 충격을 가했는데 북한도 예외는 아니었다. 그러나 이러한 조류에 대해 북한 로동당 지도부가 취한 자세는 조선로동당에는 '자체의 특수성'이 있으며 당 창건 이래 '레닌적 집단적 원칙'을 고수해왔다는 것으로, 소련과 같은 오류를 범한 적이 없다는 것이었다.

조선로동당은 소련의 스딸린 비판 문건이나 이와 관련된 중국의 문건을 공식매체에 소개하는 간접적인 방식을 취하되 이에 대한 공식적 견해를 직접 표명하는 일은 일체 하지 않았다. 유일한 견해표명은 김일성이 소련, 동구 방문을 조건으로 56년 5월 31일 인도 신문기자와 가진 개인 인터뷰에서 이루어졌다.

김일성은 스딸린에 대해 "우리 공산주의자들은 개인숭배란 맑스-레닌주의 사상과 또한 레닌의 집단적 지도원칙에 배치하는 것으로서 그를 규탄한다. 그러나 이것은 역사에 있어서 개인의 역할을 무시하는 것을 의미하지 않는다"는 입장을 밝혔다. 이는 스딸린의 오류는 인정하되 그의 거대한 공로를 부정해서는 안된다는 중국공산당의 입장과 궤를 같이하는 것이었다. 다만 이후 당의 공식적인 입장표명은 한번도 이루어지지 않았다.

56년 5월에 열린 제3차 당대회에서 개인숭배문제는 과거 남로당파가 박헌영에 대해 행한 잘못이라며 그 책임을 전가하는 식으로 처리되었다. 그러나 개인숭배 비판의 분위기는 당 내외에서 광범하게 확산되어갔다고 보여진다. 당시 동유럽 전체에서 과거의 소(小)스딸린적 정권들이 당내뿐 아니라 대중적인 도전에 직면하여 일부국가에서는 정권이 교체되는 격변을 겪고 있었고, 중국에서는 백화제방운동이 격렬하게 전개되고 있었다.

제3차 당대회에서 이 문제에 대해 침묵한 반대파가 56년 8월 당중앙위 전원회의에서 개인숭배문제를 터뜨린 것은 이러한 국제적인 조류에도 크게 고무되었기 때문이다. 그러나 8월 종파사건 이후의 정세는 스딸린 비판이나 북한 내 개인숭배 비판이 크게 확산되기 전에 뿌리 뽑히는 결과로 끝났다.

전체적으로 볼 때 북한에서의 스딸린 비판이나 내부의 개인숭배 비판은 상대적으로 미미한 수준에서 끝났다고 생각된다. 내부 세력관계에서 볼 때에도 김일성의 권력 장악력은 강고했고 반대파가 정면으로 도전하기에는 역부족이었다. 김일성 개인숭배가 60년대 중반 다시 견제되기는 하나, 60년대말 '유일사상체계' 확립운동을 통해 수령에 대한 극단적인 숭배로 에스컬레이트되어 현재에 이르게 된 이유도 50년대의 좌절로 거슬러올라갈 수 있다.

과도기와 인민민주주의 논쟁[13]

북한체제 수립 이래 최대의 논쟁을 든다면 56년 11월 과학원에서 개최한 '과도기와 인민민주주의에 관한 토론회'라 할 것이다. 북한체제의 현단계를 규정하고 공식이데올로기의 근간과 관련된 중요한 집회였다. 56년 11월 시점은 8월 종파사건 직후지만 아직 스딸린 개인숭배 비판이나 중국의 백화제방 등 국제공산주의 내부의 자유로운 사상적 분위기가 살아 있던 시기로 북한 내부에서도 그 여파로 상당한 비판의 자유가 향유되던 시기였다. 그러나 이와 시기를 거의 같이하여 발발한 헝가리동란으로 국제공산주의 내부의 자유스러운 분위기는 급속하게 냉각

---

[13] 이 논쟁과 관련된 제1차 자료의 일부가 『북한 학계의 한국 근대사 논쟁: 사회성격과 시대구분 문제』, 이병천 편, 창비 1989에 수록되어 있다.

되었고, 이러한 한파는 북한 내부에도 곧바로 불어닥쳐 이 논쟁 참가자들 가운데 당의 공식입장과 어긋난 이론가들은 거의 숙청되는 운명에 처한다.

이 논쟁의 최대초점이 된 이론가는 송예정(송례정)이었다. 송예정의 학문적 배경이나 경력 등 인적사항은 일체 알려져 있지 않다. 다만 그는 50년대에 가장 활발하게 저술활동을 했던 이론가로서 그의 글들은 다수가 『근로자』나 『인민』 등 공식문헌에 남아 있다.[14] 송예정은 그의 논문 「공화국 북반부에서의 사회경제 발전의 력사적 제 조건과 맑스-레닌주의 리론의 몇가지 명제들에 대하여」(『인민』 1956년 11월호)에서 대담한 문제제기를 하고 있다.

그는 조선 과도기의 성격을 논함에 있어서 "국토의 양단상태"하에서 이루어지고 있음을 중요시해야 한다고 본다. 그는 "우리나라 과도기의 또하나의 본질적 특징은 반제 반봉건 민주주의혁명의 과제가 전국적으

---

[14] 송예정의 글로는 다음 것들을 들 수 있다. 「소련군에 의하여 일본제국주의 기반으로부터 해방된 이후에 있어서의 북조선 사회경제 제 개혁」 상·하, 『근로자』 1952년 제7호, 8호; 「조선에서의 인민민주주의의 발생과 발전」, 『인민』 1954년 제8호; 「세계 민주역량의 지지는 우리 혁명 승리의 위력한 담보」, 『근로자』 1955년 10월 25일; 「현 계단에 있어서 우리나라 경제정책의 성격」, 『경제연구』 1956년 제1호. 송예정의 글들은 발표된 각 시점에 있어서 중요한 논쟁과 결부되어 있으며, 따라서 전부 나름대로의 정책적 의미를 지니는 것이었다. 위 논문들 가운데, 첫번째 1952년도 것은 전시체제하의 경제정책에 대한 성격규정과 관련된 논쟁, 두번째 1954년도 것은 당시의 '조선혁명' 및 북한체제의 사회경제적 단계규정을 둘러싼 논쟁, 세번째, 네번째의 1955, 56년도 것은 당시 농업집단화를 중심으로 한 사회주의 개조정책을 둘러싼 논쟁과 관련된 것이다. 농업부문을 중심으로 중요한 논쟁점을 정리한 것은, 김성보, 앞의 논문, 215~21면 참조. 전시체제의 성격과 관련해서는, 서동만 「한국전쟁과 북한체제의 변화」, 한국전쟁연구회 학술쎄미나 '탈냉전시대 한국전쟁의 재조명'(1998. 6. 25) 발표 논문 참조.

로 최대의 혁명과업으로서 제기되고 있을 때 그것이 나라의 절반 부분에서 진행되고 있는 점에 있다"고 하며 이를 "북조선에 있어서 경제적 발전의 사회계급적 성격과 전체로서의 조선혁명의 성격과의 사이에 상대적 불일치"가 생긴 것으로 설명한다.

그는 "조선혁명과 사회경제 발전상의 각별한 복잡성"을 강조하여 그것을 이론적으로 취급함에 있어서 "철저하게 창조적인 태도"를 가질 것을 요구한다. 이는 바로 "맑스-레닌주의의 이론적 명제를 적용"함에 있어서 "철저하게 창조적인 태도"가 필요하다는 주장이었다. 송예정은 북한 과도기를 기본적으로 식민지 반봉건사회에서 비자본주의적 발전 노정을 거쳐 새로운 단계로 나아가고 있는 것으로 인식한다.

'조선혁명'이 전국적으로 '반제 반봉건 민주혁명' 단계에 있다는 점에서 우선 그가 강조하는 것은, 민주부르주아지와의 동맹이 필요하다는 것이고 그것은 부르주아 민주주의혁명 단계뿐 아니라 사회주의혁명 단계에서도 유지되어야 한다고 본다. 그리고 이 점을 북한 사회주의건설에 있어서 부르주아지에 대한 대책으로서 평화적인 개조정책을 취해야 하는 당위성과 결부시킨다. 송예정의 논리의 핵심은 무엇보다도 그가 북한정권의 성격은 성립 때부터 당시에 이르기까지 기본적으로 변함이 없다고 보고, 이를 "우리나라의 인민주권은 인민민주주의 독재지만 계급적 본질에 있어서 그것은 프롤레타리아독재가 아니라 몇개의 혁명적 계급의 련합적 독재"라고 규정한 데 있다.

그는 과도기에는 다양한 형태가 있을 수 있으며, 비자본주의적 발전에 있어서는 주권이 반드시 프롤레타리아독재가 되라는 법은 없다고 주장한다. 어떠한 형태의 과도기인가를 묻지 않고 과도기에는 반드시 프롤레타리아독재주권을 갖는다는 견해가 맑스-레닌주의 고전의 견해는 아니라고까지 단언한다. 나아가서 그는 프롤레타리아독재만이 사회주의를 건설할 수 있다고 대담하게 주장했다.

송예정의 논문은 그 논지의 대담함에서 커다란 파문을 일으켰다. 이에 따라 12월 21일부터 23일까지 3일간 과학원 력사연구소 철학연구실 주최로 '조국의 평화적 통일과 공화국 북반부에서의 사회주의건설에 관한 과학 토론회'가 개최되었으며, 이 집회에는 수백명의 학자, 교원, 학생들이 참가한 가운데 송예정의 입장뿐 아니라 여러 상이한 입장들이 발표되었다. 이 모임이야말로 북한사회에서 자유로운 토론이 보장된 마지막 집회가 되었다.

57년 1월부터 정부기관지 『인민』은 폐간되었고, 당기관지 『근로자』에는 송예정을 비판하는 논문이 게재되었다. 프롤레타리아독재론으로 대표되는 맑스-레닌주의의 기본명제, 기본원칙은 어떠한 나라나 조건에도 일반적으로 적용된다는 것, 공화국 북반부에서 사회주의건설은 전국적인 혁명단계와 분리해서 보아야 한다는 것으로 요약될 수 있다.

아직은 이론적인 논쟁의 모습을 띠고 있던 국면은 정치적 억압으로 바뀌어 58년 전국철학토론회에서 송예정은 '반당종파분자'로 낙인찍힌다.[15]

당과 인민위원회의 관계[16]

북한 정치체제가 당=국가체제인 만큼 이론적으로 당과 인민위원회의 관계는 핵심적인 위치에 있다. 공산주의 조직이론에서 보면 정권기관인 인민위원회에도 다른 사회단체와 마찬가지로 당의 의사를 인민에

---

15 이 문제에 대한 간단한 언급으로는 서동만 「역사로서의 황장엽」, 『월간 통일샘』 1997년 3월호 참조.
16 이 문제 전반에 대해서는 서동만, 앞의 박사학위논문 384~87면, 479~82면, 535~59면 참조.

게 전달하는 전도벨트라는 성격이 주어진다. 그러나 당의 지도와 형식적이나마 인민위원회가 담보해야 하는 민주주의 내지 인민주권의 원칙 사이에 존재하는 긴장관계는 공산주의 이론 일반에서도 해결되지 못하고 있었다. 이 문제는 이 시기의 북한에서 논란이 된 것 중에서 가장 첨예한 이슈였다.

주류 이데올로기에 의문을 제기한 대표적인 논리로 행정법학자 김상헌의 이론을 들 수 있는데 그의 논문으로는 「조선민주주의인민공화국의 국가행정 행위(국가관리 악트)」(『정무원에게 주는 참고자료』 1956년 제12호)와 「조선민주주의인민공화국 국가행정 행위에 관한 몇가지 문제」(『법학연구』 연2호, 1956) 등이 있다. 김상헌의 논리는 획기적인 내용을 담고 있지만, 현재 그의 주장이 담긴 원논문으로 입수할 수 있는 것은 위의 『법학연구』 연2호에 실린 논문 한편뿐이다. 그의 논리의 전체상은 오히려 그가 '반당종파분자'로 숙청당한 이후 그를 비판한 논문을 통해서밖에 파악할 수 없다. 입수할 수 있는 것으로는 「『조선민주주의인민공화국 국가행정 행위에 관한 몇가지 문제』에 대하여」(『법학연구』 연6호, 1958)가 중요한 사료다. 아직 그의 경력이나 교육배경 등 인적사항도 전혀 알려져 있지 않다.[17]

김상헌은 자신의 논문에서 "우리나라의 유일한 립법기관인 최고인민회의는 전체 인민을 대표하여 법령을 채택하는바, 이 법령에는 전체 인민의 의사가 집중적으로 표현"된다고 인민주권의 원칙을 명시하고 있다. 이러한 그의 논리는, 최고인민회의가 "조선로동당의 옳은 정치적 영도하"에 있기 때문에 "인민의 최고주권기관으로 유일한 립법기관

---

[17] 이 논문에서 소개하는 김상헌의 논리는 재구성된 것이라는 한계를 가진다. 공식적 입장에서는 비판을 가하기 위해 원래의 논리를 과장 내지 확대해석할 수도 있기 때문이다.

으로 될 수 있다"는 점에 대해서는 "하등의 언급조차 하지 않았다"는 이유로, "당의 령도적 역할을 무시하였다"고 비판받았다.[18]

김상헌은 국가와 당의 차이에 대해 다음과 같이 설명한다.

> 국가는 국가주권의 의사에 국내의 전체 주민을 의무적으로 복종시키는 방법으로 총망라한 조직체지만, 정당 혹은 사회단체는 주민들 중의 일부분의 자원적 조직체다. 그러므로 국가행정 행위는 전체 주민에게 의무적인 명령을 그 내용으로 할 수 있고 이 명령은 국가의 강제력에 의하여 그 준수와 집행이 보장되지만, 정당 혹은 사회단체의 행위는 해당지역 내의 전체 주민들에게 의무적인 명령을 그 내용으로 할 수는 없고, 다만 자기의 조직체 내에서와 자기의 성원에 대해서만 의무적인 명령을 그 내용으로 할 수 있으며, 그 명령의 준수와 집행은 국가의 강제력에 의하여 보장되는 것이 아니라 해당정당 혹은 사회단체 규률에 의하여 보장된다.[19]

이러한 김상헌의 주장은 "국가의 계급적 성격과 정당의 계급적 본질을 모호하게 하는 수정주의적 서술"로서 "조선로동당의 로동계급의 조직들에 대한 령도적 역할을 부인하고, 당과 국가 정권기관을 대립시키려고 시도"한 것으로 비난받았다. 비난의 주된 논거는 "당도 사회단체도 동일하게 주민들 중의 일부분의 조직체라고 함으로써 당과 사회단체가 동일한 계렬에 위치하고 있다는 그릇된 인상을 조성하였으며 사

---

18 『법학연구』 연2호에 실린 논문에서는 실제로 당의 영도에 대해서는 전혀 언급이 없다.
19 인용된 구절은 『법학연구』 연2호에 실린 논문에는 보이지 않는다. 『정무원에게 주는 참고자료』 1956년 제12호에 실린 논문에 나온 것으로 추측된다.

회단체에 대한 당의 령도적 지위에 대해서는 일언반구도 언급하지 않았다"는 것이다.

이렇게 당의 영도를 비판하는 논지가 제시된 것은 충분한 상황적 배경이 작용했기 때문이었다. 48년 9월 정부수립 이래 한국전쟁을 거치면서도 58년에 이르기까지 거의 10년간 최고인민회의 선거가 치러지지 못함으로써 인민민주주의의 원칙은 훼손되고 있었고, 그 과정에서 54년 지방주권기관구성법이 제정된 이후에도 지방인민위원회 선거는 58년까지 실시되지 못했다. 지방주권기관구성법은 전사회의 사회주의 개조과정에서 밑으로부터 대중의 자발성을 이끌어낸다는 취지에서 지방인민위원회를 활성화하기 위한 조치로 제정된 것이었다. 그러나 54년 말~55년초는 곡물수매사업에서 무리가 생김으로 인해 지방인민위원회 선거를 치를 수 있는 상황이 아니었다. 결국 농업집단화를 포함하여 전사회의 사회주의적 개조작업은 지방 및 중앙의 인민위원회 선거를 실시하지 못한 채 완료된 것이다.

한편 47년 이후 당=국가체제가 형성되면서 당의 행정대행이나 행정에 대한 개입은 끊임없는 논란의 대상이 되었고, 전후 50년대에 집단화과정이 당의 주도로 추진되면서 이러한 문제는 더욱 심화되어갔다. 결국 당과 행정계통과의 긴장관계는 '당에 의한 일원적 지도체계'가 확립되면서 당의 우위로 결착되었지만 그 과정이 순조로운 것은 아니었다.

59년 함경남북도 등 과거 적색노조나 농조 운동이 활발했던 지역을 중심으로 지방주의 및 가족주의 비판 움직임에 따라 지방의 토착간부들이 숙청될 때 거론된 주된 이유는, 우선 '향토사연구'나 '○○지방 제일주의' 등으로 김일성 무장투쟁을 중심으로 한 혁명전통 확립에 장애가 되는 요소를 제거하는 것이었으나, 그에 못지않게 중요한 이유는 '당과 인민위원회의 동격론'이었다. 다만 당과 인민위원회 동격론의 이론적 내용에 관해서는 구체적인 내용을 전해주는 사료가 발견되지 않고 있다.

사법부문에 있어서 인권 및 준법성 문제

56년 8월 종파사건 이후 57년부터 북한 전역에는 숙청의 회오리바람이 몰아치게 된다. 이것은 57년초부터 황해도, 개성 일대의 이른바 신해방지구에서 발생한 농업협동조합 이탈 움직임이 가중됨으로써 더욱 격렬한 양상을 띠게 된다. 특히 57년 5월 31일 당중앙상무위원회는 '반혁명분자와의 투쟁을 강화할 데 대하여'라는 결정을 채택하는데, 이는 농업협동조합 이탈 움직임에 북한 지도부가 위기를 느끼고 이를 '반혁명분자'의 소행으로 간주하여 강경진압에 나서기 위한 것이었다.[20] 한국전쟁 이전까지 남한지역이었고 남한과 접경지대란 지정학적 이유가 크게 작용한 것이지만, 8월 종파사건이라는 권력투쟁의 와중에 발생했다는 시기적 요인도 북한 지도부의 위기의식을 부채질했다.

이후 북한 전역에서는 '남조선과 미제의 간첩'에 대한 군중재판이 이어지면서 공포 분위기가 연출된다. 8월 종파사건 관련자들은 처음에는 '반당종파분자'로 내부에 한정된 분자로 처리되지만, 사태가 발전하면서 이 두 사건이 결합하여 결국 '반혁명분자'로 낙인찍힌다.

그러나 농업협동조합 이탈 움직임은 무리하게 급진적인 집단화를 추진한 데 대한 지역주민들의 반발이었으며, 남한이 파견한 간첩의 사주에 의한 것은 아니었다. 당연히 많은 무리가 따르지 않을 수 없었고, 이러한 사태의 발전이 사건을 다루는 사법, 검찰 기관 내부의 반대에 부딪치지 않고 순조롭게 이루어질 수는 없었다. 이러한 내부의 반대 움

---

20 이에 대해서는 서동만, 토오꾜오대 대학원 박사학위논문(1995) 416~39면 참조.

직임을 그대로 전해주는 자료는 현재 입수할 수 없고, 이를 비난하는 공식문헌을 통해 간접적으로 짐작할 수 있을 뿐이다.[21] 김일성이 당시 최고재판소장 조성모와 최고검찰소 검사총장 황세환을 지목, 비판한 점으로 보아 이들이 이러한 반대를 주도한 인물로 추측된다. 사법, 검찰 분야에서는 '판사의 독립' '법 앞에 만인의 평등' '인권옹호' '준법성' 등을 이유로 형사피고인을 보호하려는 움직임이 나타났다고 생각된다.

이러한 사법, 검찰 부문 내의 흐름은 직접적으로는 권력투쟁이나 집단화과정 등 당시 상황과 밀접한 관련하에 생겨난 것이지만, 이미 스딸린 사후 소련에서 등장한 새로운 동향이나 그 영향하에 중국에서 나타난 법적 조류 등에 자극을 받은 것이기도 했다. 특히 소련에서는 제20차 당대회 이후 과거 스딸린시대의 숙청이 부분적으로 비판받으며 공민의 권리보호문제가 부각되고 있었다.[22] 소련에서는 '준법성'이 위반된 시기에 대해 '시정사업'이 요구되었고, 이러한 소련의 움직임이 직접 영향을 미쳐 북한에도 '준법성'을 위반한 시기가 있었으므로 이를 '시정'해야 한다는 요구가 제기되고 있었다. 이러한 소련 사법, 검찰 부문의 동향은 중국에도 영향을 미치고 있었고, 이것이 북한 내부의 새로운 흐름에 있어서 중요한 배경이 되었음을 미루어 짐작할 수 있다.[23]

---

21 이 부분도 앞부분과 마찬가지로 재구성된 것이란 한계를 갖는다. 심현상 「당의 사법정책의 관철을 위한 형사법적 제 문제」, 『김일성종합대학학보』 제5호, 1958년 9월; 김종일 「인민민주주의 독재의 무기로서의 공화국 검찰기관의 임무와 기능」, 과학원 경제법학연구소, 『법학론문집』 연 6호, 1958.
22 당시 소련 내 흐름을 '사회주의 적법성(適法性)' 논의로서 정리한 것으로 藤田勇 『ソビエト法史研究』, 東京大學出版會 1982, 제9장 참조.
23 소련에서의 '적법성' 논의가 중국에서는 이른바 '법제 강화론(法制强化論)'이란 개념으로 얘기되고 있었으며, 여기서는 '의법판사(依法辦事)' 즉, 법에 의한 재판이 핵

사법, 검찰 부문에서 제기된 구체적인 사안을 몇가지 소개해보면, 우선 헌법 제88조 "판사는 재판에 있어서 독립적이며 오직 법령에만 복종한다"는 조항을 근거로 '당의 영도에 대한 판사의 독립'이 주장되었다. 또한 헌법 제94조의 "검사는 지방주권기관에 종속되지 아니하고 자기의 임무를 독립적으로 수행한다"는 조항을 근거로 '검찰기관의 특수성'을 주장하여 당의 지시를 벗어나려 한 움직임도 있었다. '법 앞에 만인의 평등'이란 주장은 형사피고인의 계급적 성격으로 죄를 판단하려는 데 대한 반대의 움직임이었다고 생각된다. 특히 농업협동조합 이탈 움직임을 그 당사자의 계급위치로 판단하여 반혁명분자로서 형법적으로 처벌하려는 데 대한 반대였다고 추측된다. 그것은 법률적으로는 '반혁명분자와의 투쟁을 강화할 데 대하여'라는 당의 결정의 형법적 효력을 인정하지 않고 사건에 대해 형법전에 나오는 '국가주권 적대에 관한 죄'를 적용하려는 주장이었다.

당연히 죄를 무겁게 다스리는 데 대한 반발의 움직임이 나타났을 텐데, 이것은 '관대와 교양' '인권옹호'를 근거로 주장되었다. 또한 8월 종파사건과 같이 당내 비판과 관련된 사건을 어떻게 다스리는가도 문제가 된 듯하다. "당의 정책을 중상, 비방했다"고 하여 이를 '반국가적 선전, 선동'으로 처단하는 데 대한 반발이 있었고, 이것은 '언론의 자유'란 근거로 옹호되기도 했다. 또한 "반국가적 단체에 가담했다"는 사실

심쟁점이 되고 있었다. 또한 이러한 논의는 법률집행에 있어서 '당정분리' 문제와 직결되어 있었다. 田中信行「中國における適法性の制度的保障」, 毛里和子 編『毛澤東時代の中國』, 日本國際問題研究所 1990 참조. 중국에서의 논의내용이나 이후 '반우파투쟁'에서 그러한 흐름이 억압되어가는 과정은 북한과 매우 흡사하다. 중국에서도 반우파투쟁 과정에서 최고인민법원 및 최고인민검찰원의 고위간부들이 '우파분자'로 비판받았으며, 그 귀결은 재판과 검찰 부문에 있어서 '당정불분(黨政不分)' 원칙의 확립이었다.

에 대한 판단을 둘러싸고 그 해석에도 논란이 있었다. 반국가적 선전, 선동이나 반국가적 단체에 가담했다는 사실에 대해서도, 그 '결과'가 없으므로 범죄가 성립하지 않으며, 또한 범죄가 된다 해도 형법이론상 '형식범'의 범주에 속한다는 이유로 형벌은 경감되어야 한다는 주장도 제기되었다.

한편, 형법 제7조 "죄라 함은 조선민주주의인민공화국 및 그에 수립된 법률질서를 침해할 사회적 위험성이 있는" 행위로 규정한다는 조항, 제8조 "본법 각칙에 규정한 요건을 형식적으로 구비하더라도 그 행위가 명백히 경미하고 해로운 결과가 발생하지 않았기 때문에 사회적 위험성이 없는 경우에는 죄가 성립하지 않는다"는 조항을 근거로 사회적 위험성이 없다고 하여 문제가 된 자를 기소하지 않거나 기소된 것을 기각하고, 나아가서는 '반혁명분자'로 확정판결을 받은 자를 무죄석방하는 경우도 상당수 생겼다. '사회적 위험성'에 대한 정의가 문제된 것이다. 특히 개인상공업의 사회주의적 개조가 완료단계에 들어서면서 개인상공업자들의 상행위 등 사적 경제행위가 계급투쟁적 관점에서 엄벌에 처해질 때, 사회적 위험성이 없는 경미한 죄로 처리되는 경우도 많았다.

58년 4월 김일성은 전국 사법 검찰 일군회의를 열고 북한정권의 본질은 프롤레타리아독재정권이라고 규정했다. 북한 인민정권을 공식적으로 프로 독재로 규정지은 것은 이것이 처음이었다. 김일성은 앞에서 언급한 '판사의 독립' '법 앞에 만인의 평등' '인권옹호' '준법성' 등의 관념을 국제적인 수정주의 사조라고 배격했다. 김일성은 "우리의 법이 우리의 사회주의제도와 사회주의 전취물을 수호하는 무기로 되어야 하며 프롤레타리아독재의 무기로 되어야 할 것은 명백하다"고 주장했다.

2) 남북한관계와 통일

사회주의 개조와 남북분단의 관계

전사회의 사회주의적 개조가 현실적인 일정에 오른 54년 11월 당중앙위 전원회의를 전후하여 혁명단계의 규정을 둘러싸고 당내에서 여러 견해가 분출했다. 북반부만의 사회주의혁명은 남반부와 어떤 관계를 갖는가, 조선 전체로는 혁명단계는 어디에 놓여 있는가, 북만의 사회주의혁명 추진은 조국통일에 어떠한 영향을 줄 것인가 등 복잡한 논점이 떠올랐다.

김일성의 발언에 따르면, 연안계는 조국이 통일되지 않았으므로 공화국 북반부만 사회주의 개조를 실시하는 데에 반대한다는 논리를 주장하고, 소련계는 공업도 없는 폐허 위에서 사회주의 개조를 단행하는 데 반대하고 자본가를 이용할 것을 주장했다고 한다. 연안계나 소련계의 주장을 직접 확인할 수 있는 자료는 입수할 수 없다. 다만 당시 이론가로 활발한 집필활동을 했던 송예정의 글을 통해 전반적인 논지를 부분적으로 파악할 수 있을 뿐이다.[24]

송예정은 다음과 같이 사회주의 단계로의 진입에 대해 유보적인 태도를 취한다.

> 정전 후 과정은 또 인민경제에 있어서 전 인민적 쎅또르(sektor)의 비중과 역할이 더욱 제고된 것으로서 특징지어진다. (…) 그러나 (…) 이와같은 모든 새로운 요소의 출현이 아직 조선에서의 혁명이 새로운 단계로 비약, 진입했다는 것을 의미하지 않는다는 것이다. 북조선 인민경제에서 사회주의적 쎅또르의 비중과 역할이 일단 제고된

---

24 송예정 「조선에서의 인민민주주의의 발생과 발전」, 『인민』 1954년 8월호.

것은 이미 지적된 바와 같이 반제 민족해방전쟁의 전과정이 수반한 것이다. 오늘날 당의 정책은 진보적 부르주아지까지를 반제 민족통일전선에 포섭하면서 그의 기업적 활동을 허용하는 정책이다.

송예정은 한국전쟁을 북한 사회경제에서 국영부문의 비중을 높인 주요한 원인으로 꼽고 그것이 사회주의적인 생산력 발전의 산물이 아님을 역설하고 있다. 그가 한국전쟁의 영향을 크게 평가하는 점이 인상적이다. 송예정은 "조선혁명은 아직 반제적, 전인민적 민주주의혁명이며 따라서 북조선에서도 사회주의건설이 직접 제일 전면에 나서고 있지 않는다"고 조선혁명의 단계를 규정하고 있다.

그는 반제 민주주의혁명 단계에 있는 북한에서 "사적 기업 요소들이 인민경제의 복구발전에 일정한 역할을 담당하고 있다"고 사적 기업의 역할을 중시하고 있다. 나아가 그는 사회주의건설이 전면에 나서지 않고 있다고 하면서 집단화에 대해서는 "그것은 생산수단에 대한 농민적 소유를 전제로 하여 어디까지나 자유의사에 기초하여 부분적으로, 점차적으로 되기 때문에 아무런 무리가 없다"고 전망하고 있다. 당시 진행중이던 집단화에 대해서는 완만하고 점진적인 집단화로서 '사회주의화'는 아니라고 보고 있었다.

송예정의 기본적인 입장은 사회주의 개조가 본격화된 이후에도 계속 견지되었다.[25] 56년초에 송예정이 강조하기 시작한 것은 "공화국 북반부에서 사회경제적 발전의 성격과 현 계단에 있어서 조선혁명의 기본 성격과는 직접 일치하지 않는다"는 인식이다. 그는 북한의 경제정책이 서로 일치하지 않는 북반부에서의 사회경제적 발전의 성격과 조선혁명

---

25 송예정 「현 계단에 있어서 우리나라 경제정책의 성격」, 『경제연구』 1956년 제1호.

의 기본성격을 통일적으로 체현하고 있다고 본다.

송예정은 이 시기에는 북한경제도 사회주의적 성격을 강하게 띠기에 이르렀다는 점을 인정하며, 이를 "사회주의적 우끌라드가 지도적, 향도적 위치를 차지하고 있는 다(多)우끌라드 경제"로 규정한다. 그리고 북한경제의 제약은 이러한 다우끌라드성에서 나오고 있다고 본다. 그것은 첫째로 "사회주의적 모순과 소상품생산적 농업과의 모순"으로 "소생산은 기계화의 가능성을 주지 않으며 새로운 기술의 도입을 엄중히 제한한다"는 점에서 "그 자체로서 결정적 약점을 가지고 있다"고 한다. 둘째로 "높은 기술적 토대 위에 서 있지 못하며 편파성을 띠고 있다"는 점에서 "사회주의적 공업 그 자체가 역시 약점을 내포하고 있다"는 사실을 인정한다. 그리하여 이 두가지 모순이 셋째로 "북반부에서 이미 도달된 생산력 발전수준"과, 부단히 성장하지만 전쟁피해와 당면 정세로 절박성을 띠고 있는 "생산적, 소비적 수요" 간에도 모순을 낳고 있다고 본다.

송예정은 북한 사회주의경제의 모순이나 약점을 인정하기에 자본주의적 요소의 이용을 중시한다. 당시 공식통계에서 2~3%로 잡는 공업부문에 있어서 자본주의적 요소의 비중에 대해서도 독특한 해석을 내리고 있다. "자본주의적 요소들은 그의 본성으로 보아 정확히 통계적으로 파악하기 곤란"하며, "그들의 력량의 현저한 부분은 은폐된 형태를 취하고 있다"는 것이다. 그는 "전쟁중에 자본주의 요소들이 받은 타격은 인민정권이 목적의식적으로 취한 어떤 정책의 결과가 아니라는 것"을 강조하며, 자본주의적 요소를 이용할 필요성은 정전 이후 더욱 절실해지고 있다고 판단한다.

그는 "자본주의적 요소의 허용 및 이용"에 그치지 않고 더 나아가 "일정한 형식과 범위 내에서 국가자본주의를 허용"할 것도 주장했다.

또한 자본주의적 요소들의 개조에 있어서는 조급성을 허용해서는 안되고 그것을 강압이나 폭력으로 소탕하는 방법이 아니라 점차적으로 개조하는 방식을 취해야 한다고 신중한 자세를 취했다. 이러한 그의 입장은 앞서 언급했듯이 북한 경제정책이 "반제 반봉건 민주혁명의 총적 정치과업"과 "북반부에서의 사회경제적 발전의 객관적 요구"를 통일적으로 충족시켜야 한다는 인식에서 나온 것이다.

그러나 이러한 유연한 입장은 전쟁 직후 첨예하게 대치하고 있던 남북한관계에서는 수용될 수 없었다. 농업부문만 보아도 56년초 이래 농업집단화 과정에서 개인농의 역할은 완전히 부정되고 제1형태의 협동조합인 노력호조반이나 제2형태의 조합을 거치는 단계는 무시되어 급진적 집단화노선으로 전환했다. 57년 중반 이후 반혁명분자와의 투쟁을 강조하며 사회주의 개조가 완료단계에 진입했다는 것은 경제정책이 철저하게 시장 내지 상인적 요소, 즉 자본주의적 요소를 강압적으로 철폐하는 정책으로 전환했다는 것을 뜻한다.

이후 북한에서 사회주의 역량이 강화되는 것, 즉 북한 국가사회주의 경제의 성장만이 통일역량으로 이어진다는 인식이 지배하게 되고, 북한에 있어서 사회주의건설이 남한경제와 갖는 연계성에 대한 인식은 거의 무시되었다. '북반부의 사회주의건설과 전체 조선혁명의 성격과의 불일치'를 적극적으로 인정하고 양자간의 긴장관계를 항상 염두에 두면서 북한 사회주의체제를 건설해야 할 것을 일관해서 주장한 송예정의 당시 현실인식은, 북한 사회주의 내부에서 나타난 '분단체제로서의 자기인식'으로서 재평가해볼 수 있을 것이다.[26]

---

[26] 백낙청은 북한 사회주의의 폐쇄성이나 자기중심성의 문제를 "분단체제로서의 자기인식의 상실"로 표현하고 있다. 백낙청 『분단체제 변혁의 공부길』, 창비 1994; 백낙청 인터뷰, 『월간 사회평론 길』 1994년 10월호.

평화공존과 평화통일[27]

스딸린 사후 소련에서는 흐루시초프가 등장하면서 평화공존론을 표방했고 이것은 미소간의 정상회담으로 이어져 부분적인 화해 분위기가 조성되었다. 이러한 흐름이 62년 꾸바 미사일위기 때 소련의 유화적 자세의 기원을 이루며, 이를 둘러싸고 중소간에 분쟁이 생겨나 급기야는 북한의 독자노선으로 이어지게 된다. 소련의 평화공존론은 국제공산주의 전체의 국제정세 인식에 영향을 미쳐 55, 56년 당시 북한도 예외는 아니었다. 또한 55년 인도네시아 반둥에서 저우 언라이(周恩來)가 주도한 비동맹회의에서 합의된 평화5원칙도 북한에 영향을 미쳤다.

다만 소련의 평화공존론은 북한의 평화통일론으로 직접 연결된 것은 아니다. 한국전쟁에서 '미제'와의 대결로 거의 초토화된 북한에 평화공존론을 적용하는 것은 무리였다. 아직 북한에는 중국군이 상당수 주둔하고 있었고, 마오 쩌뚱의 대미 적개심은 북한 못지않았다. 당시 소련계의 당선전선동부장 박영빈은 소련에서 평화공존을 말하니 북한에서도 남한과 평화공존이 필요하다고 주장했다가 비판을 받은 것으로 알려지고 있다. 이같은 주장은 55년 12월 김일성이 사상사업에서 '주체'를 제기하면서 박영빈이 실각하는 결정적인 구실이 되었다.

그런데 북한은 56년 5월 제3차 당대회에서 '평화통일론'을 공식노선으로 채택한다. 여기에는 앞서 언급한 국제적 흐름이 큰 기여를 했음을 부정할 수 없다. 하지만 북한이 평화통일론을 채택한 이유는 휴전 이후 북한의 전략이 "모든 것을 북반부 민주기지의 혁명역량을 강화시키는

---

[27] 이 문제와 관련된 증언으로는 신경완 증언 『압록강변의 겨울』, 이태호 기록, 다섯 수레 1991 참조.

데 주력한다"는 것이었기 때문이다. 북한은 경제건설 우선주의에 입각하여 군사비를 낮은 수준으로 억제하는 정책을 취했고, 중국군을 주둔시킨 것도 자체의 방위부담을 덜기 위한 것이었다. 56년에는 8만명의 인민군을 제대시켜 집단화가 진행중인 농촌에 배치했으며 상당수의 현역 부대를 경제건설에 투입했다. 또한 한국전쟁이 남한의 북침으로 개시되었다는 주장을 정당화하고, 당시 이승만의 북진통일론에 대해 선전적 효과를 올린다는 의도도 작용하고 있었다.

이러한 한계에도 불구하고 당시 북한의 평화통일론은 중요한 의의를 지닌다. 휴전한 지 만 3년이 안된 시점에서 평화통일론이 나왔다는 것은 적대적인 남북한 대치관계가 지배하던 사회적 분위기에 비추어볼 때 쉽지 않은 일이었다. 이것은 거꾸로 남한에서 56년 진보당 창당대회에서 조봉암이 평화통일론을 제창했으나 당시 이승만정권의 엄청난 탄압에 직면한 사실과 대비시켜볼 때, 쉽게 이해되는 점이다. 북한에서도 평화통일론은 그것이 아무리 선전적인 목적에서 나왔다 해도 내부에서 설득하기는 쉬운 일이 아니었다. 또한 북한의 평화통일론이 갖는 적극적 의의는 당시 북한에 강제납북 혹은 자진월북해 있던 남한출신의 중간파 정객들이 자율적으로 평화통일을 위한 정치적 움직임에 나설 수 있도록 공간을 허용한 것이다. 조소앙이 중심이 된 이러한 움직임은 재북평화통일촉진협의회의 결성으로 나타났다.

그러나 가뜩이나 제한적이던 이들의 활동공간은 56년 8월 종파사건의 여파로 좁아지기 시작하여 58년경에는 로동당이 이 단체에 대한 사상검토를 진행하면서 그 자율성을 완전히 상실했고, 이후 북한의 대남선전기구로 변화해버렸다.

한편 통일논의와 관련해서는 58~60년에 제안된 북한의 남북교류안에 대해 검토할 필요가 있다. 남북한간의 힘의 관계에 있어서 북한이 남한에 대해 압도적인 우위에 서 있던 시기는 북한이 무력통일을 시도 했던 한국전쟁 직전의 시기와 북한이 전후 경제부흥을 일단락지었던 50년대말~60년대초의 시기였다. 특히 50년대말에서 60년대초까지의 시기는 북한이 대남평화공세에 입각한 남북대화와 교류에 가장 적극적 이던 시기로서 90년대 이후 남북한관계를 역전시킨 것과 같은 상황을 방불케 했다.[28]

당시 북한은 남한측에 대해 다양한 레벨에 걸쳐 남북대화를 제의하고 광범위한 남북 경제교류를 제안했다. 북한은 사회주의 개조와 5개년 계획을 완수하고 남한경제에 대해 자신감이 넘치던 시기였다. 당시 남한은 정치적으로는 가까스로 이승만 독재에 신음하던 상태에서 벗어나고 있었으나 경제적으로는 미국의 대외원조에 의존하면서 아직 전쟁의 파괴상황에서 자력으로 회생하지 못한 어려운 상태였다.

북한측은 통일논의를 위해 남한에 대해 남북 정부간의 당국자 회담, 남북 국회간의 합동회의, 정당·사회단체 연석회의 등 주체에 구애받지 않고 다양한 회담형식을 제의하면서 남한측이 어떤 회의든 받아들일 것을 요구했고, 통일논의가 부담이 된다면 최소한 남북한 경제교류를 위해 실업인들로 구성된 경제위원회를 열 것을 요구했다. 당시 제안된 북한의 연방제는 적화통일에 대한 남한의 두려움을 해소시키기 위한 목적으로 통일에 이르는 과도적 단계로서 안출된 것이다.

북한이 다양한 주체의 정치회담을 제안한 데 그치지 않고 정경분리

---

[28] 이 시기는 90년대 이후 남북한관계를 역전시킨 것과 같은 상황을 방불케 한다는 점에서 당시 북한이 제안한 안건의 구체성이나 유연성은 현재의 남북한관계에서 중요한 참고가 된다. 이 문제에 대한 간단한 검토로서, 서동만 「북한체제의 위기와 통일의 전제」, 한국체계학회·한국정치경제학회·한국전략경영학회 공동주최 학술회의 '21세기 한국의 국가정책 방향과 체계적 사고'(1997년 5월 9일) 발표 논문 참조.

에 입각한 경제교류까지 제안한 데 주목할 필요가 있다. 당시 북한측이 제안한 남북경제교류안은 상당히 구체적인 내용을 담고 있으며, 사실상 북한 사회주의 역량에 의한 남한경제의 재건안이란 성격을 갖고 있다. 남북 공동시장의 상설화, 남북 공동무역회사 설립 등 상당히 구체적인 수준에서 남한의 시장경제에 맞추는 유연한 제안도 인상적이다.

그러나 이 시기 북한경제는 이미 내부적으로 거의 시장을 철폐하는 등 자본주의적 요소를 제거한 상태였다. 북한의 남북경제교류안은 '자립적 민족경제'라는 개념에 입각하여 제안된 것이지만, 기본적으로 북한 사회주의의 남한 자본주의에 대한 양적, 질적 우위라는 인식에만 입각하여 파탄상태의 남한 자본주의를 내려다보고 있었다는 한계를 갖는다.

북한 사회주의가 남한 자본주의와 공유할 수 있는 내부적 요소가 무엇인가에 대한 고민은 보이지 않는다. 따라서 당시 북한의 대남제의가 유연함을 가질 수 있었던 것은 무엇보다도 체제역량에 있어서 남한에 대한 자신감 때문이었지만, 시간적으로 보면 시장 내지 자본주의적 요소에 대한 사회적 기억이 남아 있었기 때문이기도 할 것이다. 또한 당시 남한 내에서 활발해지고 있던 남북교류운동도 못지않게 중요한 자극요인이었을 것이다.

3) 역사
조선공산주의운동사 및 조선로동당사에 관한 역사해석[29]

박헌영을 비롯하여 남로당파가 미제의 간첩으로 숙청됨으로써 북한

---

[29] 북한에 있어서 역사와 정치의 결합양상에 대해서는, 서동만 「북한에 있어서 전통과 근대」; 안병우·도진순 편 『북한의 한국사 인식』 II, 한길사 1990 참조.

의 역사해석에서는 이들의 과거 활동을 어떻게 처리해야 하는가가 심각한 문제로 제기된다. 과거 식민지시대의 민족해방운동이나 공산주의운동에 대한 북한의 공식적인 역사해석은 1949년 최창익이 중심이 되어 편찬한 『조선민족해방운동사』에서 그 기본골격이 마련되었다. 1925년 창립된 조선공산당의 역사적 역할을 인정하고 30년대 항일무장투쟁을 새로운 단계의 운동으로 적극적으로 평가하며 해방에 있어서 소련의 역할을 긍정하는 것을 기본내용으로 하고 있다. 특히 항일무장투쟁에는 김일성의 항일유격대 무장투쟁이나 연안 독립동맹의 무장투쟁이 모두 포함되어 있다. 빨치산파, 연안계, 소련계, 국내계 등에 골고루 배려하면서 비교적 역사적 사실에 충실한 서술을 보인 점이 그 특징이다. 49년 당시의 역사인식은 55년까지도 유지되고 있었다.

박헌영과 관련된 역사를 수정한다 해도 그와 함께 활동했던 인물들이 권력중추에 남아 있는 한 수정작업은 쉬운 일이 아니었다. 1955년 4월 전원회의를 기점으로 이러한 역사인식에 미묘한 변화가 일어나게 된다. 이 전원회의에서 김일성은 당내 종파주의자의 존재를 과거 식민지시대 공산주의운동 당시의 파벌투쟁과 결부시켜 비난을 가함으로써 전면적으로 문제를 제기했다. 다만 회의에서는 많은 논란이 벌어진 것으로 보여지며, 전원회의 결정서는 "과거 항일민족해방투쟁 시기에 조선공산당을 망쳐먹은 엠엘파, 화요파, 북풍회, 콤그룹 등 종파주의자들이 당의 통일을 반대하며 당내 단결을 파괴하는 악습들이 아직 일부 당원들 속에 남아 있다"는 표현에 머물고 있다. 아직 김일성의 문제제기가 관철될 만큼 그의 힘이 강했던 것은 아니며 여러 정파의 견제가 작용할 수 있는 상황이었다.

어떻든 55년 4월 15일 코민포름의 기관지 『항구평화와 인민민주주의를 위하여』에 김일성의 논문 「레닌의 학설은 우리의 지침이다」가 게재되고, 과학원의 역사관계 학술잡지인 『력사과학』에 전재된다. 이 논문은 최창익 주도의 기존 역사인식에 처음으로 변화를 꾀한 시도였다. 여기서 김일성은 20년대 조선공산당의 역할을 비판적으로 그리고 1945년 서울에서 재건된 조선공산당을 역사적으로 부정하는 입장을 취한다. 공식적으로 45년의 조선공산당을 부정한 주장은 이것이 처음이라 할 수 있다.

당시 정치적으로 민감한 초점으로는 1925~28년까지 조선공산당에 대한 평가문제(긍정적, 부정적 평가문제, 화요파, 엠엘파 등 분파문제), 30년대 항일무장투쟁의 구성부분문제(김일성 빨치산투쟁의 대표성, 독립동맹의 비중, 중국공산당과의 관계 등), 해방후 조선공산당 재건과 분국창설 및 북조선로동당, 조선로동당 창립의 문제, 나아가서 20년대 조선공산당, 30년대 항일무장투쟁과 조국광복회, 해방후 로동당 창립 등 세가지 계기의 상호연결관계 및 역사적 정통성 문제 등을 들 수 있다.

당시 세력관계 때문에 이러한 문제는 결론을 내릴 수 없었고 사안에 따라 이견이 존재하고 있었다. 다만 55년 12월 전원회의에서 조선로동당 제3차 대회를 개최한다는 결정이 내려짐으로써 조선로동당사에서 남조선로동당의 역사(즉 서울에서 재건된 조선공산당중앙-남조선로동당-남북조선로동당의 합당으로 이어지는 역사적 사실)를 말소시킨다는 선에서 당내 합의가 이루어졌다.

즉, 46년 8월 북조선공산당과 신민당의 합당에 따라 이루어진 북조선로동당 창립대회를 제1차 대회, 48년 3월의 북로당 제2차 대회를 제2차 대회로 삼고, 45년 9월 조선공산당의 재건, 49년 6월 남북조선로동당의 통합으로 이어지는 부분은 역사에서 지워버린 것이다.

56년 8월 종파사건으로 연안계나 소련계가 숙청된 이후 58년부터 조선로동당사는 다시 수정되기 시작하여 김일성의 항일무장투쟁을 중심으로 역사해석을 일원화하는 혁명전통 확립운동이 개시된다. 조선로동당의 기원은 "45년 10월 10일 조선공산당 북조선조직위원회의 창립"으로 설정되고 나아가서 "1930년대 견실한 공산주의자들의 당재건운동"으로 거슬러올라가 찾게 된다.

또하나의 대표적인 예로서 조선인민군이 통일전선의 군대라는 주장이나 명천, 길주의 농민투쟁을 계승했다는 주장 등이 전면적으로 비판받는다. 나아가 역사서술에서 사실과의 정합성이 상실되면서 모든 국내외의 민족해방운동을 김일성 항일무장투쟁과의 관련하에서 서술하는 방식이 일반화된다.

이러한 과정에서 과거 적색노조나 농조 운동이 활발했던 함경남북도 지방에서 각 지역에 따라 자율적으로 이루어지고 있던 '향토사연구'가 '지방주의, 가족주의'란 이유로 전면 금지된다. 혁명전통 확립운동 과정에서 최대의 희생자는 식민지시대 적색노조나 농조 운동 출신자 및 그에 관한 역사였다.[30]

권력의 중추를 장악하게 된 김일성의 항일빨치산 동료들에 의해 항일빨치산투쟁 참가 회상기가 집필, 간행되면서 이제 그 역사는 누구도 이의를 제기할 수 없는 절대적인 권위를 갖추게 되었다. 천리마운동의 개시와 함께 회상기 학습은 북한인민의 중요한 일상활동의 하나가 되었고, 그 속에서 그려진 빨치산 전사들의 모습이나 상호 인간관계는 생산자들이 본받아야 할 전형으로 받들어졌다. 역사서술의 절대화는 통속화와 동시적으로 진행되었다. 이러한 흐름은 역사와 정치의 결합에서 둘 사이의 긴장관계가 무너짐으로써 역사가 정치로 매몰되어갔음을

---

30 이 주제와 관련해서는, 서동만, 박사학위논문 549~55면 참조. 당시 지방에서 전개된 움직임은 1959년 6월 하순부터 9월 초순까지 『로동신문』에 상세히 게재되고 있었다.

의미한다.

4. 북한체제의 전망과 관련된 함의

위와같이 50년대 전후 복구건설과 사회주의 개조과정에서 북한에서 전개된 정치갈등을 배경으로 다양한 이데올로기적 쟁점을 정리해보았지만, 아직은 단편적인 망라 수준을 넘어서지 못한다는 느낌을 지울 수 없다. 각 쟁점이 전체적으로 어떠한 유기적 연관하에 있었는지, 구체적으로 정치세력과는 어떠한 관계에 있었는지 등의 문제는 앞으로의 연구과제로 미룰 수밖에 없다. 다만 종래의 빈약했던 북한상에 비추어볼 때 당시 논의가 상당히 풍부하고 다양했다는 점은 부정할 수 없다.

전후 50년대 북한에서 제기된 논의 수준에서 볼 때 현재의 북한체제는 이 당시보다 정치적, 사상적으로 훨씬 후퇴해 있음이 명백하다. 정치적, 사회경제적 단계로 볼 때, 중국이나 베트남의 예를 들 것도 없이, 북한체제가 적절한 생존전략에 입각하여 현실과의 정합성을 가지려면 그 단계를 하향 수정하지 않을 수 없다. 실제적인 변화는 미지수지만 이미 북한 지도부도 92년 헌법에서 '프롤레타리아독재'를 폐기하고 '인민민주적 독재'로 전환했다는 점에서 이 문제를 자각하고 있다고 볼 수 있다. 물론 경제적으로는 양적 성장이 진전되어 인민 생활수준이 60, 70년대에 더욱 향상되었다는 것도 분명하다.

그러나 최근 식량난을 비롯해 가중되는 경제난으로 북한체제는 체제 확립 이후의 성장분마저도 고갈시키고 있는 국면에 돌입했다고 간주된다. 북한체제의 변화는 급격한 것이 되든 점진적인 것이 되든 가시적인 단계에 들어서 있는 것이다.

한 체제나 국가의 변화는 필연적으로 과거에 대한 인식의 변화를 요구한다. 과거를 바로 바라볼 수 없을 때 미래도 바로 바라볼 수 없음은 오랜 인류의 역사가 증명한 바다. 가까운 예를 든다면 소련의 뻬레스뜨로이까는 글라스노스뜨에서 시작되었고 동구의 체제개혁도 과거역사를 수정하는 작업과 표리일체로 진행되었다. 북한체제 변화에 있어서 모델이 되는 중국의 개혁, 개방이나 베트남의 도이 머이 노선도 과거역사에 대한 해석을 바꾸는 작업과 동시적으로 이루어졌다. 한 국가의 운영을 위한 정책은 나름대로 상황과의 정합성이나 일관성을 요구하며, 이것은 미래뿐 아니라 과거와의 정합성이나 일관성 없이는 유지될 수 없다.

체제의 개혁이란 경로를 가정할 때, 이와 관련해서 중요한 것은 50년대 사회주의 개조를 거쳐 61년을 전후하여 완성된 이래 기저가 되어 온 '제1차적 구조'로서의 '국가사회주의' 씨스템과 60년대말~70년대초 그 위에 만들어진 '제2차적 형성물'로서의 '유격대국가' '수령제' 레짐과의 관련이다.[31] 제2차적 형성물은 국가사회주의체제가 '제대로' 기능하는 데조차 장해요인이 되고 있으며 따라서 이를 개혁하는 데에도 역작용을 하고 있다. 그리고 이 두가지 모두를 바꾸는 것이 북한체제 개혁의 과제라는 데 북한체제의 어려움이 있다.

단기적으로 보면 씨스템과 레짐 수준의 변화는 서로 상대적 독자성

---

[31] 국가사회주의와 '수령제' 내지 '유격대국가'와의 상호관련성에 대해서는 和田春樹 「遊擊隊國家の成立と展開」, 『世界』 1993; 서동만 「북한의 전통과 근대」, 『한국의 근대와 근대성 비판』, 역사비평사 1997 참조. 이에 대한 비판적 논평으로는 이종석 「'유격대국가'론과 현대 북한」, 『현대북한의 이해: 사상, 지도자, 체제』, 역사비평사 1995 참조. 이밖에 류길재 「북한체제변화론의 재고찰」, 『한국정치사회의 새로운 흐름』, 경남대 극동문제연구소 1993 참조.

의 관계에 있다. 변화해가는 데 있어서 둘 사이에 반드시 시간적인 선후관계가 있는 것도 아니다. 북한 지도부가 김일성 사후에도 수령제를 완강히 고수하면서 군 통치체제에의 의존도를 높여가는 가운데 부분적인 개방을 꾀해가는 것은, 둘 사이의 관계를 최대한 분리시키려는 의도에서 나온 것이라 할 수 있다.

그러나 장기적으로 보면 씨스템의 변화가 레짐 수준의 변화와 불가분리의 관계에 있다는 것은 이미 구사회주의국가들이 겪은 오랜 개혁 실패의 경험이 말해주고 있는 바다. 시장적 요소를 도입하여 그것을 적극 활용한다는 것은 얼핏 보기에 정치와는 분리된 중립적인 순수경제적 측면으로 간주될 수 있으나, 그것이 실현되려면 경제적 단위의 정치적 규율에 대한 자율성이 확대될 수밖에 없으며, 여기에는 필연적으로 사회의 자율성 확대가 뒤따를 수밖에 없다. 이것은 우선 당과 행정기구와의 관계, 다음으로 이들을 망라한 정치적 단위와 생산적 단위, 즉 경제와의 관계, 나아가서 전체로서의 국가와 사회와의 관계 전반이 재조정될 수밖에 없음을 뜻한다. 제2차적 형성물의 변화를 통한 국가사회주의체제의 개혁을 순탄하게 이루어낼 수 있는가에 김정일의 정치적 운명이 걸려 있다 할 것이다.

또한 시장경제화란 북한에는 없는 새로운 주체의 창출을 의미한다. 경제적으로는 지금까지 절멸되었던 자본가, 소상인이란 층을 새롭게 만들어내고 기존의 당 및 국가관료들도 새로운 경영주체로 탈바꿈시키는 일이다. 이는 정치사회적으로는 계급의 순화 및 동질화를 지향하는 계급원리에 입각한 국가를 다양한 계급을 포괄하는 '인민민주주의적 국가'로 전환시키는 작업이기도 하다.

시장경제화 과정을 과거와 대비시켜본다면, 체제의 점진적 변용을 추구하여 상당한 성과를 거두고 있는 중국, 베트남 등 아시아 사회주의

국가들이나 체제붕괴 이후 전면적 시장경제화의 진통을 겪고 있는 구소련, 동구도 속도나 폭의 차이는 있으나 국가사회주의의 확립과정에서 제거된 조건을 다시 회복시키는 역방향을 취하고 있다고 볼 수 있다.

 그러나 북한의 경우 그것은 단순히 과거를 복원시킨다는 의미는 아니며 새로운 조건하에서 새롭게 체제를 건설해내는 작업이란 점에서 용이한 일은 아닐 것이다. 그리고 중국, 베트남의 개혁, 개방 노선으로의 전환은 미국을 중심으로 한 세계 자본주의체제와의 관계개선과 표리일체의 관계에 있었던 만큼 북한도 그러해야 할 것이다. 이 점에서 북한체제의 내부개혁은 북한의 자력만으로 가능한 것이 아니며, 미국, 일본, 남한의 대북정책에 크게 좌우될 수밖에 없다는 데 북한이 처한 어려움이 있다.

〈1998〉

북한 정치체제 변화에 관한 시론

1. 머리말

 지난 98년 9월 최고인민회의에서 헌법개정이 이루어지고 김정일체제가 정식으로 출범했다. 김정일 당총비서는 국가주석이 되기보다는 김일성을 '영원한 주석'으로 추대하고 국방위원장으로서 최고통치권을 행사하는 길을 택했다. 아마도 죽은 인물을 영원한 주석으로, 즉 최고통치자로 추대한 것은 세계 공화제 사상 유례가 없는 일일 것이다. 영원한 주석이란 상징적이며 역사적인 직위지만, 모든 공화제는 일정한 임기에 한해서 통치자를 선거로 선출하는 것을 원칙으로 한다는 점에서 특정인물을 선거에 의하지 않고 최고통치자의 직위에 무한히 앉힌다는 것은 공화제의 상궤에서 벗어난 것이다.
 이러한 사실을 포함하여 김일성 사후 북한체제에 일어나고 있는 일들은 과거 김일성시대와 비교해도 설명하기 어려운 여러가지 일탈현상으로 점철되어 있다. 김정일의 권력승계를 포함하여 통치행위에 있어서 공식절차를 무시하거나 과거의 전례를 뒤엎는 일들이 비일비재로 나타나고 있는 것이다. 이러한 현상을 바라보는 시점은 여러가지일 수 있겠으나, 그만큼 북한체제가 과거와는 비교할 수 없을 만큼 위기상황에 처해 있다는 반증일 수 있다. 여기서 확인해두고 싶은 것은 외부에서 이해하기 어려운 행위도 북한 지도부의 의식 속에서는 나름대로 이유가 있는 '합리적 선택'일 수도 있다는 점이며, 북한 연구자들은 사실에 입각해서 그 인과관계를 설명하려는 노력을 포기해서는 안된다는 점이다.

북한체제는 1961년 제4차 당대회를 기점으로 해서 이미 자리잡고 있던 '당=국가체제'를 근간으로 국가사회주의 씨스템을 형성했다. 이때 김일성을 중심으로 한 항일빨치산파가 주류파가 되어 '당=정=군'을 일체화하며 장악했다. 북한역사에 있어서 군이 당=정에 대거 진출한 것은 이 당대회에서 지도집단이 형성되었을 때로서, 군을 장악하고 있던 빨치산파가 당=정을 완전 장악한 것이다. 다만 그때까지 공식 당기구가 정상적으로 작동했으며, 당=국가체제는 그대로 유지되고 있었다. 어떻든 당이 군을 포함하여 모든 조직을 통제·장악하는 통치방식에 변화가 있었던 것은 아니다.

그런데 김일성 사후 김정일의 권력승계가 진행되는 과정에서 북한의 당=국가체제에는 중요한 변화가 일어났다. 김정일이 인민군 최고사령관으로서 최고통치권을 행사하면서 통치에 있어서 군의 비중이 대폭 강화된 것이다. 이것은 김정일이 당총비서에 취임하고 나서도 유지되었으며, 결국 헌법개정을 통해 국가주석직을 폐지하고 국방위원장직에 취임하여 최고지도자로서의 역할을 선택했다. 김정일의 국방위원장 취임에 맞추어 인공위성이 발사되고 이른바 '강성대국론'이 천명되면서 북한체제의 '군사화'에 대한 우려가 급속히 높아졌다.

한때 북한의 붕괴여부를 두고 떠들썩했던 북한연구는 최근에 와서는 북한의 '군사국가화'를 둘러싸고 그 성격 및 앞으로의 방향을 어떻게 설명해야 할 것인가가 초점이 되고 있는 듯하다. 북한체제의 이러한 변화를 정확하게 해석하고 이론화하기 위해서는 좀더 많은 정보를 입수할 필요가 있으며, 북한의 공식매체에 한정된 자료를 가지고서는 연구에 한계가 있다. 이 글도 역시 이러한 한계에서 벗어나기 어렵다는 점에서 북한의 체제변화에 대해 어떠한 단정을 내리기보다는 김일성 사후 김정일 권력승계에 이르기까지 공식매체에 나타난 일련의 중요한 사실 및 이에 대한 북한의 공식해석을 추적·정리해봄으로써 좀더 심층적인 논의를 위한 준비작업으로 만족하려고 한다. 그리고 결론에서 필자 나름으로 잠정적인 해석을 내려봄으로써 많은 전문가들의 견해를 구해보고자 한다.

2. 김일성 사후 과도기체제

1) 김일성-김정일체제와 김일성 '유훈통치'

1994년 7월 김일성이 사망하기 전부터 이미 김정일은 북한의 실질적인 최고통치자였다. 김정일이 공식적인 후계자로 내외에 선언된 것은 1980년 10월 제6차 당대회에서였다. 1973~74년 조직담당비서에 앉은 시기부터 잡지 않는다고 해도, 늦어도 이 시기에 와서는 김정일이 제2인자로서 그 위치를 확고히 했다. 그 이전까지를 권력구조레벨에서 김일성 1인체제하의 수령제라고 한다면, 이후는 김일성 수령제하의 '김일성-김정일체제'가 성립했다고 할 수 있다. 제6차 당대회에서는 항일빨치산의 혁명전통을 대를 이어 계승한다고 선언했다.

김정일의 권력승계 과정을 보면, 기본적으로 항일빨치산파 혁명 제1세대의 합의와 지지를 토대로 하여 이루어졌다. 김정일의 탄생신화, 즉 백두산 밀영 탄생설이란 것도 김정일의 권력기반이 항일빨치산파에 있음을 상징하는 이데올로기인 것이다. 또한 김정일 자신을 포함하여 김정일 권력 인맥의 중추를 이루고 있는 만경대 혁명학원 출신들도 전원이 혁명 유자녀나 그 자제인 혁명 제2세대들이다.

1983년부터 김일성에 대한 개인숭배는 김정일에 대해서까지 연장되어 '양두체제'라고 할 만한 것이 성립했다. 김일성-김정일체제는 단순한 권력승계를 넘어서서 권력을 공유하며 공동으로 통치하는 체제였던 것이다. 1973년 중앙당 조직담당비서로 취임한 이래 김정일은 실질적인 제2인자로서 통치 핵심에서 활약했고, 94년 김일성 사망 때까지 20년 이상이나 김일성과 함께 북한을 통치해왔다. 늦춰 잡아도 80년대 이후엔 김일성-김정일체제로서 김정일은 북한체제의 운명에 대해 김일성과 책임을 공유하지 않을 수 없었던 것이다.

실제로도 김정일은 북한체제의 현재 모습을 만들어내는 데 중요한 역할을 했으며, 북한체제에는 그의 통치에 따른 흔적이 깊이 새겨져 있다. 예컨대 80년대 이후 평양시내에 다수 들어선 대기념비적 건축물이나 시가지, 현대적 주거시설 등은 직접 김정일의 지휘 아래 건설된 것들이다. 또한 그는 '속도전'이란 것을 도입하여 대중동원을 통한 생산증대운동을 직접 발기, 지휘해왔다. 주체사상을 체계화하고 그 내용을 채워나간 것도 김정일의 지휘 아래에서였다.

따라서 김일성 생전에 이미 김일성과 김정일은 일체화되었으며, 김일성을 부정하는 것은 김정일 자신의 부정으로 연결될 수밖에 없는 한계를 안고 있기도 했다. 김정일은 김일성 사후 김일성과 자신을 분리시키기보다는 더욱 긴밀히 결부시키는 방식을 취해왔다.

또한 김정일이 김일성 생전에 이미 북한체제의 최고통치자였다고 해도 김일성의 존재는 너무도 큰 것이었다. 김일성 사후 3년상을 치렀다는 것은 동양적 유교문화의 소산이기도 하지만, 역시 김일성의 거대한 존재 없이는 생각할 수 없는 일이다. 후계 통치자의 의사와 관계없이 죽은 김일성이 홀로 걸어다닌다고 할 만큼 김일성의 유산은 북한 도처에 깔려 있다. 물론 김정일을 중심으로 한 북한 지도부가 이러한 점을 나름대로 적절하게 활용한 것도 사실이다.

김일성 사후 김정일이 거대한 수령의 공백을 메우기 위해 도입한 것이 이른바 '유훈통치(遺訓統治)'였다. 유훈통치에 있어서 가장 강조된 것이 우선 3대 제일주의의 견지다. 경제정책에 있어서 김일성 생전 당 중앙위 전원회의에서 결의된 농업, 경공업, 무역의 3대 제일주의가 그대로 견지되었다. 다음으로 통일정책, 대남정책에 있어서도 김일성의 유훈이 강조되었다. 김일성시대에 이루어진 조국통일 3대원칙, 고려민주연방공화국 통일방안, 전민족대단결 10대강령이 조국통일 3대헌장으로서 내세워졌다. 이는 경제난이나 대외적 고립을 타개하는 데 있어서 이렇다 할 전망이 없는 데서 나온 어쩔 수 없는 선택으로 보인다. 상황이 타개되어 개선될 조짐이 보일 때까지 '시간 벌기'로서 죽은 김일성의 권위를 이용한 것이다. 통치 이데올로기에 있어서도 김일성시대를 넘어서는 새로운 것이 나타나지는 않았다. '붉은 기 사상'이 강조되기는 했지만, 어디까지나 주체사상의 틀 내에서 브랜드만 바꾼 데 지나지 않았다.

또한 김정일은 곧 김일성이라는 주장이 공식매체에 무수히 등장했다. "김일성 동지는 사회정치적 생명체의 최고 뇌수로서 (…) 우리 인민의 어버이로서 영생하고 계신다"고 되풀이되었다. 조선민족을 '김일성민족'으로 규정하고 이를 곧 김정일민족으로 등치시켰다. 96년 1월 19일 사회주의로동청년동맹(사로청)을 김일성사회주의청년동맹으로 개칭했으며, 97년 7월 8일 김일성의 탄생년도(1912년)를 원년으로 '주체연호'를 제정하여 그 탄생일(4월 15일)을 '태양절'로 정했다. 그 절정이 98년 9월 새로 개정된 헌법을 '김일성헌법'으로 명명하고, 김일성을 공화국의 영원한 주석으로 추대한 사실이다.

2) 권력승계와 군부대 순례[1]

1994년 7월 김일성이 사망하고 나서 97년 10월 당총비서에 추대될 때까지 김정일은 당내 최고직위에 취임하지 않았으며, 98년 9월까지 국방위원장직 및 인민군 최고사령관직 외에 정부의 공식직위에는 취임하지 않았다. 김일성 사후 김정일의 통치방식을 보면, 철저하게 군부대 시찰을 중심으로 하여 군과 관련된 행사에만 참석함으로써 군사지도자로서 자신의 이미지를 전면에 부각시키는 것이었다. 김정일은 권력승계를 마무리하는 작업으로서 군조직 장악에 정열적으로 나서게 되었다.

김정일이 의도적으로 군부대를 시찰하기 시작한 것은 1995년 1월 1일부터였다. 김정일은 신년을 맞이하여 인민군 제214군부대를 방문하고 장병들과 기념촬영을 했으며, 이것이 컬러사진으로 『로동신문』 제1

---

[1] 김일성 사후 군의 강화 움직임에 대한 분석은 와다 하루끼의 논문을 상당부분 참조했다. 와다는 북한체제가 김일성 사후 '유격대국가'에서 '정규군국가'로 전환했다고 보고, 이 시기를 중시하고 있다. Haruki Wada, "The Structure and Political Culture of the Kim Jong Il Regime: Its Novelty and Difficulties, a Dissertation Presented at International Conference Commemorating the Opening of the Graduate School of North Korean Studies," Kyungnam University, May 28~29, 1998.

면에 게재되었다.² 이 부대 소속 단위부대의 소식을 전하는 『로동신문』 기사에는 "김정일 장군님을 결사옹위하는 총폭탄이 되자"는 슬로건이 실렸다.³ 1월 10일 김정일은 청류다리 2단계 건설장, 금릉2동굴 건설장을 시찰했다. 1월 26~27일에는 조선인민군 제9차 선동원대회가 열렸는데, 인민군 상장 박재경이 보고를 통해 모든 당원과 인민들을 "김정일 장군님의 절대적 숭배자로서, 당과 수령을 목숨으로 결사옹위하는 총폭탄으로 튼튼히 준비"시키고 있다고 했다. 28일 김정일은 대회 참가자들과 기념촬영을 했다.⁴ 이후 김정일이 최고사령관 직함으로 군부대를 시찰하고 나서 이들 부대 장병들과 함께 기념사진을 찍어 『로동신문』 제1면에 보도하는 것이 지금까지 김정일의 통치 스타일로 유지된다. 2월 6일 중앙인민위원회는 김정일의 탄생일 2월 16일을 '민족 최대의 명절'로 제정했다.

이 당시 군 수뇌부는 다음과 같이 구성되어 있었다.

── 인민군 최고사령관 김정일, 인민무력부장 오진우(원수), 인민군 총참모장 최광(차수), 호위총국장 리을설(차수), 인민무력부 제1부부장 김광진(차수)
── 국방위원회(8명): 위원장 김정일, 제1부위원장 오진우, 부위원장 최광, 위원 리을설, 김광진, 김봉률(차수), 전병호(당비서), 김철만
── 당중앙군사위원회(7명): 위원장 김정일, 군사위원 오진우, 최광, 리하일(대장), 리봉원(대장), 김명국(대장), 김일철(해군 대장)

2 『로동신문』 1995년 1월 2일자.
3 『로동신문』 1995년 1월 3일자.
4 『로동신문』 1995년 1월 28, 29일자.

군 수뇌부는 오진우, 최광, 리을설, 김광진 등 항일빨치산파가 원로 그룹을 형성하며 김정일을 보좌하고 있었다. 특히 오진우는 김일성 사후 김정일의 후견인 역할을 하며, 최광, 리을설과 함께 실질적으로 군을 지휘하면서 김정일이 군조직 장악을 순조롭게 하기 위한 작업을 후원하고 있던 것으로 보인다. 국방위원회는 70대 이상 군인들과 군수산업 담당 당간부로 구성되어 있으며, 당중앙군사위원회는 오진우, 최광 외에는 비교적 젊은 60대 군인들로 이루어져 있었다. 오진우가 2월 25일 병사하여 그 후속 인사가 10월 10일 당 창건기념일 직전에 이루어졌다. 김일성이 사망한 후 정치국 상무위원은 김정일과 오진우뿐이었으나, 오진우가 사망함으로써 김정일만 남게 되었다.

4월 24일 인민군 창건 63돌 중앙보고대회가 열리고, 보고를 담당한 인민군 총참모장 최광이 인민군을 "경애하는 최고사령관 동지를 결사옹위하는 총폭탄이 되도록" 한다고 발언했다. 이른바 '총폭탄정신'이 공식화된 것이다.

1995년 10월 10일 당 창건 50돌 기념일은 김일성 사후 북한 최대의 역사적인 기념일이었다. 이때 인민군 열병식이 개최되고 군사 퍼레이드가 진행되었다. 이 행사에는 당과 국가의 주요 간부가 모두 참석했으나, 당기관지『로동신문』에 보도된 주석단 사진은 김정일 좌측에 있던 최광과 리을설만 찍은 모습이었다. 이는 분명히 의도적인 연출이었다.[5] 또한 군사 지도자로서 김정일을 부각시키는 메씨지이기도 했다. 이때 김정일이 외부에 대해 달고 있는 공식직위는 인민군 최고사령관이었다. 김정일은 인민군 최고사령관으로서 김일성 사후 과도기에 본격적

---

5 다른 당정 고위간부들과 함께한 주석단 사진은 제2면에 게재되었다. 『로동신문』 1995년 10월 11일자.

인 통치권 행사에 나선 것이다.

당 창건 기념일에 즈음하여 이루어진 것은 당의 정상화가 아니라, 군에 대한 대대적 승진인사였다. 인민군 총참모장 최광이 사망한 오진우의 뒤를 이어 인민무력상에 임명되고 원수로 승진되었다. 빨치산파의 일원인 호위총국장 리을설도 원수로 승진되었다. 조명록, 리하일, 김영춘이 차수로, 김하규, 현철해, 김병률이 대장으로 승진되었다.[6] 조명록은 인민군 총정치국장, 김영춘은 인민군 총참모장으로 임명되었다.

10월 9일 당 창건 기념일 전날 김정일은 청류다리와 금릉2동굴 개통식에 참석했는데, 이곳은 군부대가 대거 투입된 건설공사장이었다. 이 개통식에도 당과 국가 간부들이 참석했지만, 보도된 사진에는 김정일과 군인들만 찍혀 있다.[7]

김정일이 스스로를 군사지도자로서 전면에 부각시키고는 있었으나, 이 시기에는 아직도 당=국가로서의 공식적인 모습은 유지되고 있었다. 당 및 국가 간부들이 공식행사에 모습을 나타낼 때에는 그 직위가 반드시 명시되었다. 당 창건 50돌 기념 열병식에 나타난 주석단 명부를 기준으로 당시의 최고지도부를 보면 다음과 같다.[8]

── 당정치국원(11명): 김정일(당정치국 상무위원), 리종옥(국가 부주석), 박성철(국가 부주석), 김영주(국가 부주석), 강성산(정무원 총리), 최광(인민무력부장), 김영남(부총리 겸 외교부장), 계응태(당비서), 전병호(당비서), 한성룡(당비서), 서윤석(평남도당 책임비서)

── 당정치국 후보위원(7명): 김철만(국방위원), 최태복(당비서), 최

---

6 『로동신문』 1995년 10월 9일자.
7 『로동신문』 1995년 10월 10일자.
8 『로동신문』 1995년 10월 12일자.

영림(부총리), 홍성남(부총리), 양형섭(최고인민회의의장), 홍석형(국가계획위원장), 연형묵(자강도당 책임비서)

──당비서국 비서(11명): 김정일, 계응태, 전병호, 한성룡, 최태복, 김기남, 김국태, 황장엽, 김중린, 서관희, 김용순

　최고지도부의 면면은 사망한 오진우가 빠진 것을 제외하면 김일성 생전과 차이가 없다. 당 정치국이나 비서국이 나름대로 기능하고 있었다고 추측할 수 있다.[9]

　95년까지만 해도 김정일의 군 중시는 어디까지나 김일성 사후 마지막 권력승계 과정으로서 군 장악을 위한 포석이었다고 생각된다. 그러나 그해 여름부터 북한을 엄습한 수해는 북한경제에 막대한 피해를 입혔고, 이때부터 북한체제수립 이래 가장 가혹한 식량기근을 겪게 되었다. 북한당국이 외부에 식량지원을 호소하기 시작한 것도 이때부터다.

3) '고난의 행군'과 '혁명적 군인정신': 위기관리체제

　1996년 신년도 공동사설은 북한인민들에게 '고난의 행군'을 호소하기 시작했다. 사설은 "백두밀림에서 혁명의 사령부를 목숨으로 사수한 7련대의 결사옹위정신이 우리 혁명대오의 고귀한 넋이 되고 (…) 신조가 되어 힘차게 나래치게 하여야 한다"고 하고, "우리는 지금 가장 어려운 환경 속에서 사회주의를 건설하고 있다. '고난의 행군' 정신은 제 힘으로 혁명을 끝까지 해나가는 자력갱생, 간고분투의 혁명정신"이라고 정의하며 인민들에게 호소하고 있다.[10] 30년대말 항일빨치산부대가 일

---

[9] 10월 13일 『로동신문』에는 김정일이 50돌 기념식에 참석한 경축 대표들과 기념촬영한 사진이 게재되었다. 여기에는 특별히 당정치국원들이 자리를 함께하고 있다. 정치국이 건재함을 알리는 표시였다.

제의 토벌에 쫓기며 소련령으로 도피하기까지 가장 험난했던 시기를 빗대어 북한주민들에게 인내와 내핍을 호소하기 위한 슬로건이었다.

식량난은 북한에 한국전쟁 이래 가장 가혹한 시련을 안겨주었다. 그 수에 대해서 여러가지 추측이 있지만, 상당한 아사자가 나온 것도 부인할 수 없는 사실이다. 중앙으로부터 식량은 물론 생활필수품이 제대로 공급되지 못하면서 북한 계획경제의 근간을 이루는 중앙공급체계가 거의 마비되는 사태가 조성되었다. 체제이완 현상이 광범하게 만연하며, 당 및 행정조직, 사회단체들이 상부 지시대로 움직일 수 없게 되었다.[11] 북한 지도부는 군조직을 동원하여 사태수습에 나서게 되었다고 보여진다.

6월 10일 김정일은 거의 완공단계에 있는 금강산발전소를 시찰했다. 김정일의 사진을 싣고 이를 보도한 『로동신문』은 "위대한 김정일 동지를 수반으로 하는 혁명의 수뇌부를 목숨으로 사수하자"고 썼다.[12] 7월 3일 조선인민군 최고사령관 전신명령 제001호 「금강산발전소 건설에 동원된 군인들과 건설자들에게 감사를 줄 데 대하여」가 나와, "혁명의 붉은 기를 높이 들고 높은 혁명적 군인정신과 대중적 영웅주의, 무비의 헌신성을 발휘하여 세계적인 대자연 개조공사를 1996년 6월 30일까지 빛나게 완공하였다는 것"을 선포했다. 이 금강산발전소야말로 군인들이 대거 투입되어 건설된 대표적 성과로 내세워진 것이다.

이후 "김정일 동지를 수반으로 하는 혁명의 수뇌부를 목숨으로 사수하자"라는 구호가 전면에 내세워지며 공식성을 띠게 된다.[13] 북한의 공

---

10 『로동신문』,『조선인민군』,『로동청년』 공동사설,「붉은 기를 높이 들고 새해의 진군을 힘차게 다그쳐 나가자」,『로동신문』 1996년 1월 1일자.
11 김정일의 연설(1996년 12월 7일),「우리는 지금 식량 때문에 무정부 상태가 되고 있다」,『월간조선』 1997년 4월호.
12 『로동신문』 1996년 6월 12일자.

식매체에 전면적으로 등장한 이 '혁명의 수뇌부'는 최고의사결정기구를 지칭하는 하나의 은유지만, 매체에 등장하는 빈도나 공식적 성격으로 볼 때 실체를 갖고 있다고 생각된다.[14] 수해로 인한 식량난을 수습하는 과정에서 군대조직을 동원할 필요가 생겼고, 군 수뇌부를 포함한 당과 국가의 지도부를 재편하여 일종의 '위기관리체제'가 출범한 것이 아닐까? 김정일이 군부대나 군관련 행사, 건설현장 등을 시찰할 때 주로 대동한 간부들은 다음과 같다. 이들이 김정일과 함께하는 모습이 자주 보도되는 것은 김정일과 특별한 관계에 있음을 부각하기 위한 것이다.

―― 군인: 최공, 리을설, 조명록, 김영춘, 김일철, 현철해, 리봉원, 김하규, 박재경

―― 당간부: 계응태(공안·사법담당 비서), 한성룡(경제담당 비서), 최태복(과학·교육담당 비서), 김기남(선전담당 비서), 김국태(사상담당 비서), 김용순(대남담당 비서), 리용철(당군사위원 겸 제1부부장), 박송봉(조직부 제1부부장), 장성택(조직부 제1부부장)

---

13 사설 「당의 령도 따라 위대한 김일성 동지의 위업을 끝없이 빛내어 나가자」, 『로동신문』 1996년 7월 8일자; 금강산발전소 건설에 참가한 군인과 건설자 들을 만나 기념촬영한 김정일을 보도한 『로동신문』 1996년 7월 8일자 1면; 사설 「조선로동당은 영원히 위대한 김일성 동지의 당으로 빛날 것이다」, 『로동신문』 1996년 10월 10일자.

14 와다 하루끼는 이 '혁명의 수뇌부'야말로 최고핵심 통치집단을 지칭하는 것이며, 주로 군 수뇌부로 구성되었다고 보고 있다. 그리고 당정치국은 완전히 힘을 잃고 당군사위원회가 좀더 중요한 역할을 하고 있을 것으로 추측한다. 와다 하루끼, 앞의 논문 13~14면 참조. 예리한 통찰이긴 하지만, 이 집단이 군수뇌부만으로 구성되었을 것인가, 그리고 종전의 당정치국원이나 당비서는 어떠한 역할을 하고 있을 것인가에 대해서는 좀더 구체적인 실증적 근거가 제시될 필요가 있다.

군인들은 당군사위원이 중심이며, 당간부는 주요 부문을 담당하는 당비서들을 중심으로 군수산업을 담당하는 리용철, 조직담당의 박송봉, 장석택 등이 추가된다.

이 혁명의 수뇌부가 인민에게 요구하는 것이 '혁명적 군인정신'을 모범으로 해서 경제건설에 힘쓰라는 것이다. 북한의 공식매체는 이를 이렇게 정의하고 있다.[15]

> 금강산발전소 군인 건설자들의 혁명적 군인정신은 오늘의 '고난의 행군' 정신의 최고 발현이 되고 있다.
> 혁명적 군인정신을 체득하고 투쟁하는 사상, 바로 우리 당의 붉은기 사상의 제일 체현자…….
> 최고사령관 명령을 한몸이 그대로 육탄이 되어 기어이 관철해내고야 마는 무조건 집행, 결사 관철의 정신…….

9월 9일 정부수립 기념일이나 10월 10일 당 창건 기념일에는 아무런 행사도 열리지 않았다. 김정일은 측근들을 대동하고 당 창건 51돌을 맞아 인민군 공훈합창단 경축공연을 관람했을 뿐이다. 김정일의 권력승계가 늦어지면서 김일성 3년상이 1년 연장되어 96년에도 김정일의 당 총비서 취임은 이루어지지 않았다.

4) 최고사령관체제

1997년에는 인민군에 대한 강조가 더욱 두드러졌다. 1월 1일 공동사설에서는 "올해는 고난의 행군을 승리적으로 결속하기 위한 최후의 돌

---

15 사설 「모두 다 혁명적 군인정신으로 살며 투쟁하자」, 『로동신문』 1996년 10월 18일자.

격전"이라고 의미를 부여하면서 김일성 사후 3년이 된다고 강조했다. 김정일의 권력승계가 이루어질 것을 암시한 것이다. 그러나 이 사설은 "우리 인민군대는 우리 혁명의 기둥이며, 주체사업 완성의 주력군이다. (…) 전군에 수령 결사옹위정신, 총폭탄정신, 자폭정신이 차 넘치게 해야 한다"고 주장했다.

3월 3일 김정일은 여느때처럼 제212군부대를 시찰했는데, 여기서 '최고사령부 작전지휘성원'들이 동행했다고 보도되기 시작했다. 이로써 비유로서의 '혁명의 수뇌부'는 '최고사령부'라는 공식성을 띠게 된 것이다. 4월 9일 김정일의 국방위원장 취임 4돌 기념 중앙경축보고대회에서 총정치국장 조명록은 "최고사령관 동지께서는 군대는 곧 인민이고, 국가이며, 당이라는 독창적인 군 중시 사상을 밝히시고, 우리 인민군대를 혁명주체의 핵심력량, 주체위업 완성의 주력군의 지위에 확고히 올려놓으셨다"고 말했다. 나아가 "령도자와 인민, 최고사령관과 전사들의 관계는 명령과 복종의 관계가 아니고, 부모와 자식 간의 혈연적 관계이며 영원한 한식솔"이라고 강조했다.

4월 25일에는 김일성 탄생 85돌, 인민군 창건 65돌을 경축하는 열병식이 열렸다. 김일성 생일은 4월 15일인데, 인민군 창건 기념일과 결합시켜 함께 기념한 것이다. 이 역시 군의 중요성을 부각하는 조치였다. 이 열병식에 대한 보도에서도 김정일과 군인들만 찍은 사진을 게재하고 당과 국가 간부들은 제외시키고 있다.

특히 이 시기를 전후하여 모든 행사에 참가한 간부들의 주석단 명단에서 그 직함이 사라지고 "당 및 국가의 지도간부"로 총칭하게 된다.[16]

---

16 『로동신문』 1997년 4월 26일자. 주석단 명부는 다음과 같다. 리종옥, 박성철, 김영주, 리을설, 조명록, 김영춘, 강성산, 김병식, 김영남, 계응태, 서윤석, 전병호, 한성룡, 양형섭, 최태복, 김철만, 연형묵, 홍성남, 최영림, 홍석형, 김국태, 김기남, 김중

김정일 시찰에 동행하는 간부들에게서도 당비서나 당중앙위원, 당중앙위 제1부부장, 당군사위원 등 외에 당정치국원 및 정치국 후보위원의 직책은 보이지 않게 된다. 예컨대 계응태는 정치국원이면서 당비서지만 당정치국원 호칭은 보이지 않았다.

군의 중요성에 대한 강조는 이제 당 및 인민과의 관계설정에서 종래의 패턴을 역전시킬 정도에까지 이르게 된다. 5월 19일 『로동신문』 전면에 게재된 장문의 사설에는 다음과 같은 표현들이 들어가 있다.[17]

> 인민군대가 창조한 사상과 도덕, 문화가 온 사회에 차 넘치게 하는 것은 우리식 사회주의 위업을 끝까지 완성하기 위한 가장 중요한 사업 (…) 사상과 도덕, 경제와 문화의 모든 분야에서 사회를 로동계급의 모양대로 개조해가는 과정이다. 당의 군대, 로동계급의 군대인 인민군대를 적극 따라 배우는 것이 이 력사적 과정을 최대한 다그치게 한다. (…) 당과 인민은 인민군대를 본보기로 하여 혁명과 건설을 다그쳐 사회주의 위업을 끝까지 완성해나갈 것이다.

당조직들은 모든 당사업을 인민군대가 창조한 사상과 도덕, 문화를 따라 배우는 대로 지향시켜야 한다. 당이 군을 지도한다는 기존논리가 완전히 역전되어 오히려 당조직이 군을 따라 배우도록 촉구하고 있다. 김일성 사후 이 과도기에는 "최고사령관체제"라고 할 만한 것이 형성되었다.

린, 김용순, 백학림, 전문섭, 김일천, 리하일, 전재선, 박기서, 리종산, 김복신, 김윤혁, 장철, 공진태, 류미영.
[17] 사설 「혁명적 군인정신으로 우리식 사회주의 위업을 힘차게 전진시켜 나가자」, 『로동신문』 1997년 5월 19일자.

3. 김정일체제의 등장

1) 당총비서 취임

김정일이 당총비서에 취임한 것은 1997년 10월 8일이었다. 그러나 당대회는 물론 당대표자회나 당중앙위원회도 소집되지 않고, "당인민군 대표회, 도(직할시) 대표회, 성, 중앙 및 도당 기능을 하는 당조직들의 대표회들"에서 추대된 것을 받아 이를 근거로 당중앙위원회와 당중앙군사위원회가 선언하는 형식을 취했다. 10월 8일 북한의 공식매체들은 다음과 같이 보도했다.[18]

> 당중앙위원회와 당중앙군사위원회는 당의 의사에 따라 (…) 우리 당과 인민의 위대한 령도자 김정일 동지께서 우리 당의 공인된 총비서로 높이 추대되었음을 엄숙히 선포한다.

여기서 당중앙위원회와 당중앙군사위원회가 동격으로 거론된 것도 주목할 만한 사실이다. 이 점에서 당군사위원회가 당중앙위원회에서 선출되고, 당중앙위원회에서 책임을 지는 것이 아니라 당대회에서 직접 책임을 지는 위치로 격상되는 당규약 개정이 이루어졌을 가능성이 있다. 10월 10일『로동신문』사설은 "그 어떤 실무적 절차에 의해서가 아니라 전당적인 일대 정치적 사업으로 당의 최고 령도자를 추대한 것은 로동계급의 당 력사에 일찍이 없었던 사변"[19]이라고 그 의미를 밝혔

---

18 『로동신문』1997년 10월 9일자.
19 사설 「위대한 김정일 동지를 최고 수위에 모신 조선로동당은 필승불패이다」, 『로동신문』1997년 10월 10일자.

다. 당의 공식 의결기구를 거치지 않은 것을 이렇게 설명한 것이다. 어떻든 당이 총비서를 선출한 것이 아니라 당이 김정일을 "최고 수위로 모신" 것이다.

당총비서 취임에 즈음하여 북한에서는 대대적인 공식행사는 실시되지 못했다. '고난의 행군'으로 상징되는 식량난 속에서 경축행사는 도저히 치를 수 없는 분위기였을 것이다. 10일 김정일은 당 창건 기념일에 즈음하여 제564군 공군연합부대를 방문했다.[20] 김정일의 당총비서 취임을 축하하는 행사는 11일 열린 평양시 경축대회뿐이었는데 이 자리에 김정일은 참석도 하지 않았다.

김정일이 총비서에 취임하고 나서도 당 정치국이나 비서국이 어떻게 운영되는지, 군사위원회는 당내에서 어떤 위치에 있는지 베일에 싸여 있었다. 공식적인 의사결정기구가 제대로 작동하고 있는지 불투명한 상황이 이렇게 계속되었다. 당기구 외에 정부기구가 어떻게 작동하는지도 마찬가지로 표면에 드러나지 않았다. 최고인민회의도 93년 이후 한차례도 열리지 않았으며, 임기가 다 끝났는데도 선거는 실시되지 않았다.

당총비서에 취임하면서부터 김정일의 현지지도에서 민간부문이 차지하는 비중이 조금 늘어가기는 했으나, 어디까지나 최고사령관으로서의 통치행위가 계속된 것일 뿐이었다. 북한 지도부의 의식 속에서 '최고사령관'은 지휘하고 명령을 내리는 자로서 선출될 수 없는 존재였는지도 모른다.

---

20 『로동신문』 1997년 10월 10일자.

2) 강성대국론의 등장

1998년 1월 1일 신년 공동논설은 '고난의 행군' 대신에 '사회주의 총진군'을 호소했다.[21] 총진군의 슬로건은 곧이어 '사회주의 강행군'으로 바뀐다. 고난의 행군은 30년대식 슬로건으로 아무리 북한의 식량난이 어렵다고는 해도 계속 활용하기는 곤란한 성격의 것이었다. '사회주의 강행군'은 북한의 현재 곤란을 50년대 천리마운동 개시 당시 상황에 비유한 슬로건, 즉 50년대식 방식이다. 소련 등으로부터 원조가 끊기면서 자력으로 사회주의건설을 해야 하는 어려운 상황이었지만, 50년대 고성장의 경험에 따른 자신감이 있었고 사회주의를 건설한다는 목표가 있었다.

그러나 고난의 행군도 사회주의 강행군도 위기를 타개한다는 소극적인 대응만 있을 뿐, 적극적인 목표는 제시되지 못했다. 김정일의 권력승계를 위해서는 북한이 당면한 위기를 타개하고 좀더 긍정적인 목표를 향해 나아간다는 희망이 인민들에게 주어질 필요가 있었다. 이러한 필요에서 등장한 것이 '강성대국'이란 슬로건이었다.

이는 건국 50주년을 맞이하여 새롭게 주민들에게 동원목표로 제시한 북한식 '부국강병론'이라 할 수 있다. 북한의 공식문헌에 나타난 강성대국의 논리를 보면, 그 내용은 사상강국, 정치·군사강국, 경제강국이며, 그 우선순위는 사상-군사-경제 순서로 되어 있다.[22] 98년초부터 『로동신문』 논설에 간간이 등장하던 강성대국론은 김정일의 국방위원

---

21 당보, 군보 공동사설 「위대한 당의 령도 따라 새해에 총진군을 다그치자」, 『로동신문』 1998년 1월 1일자.
22 북한의 공식매체에서 '주체의 강성대국'이란 용어가 처음 등장한 것은 김진국의 「백두의 붉은 기 정신은 우리 인민의 영원한 혁명정신」, 『로동신문』 1998년 1월 18일자에서가 처음이다.

장 취임을 앞두고 거의 공식슬로건으로 격상되었고, 취임에 맞추어 인공위성 발사와 함께 중심적인 위치를 차지하게 되었다.[23]

그 논리를 보면, 북한은 이미 김정일 위원장의 사상중시, 군사중시 사상 및 통치방식에 따라 사상강국, 군사강국이 되었으며, 앞으로는 경제강국이 되는 과제가 남았다는 것이다.[24] 그리고 경제강국도 그동안 축적된 자립적 민족경제와 사회주의경제를 토대로 하여 머지않아 실현될 수 있다는 논법이다. 이 논리는 무엇보다도 내부통치에 있어서 군중심체제를 정당화하는 이데올로기로서 작용하고 있다. 하지만 강성대국론에서 주목해야 할 것은 자원배분의 우선순위에서 실제정책이 어떻게 나타날 것인가 하는 점이다. 앞의 논리에서 볼 때 강성대국이란 용어가 가진 이미지를 군사우선으로 나타날 것이라고 액면 그대로 받아들이는 것은 곤란하다. 이미 군사 면에서는 강국이 되어 있고 앞으로는 경제만이 남았다는 논리는 앞으로 경제를 우선시해야 한다는 논리일 수 있기 때문이다.[25]

■

[23] 공식화된 강성대국론은, 최칠남·동태관·전성호「정론 강성대국」, 『로동신문』 1998년 8월 22일자; 사설 「위대한 당의 령도 따라 사회주의 강성대국을 건설해 나가자」, 『로동신문』 1998년 9월 9일자 등에서 나타나며, 나중의 9월 9일자 사설이 강성대국론의 결정판이라 할 수 있다.

[24] '강성대국론'이 슬로건 차원을 넘어서 체계화된 논리로서 제시된 것은, 정관룡·진웅「위대한 김정일 동지는 숭고한 애국 애족의 리념을 꽃피워 나가시는 절세의 위인이시다」, 『로동신문』 1998년 7월 12일자; 김진국「주체의 강성대국」, 『로동신문』 1998년 8월 4일자 등이다. 특히 뒤의 논설에서는, 고구려가 "동방의 강성대국"이었다고 역사적인 위치까지 부여하고 있다.

[25] 북한체제는 경제는 피폐화되고 군사는 비대화된 불균형상태로 군사에 자원투입 비중을 높인다는 것은 쉬운 일이 아니다. 오히려 군사와 경제의 관계에서 볼 때, 군사가 비대화한 현실에서 가용수단이란 점에서는 경제목표에 대해 군사가 수단화될 가능성을 배제할 수는 없다. 따라서 대내외적으로 군사적 행동이 갖는 경제적 의미가

한편 새해부터 김정일의 활동과 호칭에도 약간의 변화가 나타나기 시작한다. 김정일의 현지지도에서 군부대 외에 일반 경제현장에 대한 방문이 잦아진 것이다. 그리고 군과 관련된 시찰에는 '최고사령관 동지'라는 호칭이 쓰이고, 경제부문에 대한 현지지도에는 '위대한 영도자'라는 호칭이 구분되어 쓰이게 되었다.[26] 김정일의 활동이 이원화되기 시작했다고 볼 수 있다. 이는 김정일이 당총비서에 취임하면서 군대와 함께 공식 당조직이 어떤 레벨인지는 분명치 않지만, 나름대로 역할을 하고 있음을 나타내는 것으로 해석할 수 있다.

3) 헌법개정과 국방위원장 취임

최고인민회의 대의원 선거가 실시된 후 1998년 9월 5일 최고인민회의 제10기 제1차회의가 열려 헌법이 개정되고, 김정일은 국방위원장에 추대되었다.[27] 공식적으로 김정일은 "당정치국의 위임에 따라" "당중앙위원회와 당중앙군사위원회의 제의"를 받은 "최고인민회의에서 추대"되었다는 식으로 절차를 밟은 것으로 되어 있다. 이는 북한의 최고권력기구는 어디까지나 당이며, 최고의사결정기구는 당정치국임을 확인한 것이다. 하지만 당정치국이 '위임'을 했지 '결의'한 것은 아니기 때

중요해지는 것이다. 북한이 인공위성을 발사하기 직전에 방북한 미의회 보좌관 대표단에게 미사일 수출을 포기하는 대가로 3억달러를 요구한 사실이나 최근 핵의혹시설을 조사하는 대가로 3억달러의 경제적 보상을 요구한 사실에서 드러나듯이, 최근 북한의 모든 대외적인 군사행위에는 경제적 의미가 따르고 있다.

26 「위대한 령도자 김정일 동지께서 자강도 내 여러 부문 사업을 현지에서 지도하시였다」, 『로동신문』 1998년 1월 23일자; 「조선인민군 최고사령관 김정일 동지께서 인민군 제380군부대를 시찰하시였다」, 『로동신문』 1998년 1월 26일자. 이러한 패턴은 이후 계속되고 있다.
27 최고인민회의에서 결정된 내용은 『로동신문』 1998년 9월 6일자에 게재되었다.

문에, 정치국이 활동하고 있다고 단정할 수는 없다. 문제는 당정치국이 했다는 '위임' 행위나 당중앙위원회와 군사위원회가 했다는 '제안' 행위의 실체가 무엇인가 하는 데 있다. 그리고 여기서도 당중앙위원회와 당중앙군사위원회는 동격으로 취급되고 있다. 당중앙군사위원회는 당중앙위원회에 종속되는 것이 아님이 다시 한번 확인된 것이다.

개헌에서 가장 눈길을 끄는 점은 72년 이래 국가원수였던 주석제가 폐지되고, 김정일이 국방위원장으로서 국가의 최고수반에 취임한 사실이다. 최고인민회의석상에서 최고인민위원회 상임위원장에 선출된 김영남과 부위원장으로 선출된 양형섭의 발언 및 9월 7일 『로동신문』 사설 등은 국방위원장을 "정치, 군사, 경제 역량의 총체를 통솔, 지휘"하는 "국가의 최고 직책"으로 규정했다. 주석단 서열에서도 국방위원은 전부 당비서 내지 군사위원보다 상위에 진출했다. 신헌법의 국가기구 순서에서도 국방위원회는 최고인민회의 상임위원회 및 내각보다 상위에 놓여 있다. 다만 신헌법 조문 자체는 국방위원회와 국방위원장에게 군사적 역할만을 부여하고 있다.

국방위원장직의 권한에는 이처럼 헌법상의 규정과 실질적인 규정 사이에 격차가 존재한다. 군사 최고지도자인 국방위원장이 국가수반이라면 내부적으로는 전시상황과 유사한 위급상황을 연출하는 데에 효과가 있을 것이다. 이는 '제도화된 비상체제'라고도 할 수 있다. 다만 여기에서 군의 위치 내지 군의 비중이 문제가 되며, 특히 국방위원회의 권한이 어디까지 미치는가가 중요하다. 그런데 국방위원의 면모를 보면 김정일, 전병호, 연형묵을 제외하고는 전원이 군인이며, 이들이 통치 전반을 관장한다고 보기는 어렵다. 국방위원장의 직책은 최고지도자이지만, 국방위원회라는 기구가 최고권력기구라 하기에는 여전히 의문이 있다. 국방위원장이 최고실력자란 데에 의문의 여지는 없으나, 국방위원회는 그렇지 않은 것이다. 물론 국방위원회의 위상이 한층 높아진 것은 사실이며, 이는 군대가 통치 전반에 걸쳐 중요한 역할을 하고 있음을 말해준다. 무엇보다도 김정일은 군을 직접 장악하겠다는 의지를 보인 것으로 평가할 수 있다. 또한 체제수호의 의지를 내외에 어필하는 효과를 노렸다고도 할 수 있다.

한편 최고인민회의 상임위원회가 '국가 대표기관'으로서 새롭게 설치되고 전 외교부장 김영남이 그 위원장이 됨으로써 김정일은 외교적 역할은 맡지 않게 되었다. 이전의 주석의 기능 중 대외적 대표기능은 최고인민회의 상임위원장과 내각총리로 분산되었지만, 국가원수는 어디까지나 당총비서이며 국방위원장인 김정일이라고 보아야 할 것이다. 9월 30일 중화인민공화국 창건 49돌을 축하하는 북한측 전문은 조선로동당 총비서 김정일, 최고인민회의 상임위원장 김영남, 내각총리 홍성남의 연명으로 중국측의 중국공산당 총비서 겸 중화인민공화국 주석 장 쩌민(江澤民), 전국인민대표대회 상무위원장 리 펑, 국무원총리 주룽지(朱鎔基) 3인에게 보내졌다.[28] 대외적으로 최고지도자임을 나타낼 때 국방위원장이 아니라 당총비서 직함으로 하고 있음이 주목된다.

김영남의 대외적 역할은 의전적인 것으로, 이는 '권력분산'이 아니라 '기능위임'에 지나지 않는다고 여겨진다. 과거의 주석과 정무원총리의 관계가 이번에는 국방위원장과 내각총리로 바뀌었을 뿐이며, 수상 대신 총리란 명칭을 쓰는 이유도 이때문이다. 당분간 경제형편이 크게 나아질 전망이 보이지 않는 상황에서 김정일이 직접 경제부문에 책임을 지는 것을 피하려 한 것으로 보인다.

신헌법체제하의 북한 지도부 구성을 살펴보기로 하자. 9월 5일 개최

---

28 『로동신문』 1998년 10월 1일자.

된 제10기 최고인민회의 제1차회의 주석단 및 여기서 선출된 국방위원회, 최고인민회의 상임위원회, 내각 등의 명단은 다음과 같다.

——주석단(22명): 김정일, 김영남, 홍성남, 리종옥, 박성철, 김영주, 조명록, 리을설, 김일철, 리용무, 계응태, 전병호, 한성룡, 김영춘, 양형섭, 최태복, 김철만, 연형묵, 백학림, 전문섭, 최영림, 홍석형
——국방위원회(10명): 위원장 김정일, 제1부위원장 조명록, 부위원장 김일철, 리용무, 위원 김영춘, 연형묵, 리을설, 백학림, 전병호, 김철만
——최고인민회의 상임위원회: 위원장 김영남, 부위원장 양형섭, 김영대, 서기장 김윤혁, 명예부위원장 리종옥, 박성철, 김영주, 전문섭
——최고인민회의 법제위원회: 위원장 백학림
——최고인민회의 예산위원회: 위원장 한성룡
——중앙검찰소장: 최영림
——중앙재판소장: 김병률
——내각: 총리 홍성남, 부총리 조창덕, 곽범기

국방위원 10명이 주석단 22명 속에 전부, 그것도 비교적 상위에 랭크되어 있다. 이를 9월 9일 열병식 주석단(37명)과 비교해보기로 하자.[29]

김정일, 김영남, 리종옥, 박성철, 김영주, 전문섭, 조명록, 김영춘, 김일철, 리을설, 홍성남, 전병호, 연형묵, 리용무, 계응태, 한성룡, 양형섭, 최태복, 김철만, 최영림, 김국태, 김기남, 김용순, 김중린, 홍석

[29] 『로동신문』 1998년 9월 10일자.

형, 백학림, 김익현, 전재선, 박기서, 리종산, 김룡연, 리하일, 조창덕, 곽범기, 김윤혁, 김영대, 류미영

여기서는 조명록 이하 국방위원이 상당히 상위에 올라 있다. 명예직인 원로 4명(리종옥~전문섭)을 빼면 김영남과 홍성남만이 이들과 서열을 나란히하고 있다. 대체로 국방위원―이전의 당정치국원(계응태, 한성룡)/이전의 후보위원(양형섭~최영림)―당비서(김국태~김중린)/당군사위원/부총리/최고인민위 상임위원 순으로 되어 있다. 이 서열이 국방위원회의 비중을 나타내면서 당정치국이 개편되었거나 개편될 가능성을 시사해주고 있지만,[30] 이를 확인할 수 있는 단서는 없다. 김정일이 국방위원장에 취임하고 나서도 당정치국원의 직책은 일절 등장하지 않았다. 당비서의 직책은 등장하지만 정치국원의 직책은 빠져 있으며, 당과 국가의 지도간부라는 집단적 명칭 이상은 쓰이지 않았다.

9월 9일 열린 국가 창건 50돌 경축 열병식 및 군중시위를 보도한 『로동신문』 제1면에도 김정일의 좌우로 군인들만 늘어선 사진을 게재하고 있다. 당 및 국가 간부들과 군인들을 함께 찍은 사진은 제2면에 게재되었다. 군사 최고지도자로서 김정일을 부각하는 행태는 계속되고 있는 것이다.[31] 국가 창건 50돌을 맞이하여 김정일이 단행한 인사도 국방위원장으로서 인민무력부를 인민무력성으로 바꾸고, 차수 김일철을 인민무력상으로 임명한 것 외에 리용무와 김룡연을 차수로 임명한 것뿐이다.[32]

---

30 김정일, 김영남, 전병호, 계응태, 한성룡 등 기존의 멤버 5명 외에 군에서 조명록, 김영춘, 김일철 가운데 2명 혹은 3명 전원, 홍성남, 연형묵, 리용무 등 5~6명이 추가될 것으로 보인다.
31 『로동신문』 1998년 9월 10일자.
32 『로동신문』 1998년 9월 8, 9일자.

헌법개정 및 국방위원장 취임으로 김정일의 권력승계는 일단락되었으나, 여전히 인민군 최고사령관으로서 김정일의 군부대 시찰이 빈번하게 공식매체에 등장하고 있으며, 당내 최고의사결정기구가 불투명하다는 점에서 '최고사령관체제'가 유지되고 있음을 부정할 수는 없다.

4) 수령제 지속하의 부분적 권한위임 및 실무형 내각

헌법개정을 통해 통치체제 개편이 일어나 중앙인민위원회나 정무원 등 방만했던 기구들이 내각으로 축소된 것도 주목되는 점이다. 이는 일종의 북한식 '행정개혁' 조치로서 이전 정무원체제에서는 9명이던 부총리수도 2명으로 대폭 감축되었으며, 부와 위원회 등의 명칭도 성으로 바뀌고 그 수도 37개에서 31개로 줄어들었다. 특히 경제분야는 32개 부서가 23개로 통폐합되었다.

나아가 내각의 상에 임명된 간부들은 거의 전원이 전문 테크노크라트(technocrat)들이다. 내각 성원으로서 당정치국이나 군사위원회 간부를 겸한 인사는 총리 홍성남(후보위원), 사회안전상 백학림(당군사위원) 두명뿐이다. 지방인민위원장과 지방행정경제위원장으로 이원화되어 있던 지방행정체계도 인민위원회로 간소화되는 동시에 지방당 책임비서가 겸임하고 있던 인민위원장직도 당직에서 분리되었다. 이는 지방통치체계에 있어서 일종의 '당=정 분리' 조치에 해당하는 것으로서 전반적으로 지방인민위원회를 관장하는 내각의 권한강화로 이어질 수 있다. 내각의 헌법상 지위가 종래의 '행정적 집행기관'에서 '전반적 국가관리기관'으로 격상된 것도 내각의 강화를 말해준다.

국방위원회에 직속하는 인민무력상에는 해군출신으로 비교적 젊은 세대인 김일철이 임명되었다. 다만 군내 서열에서 김일철은 총정치국장 조명록이나 총참모장 김영춘보다 낮다는 점에서 실무형 군인에 속한다고 생각되며, 국방위원회 제1부위원장으로서 군 총정치국장인 조명록은 김정일을 직접 보좌하며 국방위원회와 인민무력성 간의 조정역할을 하고 있는 것으로 추측된다.

　내각의 진용과 함께 주목되는 것이 헌법의 경제조항 개정이다. 변화된 조항들은 식량난 이후 형성된 시장형성을 포함한 광범한 경제적 변화를 합법화하는 내용으로서, 북한의 향후 경제정책이 실용주의적으로 구체화될 수 있을 것인지 주목하게 하는 것이다.[33]

　이번 헌법개정을 둘러싸고서 김정일의 국방위원장직 취임을 1982년 중국 헌법개정 당시 중국의 떵 샤오핑이 중앙군사위원회 주석직에 있으면서 실질적인 최고지도자 역할을 한 것과 동일시하려는 견해가 있다. 또한 이러한 견해는 경제조항 개정에 대해서도 개혁·개방을 본격화한 82년 중국헌법과 유사하다고 본다. 헌법개정과 같은 북한의 변화는 분명히 '북한 나름의 개혁·개방'을 향한 움직임으로 해석하는 데 인색하지는 말아야 하며, 외부에서도 이러한 움직임을 계속 주시할 필요가 있다.

　그러나 1982년 당시 중국에서는 집단지도체제로 이행한 상태에서 권력구조나 경제면에 변화가 이루어진 것이란 점에서 수령제를 유지하고 있는 북한과는 차이가 있음을 간과해서는 안된다. 따라서 북한의 대외적인 대표기능이 최고인민회의 상임위원장에게 주어지고 경제기능이 내각 총리에게 주어졌다고 해도 이는 어디까지나 기능위임이지 결코 권력분산일 수는 없다. 적어도 집단지도체제로의 이행이 이루어지지 않는 한, 그러한 권력분산은 불가능하다. 또한 미·일과의 대외관계 개

---

[33] 경제조항의 변화에 대해서는 신문보도나 여러 논문에서 다루고 있으며, 이 글은 권력구조를 다루는 것을 목적으로 하기에 경제조항에 대한 분석은 생략하기로 한다.

선도 이루어지지 않은 상태에서 경제조항의 변화를 '북한식 사회주의 시장체제'로의 변화로 해석하는 것도 지나친 확대해석이라 여겨진다.

북한주민들이 내면적으로 김정일을 김일성만큼 절대적 권력자로 받아들이지는 않고 있다고 여겨지지만, 즉 김정일의 카리스마는 절대 김일성에 미칠 수 없지만, 북한 공식매체에 나타나는 김정일에 대한 찬사나 숭배만은 김일성에 못지않다. 과거의 '위대한 수령' 김일성에 대한 논리가 거의 고스란히 '위대한 영도자' 김정일에게 적용되도록 그 이데올로기가 후계자에게 전이되었다. 더구나 북한의 이데올로그들은 인민들에게 위기의식을 고조시킴으로써 김정일에 대한 '총폭탄정신' '자폭정신' 등을 강조하고 있다.

"당과 인민, 군대의 혼연일체"가 강조되는 가운데 "혁명의 최고 뇌수이시고 령도의 중심이신 김정일 동지를 옹위"해야 한다고 되풀이하고 있다.[34] 체제의 운명과 지도자의 운명을 일체화하기 위한 사상의 선전이 전에 없이 대대적으로 전개되고 있는 것이다. 외부세계와의 고립이 현실성을 띠고 있는 상황 속에서 이러한 작업이 효과를 거두고 있음은 부정할 수 없는 사실이다.

---

[34] 사설 「위대한 김일성 동지의 유훈을 지켜 우리 당의 위업을 끝까지 완성하자」, 『로동신문』 1997년 7월 8일자: "우리는 자기 수령을 장군이라 부른다" "우리 수령이 장군이시라는 것을 생각할 때면 (…)"; 송미란·정론 「김정일 장군」, 『로동신문』 1998년 2월 15일자: "사회주의 정치는 본질에 있어서 인민 다중의 최고 뇌수인 수령의 정치이다" "선군정치, 그것은 위대한 령도자 김정일 동지 특유의 방식이다. (…) 선군정치란 말 그대로 군대를 중시하고 그를 강화하는 데 선차적인 힘을 넣는 정치이다"; 『로동신문』 1998년 9월 17일자.

4. 전망

　김일성 사후 김정일체제가 형성됨으로써 일어난 정치적 변화를 이론적으로 말하자면, 북한은 김일성 사망시까지 '당=국가체제'를 유지하고 있었으나 그것이 '당=군=국가체제'로 전환했다고 할 수 있다.[35] 일종의 레짐 전환이 일어난 것이다. 이는 당이 전사회의 조직자·동원자로서 국가의 우위에 서 있던 체제에서 군도 종래보다 질적으로 강화된 역할을 하게 된 체제다. 군이 치안유지, 경제건설 등 국방 외의 분야

---

[35] 와다 하루끼는 앞의 논문에서 김일성 사후 북한체제가 '유격대국가'에서 '정규군국가(인민군국가)'로 전환했다고 주장한다. 그는 김일성 사후 공식이데올로기 및 김정일의 통치 스타일에 대한 분석에 의거, 이러한 결론을 내리고 있으며, 특히 북한의 김정일을 중심으로 한 최고지도부가 북한군 지도부로 구성되어 있다고 보고 있다. 와다의 논의는 그동안 한국을 포함하여 북한 연구자들에게 많은 학문적 자극을 주었던 '유격대국가'론을 새롭게 구성하고 있으며, 김일성 사후 김정일체제에 대한 본격적인 이론화라는 점에서 주목할 만하다. 그러나 여기에는 몇가지 이론적 검토가 필요하다고 생각된다. 우선 유격대국가는 어디까지나 국가사회주의체제(system)를 근간으로 한 당=국가체제(régime)를 그 통치의 물적·제도적 기반으로 하고 있으며, 이는 '1인체제' 레벨 즉, 와다의 표현에 의하면 '제2차적 구조' 레벨에서의 이론화다. 여기서 '유격대'란 표현 속에는 권력 핵심부에 있어서 빨치산파의 존재라는 인적 기반 문제가 포함되어 있으나, 어디까지나 비유적 성격이 강하다. 즉 유격대라는 물적·제도적 기반이 작동하고 있는 것은 아니다. 그런데 정규군국가에서는 유격대국가로부터 정치체제 수준에서의 제도적 통치기반이 변화했다는 측면을 인정하지 않을 수 없다. 구체적으로 인민군이라는 물리적 폭력을 담당하는 거대한 군사조직이 전면에 등장하는 것이다. 따라서 정규군국가가 됨으로써 '당=국가체제'가 변화했다고 보는가 하는 점에 대한 검토가 과제로 남는다. 그리고 사실확인 측면에서 북한의 최고지도부가 정치국 등 종래의 최고의사결정기구가 아닌 군 수뇌부인가 하는 점도 아직은 단정하기 어렵다고 여겨진다. 당이 우위인가, 군이 우위인가를 가늠하는 결정적인 열쇠는 이 점과 깊이 관련되어 있다.

에도 상당한 역할과 권한을 부여받게 된 것이라 볼 수 있다. 다만 사회주의국가에서 군은 당의 정치적 통제를 받으며, 이 점에서 제3세계의 군사독재체제와는 다른 특징을 가지고 있음을 잊어서는 안된다.

그리고 이러한 변화 속에서 내용적으로는 대내외 정책방향이 군사화로 치달을 것으로 단정할 수는 없는 현상들도 나타나고 있다. 강성대국론 하나만 보더라도 앞으로의 방향이 군사화보다는 경제우선으로 갈 수 있는 가능성을 배제할 수 없다. 국방위원장에 취임했지만 전반적으로 내각의 기조가 실용주의적으로 나타날 것이라는 조짐도 느낄 수 있다. 이 점에서 60년대 남북한의 군사화 경향을 비교할 때, 북한은 남한의 5·16 군사정권수립에 대응하는 과정에서 과잉군사화, 즉 군사적 모험주의로 달려갔으나, 오히려 남한이 경제우선주의로 나아갔다는 점을 염두에 둘 필요가 있다. 이 당시의 선택은 북한체제에 있어서 가장 뼈아픈 기억으로 남아 있는 만큼, 가뜩이나 경제적으로 난국에 처한 북한지도부가 그 실패를 되풀이하리라고는 생각되지 않는다. 제3세계의 군사정권 대부분이 경제성장주의로 나아갔다는 사실이 현시점에서 북한지도부에는 훨씬 참고가 될 것이다.

북한체제의 변화는 '전반적 군사화를 통한 체제단속 속에서 실용주의의 강화'라는, 어찌 보면 모순되지만 나름대로 고심의 선택을 하고 있는 것으로 해석된다.

그러나 김정일 신체제가 출범했다고 하나 몇가지 점에서 아직 과도체제 내지 비상체제로서의 성격에서 완전히 탈피하지 못하고 있다. 우선 1980년 제6차 당대회 이래 거의 20년이 다 되도록 당대회를 열지 않고 있는 점이다. 사회주의국가에서 당대회가 한 시대를 총괄하고 새로운 시대를 여는 데 갖는 지대한 의미는 감안하지 않더라도, 이는 결코 정상적인 모습은 아니다. 더욱이 당대회는 고사하고 그 기능을 대신하는 당중앙위원회 전원회의나 정치국이 작동하고 있다는 흔적도 없을뿐더러 정치국의 성원이 실재하는지도 알 수 없다. 당지도의 원칙을 부정하는 것이 아닌 한, 이는 정상시가 아닌 비상시의 모습이다.

　김정일 신체제의 윤곽은 헌법개정으로 표면에 드러나고는 있으나, 완전히 제 모습을 갖춘 것이라고 볼 수는 없다. 당대회나 그것이 어려울 경우 당중앙위원회 전원회의라도 열리고 당지도부 인사가 발표될 때라야 김정일 신체제는 정상적인 것이 되었다고 볼 수 있을 것이다. 그때에도 북한체제의 위기가 끝난 것이 아님은 물론이다.

〈1998〉

한국전쟁과 김일성*

1. 머리말

한국전쟁은 조선민주주의인민공화국(북한)이 대한민국(남한)에 대해 무력통일을 시도한 내전으로 개시되었다. 선제공격을 주도한 것은 북한의 두 지도자 김일성과 박헌영이었다. 둘 사이의 협력 없이는 전쟁은 생각할 수도 없는 일이었다. 선제공격의 계획단계에서 동의와 지원을 얻기 위해 소련의 스딸린과 중국의 마오 쩌뚱을 설득하는 과정에서도 두사람은 2인3각 관계로 움직이고 있었다. 두사람의 협력을 통해 개전한 한국전쟁의 결과는 참담한 것이었다. 그러나 전쟁책임을 둘러싼

---

* 이 글은 필자의 토오꾜오대 대학원박사학위논문(1995) 가운데 한국전쟁에 관련된 일부를 발췌, 수정한 것이다.

권력갈등은 김일성의 승리와 박헌영의 비극적 패배로 끝났다. 이 과정은 우선 전황의 변화와 연동되었으며, 당과 군대 내 세력관계나 제도의 변화뿐 아니라 국제관계까지 얽힌 복잡다단한 것이었다.

전쟁 초기 낙동강전선까지 밀고내려가 거의 통일을 목전에 두는 듯했던 일방적 공세국면은 유엔군의 참전으로 전세가 역전, 거꾸로 북한지역이 남한과 미국에 의해 무력통일당할 위기에 처하게 되었다. 중국군의 참전으로 전세를 만회하여 점령당했던 북한지역은 되찾았으나, 이 시점에서 무력통일의 가능성은 사라졌다. 이때야말로 김일성의 처지가 가장 어려웠던 시기일 것이다. 한국전쟁기간 동안 김일성의 처지는 전세변화만큼이나 커다란 기복을 보였다. 그러나 이러한 곤란을 극복함으로써 김일성은 권력기반을 확고히 굳히게 되었다.

김일성이 천수를 누리면서 장기간의 집권을 이룰 수 있었던 계기의 하나는 한국전쟁에서 찾을 수 있을 것이다. 이 글에서는 무력통일의 실패가 분명해진 시점부터 김일성의 위치가 어떻게 바뀌어갔는지를 당 및 군대 내 세력관계를 통해 살펴보고자 한다. 동시에 소련 및 중국과의 관계가 어떻게 작용했는지도 분석해볼 것이다.

2. 무력통일의 실패와 전쟁 중간총괄

1950년 12월 21일부터 23일까지 자강도 강계시에서 당중앙위원회 제3차 전원회의가 소집되었다. 전시상태에서 전쟁이 종결될 때까지 당중앙위원회만이 북한 전체를 대표하는 공식회의로서의 기능을 담당했다. 김일성은 이 회의에서 지금까지의 전쟁과정을 총괄하는 보고를 했다.[1] 보고는 "남북조선로동당이 합당한 연합중앙위원회가 열리고 나서

벌써 1년이 지났다"는 발언으로 시작된다. 남북조선로동당 합당을 위해 '연합중앙위원회'가 개최되었다는 사실이 대외적으로 발표된 것은 이 회의가 처음이었다. 이것은 김일성이 박헌영과 전쟁책임문제를 두고 피차 상처를 입지 않기 위한 타협에 이른 것을 의미한다. 이미 1950년 10월 21일에 열린 당중앙위원회 정치위원회에서 박헌영은 인민군 총정치국장으로 임명되었다. 전쟁과 관련해서 책임을 묻는다면 김일성과 박헌영의 연대책임이 된다는 것을 처음부터 확인한 것이다. 노동, 농민, 여성, 청년, 문화예술 등 남북한 여러 사회단체간의 통합을 결정한 것도 이 회의에서였다. 남북로동당의 합당 무렵과 비교하면 김일성의 지위는 눈에 띄게 몰리고 있었다. 실질적으로 1949년 6월 합당은 북조선로동당에 의한 남조선로동당의 흡수였다. 김일성이 이 시점에서 대등한 입장에서의 합당이라고 하지 않을 수 없었던 데서 그의 난처한 입장을 알 수 있다.

애당초 개전이나 남진 자체는 책임을 물을 수 없는 성질의 것이었다. 미국의 선동에 의한 이승만군의 북침에 대해 인민군이 반격했다는 개전의 명분을 채택하고 있었으며, 무력통일 방침에 관해서는 소련 및 중국이 지원한다는 동의 아래 북한의 최고지도부가 합의했기 때문이다. 따라서 쟁점은 무력통일에 실패한 점, 게다가 통일은커녕 북한지역조차 빼앗길 위기를 초래한 데 있었다. 전쟁과 관련된 책임의 초점은 우선 낙동강전선까지 국군을 몰아냈으면서도 결국 돌파에는 실패하여 반

---

1 이 보고는 「현정세와 당면의 과업」(『자유와 독립을 위한 위대한 해방전쟁』, 조선로동당출판사 1951. 3)이라는 제목으로 발표되었는데, 민감한 부분은 수정되어 있다. 모스끄바의 구공산당 문서관에는 러시아어로 번역된 공식문서가 첨삭 없이 소장되어 있다. 와다 하루끼 『한국전쟁』, 서동만 역, 창비 1999에서 이 러시아어 원문에 따라 보고내용을 분석하고 있다.

격의 시간적 여유를 준 데 있었다. 특히 적의 후방에서 대중봉기와 빨치산투쟁이 일어나지 않은 점, 그후 유엔군에게 인천상륙작전을 허용하여 인민군의 괴멸적 붕괴와 후퇴를 가져옴으로써 북한의 거의 전지역이 일시 점령된 점이었다. 앞의 사태에 관해서는 지도부의 상황판단 실패와 동시에 특히 박헌영이 대표하는 남로당파의 책임이고, 뒤의 사태에 관해서는 누구보다도 최고사령관 김일성의 책임이었다.

김일성은 자기 과오도 인정하지 않았지만, 박헌영에게도 직접적인 책임추궁은 하지 않았다. 김일성은 우선 남한 빨치산투쟁에 관해 비판했지만, 남로당계로서 당시 노동상이던 허성택에게만 책임을 지우고 있다. 김일성은 미묘한 초점을 피하면서 3단계의 전쟁과정 전체를 정리하여 책임을 묻는 방식을 취했다. 김일성은 자신과 박헌영도 포함하여 최고지도부의 책임을 직접적으로 언급하는 대신에 각 정파의 간부 및 전선지휘관 들에게 균등하게 책임지우는 방식을 택했다. 소련계의 김열, 연안계의 무정·김한중, 남로당계의 조진성·박광희, 만주파의 김일·임춘추·최광 등이었다. 김일성은 철저한 당원숙청을 강조했는데, 이는 허가이의 요구에 따른 것이었다.

12월 23일 당중앙위원회 조직위원회는 "전시환경에서의 당조직사업에 대하여"란 결정을 채택, 전당적인 '당원 재등록사업'을 실시하기로 했다. 당조직위원장은 허가이였다. 이 회의에서 김일성은 인민군 내에 당단체를 조직하여, 군내 당사업을 담당하는 총정치국을 설치했다고 밝혔다. 남북 사회단체의 통합이 결정되었지만 가장 중요한 직업동맹과 농민동맹의 위원장에는 남로당계의 현훈과 이구훈이 각각 선출되었다. 직업동맹 중앙위원회는 남측의 전편에서 56명, 북측의 직맹에서 41명, 도합 97명으로 구성되어 남측의 수가 더 많았다(『조선인민군』 1951년 1월 25일).

3. 인민군 내 정치기관 및 당단체의 설치[2]

　1950년 10월 2일 남한군과 유엔군이 38선을 넘음과 동시에 중국은 10월 8일 참전을 결정하여, 19일에는 4개 군, 12개 사단이 압록강을 넘었다. 중국인민지원군 사령원 겸 정치위원은 인민해방군 총사령관 평 더화이(彭德懷)였다. 당시 조선인민군은 괴멸상태에 빠져 있었기 때문에 실질적으로 참전시점에 이미 평 더화이가 전권을 쥐고 있었다. 전쟁이 내전에서 미중전쟁으로 전환된 것이다. 중국인민지원군이 유엔군을 결정적으로 패주시킨 이후인 12월 3일, 김일성은 북경을 방문하여 마오 쩌둥과 회담, 조중연합사령부를 설치하는 데 동의했다. 그리고 7일 귀국하여 평 더화이와 합의하에 연합사령부가 만들어졌다. 작전범위 및 전선과 관련한 일체의 활동은 연합사령부가 지휘하고 후방동원, 훈련, 군정(軍政)경비 등은 북한정부가 직접 관할하기로 역할을 분담했다. 그러나 연합사령부가 설치된 사실은 대외적으로 공개하지 않았다. 연합사령부 사령원 겸 정치위원은 평 더화이, 부사령원은 떵 화(鄧華), 김웅, 부정치위원 박일우로 하고, 김웅은 동부전선에 김웅 지휘부를 조직하기로 했다(和田春樹 『朝鮮戰爭』 199~204면). 중국인민지원군은 이후 1958년 10월까지 북한에 주둔하면서 북한 내정에는 간섭하지 않고 북한을 존망의 위기로부터 구했지만, 평 더화이와의 합의내용은 김일성에게 굴욕적이었을 것이다. 작전지휘권이 이관되어 조선인민군 최고사령관으로서의 권위가 손상된 것은 어쩔 수 없었다고 해도 조선로동당

---

[2] 한국전쟁 당시 당군관계의 변화에 관해서는, 서동만 「북한 당군 관계의 역사적 형성: 한국전쟁 시기를 중심으로」, 『외교안보연구』 제3호, 1998년 12월호 참조.

위원장으로서의 위신도 상처를 입었다고 여겨진다.

우선 연합사령부의 편성은 중국인민해방군의 군당 및 정치위원제도를 전제로 한 것으로 조선인민군 편제와의 불일치가 문제였다. 또한 연합사령부의 조선측 정치책임자가 연안계의 박일우인 것도 로동당 내의 역학관계상 중요한 요소였다. 박일우는 로동당 정치위원 및 내무상으로서 최고의사결정기구인 군사위원회 위원이었고, 나아가 연합사령부 내에서 조선인 중 최고정치책임자가 된 것이다. 게다가 조중연합사령부 설치 및 지휘권의 이관이라는 것은 기존 조선인민군의 정치사업방식과의 관계조정을 필요로 한 데 머물지 않고, 당내에서 지금까지 인민군의 정치사업에 관해 전면적 재검토를 요구하게 되었다. 이에 대한 대응으로서 1950년 10월 21일에 열린 당중앙위 정치위원회에서 인민군 내에 로동당단체를 조직하는 조치가 취해졌다. 이 회의에서 김일성은 후퇴과정에서 무규율과 무질서가 존재했다고 비판한 뒤, 이러한 결함은 군내에 당단체가 없는 점과 관련이 있다고 지적했다(『김일성저작집』제6권 145~52면). 이것은 만주파 민주당위원장 최용건이 민족보위상, 같은 만주파 김일이 문화부상에 있으면서 당의 직접적인 통제 밖에 놓여 있는 인민군에 대한 종래의 정치적 통제방식을 비판하고 그것을 개조한다는 의미였다.

이 조치에 의해 민족보위성 문화훈련국은 총정치국으로, 군단에서 대대까지 각급 부대 문화부는 정치부로 개편되고, 군단부터 중대까지 각급 부대에는 정치부(副)대장 직제가 마련되었다. 총정치국에는 당조직문제를 심의하기 위해 비상설위원회로서 '당코밋치아'를 두게 되었다(「조선인민군내 당단체사업 규정: 1950년 11월 29일 로동당중앙위원회 비준」, 북한연구소 편, 『북한군사론』, 서울 1978, 527~31면에 전문 수록: 김일성, 앞의 책 145~52면). 새로운 기구는 군사위원회에 의한 정치적 통제방식 대신에 당중앙위원회가 직접 관장하는 방식이었다. 군사위원회를 통해 군에 대한 통제도 완전히 수중에 넣고 있던 김일성은 군사적 지휘권을 중국에 인도하고 정치적 통제권도 빼앗긴 셈이 되었다. 민족보위성 총정치국장에는 문화부상 겸 문화훈련국장 김일이 면직되고 당부위원장 박헌영이 임명되었다. 김일성은 기본적으로 박헌영과의 타협을 통해 상황을 타개하려 한 것이다.

그러나 군당제도의 채택과 관련하여 갈등이 노정되고 있었다. 김일성은 뒷날 이 상황을 회상하며 허가이, 김재욱, 박일우를 비난한 적이 있다.[3] 군당제도를 둘러싸고 소련에서 나온 사람들은 소련식으로, 중국에서 나온 사람들은 중국식으로 하자고 했다는 것이다. 이에 대해 김일성 자신은 소련의 좋은 것도 배우고 중국의 좋은 것도 배우고 다 배워서 실정에 맞는 정치사업의 방법을 창조해야 한다고 주장했다는 것이다. 이러한 주장과 달리 실제는 김일성이 그렇게 주체적일 수 있는 입장은 아니었다. 중국식이든 소련식이든 우선 만주파의 정치사업방식에 대한 비판이 전제되어 있었던 것이다. 1951년 7월 당시 총정치국 당코밋치아의 성원을 보면, 만주파는 군내 보안책임자인 안전국장 석산밖에 들어가 있지 않았다. 나머지 구성은 소련계 2인, 연안계 3인이었다.[4] 이때 채택된 방식은 총정치국을 중심으로 한다는 점에서 기본적으로 소련식이었다. 이미 연안계의 박일우가 조중연합사령부의 조선측 정치책임자로 결정되었기 때문에 중국의 영향력 증대를 견제하려 한 소련

---

3 김일성 『사상사업에서 교조주의와 형식주의를 퇴치하고 주체를 확립할 데 대하여 ― 당선전선동일군들 앞에서 한 연설』(1955년 12월 28일), 조선로동당출판사 1960, 11~12면.
4 명부에 관해서는 RTsKhIDNL, f. 17, op. 137, d. 730, l. 96-101, 코밋치아의 성원 명단 및 그 분석에 관해서는 서동만, 앞의 글 71면 참조.

측 의사가 작용했을 것이다.

4. 허가이의 좌천과 소련계의 약화

1951년 6월 중순, 전선이 38선 근처에서 교착상태에 들어가고 7월 10일 정전회담이 시작되었다. 이 상태로 쌍방의 세력범위가 굳어질 것이 분명해졌다. 북한지역을 피점령상태에서 탈환하여 통치질서를 회복하는 과정에서 많은 문제가 발생하면서 다시 통치 전반을 총괄할 필요가 제기되었다. 51년 11월 1일부터 2일까지 당중앙위 제4차 전원회의가 소집되었다. 이 회의에서 김일성은 당조직담당 제1비서 허가이를 '관문주의자' '징벌주의자'라고 비판했다. 허가이를 문제삼은 부분은 그의 책임하에 적 점령지로부터 탈환한 지역에서 하부당원들에게 무차별하게 가해진 징벌이었다. 그는 당시 60만 당원 중 45만명을 징벌에 처했다. 특히 유엔군 점령기간 중 많은 당원이 신분을 숨기기 위해 당원증을 버리거나 없애기도 하여 새로운 당증을 교부하는 과정에서 이것이 문제가 되었다. 김일성은 징벌받은 당원의 80~85%가 당증 때문이었다고 주장했다(『김일성저작선집』 제1권 301~302면).

여기서 김일성은 당내의 전반적인 문제로써 허가이를 비판했지만 구체적인 예로 비난대상에 올린 지방당은 거의 소련계가 도당위원장에 재직하고 있던 곳이었다. 평안남도당(위원장 박영성), 황해도당(위원장 김열), 함경남도당(위원장 박영), 인민군당(총정치국장 김재욱) 등으로 그들은 허가이의 방침을 추종하는 측근이었던 것으로 보인다. 이후 이들은 개별적으로 개인적인 이유로 해서 당의 책임있는 직위에서 면직되거나 숙청되었지만, 이는 허가이라는 후원자를 잃은 배경과 무

관하지 않다.[5]

　로동당 창립 때부터 '당박사'라고 불린 허가이는 조직부문을 장악하여 당건설과정에서 절대적인 영향력을 행사했다. 그의 당에 관한 사고방식은 노동자계급 '성분'비율을 중시하는 소련식 엘리뜨 중심의 전위정당이었다. 이에 대해 김일성은 계급성분보다 폭넓은 대중적 기반을 중시하는 대중정당을 만들고자 했다.[6] 전쟁을 계기로 양자의 입장은 충돌하기에 이르러 김일성은 이 전원회의에서 허가이의 당조직방침 자체를 정면비판했다. 김일성은 몇몇 지방당 및 부문당을 구체적인 예로 들면서 여러가지 부당한 이유를 붙여 사실상 당의 문호를 닫고 있다고 비난했다. 관문주의라고 비판받은 도당이나 부문당도 대부분 소련계가 책임자인 곳이었다.

　허가이는 당부위원장과 제1비서 및 조직부장에서 부수상으로 좌천되었다. 당정치위원직은 유지했지만 당내 실권자로서 그의 시대는 막을 내렸다. 허가이 한사람이 차지하고 있던 직위는 분산되어 비서에 박정애·박창옥, 조직부장에 박영빈이 취임하게 되었다. 갑산계의 리효순도 조직위원으로 선출되었다. 여전히 박창옥 등 소련계의 영향력이 강했지만 그들은 김일성과 대등한 관계는 아니었다. 특히 허가이에 대한

---

[5] 피점령상태의 후유증을 처리할 목적으로 1951년 11월 이후 관정에서 '반탐오·반낭비·반관료주의 투쟁'이 전개되며 이 과정에서 많은 소련출신 간부들이 국내출신으로 교체된다. 주목할 것은 정연표, 한상두, 허국봉, 유영기, 김원봉 등 식민지시기 적색농조나 노조 운동 출신으로서 북한에 지역적 기반을 가지고 있는 국내계가 도당 및 도인민위원장에 상당수 진출한 사실이다. 이반하는 민심을 수습하여 통치체제를 회복하기 위해서 토착적 기반을 가진 그들의 역량이 필요하게 된 것이다. 갑산계의 진출도 이러한 맥락에서 볼 필요가 있다.

[6] B. Cumings, *The Origins of the Korean War* Vol. I, Princeton University Press 1981, 299~302면; 서대숙 『북의 지도자 김일성』, 청계연구소 1989, 110면.

비판과 그의 지위약화는 스딸린의 양해 없이는 있을 수 없는 일이었다.[7] 소련측은 김일성을 중심으로 결속하여 난국을 타개할 수밖에 없다는 입장을 취했을 것이다. 박정애는 분국창설 당시부터 김일성에게 충성을 다해온 인물로 김일성 찬양에서 타의 추종을 불허하는 존재이고, 리효순은 일제 때부터 국내에서 김일성의 무장투쟁과 관계를 맺은 김일성 직계였다. 김일성은 허가이가 맡아온 당부문에서 자신의 발판을 구축하기 시작했다.

로동당은 제명된 사람들 대부분을 복당시키고 새롭게 농민층을 대거 입당시키는 조치를 취했다. 1년 뒤인 1952년 12월 15일 제5차 전원회의까지 징벌받은 당원의 69.2%가 징벌에서 해제되었다. 총당원의 40%에 해당하는 45만명이 신규입당하여 당원수는 약 100만명에 달했다(김일성「로동당의 조직적·사상적 강화는 우리 승리의 기초──조선로동당 중앙위원회 제5차 전원회의에서의 보고」, 『조선중앙년감』 1953년판). 김일성은 새로운 권력기반을 획득하여 1950년말에서 1951년초까지 전쟁책임으로 궁지에 몰린 입장에서 반격에 착수하고 있었다.

5. 군대 내에서 김일성의 반격과 박일우의 좌천

인민군 내 당단체가 조직되고 부대가 재편성되면서 전쟁이 진행되는 가운데 1951년 11월 당중앙위원회 전원회의에서 허가이가 비판받고 당원확대정책이 전개됨으로써 인민군이 원칙상 당의 군대라는 사고방식도 점차로 정착하게 되었다. 군대 당원수가 그간 비약적으로 늘어나

---

[7] 와다 하루끼, 앞의 책 261~65면.

부대지휘나 전투수행에서 무시할 수 없는 요소가 된 것이다.

이미 개전 초기부터 전투에 임하여 부여된 임무를 결사적으로 완수하도록 하는 '화선입당' 정책이 추진되었다. 인민군 병사에게는 당에 입당하는 것이 획득할 수 있는 유일한 영예로 수많은 전투원이 전투에서 용감성을 발휘함으로써 전선에서 입당할 수 있었다. 일반당원, 특히 농촌당원의 경우 '관문주의'가 비판받은 이후 그 수가 급격히 불어나 1년 동안 40% 이상 성장했지만, 당원확대정책이 가장 적극적으로 추진된 곳은 군대였다. 한국전쟁기간중 인민군 내 입당자수는 14만여명에 달했다.[8] 전사자 및 기존당원 포함여부 등 그 숫자가 군인당원 총수와 어떤 관계가 있는지는 불분명하지만, 이 기간중에 입당자 총수 40여만명과 비교하면 약 3분의 1 비율이었다. 휴전 당시 조선인민군 병력 총수 28만 4,000여명을 기준으로 보면 절반 정도를 차지하기 때문에 군대 당원비율은 일반의 경우보다 훨씬 높았다고 추측할 수 있다. 군관(장교)의 경우 절대다수가 당원이었던 것으로 보인다. 전쟁기간 중 '공화국 영웅' 칭호를 받은 사람들의 76%가 로동당원이었다는 숫자로 봐도 군내 당원의 역할을 짐작할 수 있다. 말할 필요도 없이 군내 당원수의 증가는 김일성의 위신을 높이는 것으로 이어졌다.

당의 강화에도 불구하고 군내 당사업방식과 관련하여 문제가 생기고 있었다. 단위부대 수준에서는 군사지휘관과 정치장교 사이에 마찰이 많아졌다(『김일성저작집』 제6권, 314~30면; 김재욱 「군사단일제를 강화함에 있어서 군내 로동당단체의 제 과업: 지휘관 및 정치간부에게 주는 참고자료」, 조선인민군총정치국, 1951. 9). 1952년 7월 7일 당중앙위 정치위원회에서는 이 문제가 토

---

[8] 군내 입당자수에 관해서는, 리권무 『영광스런 조선인민군』, 조선로동당출판사 1958, 52면 참조.

의되었다. 이 무렵에는 허가이의 좌천에 따라 당정치위원회 안에서 김일성의 발언권이 강화되어 있었다. 김일성은 군내 정치사업을 개선하는 대책으로 '군사위원'의 역할을 높일 것과 8~9월에 중대 당세포로부터 연대 당위원회에 이르기까지 당조직 지도기관의 총괄 및 선거를 실시할 것을 제안했다. 김일성은 군사위원이 "당과 정부의 전권대표"로 "해당 단위의 당 정치활동과 군사활동을 지도·통제하는 책임을 지고 있다"고 규정했다(『김일성저작집』 제7권 304~15면). 김일성 자신이 군에 대한 정치적 통제권을 되찾고자 하는 의지를 표명한 것이다. 이 무렵 김일성은 군내 당 통제권을 어느정도 되찾았다.

그후 군과 관련한 중요한 움직임이 발생하고 있었다. 1953년 2월 박일우가 조중연합사령부 부정치위원에서 소환되었다. 대신 부사령원의 직함으로 민족보위상 최용건이 파견되었다. 이 인사는 중국측의 승인 없이는 있을 수 없는 일이었다.[9] 이 무렵 중국측의 정책은 김일성을 중심으로 하여 휴전교섭에 임하기로 정해져 있었다. 53년 3월 내무성이 사회안정성과 통합되어 사회안전상 방학세가 내무상이 되면서 박일우는 해임되었다. 임시인민위원회 보안국장시절부터 내무기구의 최고위직을 계속 유지해온 그야말로 내무성의 산파이며 상징이었다. 박일우는 체신상에 임명되었으나, 이것은 권력의 중추로부터 밀려났음을 의미했다. 김일성은 군에 대한 통제권을 대내적으로 완전히 되찾은 것이다.

1952년 11월부터 53년 3월 사이에 박일우의 내무상 해임과 관련한 인사조치가 취해지고 있었다. 내무성과 사회안전성이 통합됨과 동시에 상업성에서 분리된 무역성이 신설되어 당간부부장 진반수가 무역상에 임명되었다. 간부부장 후임자는 박금철이라고 이야기되면서 연안계 간

---

[9] 와다 하루끼, 앞의 책 282~83면.

부부장시대는 종말을 고했다.[10] 이미 52년초 무렵부터 박금철은 급부상하고 있었다. 박금철은 51년 11월 당조직위원이 된 리효순, 52년 6월 최고검찰소 검찰총장이 된 리송운과 함께 이른바 갑산계의 중심인물로 당과 정부 내에서 김일성의 손발 역할을 한 것으로 보인다.

6. 한국전쟁의 책임문제와 남로당파 숙청

1952년말부터 정전수립이 명확해지면서 남로당파가 담당하고 있던 비정규전으로서의 유격전은 점차 의미를 잃어가고 있었다. 51년 7월부터 전선이 38도선에서 교착되고 정전회담이 개시되면서 유격대 편제는 장래 휴전에 대비하여 당사업을 주로 하는 지구당체제로 개편되었다. 그러나 리승엽 등 남로당파가 장악하고 있는 당연락부는 소속기구를 확장하고 금강정치학원을 중심으로 수천명의 남조선 출신자를 모아 군사훈련을 확대했다. 그들은 애향심과 박헌영에 대한 충성심으로 굳게 단결되었고 더욱이 독자의 군사적 기반을 갖추고 있었기 때문에 김일성에게는 우려할 만한 존재였다.[11] 또한 당시 포로송환문제는 정전회담의 진행을 지연시키는 최대 이슈였고, 남한지역에 잔존하는 유격부대는 주목대상이 되지 않을 수 없었다. 유격부대를 안고 있는 입장에서 남로당파는 정전교섭과 관련하여 강경자세를 취하지 않을 수 없었을

---

10 고봉기『김일성의 비서실장: 고봉기의 유서』, 천마 1989, 55면. 일부 증언은 남로당파 숙청과 허가이 비판을 당내에서 주도한 사람들이 박정애, 박창옥, 박영빈, 박금철이라고 한다(林隱,『北朝鮮王朝成立秘史』188면, 201면). 박금철이 간부부장이 된 사실이 공식기록상 확인되는 것은 1954년 3월 당중앙위 전원회의 이후다.
11 김남식『남로당연구』, 돌베개 1988, 462~70면, 477면.

것이다. 이 점은 정전의 조기성립을 바라는 소련, 중국의 입장에서도 달갑지 않은 요소였을 것이다.[12] 결과적으로 남한의 잔존 유격부대는 정전회담의 의제도 포로송환 대상도 되지 못한 채 괴멸해갔다.

남로당파에 대한 숙청[13]은 1952년 12월 15일부터 18일까지 열린 당 중앙위 제5차 전원회의에서 이미 예고되어 있었다. 이 회의에서 김일성은 "자유주의적 경향과 종파주의적 잔재"를 공격했다. 특히 "종파주의적 잔재"에 대해서는 "당내에 종파는 없지만, 종파주의자의 잔재는 아직 남아 있다"고 지적하며 "종파주의자의 잔재를 그대로 두면 인민민주주의국가의 우리 형제적 당의 경험이 가르쳐주는 것같이, 그들의 출구는 결국 적의 스파이가 되어버린다고 하는 사실에 대하여 우리 당은 깊은 주의를 기울여야 한다"고 경고했다(김일성 「로동당의 조직적·사상적 강화는 우리 승리의 기초——조선로동당 중앙위원회 제5차 전원회의에서의 보고」, 『조선중앙년감』 1953년판). 소련계의 당선전선동 담당비서 박창옥의 토론과 당조직지도부장 박영빈의 제안에 따라 김일성의 이 보고를 지침으로 하여 전당적으로 제5차 전원회의 문헌토의사업을 전개한다는 결정서가 채택되었다.[14]

---

12 정전교섭에 대한 남로당파의 강경자세와 김일성의 입장 차이에 관해서는 와다 하루끼, 앞의 책 제7장 참조.

13 남로당파의 숙청재판에 관한 북한의 공식기록은, 조선민주주의인민공화국 최고재판소 『미제국주의의 고용간첩 박헌영, 리승엽 도당의 조선민주주의인민공화국정권 전복음모와 간첩사건 공판문헌』(국립출판사 1956)에 수록.

14 강상호 「내가 경험한 북한숙청」 제13회, 『중앙일보』 1993년 4월 6일자. 남로당파의 숙청에 관해서는 여러가지 증언이 나오고 있지만, 강상호의 증언이 가장 상세하다. 소련계 조선인 강상호는 1953년 8월부터 내무성부상 겸 정치국장으로서 숙청에 관여했다. 그밖에 김남식, 앞의 책 477~511면; 신경완 증언 『압록강변의 겨울』, 이태호 기록, 다섯수레 1991, 142~50면 참조.

1953년 1월 당중앙위원회는 유엔군측의 '신공세'에 대처, 전체 당조직과 당원에게 '결사전'을 호소하는 편지를 보내고 이 편지를 토의하는 사업이 '제5차 전원회의 문헌토의사업'과 결부되어 진행되었다. 긴장된 분위기 속에서 문헌토의사업은 자기비판과 상호비판을 통해 자유주의 분자와 종파주의 잔재를 폭로·고발하는 형식으로 이루어졌다. 이 과정에서 주로 남로당파에 대한 이른바 '당성 검토'가 진행되는 사이에 박헌영, 리승엽을 중심으로 조일명(조두원), 임화, 박승원, 리강국, 윤순달, 배철, 리원조, 백형복, 조용복, 맹종호, 설정식 등이 체포되었다.

『근로자』 1953년 1월 25일자에는 52년 11월 재정상으로 승격한 윤공흠이 당중앙위원회 제5차 전원회의의 의의에 관한 논문을 게재했다. 그는 "종파분자들의 말로는 결국 자멸의 길밖에 없다. 우리들은 결국 그들이 적의 정탐배로 변할 수 있다는 것을 똑똑히 알아야 한다"고 하며 뜨로쯔끼, 부하린, 루이꼬프, 지노비에프, 까메네프와 체코슬로바키아의 슬란스끼를 거론했다. 이에 반해 56년 제3차 당대회 이후 간행된 당내부 문헌은 박일우의 태도에 관해서 "박헌영 도당의 잘못된 사업이 비판받는 데 대해 오히려 그들을 비호하여 조국통일이 달성되기 전에는 그들의 반당적 행위조차 묵과해야 한다고 하는 반당적이고 반혁명적인 입장을 취했다"고 비난하고 있다.[15] 김일성의 의도대로 연안계는 분열되고 있었다. 김두봉도 최창익도 침묵하고 있었다. 박일우가 조중연합사령부에서 소환된 것은 이 직후인 2월 5일이었다. 2월 7일 최고인민회의 상임위원회는 김일성에게 원수의 칭호를 수여했다. 이 칭호는

---

[15] 『당의 공고화를 위한 투쟁』, 조선로동당출판사 1956, 85면. 이 문헌은 허가이의 태도에 관해서도 "내각에 전직되고 나서도 (…) 박헌영 도당의 반당적이고 반국가적인 간첩행위에 대하여 전연 주의를 기울이지 않고, 방관적인 태도를 취했다"고 비난했다.

전쟁책임문제를 둘러싼 김일성과 박헌영의 대립에서 김일성의 승리를 상징하는 것이기도 했다.

2월 15일 이후 주영하, 임화, 김남천, 조일명, 리원조, 리강국 등을 비난하는 사설이나 논설이 『로동신문』에 게재되기 시작했다. 『로동신문』 3월 12일자에는 소련의 알렉쎄이 체뻬쯔까의 「인민민주주의국가에서의 계급투쟁에 관하여」라는 논문이 전재되었다. "제국주의 반동은 모든 수단과 방법을 다하여 자기 밀정, 간첩 및 반역자를 공산당 내에 잠입시킨다"고 하면서 헝가리의 라이크, 불가리아의 꼬스또프, 알바니아의 죠제, 체코슬로바키아의 슬란스끼, 폴란드의 고무울까 등 과거에 숙청된 동유럽 공산주의자들을 예로 들고 있다. 이 시기에는 남로당파의 체포와 그 처리방침이 결정되어 있었고 그 뒤에는 소련의 권위도 따르고 있었다. 남로당파 검거와 숙청의 집행은 소련계 내무상 방학세가 총지휘했다.[16] 당내에서는 소련계의 당선전선동 담당비서 박창옥과 조직지도부장 박영빈이 숙청사업을 주도했다. 숙청작업에서 소련계가 중심역할을 했다는 사실은 당내 역학상의 요인을 넘어 스딸린과의 깊은 관련을 짐작케 한다.

여기서 주목해야 하는 것은 1952년 12월 22일 지방행정구역의 전면적 개편이 단행되었다는 사실이다. 북한지역에서 종래의 도·군(시)·면·리 행정체계 중에서 면을 폐지, 도·군(시)·리 체계로 개편하는 조치가 52년 12월말에서 53년 3월에 걸쳐 단시일 내에 수행되었다. 지방행정, 당직에 대한 전면적인 인사조치도 뒤따랐다. 신임 당간부부장 박금철의 역할은 여기서 발휘되어 전후 갑산계가 진출하는 데 중요한 기

---

16 강상호, 앞의 글 제19회, 『중앙일보』 1993년 5월 17일자. 방학세에 관해서는 와다 하루끼, 앞의 책 257면 참조.

반이 되었다고 추측된다. 특히 간부이동이 대폭 단행되어 신규임명된 리급 간부의 대부분이 현지의 사정에 생소한 타지방 출신자였다.[17]

정전협정 조인 직후인 7월 30일 박헌영을 제외하고, 체포된 리승엽 등 12명은 "조선민주주의인민공화국 정부 전복음모와 반국가적 무장폭동 및 선전선동에 관한 건"으로 검사총장 리송운에 의해서 최고재판소에 기소되었다. 이 재판을 전하는 기사가 "평양특별시 군사법정 제1공판 미제국주의 간첩 리승엽 등 12명의 도당"이라는 표제로 8월 10일자 『인민일보』에 상세히 게재되었다. 중국공산당도 이 재판을 양해한다는 표시였다. 기소 및 판결 내용은 그들이 미제국주의에 고용된 간첩으로서 미제의 군사작전에 호응하여 무장폭동을 일으키고 정부를 전복시켜 박헌영을 중심으로 한 괴뢰정권을 조직하려고 했다는 것이었다. 박헌영에 대한 기소가 늦어진 것은 그가 죄를 인정하지 않았을 뿐만 아니라, 당부위원장, 부수상 겸 외무상으로서 남로당계로부터 절대적인 지지를 얻고 있는 그의 재판이 내외에 파문을 일으킬 우려가 있기 때문이었다. 박헌영에 대한 재판은 2년 4개월 뒤인 1955년 12월 2일에 행해졌다.

남로당계에 대한 숙청작업은 제5차 전원회의 문헌재토의사업이 한창 진행중이던 1953년 8월 5~9일에 열린 당중앙위 제6차 전원회의에서 총괄되었다. 이 전원회의를 전하는 「조선로동당 중앙위원회통보」가 『로동신문』 8월 11일자에 게재되었고, 같은 기사가 『인민일보』 8월 13일자 제1면에 전재되었다. 재판의 연장선상에서 당중앙위원회 전원회의의 이 결정도 중국측은 신속하게 양해했다. 박정애의 보고에 따라

---

17 내각사무국장 한국모 「리인민위원회의 사업강화를 위하여」, 『인민』 1953년 3월, 47~48면; 『資料朝鮮問題研究』第7號, 朝鮮問題研究所 1953에 수록.

「박헌영의 비호하에서 리승엽 도당들이 감행한 반당적·반국가적 범죄행위와 허가이의 자살사건에 관하여」라는 결정서가 채택되었다. 남로당계나 박헌영과 관계가 깊은 남조선 출신자 다수가 당중앙위원, 후보위원으로부터 추방되었다. 남로당계가 숙청된 공백은 북한에 기반을 가지고 있는 '새로운 국내계'가 메우기 시작했다.

이 회의에서는 1953년 7월 2일 허가이가 자살한 것이 처음으로 밝혀졌다. 박정애의 보고에 따르면, 부수상직에 좌천되어 있던 허가이가 미국 폭격으로 파괴된 거주지에 대한 긴급복구공사를 지연시켰기 때문에 당정치위원회로부터 비판받았으나, 그것을 받아들이기를 회피하고 자살의 길을 택했다고 한다. 나아가 허가이는 "반당적이고 반국가적인 간첩, 파괴·암해 집단을 적발, 폭로하는 사업에서도 아무런 관심을 가지지 않고 방관적 태도를 취했다"고 하여 그의 자살행위는 "조국과 인민을 배반한 변절적 행위"라고 비난받았다. 허가이의 자살은 남로당과의 숙청에 대한 그의 태도와 관련해 볼 때 소련의 당으로부터 버림받았다는 절망감의 발로였다고 추측된다.

남로당파 숙청은 북한 최초의 스탈린식 정치재판극이었다. 북한의 경우 동유럽과 달리 한국전쟁 이전에 냉전이 본격화한 시기에도 정치적 숙청은 피할 수 있었다. 정파간 연대의 끈이 유지되고 있었고, 어느 하나의 파벌을 배제할 수 있을 정도의 강력한 정치적 중심도 아직 형성되지 않았기 때문이다. 그러나 각 정파의 단결의 끈을 끊어버린 것은 한국전쟁의 실패였다. 막대한 희생을 치른 전쟁에 대한 책임문제는 공산주의로서의 '동지적 관계'를 초월하는 정치적 사활의 문제였다.

한국전쟁은 소련과 중국이 계획단계에서부터 개입한 만큼 전쟁책임 문제도 국내에 한정될 수 있는 것이 아니었다. 한국전쟁 준비단계에서 전쟁에 대한 지원을 얻어내기 위해 스탈린, 마오 쩌둥과의 교섭을 주도한 것은 김일성과 박헌영 두사람이었다. 내부적으로는 말할 필요도 없고, 소련과 중국의 입장에서도 '전쟁실패'의 책임을 문제삼는다면 이 두사람 이외에 따로 책임자는 있을 수 없었다. 하지만 김일성은 스딸린 및 마오 쩌뚱과 공유하는 부분이 박헌영보다 훨씬 많았다. 북한 내부에서도 김일성은 만주파뿐 아니라 군대의 또하나의 축인 연안계와도 공유하는 부분이 많았다. 김일성이 책임을 진다면 내외적으로 파급될 범위가 너무 넓었다. 결과적으로 남로당파가 희생양이 된 것은 소련과 중국을 전쟁실패의 책임으로부터 분리하는 형태로 전쟁책임문제를 처리하기 쉬웠기 때문이다.

7. 전쟁과 김일성 권력기반 강화

'남조선의 해방'이라는 목적에서 보면 전쟁은 참담한 실패였다. 전쟁기간중 미군참전으로 인한 후퇴와 인민군의 괴멸적 붕괴, 소련의 소극적 지원태도, 중국참전에 따른 지휘권의 이관 등을 통해 군대내에서 김일성의 위치는 일시적으로 동요했다. 하지만 그는 이러한 변화를 견뎌내며 오히려 권력기반을 굳히게 된다. 전쟁이 곤란하게 될수록 미공군의 폭격에 의한 파괴가 심해지면 심해질수록, 북한 군인과 인민들은 김일성을 "세계 최강의 제국주의세력"과 대결하는 상징으로 삼고 전쟁을 수행했다. 김일성 자신은 전쟁피해의 책임을 각 정파의 간부들에게 전가할 수 있었다. 전쟁기간중 피점령과정의 후유증을 극복하고 당세도 회복하여 인민군 병력은 양적으로 3배나 증가하고, 군대내 당원수는 그것보다 훨씬 높은 비율로 성장했다. 전쟁기간중 급속히 성장한 당과 군은 김일성의 확고한 권력기반이 되었다.

아직 박일우, 박헌영이 제거되기 전인 1952년 4월 15일 김일성 탄생 40주년을 맞이하여 최초의 공식전기 『김일성장군 략전』이 당기관지 『로동신문』 4월 10일자에 발표되고 각지에서 학습이 진행되었다. 이 작업은 새로이 소련계의 실력자가 된 선전선동부장 박창옥이 주도했다고 생각된다. 더욱이 박창옥을 포함해서 박헌영, 박정애, 최창익 등 당시 당·정부의 최고지도자들이 그의 탄생을 기념하는 논문을 발표했다.[18] 4월 12일 최고인민회의 상임위원회는 그의 고향 만경대와 항일전적지 보천보에 기념관을, 최초의 활동지 혜산진에는 김일성고급중학교를 설립하기로 결정했다.

이어서 박일우의 해임과 소환으로 내무기관과 군대내에서 김일성에 대한 견제세력은 제거되었다. 이러한 세력관계의 변화는 김일성의 최대 라이벌인 박헌영 숙청이 가능하게 되는 조건이 되었다. 허가이, 박일우의 좌천에 이어 박헌영의 숙청은 당내에서 김일성에 버금가는 거물 실력자가 모두 제거된 것을 뜻했다. 허가이는 당내 실권을 쥠으로써, 박일우는 조중연합사령부 내에서 조선인으로서 최고지위에 있다는 군사적 위치에 의해, 박헌영은 과거 조선공산주의운동의 영수이자 남반부당의 책임자로서 각각 김일성을 견제할 수 있는 인물이었다. 아직 연안계, 소련계 등의 정파는 존속했지만 개인적으로 김일성의 라이벌이 될 수 있는 인물은 정치적으로 제거된 것이다. 그들의 탈락과정은 그들이 차지하고 있던 몫만큼 김일성의 권력이 확대되는 과정이기도 했다. 동시에 그들의 제거는 소련, 중국의 개입이나 암묵적 양해 없이

---

[18] 박창옥 『로동신문』 1952년 4월 12일자; 박헌영, 1952년 4월 15일자; 박정애, 4월 15일자; 최창익, 4월 18일자. 그러나 각자 김일성에 대한 표현에는 미묘한 차이가 나타나고 있다. 특히 박헌영의 표현에서는 박헌영과 김일성 두사람 사이에 패인 골이 깊어지고 있음이 드러난다(와다 하루끼, 앞의 책 270~74면).

는 있을 수 없는 일이었다.

한편, 전쟁과정에서 약화된 소련계의 뒤를 이은 것은 북한지역에 기반을 가진 국내출신 공산주의자들이다. 일제 식민지시기 적색농민조합, 노동조합 운동 출신자들이 상당수 고위직에 진출하게 되었다. 갑산계는 이들과 김일성을 이어주는 매개역할을 통해 자신의 지위를 상승시킬 수 있었다. 남로당파 숙청도 이들이 진출할 수 있는 기회를 마련해주었다. 연안계, 소련계, 빨치산파 등 해외출신들이 상호협력하에 주류파로서 국내출신을 억누르고 있던 세력관계는 전쟁과정에서 김일성이 국내출신과 제휴하는 방향으로 변화하게 된다. 이러한 세력관계의 변화도 김일성의 권력기반이 강화되는 계기로 작용했다고 보인다.

1952년 12월에 원수의 칭호가 제정되고 53년 2월 8일 인민군 창건 5주년에 김일성은 공화국 최초의 원수가 되어 '김일성 장군'에서 '김일성 원수'로 바꿔 불리게 되었다. 최용건이 다음 계급인 '차수'가 되었다. 53년 5월부터는 『김일성선집』이 간행되기 시작했다. 김일성의 연설집은 전쟁 이전부터 시기마다 몇종류가 간행되었지만 정식 선집 형태는 이것이 처음이었다. 1953년 7월 28일 정전과 동시에 그는 공화국 영웅 칭호와 국가훈장 제일급을 수여받았다. 그의 이름 앞에는 "조선 인민의 영광스러운 수령이고, 항일빨치산투쟁의 전설적 영웅이며, 우리 인민군의 강철의령장인 김일성 원수"라는 수식어로 장식되었다. 김일성 개인은 민족의 지도자라는 초기의 상징적 위치로부터 당이나 정부와 나란히 서는 권력의 원천의 하나가 되었다.

〈2000〉

북한체제와 민족주의*

1. 역사적으로 본 북한체제와 민족주의

1) 민족해방운동, 전쟁과 사회주의

조선 사회주의를 포함하여 아시아 사회주의는 기본적으로 민족해방운동으로서의 성격을 지니고 있었다. 북한에서 현실체제로 성립한 사

* 이 글에서 북한의 '민족주의'라 함은 북한에서 사용하는 용어를 가리키는 것은 아니다. 북한에서는 공식적인 사전적 정의로는 민족주의에 대해 부정적인 평가를 내리고 있다. 계급적 세계관에 입각한 사회주의 이론에서는 어디까지나 '프롤레타리아국제주의'를 기준으로 삼고 있으며, 이에 따라 민족주의란 부르주아적인 것으로 간주하고 있다. 이 글에서 사용하는 민족주의란 넓은 의미에서 사용되는 남한의 사회과학 용어다. 북한의 민족주의개념에 관해서는 박호성 『남북한 민족주의 비교 연구: '한반도 민족주의'를 위하여』(당대 1997)를, 북한의 민족개념에 관한 간략한 정리로는 이종석 『현대 북한의 이해』(역사비평사 1995) 2부 2장을 참조.

회주의와 그것이 표방하던 민족주의의 역사적 기원은 사회주의 운동, 좌익민족해방운동에서 찾을 수 있다. 조선의 식민지시기로 거슬러올라가는 사회주의운동 속에서는 '프롤레타리아국제주의'가 매개되는 가운데 사회주의와 민족주의가 결합되어 있었다. 이 점에서 민족운동의 관점에서 볼 때 사회주의운동은 좌익민족해방운동으로 자리매김할 수 있다.[1]

그러나 조선 사회주의운동은 소련과의 관계를 떠나서는 이해할 수 없다. 사회주의운동은 프롤레타리아국제주의 기치하에서 그 민족운동의 역할을 담당하고 있었다. 조선의 좌익민족해방운동으로서 사회주의운동은 국제주의란 명목을 지니고 있었다고 해도 소련의 헤게모니로부터 독자성을 유지해내는 데 한계를 가질 수밖에 없었다. 소련의 국제주의가 민족주의를 지원했고, 두가지가 하나의 적을 상대로 연대한 것도 사실이지만, 국제주의는 동시에 민족주의에 대한 억압이기도 했다. 코민테른은 소련혁명을 수호하는 목적에 각국의 혁명운동을 종속시키고 있었으며, 조선도 예외가 될 수는 없었다.

물론 아시아 공산당들간에는 소련에 대한 종속도에서 일정한 차이를 보이고 있었다. 여기서 중국, 베트남, 북한 사회주의의 공통점과 차이점을 찾을 수 있다. 식민지 민족해방운동 과정이나 국가건설 과정에서 볼 때 세 나라의 정권주체세력은 모두 무장투쟁과 깊은 관련이 있다. 항일투쟁 등 반제국주의투쟁 속에서 무장투쟁이 중요한 수단이 되었으며, 아시아 사회주의는 전쟁과 불가결한 관계를 맺게 된다.[2] 중국이나

---

[1] 식민지시기 사회주의운동의 민족해방운동으로서의 성격에 관해서는 강만길「한국민족해방운동사: 연구현황과 과제」,『한국근현대 연구 입문』, 역사비평사 1988; 역사문제연구소 편『민족해방운동사: 쟁점과 과제』, 역사비평사 1990; 한국역사연구회 편『일제하 사회주의운동사』, 한길사 1991 참조.

베트남 공산주의자들은 항일, 항불 전쟁 등 반제국주의전쟁을 통해 민족주의의 고취자로 대중 속에 뿌리내릴 수 있었다.

조선 공산주의자들도 반일민족해방운동에서 가장 줄기차게 투쟁을 지속했다. 다만 조선의 경우 소련, 중국과의 관계에서는 훨씬 복잡한 성격을 띠게 되었다. 식민지시기 공산주의운동은 민족해방운동이었지만, 소련과의 관계에서 그 민족주의적 독자성에서는 중국이나 베트남보다 못했다고 평가할 수 있다. 조선 공산주의운동은 1928년 코민테른의 '12월 테제'로 당이 해체된 이래 독자적인 당조직을 가질 수 없었다. 각 지역의 공산주의자들은 해당지역 공산당에 소속하여 투쟁을 계속할 수밖에 없었으며, 여기서 소련, 중국 공산당과 복잡한 관계에 놓이게 되었다.

예컨대, 중국공산당 동북항일연군에 소속하여 민족운동을 하던 김일성의 항일무장투쟁은 1930년대말 40년대초 소련령으로 옮겨 활동하게 된다. 이들은 중국공산당 당적에다가 새로이 소련군 계급장을 받게 되었다. 이들이 소련극동군에 편입되어서도 민족운동을 계속한 것은 사실이지만, 그 민족적 독자성은 일정 정도 훼손될 수밖에 없었다. 복잡한 정치적 아이덴티티를 극복해낼 수 있는 방법은 조선 공산주의자들이 철저한 '국제주의자'가 되는 수밖에 없었다. 이는 연안의 독립동맹계 공산주의자들에게도 해당되는 것이다. 공산주의운동이 조선의 좌익민족해방운동 전체를 망라한다고 할 수는 없지만, 압도적 다수를 차지하는 것은 공산주의자들이었다.

민족해방운동 과정이나 해방 이후 국가건설 과정, 한국전쟁 이후 사

---

2 아시아 사회주의와 전쟁의 상관관계에 대해서는 和田春樹 『歷史としての社會主義』, 岩波新書 1992 참조.

회주의건설 과정에서 형성된 민족주의적 성격 내지 기반의 협소함이 북한 사회주의를 중국이나 베트남 사회주의보다 경직되게 만든 요인으로 작용했다. 1960년대 이래 북한의 주체사회주의가 보여준 강렬한 배타적 성격은 과거의 '상처'에 대한 반작용이었다. 물론 중국의 경우, 마오 쩌뚱(毛澤東) 사상의 유토피아적 혹은 무정부주의적 성격 때문에 대약진운동이나 문화대혁명 등으로 엄청난 희생 및 굴곡을 겪었지만, 중국 사회주의의 사상적 폭은 북한보다는 넓었고 상황에 대한 대응에서도 유연했다.

앞서 전쟁과 아시아 사회주의의 연관성에 관해 언급했지만, 중국, 한반도, 베트남에는 20세기에 들어서서 전쟁의 시대가 계속되었다. 일제 식민지 지배가 종식되고서도 중국 국공내전(國共內戰)을 통해 아시아 냉전이 첨예화되면서 한국전쟁, 베트남전쟁으로 이어졌다. 북한 사회주의가 중국이나 베트남과 동일한 '전쟁사회주의'의 성격을 띠게 된 것은 한국전쟁과 그후 아시아냉전을 겪으면서부터였다. 베트남은 무력통일에 성공함으로써 분단을 해소했지만, 북한은 현재에 이르기까지 내내 분단상태에 놓이게 됨에 따라 베트남보다도 전쟁사회주의의 성격을 훨씬 길게, 그리고 강하게 띠지 않을 수 없게 된다.

미국, 일본과 역사적 화해 및 관계정상화를 이룬 중국, 베트남에 비해, 북한은 아직 미·일과 대치상태에 있는 가운데, 탈냉전시대에 들어서는 오히려 대립을 심화하고 있는 실정이다. 중국이나 베트남의 예와 비교해볼 때, 북한 사회주의가 직면한 개혁·개방이라는 과제는 이러한 대외적 관계를 해결하지 않고서는 실현될 수 없다. 또한 동유럽 사회주의와 달리 북한 사회주의체제가 붕괴하지 않고 생존할 수 있는 것은 역설적으로 오랜 전쟁을 통해 형성된 내부의 민족주의적 결속 때문이라 할 수 있다.

2) 분단국가 수립과 민족주의

좌익민족해방운동 과정에서 코민테른과 조선공산당 사이에서 극복되지 못한 민족주의 문제는 해방 이후로 이어지게 되었다. 해방 이후 재건된 조선공산당은 조선 공산주의자들 사이에서 충분한 중심을 확보하지 못한 채 소련공산당의 개입을 받지 않을 수 없었다. 미국과 소련의 분할점령이란 현실을 극복하지 못하고 공산당도 소련의 점령정책을 수용하는 방향으로 적응해갔다. 그 귀결은 일시적이긴 하지만 공산당의 남북으로의 분할이며, 모스끄바 3상회의 결정에 대한 남북 좌익세력 각각의 독자적 대응이었다. 미·소의 한반도 전체 분할점령이란 현실에서 남북의 좌익세력도 자유로울 수 없었다.

해방 후 북한에 수립된 체제는 '점령사회주의'의 성격을 띠지 않을 수 없었다. 북한지역에서 수립된 북조선 임시인민위원회와 그것이 실시한 토지개혁은 북한지역 내 좌익 이니셔티브에 의해 추진되었다고 해도 어디까지나 소련점령 아래서 그 후원을 받았기에 가능한 것이었다.[3]

북한 공산주의자들의 '민주기지론' 전략은 남한의 1960년대식 표현

---

[3] 김성보는 북한의 토지개혁이 소련보다는 좌익세력의 이니셔티브가 더욱 작용한 것으로 본다(「북한의 농업개혁론과 농업개혁 1945~1958」, 연세대 사학과박사학위논문, 1997). 김성보에 대한 반론으로 소련의 외세로서의 영향력을 더욱 강조하는 연구로는 와다 하루끼 「북한에서의 소련군정과 국가형성」, 한국정치외교사학회 편 『제2차 세계대전 후 열강의 점령정책과 분단국의 독립, 통일』, 건국대출판부 1999 참조. 북한체제 건설과정에서 공업발전 분야에 소련의 이해가 상당히 반영된 것으로 보는 연구로는 전현수 「산업국유화와 인민경제의 계획화: 공업을 중심으로」, 『현대북한연구』 제2권 제1호(1999) 참조. 다만 초기 북한정권의 문화정책이 상당한 정도로 민족주의적이었음을 강조하는 글로는 찰스 암스트롱 「북한문화의 형성」, 『현대북한연구』 제2권 제1호(1999) 참조.

을 적용한다면, '선건설 후통일' 노선이었다.[4] '통일민족주의'란 관점에서 볼 때 북한의 공식입장이 주장하는 논리를 그대로 수긍하기는 곤란하다. 통일된 민족국가를 수립해야 한다는 당위에서 볼 때, 북한 좌익세력의 민족주의는 '분단민족주의'였다. 왜냐하면 북한에 수립된 '조선민주주의인민공화국'은 비록 그것이 한반도 전체를 대표하는 정통성을 주장했고, 친일세력을 척결하면서 성립한 국가라는 점에서 '대한민국'에 대해서는 민족적 우월성을 주장할 수 있었으나, 그 역시 통일민족주의란 관점에서 볼 때는 부분적인 민족주의일 수밖에 없었기 때문이다. 이 점에서 대한민국과 조선민주주의인민공화국은 모두 '부분적 정통성'만을 담보하는 '분단국가'였다.

다만, 양 지역에서 진행된 국가건설의 특징은 모두 극히 짧은 시일 안에 급속히 국가건설을 완료할 수 있었다는 것이다. 이는 좌우 양 세력 모두 외세의 도움을 받기는 했지만, 충분한 국가건설 능력을 갖추고 있었다는 증거가 된다. 물론 통일국가를 수립해야 한다는 민중적 열망이 높았음을 부정할 수 없지만, 급속한 두개의 분단국가 건설은 또한 남북한 양 지역의 정치세력, 주민 모두 하루빨리 자신의 국가를 갖기를 열망했음을 보여주는 증거이기도 하다.

나아가 북한 좌익정권은 민족주의 관점에서 볼 때 불완전한 것이었지만, 식민지시기 이래 그것이 지향하는 이념은 기존질서를 변혁하는 혁명적 성격을 지니고 있었다. 그 좌익세력이 집권의 대중적 기반을 토지개혁이란 '혁명'을 통해 굳혔다는 점에서 '혁명적 민족주의'의 성격을 가졌음을 인정하지 않을 수 없다.[5] 그리고 이 혁명은 남으로 확산되

---

4 和田春樹「ソ連の朝鮮政策 1945年8月~1946年3月」,『社會科學研究』第33卷 第4虎 (1981. 11); 第33卷 第6虎(1982. 3); 和田春樹『北朝鮮: 遊擊隊國家の現在』, 岩波書店 1998.

어 남한지역에서 혁명과 반혁명 간의 첨예한 갈등을 초래하게 되었다. 상대적으로 북한지역에서는 격심한 계급갈등을 남으로 이전함으로써 체제안정을 유지할 수 있었다.[6]

2. 남북한관계 및 통일방안의 변화와 민족주의

1) 대남혁명노선과 민족주의

북한체제가 갖는 '혁명적 민족주의'의 성격은 북한체제가 태생적으로 남한체제에 대해 민족적 우월성을 주장하게 되는 계기로 작용했다. 북한의 체제이데올로기에서 항상 북한체제는 '혁명주체' 남한은 '혁명대상'이 되어왔으며, 실제로 이는 상당한 정도로 위력을 발휘했다. 혁명의 기본성격은 그것이 '인민민주혁명'이건 '사회주의혁명'이건 줄곧 '민족혁명'이었다. 이 주체와 객체 관계는 90년대 이래 형해화하고 있지만, 공식적으로 기본구도는 아직 유지되고 있다. 이미 세계사적 흐름과는 어긋난 '혁명노선'이 유지되는 것도 문제지만, 세계사적 흐름을 따라가고 있다는 남한에서 여전히 이것이 두려움의 대상이 되고 있는 것도 사실이다. 북한이 이른바 '적화통일노선'을 버리지 않았다고 하는 주장이 대북경계론의 주요 근거가 되고 있는 것이다. 북한체제가 탄생

---

5 북한체제의 혁명적 민족주의 성격에 관해서는 Bruce Cumings, *The Origins of the Korean War* Vol. II: *The Roaring of the Cataract*, Princeton University Press 1990, 305~16면 참조.
6 북한의 토지개혁이 보여주었던 '비유혈성'과 '신속성'이 남으로의 '반혁명성의 수출' 때문이었다는 설명은 박명림 『한국전쟁의 발발과 기원』 제2권, 나남 1997, 200~02면 참조.

이래 50년에 걸쳐 유지해온 이 주체-객체 관계는 북한 민족주의를 구성하는 주요 요소가 되어 있다.

이러한 노선은 한반도 전체에 대해 갖는 의미를 잃어감에 따라 점차 체제내부용 이데올로기로 그 역할을 바꿔가고 있다. 이 노선이 실제로 힘을 발휘한 것은 1960년대 후반이었으나, 그 실체가 대중적으로 알려지게 된 것은 80년대 이후였다. 광주의 비극을 통해 성장한 남한의 '반미민족주의'가 고양되면서 이미 현실성을 잃고 있었던 북한의 노선이 대중적으로 확산된 것이다. 북한의 주체사상은 일부 학생운동에 지대한 영향을 미쳤으며, 이를 둘러싸고 사회운동까지 얽히면서 치열한 논쟁이 전개되기도 했다.

1980년대말 이래 소련, 동구 붕괴라는 세계사적 흐름이 남한 내 주체사상의 영향력 쇠퇴에 중요한 배경으로 작용했으나, 사실 아시아 민족사회주의의 주축을 이루던 중국, 베트남 사회주의는 1970년대말 80년대초부터 근본적인 변화의 길에 들어서고 있었다. 여기에는 아시아 NIES(신흥공업국)의 경제적 발전이 주요 원인으로 작용했다. 북한도 1984년 합영법 제정, 3자회담 제안 등으로 일정한 반응을 보이고 있었다. 그러나 북한은 중국, 베트남식 노선을 과감하게 택할 수 없었다. 내부적으로 김일성-김정일체제의 한계가 변화를 가로막는 원인이었으나, 외부적으로는 한반도에 조성된 신(新)냉전상황 탓도 크다고 볼 수 있다. 사실 80년대 이후는 남한의 경제발전이 북한에 영향을 주어야 마땅한 시기였던 것이다. 한반도 냉전상황에서 빚어진 이러한 남북관계와 세계적 흐름의 시차 때문에 북한체제는 남한 상황에 대해 일종의 '착각'을 가졌고, 이것이 거꾸로 북한체제의 변화를 막는 요인으로 작용했다.

2) 통일방안과 민족주의

남북한 모두에게 통일방안이란 상대방에 대해 체제정통성을 주장하는 수단으로서의 성격을 지니고 있다. 이 점에서 통일방안은 민족주의 '보장자'로서의 기능을 해왔다고도 할 수 있다. 따라서 북한의 남한에 대한 민족적 우월성이 발휘된 또 하나의 분야가 통일방안이었다. 외군 철수 후 전한반도지역 총선거를 통한 통일정부수립이란 구도는 1948년 분단정부 수립 이래 북한 통일방안의 변함없는 기본축을 이루고 있다. 북한정부가 대소관계에서 자유롭지 못할 때도 최소한 남북관계에서는 민족'자주성'을 무기로 남한을 '괴뢰'라고 공격할 수 있었다. 통일방안은 그 실현성은 차치하더라도 대소관계에서 상대적 독자성을 견지했던 분야였다.

북한 통일방안의 절정은 북한이 사회주의 복구건설을 완료하고 남한에 대해 경제적 우위를 자신할 수 있었던 1959~60년 시기였다.[7] 당시 북한의 남북대화 제안은 '자립적 민족경제' 논리에 입각한 남북 경제교류가 중심을 이루고 있었다. 이때 처음 제시된 연방제도 남한의 '적화통일'에 대한 두려움을 완화시키기 위한 의도에서 나온 것이다. 이후 남북한이 각각 상대방에 제시한 제안 가운데 어느 것도 이 당시 북한의 대남제안을 능가하지 못하고 있다. 1960년대 이후 북한의 대남제안도 이 시기의 것과 비교해보면 단절이라 할 만큼 1959~60년 당시의 통일방안은 자신에 차 있고 또한 유연한 것이었다.

그런데 한국전쟁 이후 북한의 통일정책은 몇단계를 거치면서 변화하게 된다. 1956년 '평화통일론'이 채택되고, 1958~60년은 남북한 경

---

[7] 정부 수립 이후 북한의 역대 통일방안에 대해서는 이한 『북한의 통일정책 변천사』 (상·하), 온누리출판사 1989 참조.

제교류를 내용으로 하는 남북 대화노선이 기조였다. 5·16 이후 북한은 4·19 당시 대남정책을 심각하게 반성하고 1963~64년부터 '남조선 혁명론'에 입각한 혁명전략을 모색한 것으로 보인다. 이 혁명전략은 베트남전쟁이 격화되면서 군사강경노선과 결합하며, 이후 1960년대 북한의 대남전략은 베트남식 통일전선에 입각한 것이었다고 생각된다. 그러나 미·중 화해 이후 동아시아 데땅뜨 흐름에 맞추어 7·4공동성명과 남북대화가 이루어지면서 북한의 대남정책은 변화해간다. 빠리평화회의에서 베트남전쟁 종결이 타결되자, 북한의 정책은 베트남전쟁 종결방식에서 큰 영향을 받게 된다. 1973년 이후 북미평화협정 체결요구는 그 반영이라 할 수 있다.

베트남 방식에 전환을 가져온 것은 1980년 고려민주연방공화국 창설방안이었다. 이것은 본격적인 개혁·개방노선을 표방한 중국의 '1국 2체제' 방식에서 영향을 받은 것이라 볼 수 있다. 중국의 새로운 노선이 동아시아 NIES에 대한 현실적 평가에 입각하고 있듯이, 고려연방제에는 북한 나름으로 남한 자본주의의 발전을 평가하는 현실인식이 반영된 것이다. 고려연방제 통일방안은 역대 북한의 통일방안 가운데 가장 체계화된 것이었다. 그 실현가능성은 차치하고라도 남한이 나름대로 체계적인 통일방안을 마련하는 데 커다란 자극이 되었다. 남한 전두환 정부의 '민족화합 민족통일방안' 김대중후보의 '3단계 통일방안' 노태우정부의 '한민족공동체 통일방안'은 모두 북한의 고려연방제 제안에 대한 대응이었다. 고려연방제는 남과 북 두개의 정치적 실체를 서로 인정하는 전제하의 통일방안이란 점에서 남북의 통일방안이 접근할 수 있는 계기가 되었던 것이다.

물론 북한의 역대 통일방안은 남한과 마찬가지로 실제 실현가능성을 가진 것이기보다는 남한에 대한 체제경쟁의 수단이란 성격이 강했다.

다시 말해 이는 남한에 대한 북한체제의 우월성, 정당성을 입증해주는 이데올로기로서의 역할이 강했다. 따라서 통일방안에는 형성시점에 나타나는 남북간 체제역량의 차이가 강하게 반영되게 마련이다. 이러한 점에서 북한이 가장 풍부하고 유연하게 다양한 대남제의를 했던 1959~61년의 시기를 뒤돌아볼 필요가 있다. 이때가 북한이 체제역량에서 남한보다 가장 우위에 있던 시기였기 때문이다. 1960년 당시 북한의 대남제의에 대해 민주당정부는 적화통일전술의 일환이라고 간주하며 남북대화 자체를 거부한다. 이에 반해 학생운동 및 혁신세력은 남북교류운동을 전개했고, 이에 따른 정국의 혼란은 5·16군사쿠데타가 발생하게 된 주요 원인이 되었다.[8]

그러나 1960~61년 당시 남북교류운동은 비현실적인 이상론으로 치부해버릴 수만은 없는 역사적 의의를 갖는다. 5·16 이후 군사정부의 반공정책에 따라 통일운동은 철저하게 탄압받았으며, 이후 10여년에 걸친 공백이 이어진다. 이러한 단절은 북한의 경우에 더욱 철저했다. 북한체제의 변화 흐름이란 측면에서 볼 때도 1962년 이후 북한의 대남제의는 이 시기로부터의 근본적인 전환이었다. 1960년대 대남 군사강경노선, 지하당 구축노선은 1960~61년 당시 남북 대화노선의 실패에 대한 반작용이었던 것이다. 고려연방제가 체계화된 80년대도 포함하여 현재에 이르기까지 북한의 대남제안은 유연함이나 풍부함에서 이 시기의 그것에 미치지 못한다. 이 점에서 50년대말에서 60년대초에 이르는

---

8 당시 통일운동과 민주당정부, 그리고 군사쿠데타의 정치적 상관관계에 관해서는 박명림「한국의 민주주의 발전과 평화·통일문제」,『아세아연구』100호 기념 국제학술회의 발표논문(1998. 10) 참조. 그러나 박명림은 분단으로 인한 정치적 민주화의 제약성을 간과한 통일운동의 전략적 실패만을 주로 강조하며, 남북한에서 교류노선의 역사적 단절이 갖는 의미에 대해서는 주목하지 않았다.

남북한 단절에서 교훈을 얻는다면, 거의 40년이 지난 90년대말 현재 남한의 대북제의를 북한이 받아들이기 어려운 처지를 이 당시로 거슬러 올라가 남한이 북한의 대남제의를 수용하기 어려웠던 처지와 비교해볼 필요가 있다는 것이다.

3. 국제공산주의의 변화와 북한 민족주의

1) 북한 사회주의의 민족사회주의화

북한체제는 성립 초기부터 혁명적 민족주의의 성격을 지니고 있었으나, 북한 사회주의가 식민지시기 코민테른의 프롤레타리아국제주의, 전후 소련점령에 따른 점령사회주의의 영향에서 완전히 벗어나 '민족사회주의'화한 것은 중소분쟁이 첨예화되면서부터였다. 이것은 60년대 초 주체노선이 공식 천명되고 주체사상이 공식이데올로기로서 체계화되어간 것을 말한다. 베트남전쟁의 확대, 중국 문화대혁명의 고양을 통해 '제3세계 혁명론'이 풍미할 때 북한 사회주의의 '자력갱생론'은 제3세계국가들로부터 하나의 발전모델로 각광받기도 했다.[9] 천리마운동에서 시작된 북한의 '혁명적 군중노선'도 중국 못지않게 전세계를 향해 기세를 올릴 수 있었다.

1960년대야말로 세계적으로 볼 때 북한 민족주의의 절정기였다고 볼 수 있다. 50년대의 성장과 60년대의 충천하는 기세는 역설적으로 남한의 박정희정권이 경제개발에 박차를 가하게 하는 위협이자 자극으로

---

9 북한의 발전을 찬양한 대표적인 글로는 Joan Robinson, "Korean Miracle," *Monthly Review*, July 1965 참조. 이밖에 Ellen Brun, "North Korea: A Case of Real Development," *Monthly Review*, June 1970 참조.

작용했다.[10] 또한 60년대 북한의 주체노선이 긍정적으로 기여한 것은 역사학, 철학, 문학, 민속학, 고고학 등 국학연구 분야의 발전을 장려한 데서 찾을 수 있다. 내재적 발전론에 입각한 조선 사회경제사의 체계화가 이루어졌으며 식민지시기 민족해방운동사, 조선문학사, 문화사, 철학사 전반의 체계화는 이 시대의 지적 소산이다. 이밖에 민속학, 고고학 분야 등의 발전도 이루어졌다. 60년대 남한학계에서도 자생적으로 민족주의적 자각에 따른 인문학 분야의 연구가 진전되지만, 상당한 정도로 북한의 연구성과를 의식한 결과라 할 수 있다. 남북한 사이에 의사소통이 가능할 정도로 공통의 학문적 토대가 만들어진 데는 북한에서 1960년대에 진전된 국학연구가 선구적 역할을 했기 때문임은 인정하지 않을 수 없다.

그러나 베트남전쟁의 확대에 따라 아시아냉전이 첨예화되고 남북한의 군사적 긴장과 대치가 고조됨에 따라 북한 민족주의의 이러한 고양이 남한사회에 전달되기 어려웠다. 오히려 북한의 대남 군사강경노선에 의해 북한 사회주의의 모험성, 경직성이 부각되어 남한사회의 대북경계심을 고조시키면서 남한정치의 군사화, 독재화를 부추기게 되었다. 통혁당노선은 남한 내 일부 지식인층에 영향을 준 것은 사실이지만, 대중적으로 확산되기는 어려웠다. 오히려 통혁당사건으로 인한 후유증은 남한의 사회운동이 북한에 대해 일선을 긋게 되는 계기가 되었다.[11]

■

10 북한이 남한에 미친 영향은 중국, 베트남 등 아시아 사회주의가 타이완을 비롯한 다른 아시아 반공국가들의 자본주의 발전을 자극한 데서도 찾아볼 수 있다(和田春樹 「世界戰爭時代の終わりとソ連・東アジア」, 東京大社會科學硏究所 編 『現代日本社會 3: 國際比較 (2)』, 東京大出版會 1992.
11 통혁당노선에 대한 평가로는 이승환 「60~80년대 한국의 민간통일운동」, 『통일시론』 제3호, 청명문화재단 1999 가을호 참조.

소련으로부터 독자성을 획득하기 시작한 주체사상은 중국 문화대혁명시기에 마오 쩌뚱 사상과의 갈등을 계기로 국제공산주의의 일반적 흐름에서 스스로를 완전히 단절시키는 길을 걷게 된다. 이미 초기단계의 '주체' 개념에서는 50년대 국제공산주의 내 스딸린 비판의 흐름을 차단하는 데 성공하고 있었다.[12] 이는 소련 및 동유럽의 개혁사회주의 흐름과 북한 사회주의가 단절되는 계기가 되었다. 주체사상은 60년대부터는 정치·경제·사상·군사 등 전영역에 걸쳐 독자적 체계를 갖추어 갔다. 60년대말 이후 김일성권력의 집중이 이루어지면서 주체사상은 '김일성주의화'를 거쳐 '유일사상화'했고, 맑스-레닌주의에 대한 독자성을 주장하는 공식이데올로기로서 체계를 갖추어갔다.[13] 북한에서 전개된 유일사상체계 확립운동은 문화혁명 당시 마오 쩌뚱 사상이 숭배화된 사실에서 자극을 받았다고 여겨지지만, 김일성 유일사상은 마오 쩌뚱 사상과의 접점을 찾을 수도 없다. 유일사상체계 확립은 북한학계의 연구풍토도 불모화시켰다. 70년대 이후 선전적이든 학술적이든, 북한의 모든 매체는 김일성 교시에 대한 주석 수준으로 전락해갔다. 60년대까지 남한학계보다 앞서가던 북한의 인문학 연구도 답보상태에 놓이게 되었다.

주체사상은 주관화노선을 걸어가게 되며 스스로에 대한 객관화를 통해 외부사상과의 접점을 확보함으로써 보편성과 통할 수 있는 길을 스스로 차단해버렸다. 주체사상은 국제공산주의와의 단절을 통해 국제공

---

[12] 1950년대 북한의 공식이데올로기가 스딸린주의적 성격을 견지하고 있었다는 데 대해서는 서동만「1950년대 북한의 정치갈등과 이데올로기 상황」, 역사문제연구소 편 『1950년대 남북한의 선택과 굴절』, 역사비평사 1998 참조.
[13] 주체사상이 '유일사상' '김일성주의'로 변화해가는 과정에 대해서는 이종석『조선로동당연구』, 역사비평사 1995, 제1부 참조.

산주의의 변화로 인한 영향이 자체에 위협이 되는 것은 막을 수 있었으나 스스로를 고립시키는 결과를 빚게 되었다. 또한 주체사상의 이러한 측면은 체제변화 거부요인으로도 작용하게 되었다. 북한에서는 스딸린주의에 대한 공식적 비판이 있어본 적이 없다. 이는 북한 사회주의 이념이 스딸린주의적 국가사회주의 형에서 벗어나는 길을 차단하는 역할을 했다. 소련이나 동유럽에서 스딸린 비판이 갖는 적극적 의미는 단순히 지도자 원리를 부정함으로써 나중에 일어난 정치적 변화를 가능하게 하는 기반을 마련한 것뿐 아니라, 시장요소를 사회주의체제 속에 도입하는 길을 열어준 데 있었던 것이다.

2) 사회주의권의 변화와 북한

이러한 북한에 반해 중국, 베트남 등 같은 아시아 사회주의는 변화를 겪고 있었다. 중국, 베트남 등 아시아 사회주의는 자체의 민족주의적 기반에 의거하여 70년대말 80년대초 스딸린주의적 발전전략의 영향에서 벗어날 수 있었다. 여기에는 70년대 아시아 신흥자본주의 국가들의 고도성장과 동구 사회주의의 정체라는 대조적 현실이 직접 작용하고 있었다.[14] 중국, 베트남은 오히려 일본을 모델로 삼았던 아시아 NIES 자본주의국가들의 대외개방형 발전주의(developmentalism)를 따르기로 한 것이다.[15]

---

14 近藤邦康・和田春樹「中國の改革、ソ連のペレストロイカ」,『ペレストロイカと改革・開放: 中ソ比較分析』, 東京大學出版會 1993. 떵 샤오핑(登小平)의 개혁노선은 (1)레닌의 NEP정책 (2)중국 백화제방시기(1956~57)의 부분적 개혁정책 (3)중국 대약진 실패 이후 1962년 취한 '삼자일포'(三自一包)정책(자류지, 자유시장, 손익자기책임, 개별농가 생산청부) (4)유고와 헝가리 개혁 등에서 영향을 받았다고 한다. 또한 타이완, 한국 등 NIES국가들의 경제발전에서 자극을 받고 이에 대항하기 위한 것이기도 했다.

북한 사회주의도 70년대 이후 세계적 흐름에는 항상 민감하게 반응했다. 동구에서 경제 정체가 나타나자 북한에 대한 적용 여부를 둘러싸고 북한 내에도 60년대 후반 논쟁이 있었다. 동구 사회주의국가들이 70년대 중반 서방에서 기술 및 플랜트를 도입하여 정체를 타개하려 했을 때, 북한도 일본 및 유럽의 자본주의국가들로부터 차관을 통해 경제성장을 꾀했다.[16] 70년대 북한의 개방에는 국제적인 운이 따라주지 않았다. 때마침 발생한 오일쇼크로 국제원자재가격이 하락하자 지하자원 판매를 통해 원리금을 상환하려던 북한의 계획은 벽에 부딪혔고 북한은 대외지불을 정지하여 세계경제와 관계를 단절하는 길을 택했다.
　1980년대에도 북한은 부분적 개방을 시도한 바 있다. 1984년 북한이 합영법을 제정한 것은 중국, 베트남의 움직임을 참고로 한 것이다. 그러나 북한은 중국이나 베트남보다 경제, 군사적으로는 소련에 의존적이었다. 또한 베트남전쟁 종결과 함께 중국이나 베트남은 70년대 후반까지는 미국, 일본과의 관계개선을 통해 아시아냉전에서 벗어나며 대외관계에서 개혁·개방에 나설 여건을 확보하고 있었다. 이에 반해 북한은 신냉전상황 속에서 80년대를 허송하고 말았다. 80년대 미·소간에 신냉전이 첨예화하면서 소련은 북한에 대해 신예 전투기를 제공하는 등 군사원조를 확대했다.[17] 북한은 소련 원조에 안주하며 내부개혁을 위한 본격적인 여건 마련에 나서지 못한 것이다.[18]

■

15 중국, 베트남의 개혁·개방노선을 스딸린주의 모델로부터 발전주의 모델로의 전환으로 보는 해석으로는 Alexander Woodside "Exalting the Latecomer State: Intellectuals and the State During the Chinese and Vietnamese Reforms," *The China Journal*, Issue 40 (July 1998) 참조.
16 小此木政夫 編『北朝鮮ハンドブック』, 講談社 1997, 239~41면.
17 1984년 이후 소련의 대북군사지원에 대해서는 함택영『국가안보의 정치경제학』, 법문사 1998 참조.

이리하여 1990년대초 북한은 중국이나 베트남과 달리 내부변화를 위한 준비 없이 소련·동구권의 붕괴를 맞이하게 되었다. 소련과 동구 사회주의의 몰락은 북한체제를 정당화하는 이데올로기 면에서 민족주의를 보다 전면에 내세울 필요성에 쫓기게 한다. 세계적인 사회주의의 몰락이나 시장경제화라는 추세에도 불구하고 북한 사회주의는 건재하다는 논리적 정당화가 필요해진 것이다. 과거의 '주체사회주의'는 세계 사회주의권의 존재를 토대로 한 자기주장이었으나, 사회주의권이 붕괴하거나 변화한 이상 새로운 정당화 논리가 요구된다. '우리식 사회주의' '조선민족 제일주의'는 이러한 상황적 요청의 산물이다. '사회주의' 못지않게 '우리식'이 강조되지 않을 수 없게 되고, 북한 사회주의야말로 세계 사회주의의 마지막 보루라고 간주하게 되는 '시대적 소명의식'마저 띠게 된 것이다.

국제공산주의라는 기반이 건재했을 때는 어느정도 공세적 모습을 띠며 한반도 전체를 시야에 두고 있던 북한 민족주의는 점차 '반국화', '수세화'되어간다. 조선민족 제일주의에서 말하는 '조선민족'은 남북한을 망라하는 한민족 전체라기보다는 '북한인민'으로 범위가 축소된 개념이라고 볼 수 있다.

■

18 이러한 북한의 안주는 기본적으로 김일성-김정일 리더십의 책임이지만, 남한에서 '서울의 봄'이 좌절되면서 신군부가 집권하고 한반도에는 신냉전이 관철되었다는 사실도 중요한 원인으로 작용했다. 이러한 점에서 광주의 비극은 남한의 민주화를 가로막았을 뿐 아니라 남북한 관계개선에도 부정적으로 작용했다. 북한은 랭군 폭탄테러를 감행하는 동시에 3자회담을 제안함으로써 강경과 온건 양 노선 사이에서 우왕좌왕하는 모습을 보여주었다. 또한 북한은 남한 군사정권의 민주적 정통성 결여 때문에 과감하게 남북대화를 더욱 진전시키지 못했다. 남한 주사파의 등장도 북한이 남한 정세를 잘못 인식하게 하는 요인이 되었다.

4. 북한체제의 위기와 남북한 민족주의

1) 북한체제의 위기와 민족주의

북한의 식량난은 북한의 국가건설 이래 최대 난국이었던 한국전쟁 당시보다 심각한 곤란을 초래했다. 북한체제의 건설자 김일성 사망 이후 수해로 대량의 아사자가 발생하고 북한 사회주의 계획경제의 토대인 배급체제마저 마비되는 양상이 빚어졌다. 1996년부터 2년간 북한지도부는 주민들에게 1930년대말 항일빨치산투쟁 당시의 경험을 상기시키면서 '고난의 행군'이라는 슬로건 아래 이 난관을 넘겼다. 1930년대의 민족적 경험이 20세기말에도 효력을 나타내는 상황이 조성되었다. 1998년말로 고난의 행군은 끝났으나, 99년부터 북한은 경제난 타개를 위해 50년대 사회주의건설 경험을 동원하는 '제2의 천리마 대진군'을 외치고 있다.

북한 민족주의는 김정일의 공식승계에 맞추어 '강성대국론'으로 집대성되고 있다.[19] 1998년 9월 헌법개정 및 김정일의 국방위원장 취임과 함께 북한이 내세우고 있는 '강성대국론'은 북한 나름의 부국강병론이며, 이는 전형적인 '국가주의적 내셔널리즘'이라 할 수 있다. 강성대국은 사상강국, 군사강국, 경제강국의 순으로 구성되어 있으며, 사회주의라는 이념적 내용은 뒤로 후퇴하고 있다. 시대적으로는 19세기말적인 뉘앙스를 강하게 풍기고 있지만, 사회주의체제가 이미 그 시대적 연한을 다했다는 점에서는 당연한 것이기도 하다. 최근 김정일 국방위원장

---

19 북한의 공식화된 강성대국론은 최칠남·동태관·전성호 「정론 강성대국」, 『로동신문』 1998년 8월 22일자 사설 ; 「위대한 당의 령도 따라 사회주의 강성대국을 건설해 가자」, 『로동신문』 1998년 9월 9일자 등에서 볼 수 있다.

이 현대 정주영 명예회장을 만난 자리에서 박정희의 경제개발에 대한 강한 관심을 나타냈다는 점에서 '개발독재'의 발상을 엿볼 수도 있다. 따라서 강성대국론에 대해 중국이 개혁·개방노선으로 가기 직전에 표방한 '4대 현대화'노선과 유사하다는 지적도 일리가 없는 것은 아니다.

이처럼 북한은 체제유지를 위한 변화의 근거를 민족주의에서 찾아가려는 것으로 보인다. 중국이나 베트남에서 시장경제화가 진전됨에 따라 사회주의가 뒤로 물러나고 민족주의를 강조하는 것과도 맥을 같이하는 움직임이다.[20] 다만 문제는 중국, 베트남과 달리 북한은 아직 변화의 방향을 본격적으로 제시하고 있지는 못하다는 것이다. 최근 헌법 개정에서 일정한 시장화의 흔적이 보이기는 하지만, 본격적인 의미에서 개혁이라고 보기는 어렵다. 내용이 없는 민족주의적 경향의 증대는 공허한 것이 되기 쉽다.

이러한 점에서 북한 민족주의의 문제점이 90년대 이후 강하게 표출되고 있는 점이 우려된다. 90년대 이후 북한 민족주의 언술에서 가장 두드러지게 나타나는 점은 체제나 정권 수호에 대한 의지를 그 어느 때보다 강하게 표명하고 있다는 사실이다. 나름대로 전체적이고 포괄적인 성격이 강하던 논리에서 체제나 제도를 의인화하는 경향이 증대하고 있다. 이는 체제와 지도자를 동일시하는 논리로 귀결된다. 김일성 사망 후 김정일의 공식 권력승계 과정에서 빈번하게 등장하고 현재까지 계속되는 슬로건이 "김정일 장군님을 수호하는 총폭탄이 되자"는

---

[20] 중국, 베트남에서 민족주의이념이 사회주의를 대체하고 있는 측면에 대해서는 Benedict J. Tria Kerkvliet, Anita Chan and Jonathan Unger "Comparing the Chinese and Vietnamese Reforms: An Introduction," *The China Journal*, Issue 40(July 1998); 古田元夫『ベトナムの現在』, 講談社新書 1996; 古田元夫,『ホーチミン』, 岩波書店 1996 참조.

것이다. 사회주의청년동맹(사로청)이 '김일성주의청년동맹'으로 개칭된 것도 하나의 예다. 1998년 9월 개정헌법에서도 김일성은 '영원한 주석'으로 추대되었다. 이는 공화제의 근본원리를 부정할 수도 있는 호칭이다.

더욱이 조선민족을 '김일성민족'으로 등치시킴으로써 의인화하는 것은 국내체제와 민족주의의 관계에서 이를 불가불리하게 일체화하는 언술의 극치라 할 수 있다. 남북민중을 포괄하는 민족주의가 아니라 김일성, 김정일 체제의 연장으로서 민족주의를 상정하는 논법이다. 남북한의 통일논의에서 자신의 논리를 의인화하는 것만큼 남북한간에 논리적 접점을 찾기 어렵게 하는 일은 없다. 이러한 언술상의 변화는 기본적으로 사회주의권 붕괴와 그에 따른 북한체제의 경제적 난국이 불러일으킨 위기의식의 소산이라 할 수 있다.

2) 북미·북일관계와 남한 민족주의

그러나 이처럼 북한체제가 위기의식을 나타내면서도 북한 민족주의가 일정한 힘을 발휘한 것은 북미관계에서였다. 전세계적 냉전의 붕괴에도 불구하고 동아시아에서 북한과 미·일의 대립관계는 더욱 악화되어왔다. 핵개발 의혹을 둘러싼 북한과 미국의 대립 속에서 일시적으로 남한 내에서 '핵 주권론'이 논란이 되기도 했다. 북한은 1991년 남북한이 합의한 한반도비핵화 공동선언의 기본선을 깨뜨리지는 않았으나, 북한의 핵카드 활용은 남한의 '군사주권'이란 예민한 문제를 건드리는 계기가 되었다.[21] 94년에는 북한의 핵의혹을 둘러싸고 미국의 대북 선제공격이 계획되는 등 한반도에 위기상황이 초래되기도 했으나, 북한은 대미교섭을 성공적으로 타결함으로써 협상력을 내외에 과시할 수 있었다.

이 과정에서 남한의 김영삼정부는 대북화해와 강경정책을 반복하다가 남북관계에서 이렇다할 성과를 거두지 못했다. 북미간 협상이 진행될 때 김영삼정부가 남북대화 주도를 표방하고 이른바 '조화와 병행 원칙'을 내세우며 북미·북일 관계개선에 반대한 것은 당시 남한 민족주의가 냉전적 성격에서 벗어나지 못하고 있었음을 말해준다. 물론 김영삼정부의 이러한 원칙도 어떤 점에서는 대미 독자외교의 성격을 지니고 있다. 미·일과 북한의 관계개선이 남북한 관계개선보다 앞서서는 안된다는 주장은 실제에서 힘을 발휘했고, 여전히 그 힘을 잃지 않았다.

한편, 남한은 김대중정부가 들어서면서 한반도 냉전구조 해체를 지향하며 남북한 관계개선을 위해서는 북미·북일 관계개선이 바람직하다는 정책을 펴고 있다. 과거 김영삼정부 당시 '조화와 병행 원칙'을 내세우며 남북한 관계개선을 북미·북일관계에 결부시켜 그 발목을 잡던 정책에서 진일보한 것이다. 그리고 북한 미사일위협을 둘러싸고 미국 내에 고조되던 대북 강경기류를 협상기조로 바꾸는 데 큰 기여를 했다. 미국의 대북정책 기조를 형성하게 될 페리(Perry)보고서 내용에는 김대중정부의 전향적 대북정책이 상당히 반영되어 있다. 남한 김대중정부의 대북정책은 나름대로 '전한반도적 성격'을 띠며 대북관계에서 주도적 활동공간을 넓혀가고 있다.

그러나 김대중정부의 대북정책이 전한반도적 관점에서 긍정적인 것만은 아니다. 제네바핵합의 이후 북한 경수로사업(KEDO)에 일본이 참여했고 북한의 인공위성 발사로 미사일위협이 제기되면서부터 대북정

---

21 북한의 미사일카드도 남한이 미국과의 사이에 안고 있던 미사일 주권문제를 클로즈업시키는 계기가 되었다. 남한은 미국에 대해 미사일 사정거리 300km로의 연장을 관철하고, 사정거리 500km 미사일 개발연구를 인정받으려 하고 있다. 이러한 움직임은 북한 미사일과 연동되어 나타난 것이다.

책을 둘러싼 '한·미·일 공조관계'가 정착하고 있다. 이른바 '북한위협'에 대처하는 한·미·일의 외교적 협력관계는 남북한 각각뿐 아니라, '한반도 전체를 시야에 둔 민족주의'의 측면에서 새로운 문제를 제기하고 있다. 이는 과거 냉전시대 북한·중국·소련의 북방 3각관계에 대처하는 한·미·일관계와는 전혀 다른 새로운 차원을 지니고 있다.

특히 북한의 위협을 구실로 일본이 평화헌법 개정까지 시야에 넣으면서 군사화를 진행하고 있는 현실에서, 최근 진전되고 있는 한·일 안보관계는 한반도 냉전상황에 새로운 변수로 등장하고 있다. 아직 모호한 상태에 있기는 하지만, 한·미·일 간에 진행되는 현재의 '외교적 공조'관계가 한·일 군사협력 실현을 통해 '군사협력'관계로 전환할 때 한반도 민족주의는 새로운 벽에 부딪힐 우려가 있다. 이는 대북 억지력으로서 일본의 군사력을 한반도에 끌어들이는 의미를 지니고 있으며, 남한의 대외의존외교가 냉전시대보다 후퇴하는 결과가 된다.

나아가 이러한 새로운 정세는 남한의 대북정책이 남북한 화해를 지향하는 '통일민족주의'의 성격을 획득하려 할 때, 북미·북일 대립관계를 조정해내야 한다는 힘겨운 과제에 직면하게 됨을 뜻한다. 북한이 타협할 것인지도 문제지만, 미국이나 일본이 자체의 국가전략 때문에 대북 관계개선에 소극적일 경우, 대북관계에서 남한의 입지는 좁아질 수밖에 없다는 데 남한측의 고민이 있다. 동시에 이는 북한의 경우, 체제생존과 남북간 외교적 균형을 꾀하기 위해 북미·북일 관계개선을 남북한 관계개선보다 우선시해야 한다는 강박관념에 사로잡혀 있다는 점과 관련이 있다. 그리고 남한과의 전면적 화해는 북한체제의 생존에 위협이 된다는 점에서 이러한 강박관념은 현실성을 띠고 있다. 북한의 외교적 자세는 과거 냉전시대 남한이 남북한 경제교류를 거부하고 한일국교정상화에 착수한 사실과 유사한 면도 있다.[22] 문제는 북한이 남북대화를 거부하면 할수록 남한은 한·일 군사협력에의 유혹이나 한·미·일 3각 협력에의 의존이 커질 수밖에 없다는 점이다.

나아가 남북한 민족주의 차원에서 해묵은 과제는 주한미군 주둔문제다. 남한에서는 80년대 광주항쟁과 더불어 반미민족주의가 고조되었고 북한 주체사상이 수용된 중요한 토양이 되었다. 그러나 남한 내 민주화의 진전에 따라 반미노선은 크게 퇴색했다. 세계화의 진전과 그 후유증인 금융위기 이후 경제관계의 비중이 확대되었으며, '민주주의와 시장경제'가 전면에 등장하며 민족주의에 대한 비판이 증대하고 있다. 주한미군에 대한 문제제기도 80년대에 비하면 사회운동 슬로건에서 현저히 약화되었다.

1992년 이래 북한도 주한미군의 즉시철수가 아닌 점진적, 단계적 철수를 요구하게 되었고, 비공식적으로는 철수가 아니라 지위 내지 성격 변화를 요구한다는 시사를 하고 있다. 또한 주한미군문제를 둘러싸고 남북한간에 접근이 이루어지는 조짐이 나타나고 있다. 한반도에 대한 미국의 영향력은 탈냉전시대에 오히려 증대되었고, 남한은 금융위기 이후 경제적으로 대미의존을 심화하고 있다. 북한도 식량난 이후 미국에 대해 체제 안전보장을 요구하며 일관해서 북미평화협정체결을 요구하고 있다. 미국과 대치하면서도 미국의 식량지원에 의존하는 역설적 상황을 연출하는 것이다.

이러한 점에서 2000년 6월 북한이 남북정상회담에 합의한 것은 일정

---

22 한·미·일 협력이 진전될수록 북한은 집요하게 이를 비난해왔다. 북한의 공식매체는 남한의 한·미·일 공조를 신라가 당나라를 끌어들여 삼국통일을 실현한 것과 유사하다는 비난까지 하고 있다. '강성대국론'을 펴기 시작한 초기단계에는 고구려가 강성대국이었다는 논리까지 등장한 적이 있다(김진국 「주체의 강성대국」, 『로동신문』 1998년 8월 4일자).

한 정치적 결단을 수반한 대외정책의 전환이라 할 수 있다. 남북정상회담은 한반도 민족주의가 전진함에 있어 획기적 의의를 지니고 있다.

5. 남북한 화해와 한반도 민족주의의 과제

'세계화'의 진행중에 남한에는 IMF 경제위기가 도래했고, 이와 관련해 북한의 공식논조는 북한 사회주의가 남한의 개방체제에 대해 우위성을 여실히 드러낸 증거로 들고 있다. 미국 등 외부세계로부터 식량원조로 연명하고 남북한 경제협력에서 큰 도움을 받으면서도 북한은 이를 인정하지 못하는 것이다. 북한은 기본적으로 세계화는 종속화와 동일한 것으로 간주하며, 이를 과거 종속이론 내지 제국주의론의 시각에서 파악하고 있다.[23] 북한의 현실과 이데올로기의 이러한 괴리는 북한체제의 대외적 행동반경을 더욱 제약하는 요소로 작용할 것이다. 남북한의 세계정세에 대한 인식차이를 좁혀가는 작업이 절실하다. 이를 위한 활로는 남북간 경제교류와 협력을 확대하는 데서 찾을 수밖에 없다.

북한 민족주의가 해결해야 할 과제는 적지 않다. 김일성과 일체화된 북한 민족주의는 남한 민족주의와 접점을 찾을 수 있도록 '역사화' '상대화'되는 방향으로 나아가야 한다. 반국적, 체제수호적 논리로 축소되고 있는 민족주의는 과거의 '전한반도성'을 '혁명'이 아니라 '화해'를 지향하는 방향으로 회복해야 한다. 북한 민족주의가 폭을 넓히는 것은 앞으로 북한의 개혁·개방을 위해 불가결한 이념적 정지작업이 될 것이다.

---

23 김정일「혁명과 건설에서 주체성과 민족성을 고수할 데 대하여」, 『로동신문』 1997년 6월 21일자; 『로동신문』『근로자』 공동논설「자립적 민족경제 건설로선을 끝까지 견지하자」, 『로동신문』 1998년 9월 17일자 참조.

나아가 북한이 '전쟁사회주의'에서 탈각하기 위해서는 세계 초강대국 미국, 아시아 최대경제대국 일본과의 관계개선이 전제가 된다. 북한 민족주의의 기조에는 여전히 식민지시기 및 전후 적대관계에서 형성된 항일민족주의가 깔려 있다. 또한 아직 종식되지 못한 한국전쟁과, 그후 현재에 이르기까지 계속된 미국과의 대치상태에서 형성된 반미민족주의가 가장 강렬한 정서로 남아 있다. 북한의 전쟁사회주의는 반일 및 반미 민족주의를 토대로 유지되고 있는 것이다. 현재 남한은 '민주주의와 시장경제'란 이름 아래 미국, 일본과의 관계를 더욱 진전시키고 있는 반면, 북미·북일관계는 탈냉전시대임에도 불구하고 더욱 악화되고 있다. 한미·한일관계만 진전시키는 불균형을 더이상 방치해서는 안된다. 한미·한일 우호관계의 진전은 북미·북일 관계개선을 위한 자산이 되어야 한다.

북한 민족주의가 한때 지녔던 긍정적 성격을 잃은 것은 무엇보다도 과거의 전한반도적 성격에서 단지 체제수호적 이데올로기로 축소된 데 그 원인이 있다. 북한이 체제수호를 위해 민족주의에 집착하면 할수록 오히려 진정한 의미의 민족적 주체성이나 자율성을 침식해가는 상황에서 남한의 대외적 자주성마저 제약하고 있다는 것은 아이러니라고 할 것이다. 일본의 보수-우경화가 '북한위협론'을 구실로 하여 '한반도 유사(有事)'사태를 상정하며 이루어지고 있음은 북한의 체제수호적 민족주의가 한반도 전체의 민족적 자존에 플러스로 작용하고 있지는 않음을 말해준다.

중요한 것은 북한 민족주의가 전한반도적 성격을 회복하는 데는 남한 민족주의의 성숙이 전제되어야 한다는 점이다. 양쪽의 '반쪽 민족주의'는 서로를 제약하는 악순환에서 벗어나야 하며, 현재 여기서 이니셔티브를 줄 수 있는 것은 민주주의의 진전이란 점에서 상대적으로 성숙한 역량을 지닌 남한 민족주의인 것이다.

따라서 남한 민족주의는 그 냉전적 성격에서 벗어나야 한다. 불과 수년 전까지 남한 민족주의는 흡수통일론을 매개로 대북강경노선으로 치달은 적이 있다. 남한이 북한에 대해 가질 수 있는 '대국주의적' 감정은 북한체제의 피폐함이 더해갈수록 언제 분출할지 모르는 용암과 같다. 남한 민족주의가 미국이나 일본에 대해 희석되는 데 비례하여 그것이 북한으로 향할 수 있으며, 이 경우 북한 민족주의는 그 증오심을 키워갈 것이고 남북한 대치상태는 더욱 악화되어갈 것이다. 남한 민족주의는 북한을 '국가적 실체'로 인정하는 것을 출발점으로 삼아 북한도 동아시아 국제질서 속에서 정상적인 일원으로서 행동할 자격이 있음을 긍정해야 한다.

결국 남북한 민족주의가 처한 고민을 해결하는 길은, 무엇보다도 북한이 전쟁사회주의에서 벗어날 수 있도록 체제역량상 우위에 있는 남한측이 여건을 조성하는 데서 찾아야 한다. 남한 민족주의는 북미·북일 관계개선에 협력함으로써 북한 민족주의와 신뢰를 쌓으며 궁극적인 화해를 지향해야 할 것이다. 이렇게 할 때 남한 민족주의는 전한반도 차원으로 폭을 넓히며 북한의 피해의식에 젖은 민족주의와 '화해'할 수 있을 것이다.

〈2000〉

북일수교 교섭의 전망과 과제

1. 북일수교의 역사적·현실적 의미

　남북대결시대와 달리 화해시대에 북일관계를 바라볼 때 유의해야 할 것은 한반도 전체의 시점을 취하는 일이다. 1965년에 한일기본조약이 체결되고 한일국교 정상화가 실현되었으나, 이는 한반도 전체와 일본의 관계에서 볼 때에는 반쪽만의 관계, 일본과 남한만의 관계다. 일본의 입장에서는 전후처리 차원에서 대북한수교는 러시아의 북방영토 문제와 함께 대외관계에서 마지막으로 남아 있는 미해결 과제라 할 수 있다. 유엔 회원국 183개국 가운데 일본이 국교를 맺지 않은 유일한 나라가 북한이다.
　다음으로 북일관계는 한일관계와 역사적으로 얽혀 있다는 인식이 요구된다. 북일수교는 1965년 체결된 한일기본조약의 제2조와 제3조,

즉 한일합방 등 구(舊)조약의 무효조항 및 대한민국의 한반도 유일합법정부 조항에 대한 해석을 수정하는 결과를 갖게 된다. 1998년 10월 한일정상회담에서 한일 양국은 과거사 청산에 합의했으며, 이러한 과거사에 대한 태도변화는 일본이 그동안 고수해오던 한일합방조약 유효 주장에 영향을 미치지 않을 수 없다. 또한 일본이 북한을 승인하게 되면, 한일기본조약상 대한민국의 한반도 유일합법정부 주장도 사실상 수정되는 것으로 해석할 수 있다.[1]

나아가 북일수교는 동아시아 국제질서란 측면에서도 바라보아야 한다. 북미, 북일 수교는 북한이 동아시아 국제질서 속에 정상적인 일원으로 받아들여지게 됨을 뜻한다. 따라서 북일수교는 양국관계를 넘어서 한반도와 일본의 관계뿐 아니라 동북아시아 국제관계 전반을 결정적으로 전환시키는 계기가 될 수 있다. 북미, 북일 대치관계는 남북한 대립과 함께 '한반도냉전'의 일각을 형성해왔다. 50년 이상에 걸쳐 고착된 이 대치관계가 해소된다는 것은 동북아시아 국제질서의 질적 변화로 이어질 수 있다.[2]

이와 같은 측면 외에도 북일수교는 북한의 입장에서 절실한 과제였음을 잊어서는 안된다. 북한이 동북아시아 지역에서 처해 있던 외교적 고립에서 벗어나려면 일본과의 적대관계를 우호관계로 바꾸어야 한다. 특히 일본과의 수교에서 얻어지게 될 보상자금은 북한이 '정당한 요

---

[1] 한일기본조약과 북일수교 교섭의 상관관계에 관해서는, 서동만 「한일기본조약과 북일수교 교섭의 상관관계」, 『아세아연구』 Vol. 42, No.2(1999. 12); 和田春樹 『北の友, 南の友よ』, 御茶の水書 1987 참조.

[2] 북한 미사일문제와 동북아 국제질서와의 관련에 관해서는, 李鐘元 「テポドンと東北アジアの國際政治」, 『世界』 1999년 4월호; 和田春樹 「朝鮮有事を防ぐために」, 『世界』 같은 호 참조.

구'로서 취득할 수 있는 몇 안되는 거액의 자금원이다. 세계 초강대국 미국과의 수교를 포함하여 세계 2위의 경제대국 일본과의 수교는 북한체제의 안전보장에서도 중요하다는 점에서 향후 북한체제의 변화를 위해 불가결한 구조적인 조건이기도 하다.

1999년부터 북미, 북일 관계는 남북한관계의 진전과 함께 새로운 위기상황을 극복하며 협상을 재개했다. 과거 대치상태에 있던 북미, 북일 관계가 협상국면으로 전환된 데에는 한국정부의 대북 화해-협력정책이 적지 않은 역할을 했다. 북한의 대량살상무기를 둘러싼 '포괄적 타결방안'에 입각한 페리프로쎄스(Perry Process)[3]는 본격적인 가동단계에 들어섰다. 이와 연동하여 이미 북일수교 교섭이 4월에 재개된 바 있다. 협상의 가닥이 잡히는 가운데에서도 그 과정이 순탄치만은 않을 것으로 예상되고 있었다.

북미, 북일 협상의 추이가 주목을 받고 있던 시점에 남북한은 역사적인 남북정상회담에 합의하였고 6월 15일 남북정상은 공동선언을 채택하는 데 성공하였다. 남북정상회담은 전세계에 거의 실시간으로 전해졌으며 동북아시아 국제정세에 상당한 영향을 미칠 역사적 사건이었다. 남북정상회담을 앞두고 한미, 한일 정상회담이 열렸으며, 특히 일본측은 남북정상회담에서 일본이 북일수교를 바란다는 입장을 전달해주기를 요청하였다. 남북정상회담은 그동안의 답보상태에서 이제 협상국면에 들어선 북일수교에 커다란 자극제로 작용하였다. 작년(2000) 일본은 북한과의 수교 교섭 재개로 두차례 회담을 가진 다음 실무교섭에서는 더이상의 진전이 어렵다고 보며 정상회담 정도의 고위협상을 통

---

3 페리보고서의 내용은, Review of United States Policy Toward North Korea : Findings and Recommendations, www.usia.gov/regional/ea, 또는 Albright, Perry, Sept. 17 Briefing on North Korea, www.usia.gov/regional/ea 참조.

한 정치적 타결을 모색하기 시작하였다.

그런데 미국에 부시행정부가 등장하며 북미관계는 불확실한 국면에 접어들고 있다. 이뿐 아니라 중국 위협을 강조하며 이를 견제하기 위하여 미일동맹을 영일동맹 수준으로 높이겠다며 일본의 군사적 역할 확대를 꾀하고 있다. 부시행정부는 개헌 및 집단적 자위권 행사가 필요함을 주저없이 권유하고 있다. 일본의 보수-우익세력은 힘을 얻은 듯이 역사교과서 왜곡을 정당화하며 한, 중과의 갈등을 고조시키고 있다. 이 세력은 일본 내에서 북일수교에 가장 적대적이다. 북미관계가 유동화하는 사정이 작용할 뿐 아니라 일본 내의 보수-우경화 흐름이 강해짐에 따라 북일수교의 앞날도 점치기 어렵게 되어가고 있다. 한반도 평화수립이란 과제는 다시 새로운 도전에 직면하고 있는 것이다.

2. 1991~92년 수교 교섭 당시 쟁점[4]

북일수교 교섭은 1990년에 있었던 조선로동당, 일본자민당, 일본사회당의 3당선언에서 개시되었다. 3당선언을 위한 북일접촉은 일본의 독자외교로써 실현된 것이지만 북한 입장에서는 상당한 성과를 거둔 외교적 승리라 할 만한 것이었다. 식민지 지배에 대한 사죄와 배상은 물론 전후에도 사죄와 배상을 하지 않고 지체한 데 대한 배상까지 한다는 내용이었다. 이 선언은 북일관계에서 북한의 자존심을 살려준 것은 물론이고 1965년 한일간에 체결한 한일기본조약이 담고 있는 내용을

---

[4] 이 부분에 대해서는 金鳳珍(1993); 신정화(1995); 『日朝關係 その歷史と現在』 전체; 山本剛士「日朝國交正常化交涉の焦點」; 小此木政夫(1994); 鐸木昌之(1994)가 참고가 된다.

훨씬 뛰어넘는 것이었다. 일본 외무성은 기본적으로 3당선언을 인정하지 않는다는 선에서 수교 교섭에 임하기로 했다.

북일수교 교섭은 90년 3차례에 걸친 예비회담과 91~92년 8차례에 걸친 회담을 거친 끝에 결렬되고 말았다. 당시 협상에서 일본의 입장에 비해 북한이 교섭에 임하는 입장은 보다 단순했다. 그 당시에도 북한의 목표는 일본과의 국교 자체이며 여기에 따르게 될 경제적 보상이었던 것이다. 3당선언이 북한의 자존심을 높였지만 수교 교섭과정에서 여기에 집착하지는 않았다. 북한의 이러한 입장은 수교회담의 제3차회의에서 양국간의 국교수립을 우선 타결짓고 다른 의제는 그후에 논의하자는 제안을 한 데서도 잘 드러난다. 북일수교 교섭은 결렬되었지만 양측의 주장이 상대방에게 완전히 알려지고 쟁점이 거의 완전히 확인되었다는 데 그 의의가 있다.

회담은 식민지 지배에 대한 사죄와 보상, 관할권 문제 등 양국의 현안이 주된 논의대상이었으나, 미국에 의해 북한의 핵개발 의혹이 제기되면서 결렬되고 말았다. 표면적인 회담결렬 이유는 일본측이 제기한 납치된 일본인 여성(이은혜) 문제에 북한측이 반발한 데에서 찾아지고 있으나 근본적인 이유는 북미관계를 중심으로 한 한반도 정세에 있었다고 할 수 있다. 이후 북일수교 교섭은 양국관계를 넘어서서 한반도 정세와 깊이 얽히면서 전개되지 않을 수 없게 된다.

1) 식민지 지배에 대한 사죄와 보상[5]

북한은 교섭 당초 항일빨치산투쟁을 일본과의 교전상태에 있었던

---

5 『조선중앙통신』, 91년 1월 30~31일, 11월 18~20일, 92년 1월 30일~2월 1일자; 『朝日新聞』91년 1월 31일, 2월 2일, 11월 19일, 11월 22일, 92년 2월 1일자 등 참조.

증거로 간주하며 교전 당사자로서 이에 대한 '배상'을 요구한 바 있다. 북한은 회담의 나중 국면에 가서는 교전 당사자로서의 배상요구 대신에 식민지 지배가 야기한 피해에 대한 넓은 의미의 '인도적 보상'을 요구하는 선으로 양보했다. 이러한 입장변화는 당시 정신대문제에 대해 일본정부의 피해보상을 요구하던 한국 민간단체들의 주장에 보조를 맞춘 것이라 할 수 있다. 일본측은 이를 일본측 입장과 종래 북한측 입장 사이의 '제3의 길'로서 일정한 진전으로 평가한 바 있다.

북한은 수교 교섭이 일본측의 완강한 자세로 인해 교착상태에 빠지자 사죄와 보상 문제 등 현안을 뒤로 미루고 우선 국교부터 수립하자는 입장으로 후퇴했다. 이러한 자세는 1973년 중일국교 정상화 당시 중국이 취한 방식과 유사한 것이라고 할 수 있으며, 중국은 경제협력 방식을 취함으로써 보상 내지 청구권 방식보다 훨씬 많은 경제지원을 받아내고 있다. 이에 대해 일본은 수교 교섭과정에서 일관되게 한일합방조약 등 구한국과 일본이 맺은 조약은 합법적으로 체결된 것이라 주장하며, 1965년도 한일국교 정상화 당시처럼 '청구권' 방식에 따른 해결을 주장했다.

한편 수교 교섭의 계기가 된 90년 조선로동당, 일본자민당, 일본사회당의 3당 공동선언에서는 일본이 식민지 지배뿐 아니라 전후 45년간 북한 '인민'이 받은 손실에 관해서도 공식적으로 사죄하고 충분히 보상해야 함을 명기했다. 일본 외무성은 북일교섭에 임하는 기본입장으로 '전후보상'에 대해서 일체 인정하지 않기로 결정했다. 수교 교섭 당초에 전후보상도 강력하게 주장하던 북한은 도중에 이에 대해서는 주장하지 않게 되었다.

2) 관할권문제[6]

북한은 당초 '조선은 하나'라는 원칙을 견지하되, 관할권문제는 남북한간에 해결해야 할 민족 내부문제이지 일본이 관여할 성질은 아니라는 논리를 주장하며 북일교섭 의제에서 제외하려는 입장을 취했다. 나중에 가서 북한은 "조선은 하나이며 우리는 평화적 통일에 전력을 다한다"고 하면서도 "바람직한 현실은 아니지만 우리 주권은 조선반도의 절반밖에 미치지 않는다"고 인정했다. 여기에서는 남북한 유엔 동시가입이란 국제적 정세가 작용하고 있었다. 나아가 북한은 자신의 관할범위가 "군사경계선 이북"이라고 구체적으로 명시하기도 했다. 이러한 북한측의 입장표명에는 당시 남북기본합의서 채택이라는 현실이 작용하고 있었다. 다만 북한측이 회담에서 보여준 현실적인 발언은 북한 공식매체에는 일체 보도되지 않았다.

교섭에서 관할권문제는 일본측이 일관해서 제기한 의제였으며, 일본측은 교섭에 임하는 기본입장으로서 "일한관계의 후퇴는 받아들일 수 없으며 일조관계 정상화는 일한기본조약과의 정합성을 가지고 진행한다"고 밝혔다. 일본측은 나중에 좀더 적극적으로 문제를 제기하여 상화이며 "남쪽의 관할권을 주장하는 것은 인정할 수 없다"고 주장했다.

3) 북한 핵문제[7]

일본은 수교 교섭에 임하는 네가지 기본원칙 가운데 북한 핵문제 타결이 북일수교 교섭의 주요 의제임을 밝힌 바 있다. 북일국교 정상화가

---

6 『朝日新聞』1991년 1월31일, 5월 22일, 11월 19일, 12월 14일, 92년 2월 1일자;『로동신문』1991년 3월 27일자 등 참조.
7 『朝日新聞』1991년 1월 26일자; 小此木政夫「日韓國交交涉と日本の役割」, 小此木政夫 編,『ポスト冷戰の朝鮮半島』, 日本國際問題研究所 1994 등 참조.

한반도 전체의 평화와 안정에 기여하도록 추진한다. 그리고 국제원자력기구(IAEA)에 의한 북한 핵사찰 수용은 일본의 안전보장에 중요하다는 것이 그 내용이다.

북한은 이에 반해 핵문제는 수교 교섭과 전혀 무관한 의제임을 일관해서 주장했다. 1991~92년 수교 교섭은 표면적으로는 북한측 대표가 일본의 납치사건 거론에 반발하여 중단되었으나, 보다 근본적으로는 북미간의 핵문제를 둘러싼 갈등이 원인이 되어 회담 자체가 교착상태에 빠지다가 결렬된 것이라 할 수 있다.

4) 납치사건

일본은 수교 교섭 도중에 이른바 납치된 일본인 '이은혜 문제'를 거론하며 그 해결을 요구하기 시작했으나, 당초 이 납치사건문제는 회담의 의제는 아니었다. 당시 납치사건문제는 일본측이 회담타결을 회피하려는 구실에 지나지 않았다. 이은혜에 대한 정보도 한국측으로부터 제공되었다고 전해지며, 북일수교에 미치는 한국측 영향력의 한 예라 할 수 있다.

그러나 1991~92년 교섭이 중단되고 시간이 경과함에 따라 북한이 저질렀다는 납치사건이 증가하며 9건, 10명에 이르게 되었다. 납치사건문제는 가뜩이나 악화된 반북여론에 더욱 부채질하는 꼴이 되었다. 북송 재일조선인 처 귀향사업은 이러한 반북여론을 완화시키기 위한 조치였으나, 이렇다 할 효과를 거두지는 못했다. 이제 납치사건문제는 북일수교 교섭 재개의 최대 장애로 떠오르게 되었다.

3. 상황변화와 수교 교섭 재개

1) 1998년 10월 한일공동선언과 일본의 '사죄'

북일관계가 답보상태에 들어간 사이에 한일관계에는 커다란 전기가 마련되었다. 1998년 10월 김대중 대통령이 일본을 방문, 오부찌 케이조오(小淵惠三) 총리와 정상회담을 갖고 '21세기 한일 파트너십 공동선언'에 합의했다. 이 선언에서 일본은 "일본이 과거 한때 식민지 지배로 인하여 한국 국민에게 다대한 손해와 고통을 안겨주었다는 역사적 사실을 겸허히 받아들이면서 이에 대하여 통절한 반성과 마음으로부터의 사죄를 한다"고 밝혔다. 이에 대해 한국은 오부찌 총리의 "역사인식 표명을 진지하게 받아들이고 이를 평가한다"고 전했다. 이는 한일 양국이 미래지향적 관계를 열어간다는 명목으로 과거사청산에 일단 합의했음을 뜻한다.

오부찌 총리의 '사죄' 발언은 이미 1995년 무라야마(村山) 전 총리가 했던 발언을 토대로 한 것이다. 1995년 8월 15일 전후 50주년 특별담화에서 당시 무라야마 총리는 "일본은 식민지 지배와 침략으로 많은 나라들 특히 아시아 제국에 다대한 손해와 고통을 주었다. (…) 역사의 진실을 겸허히 받아들이고 다시 한번 통렬한 반성의 뜻을 표하며 진심으로 사죄의 마음을 표명"한다고 말했다. 여기서 한국을 특정하지는 않았지만, 이는 확대해석하면 남북한 모두 적용될 수 있는 여지가 있었다. 그러나 무라야마 총리는 한일합방조약이 합법적이라고 발언함으로써 자신이 모처럼 진전시킨 과거사 반성의 의미를 크게 손상시켰다.

따라서 이 공동선언으로 한일기본조약 제3조의 구조약에 대한 일본측 해석에 변화가 생겼는가 하는 문제가 제기되고 있다. 무라야마 총리의 발언을 보면 이 해석이 바뀌었다고 보기는 어렵다. 다만 일본 내에서 일부 식자층 사이에서는 이 공동선언으로 한일합방조약 등 구조약의 합법성에 관한 일본측 주장은 변경된 것으로 보아야 하다는 견해가 표명되고 있다.[8] 그러나 현재까지도 일본정부는 이 점에 대해 일체 언급이 없으며, 한국정부도 이에 대한 일본측 해석을 요구하지 않았다. 구조약 해석문제는 여전히 불투명한 상태에 있으며, 이 문제가 해결되지 않으면 한일공동선언도 조문은 같지만 한일간에 해석은 달라지는 전철을 밟게 된다.

이러한 미해결 과제에도 불구하고 한일공동선언은 한일 우호관계에 큰 발판을 만들게 되었다. 북일수교와 관련해서는 남한 내에 끈질기게 존재하던 거부반응을 완화시킬 수 있는 계기가 될 수 있다. 나아가 일본정부가 1965년 한일국교 정상화 당시보다 사죄문제에서 북한에 대해 양보할 수 있는 폭을 넓혀주었다는 점이 중요하다.

2) 2000년 재개된 수교 교섭의 쟁점 — 사죄와 보상[9]

1992년 결렬된 수교 교섭은 94년 북미간 제네바핵합의가 이루어지고 난 뒤, 95년과 97년 두차례 재개 조짐이 있었으나 실현되지 못했다. 98년 8월 북한의 인공위성 발사 이후 악화된 북일관계는 한국정부의 전향적 대북정책이 일정한 영향을 미침에 따라 99년 12월 무라야마 전 총리를 단장으로 하는 초당파의회 대표단이 평양을 방문, 양국은 수교 교섭 재개에 합의했다. 이에 따라 적십자회담과 정부간 예비회담이 개

---

8 와다 하루끼 토오꾜오대 명예교수, 오꼬노기 마사오(小此木政夫) 케이오오대 교수 등은 한일합방조약이 무효임을 확인한 것으로 보아야 한다는 견해를 취하고 있다.
9 제9차 수교 교섭의 쟁점에 관해서는, 서동만 「북일수교 전망과 정치-경제적 대응」, 『통일경제』 2000년 3월호 참조.

최되어 수교 교섭을 가로막았던 납치사건, 미사일문제 등을 처리하기 위한 타협이 이루어졌다. 이에 따라 2000년 4월 평양에서 수교 교섭 제9차회의가 개최되었다. 회의는 1992년 중단된 제8차회의를 이어간다는 형식을 취했다.

　제9차회의에서 북한은 국교 정상화의 전제로서 일본이 과거 식민지 지배에 대한 사죄와 보상을 할 것을 요구하며 이를 4개항의 구체적 방안으로 제시했다.[10] 첫째, 일본정부 최고책임자 명의의 법적 구속력이 있는 문서로 사죄 명기, 둘째, 인적 및 물질적 손실에 대한 피해자가 납득할 수 있는 보상, 셋째, 문화재 반환 및 보상, 넷째, 재일조선인의 법적 지위 보증 등 네가지다. 일본측은 북일 양국은 교전상태에 있지 않았기 때문에 보상에는 응할 수 없으며, 청구권 방식의 협상에는 응할 수 있다는 입장을 밝혔다. 나아가 수교가 이루어지기 위해서는 일본인 납치사건문제와 미국과의 사이에 진행중인 미사일문제가 해결되어야 한다고 주장했다. 한편 일본은 과거와는 달리 관할권문제에 대해 일체 언급하지 않았다. 1991~92년 수교 교섭 당시 제5차회담에서 북한이 북한의 관할범위가 "군사경계선 이북"이라고 구체적으로 명시하여 "조선은 하나"라는 원칙에서 후퇴한 바 있으므로 굳이 일본측에서 이 문제를 제기할 이유는 없었던 것이다.

　북한은 1991~92년 수교 교섭 당시 회담의 나중 국면에서 양보했듯이, 교전 당사자로서 식민지 지배에 대한 '배상'을 요구하거나 45년 이후 전후에 대한 '배상'을 요구하지는 않았으며, 넓은 의미에서 식민지 지배에 대한 '보상'을 요구했다. 또한 제1차 수교 교섭 때와 마찬가지로 회담의 나중에 가서 사죄나 보상 문제를 포함하여 현안에 대한 논의는

---

10 『조선중앙통신』 2000년 4월 6일자; 『産經新聞』 4월 6일자; 『연합통신』 4월 8일자.

뒤로 미루고 과거사에 대한 사죄를 전제로 수교를 먼저 맺자는 입장으로 나왔다.[11]

북한측 주장에 대해 일본은 사죄 표명에 관해서는 1995년 무라야마 총리 당시 사죄발언으로 해결된 것이라는 입장을 취하고 있다. 보상문제에 관해서는 '청구권 자금' 방식 외에는 응할 수 없다고 맞섰다. 일본은 1998년 10월 한일공동선언도 무라야마 발언의 선에 따른 것이며 한일공동선언을 북한에도 적용하려는 입장인 것으로 해석된다.[12] 보상문제도 이미 남한과 마찬가지로 북한에도 사죄하지 않을 수 없게 된 이상 청구권 방식은 무리라고 판단하고 있으며, 경제협력 방식으로 처리하려는 것으로 추측된다.[13] 이 경제협력 방식은 북한은 '사죄'에 대한 '보상'으로 해석하고 일본은 보상이 아닌 '경제협력'으로 해석할 수 있는 절충적 성격을 띠게 될 것으로 생각된다.

1991~92년 수교 교섭 때와 비교할 때, 북한측 입장에 거의 차이는 없어 보인다. 문화재 반환 및 보상 요구를 추가한 것을 빼면, 거의 달라진 것은 없다. 2000년 4월 제9차회의에서도 다시 북한은 일본의 사죄가 이루어진다는 전제하에 다른 쟁점 타결은 뒤로 미루고 수교조약을 먼저 맺자는 입장을 표명하며, 수교조약에 보상을 명기하지 않아도 좋다는 태도로 나왔다. 이는 1973년 중일국교 정상화 당시 보상을 포기한 중국이 취한 입장과 같은 것이다.[14] 일본측으로서는 1998년 10월 한일

---

11 이러한 북한의 적극적 자세에 대해 일본정부는 납치사건이나 미사일문제가 쟁점이 되는 것을 피해가려는 의도로 간주하고 있다.
12 다만 이를 수교 조약문서 속에 명기하는 대신, 별개의 문서로 처리하려는 방침으로 알려지고 있다. 『東京新聞』 2000년 3월 31일자.
13 『東京新聞』 2000년 3월 24일자. 일본은 북한에 보상 형식을 취하게 될 경우 남한은 물론 침략했던 다른 국가들도 보상을 요구할 수 있다는 것을 우려하는 듯하다.
14 그러나 중국은 경제협력 방식으로 일본으로부터 막대한 경제지원을 받게 되었다.

공동선언을 북한측에 적용할 수 있는 여지가 생겼으므로 적어도 사죄와 보상 문제에 관한 한 협상타결의 가능성은 높아진 셈이다.[15]

3) 교섭의 장애 — 미사일과 납치사건 문제

일본은 일단 수교 교섭의 전제조건에서 납치문제를 제외시켰으나, 적십자회담이란 별도 채널을 통해 교섭을 진행시키기로 했으며, 이 문제를 교섭 도중이나 완료 후에 해결되어야 할 목표로 삼으면서 계속 협상의 지렛대로 활용할 것으로 보인다. 북한은 납치사건을 행방불명자로서 계속 조사할 것을 약속하고 적십자회담에서 이 문제를 논의하기로 합의했으나, 근본적으로 해결할 수단을 갖고 있지는 못하다.[16]

북한은 납치사건 해결을 위해 부분적인 협력자세를 취함으로써 일본 내 비판여론을 완화시키기 위한 분위기 조성에 힘쓸 것으로 보인다. 우선 유일하게 납치사건 피해자로 공개된 일본인 한명을 귀국시키거나, 70년대 적군파의 일항기 납북사건 주모자들을 귀국시키는 방법을 취할 것으로 예상된다. 또한 적십자회담에서 논의하기로 합의한 중단된 북송 재일조선인 일본인 처 귀향사업을 재개할 것이다. 납치사건 문제해결은 일본측의 정치적 결단이 요구되는 사안으로서 경우에 따라서 협상타결을 가로막는 변수로 작용할 수도 있다.

미사일문제도 북일관계에서 해결하고 넘어가야 할 숙제가 되었다. 일본은 미국과 마찬가지로 북한이 미사일의 실험, 수출, 생산 및 개발

일본의 중국에 대한 차관공여는 현재도 계속되고 있다.
[15] 북일수교 교섭에서 일본이 제기하는 납치사건문제나 미국과 얽혀 있는 미사일문제를 제외하면, 사죄와 보상 문제는 타결 가능성이 높아졌다.
[16] 납치사건에 대해서는, 와다 하루끼「무라야마 방북단 이후의 북일관계를 생각한다」,『통일시론』1999년 겨울호 참조.

까지 전부 포기해야 수교를 맺을 수 있다는 입장을 취해왔다. 특히 일본이 주목한 대상은 일본을 사정거리에 두는 중거리미사일이었다. 북한과 일본의 표면적인 입장이 어떠하든 북한 미사일문제에 대한 경제적 해결방식으로서 북일수교에 따른 경제적 보상이 결부된다는 데 대해서는 미국을 매개로 하여 북한과 일본 사이에 암묵적 합의가 이루어졌다고 할 수 있다. 따라서 근본적으로 일본의 경제적 보상 여부는 양국간 관계의 고유쟁점 외에 북미 미사일협상 타결에 달려 있다.[17]

일본이 우려하는 미사일문제가 북미협상에서 해결될 실마리를 잡음에 따라 사실 북일관계 고유의 현안으로서는 납치사건문제만이 양국관계를 가로막는 장애로 남은 셈이었다. 애초에 큰 장애가 아니었던 쟁점이 북일수교를 가로막는 새로운 장애가 되었던 것이다. 그 해결을 위해 남한의 외교적 역할을 포함한 새로운 노력이 요청되고 있었다.

4) 수교 교섭을 둘러싼 상황의 진전

북일수교에는 미사일문제나 한일기본조약과의 정합성문제 등 양국관계를 넘어선 것뿐 아니라 식민지 지배에 대한 사죄와 보상, 납치사건, 재일조선인 문제 등 양국 고유의 쟁점이 얽혀 있다. 이러한 쟁점은 복잡한 성격을 띠고 있으며 타결에 이르기까지는 양국의 인내와 타협이 요구되지만, 사안에 따라서는 양측 입장이 상당히 근접해 있기도 했다. 또한 1991~92년에 수교 교섭이 진행된 바 있고 94, 95년에도 재개 움직임이 있었던 만큼, 양국은 서로의 입장차이를 완전히 확인하고 있

---

[17] 미사일문제에 대한 일본의 입장에 관해서는, 小此木政夫 「ミサイル外交と日本の戦略」, 『潮』 1999년 10월호; Okonogi Masao, "The Sunshine Policy and Its Impact on Japan's North Korean Policy," 아태평화재단 주최 국제학술회의 '남북한 관계와 냉전구조 해체' 발표 논문(2000년 2월 25일) 등 참조.

었다. 따라서 미국이나 한국이란 변수를 제외한다면, 협상의 타결은 양국 정책결정 주체의 정치적 결단 여하에 달려 있다고 볼 수 있다. 복잡하고 다양한 쟁점을 일괄타결하는 수밖에 없다는 견해도 이같은 맥락에서 나온 것이다.[18]

작년까지의 북일교섭과정에서 주목해야 할 것은 남북정상회담이라는 새로운 변수가 등장한 점이다. 남북정상회담으로 남북한 경제협력이 궤도에 오르고 남북한간에 평화를 정착시키는 계기를 잡을 수 있다면, 불투명한 상태에 있던 북미협상과 북일수교 교섭에도 상당히 긍정적인 효과를 가져올 것으로 예상되고 있었다.

우선 북한 미사일위협을 둘러싸고 전개되는 북미협상이 타결 직전까지 진전되었다. 북한 미사일문제에 대해서 한미일 3국이 협력하여 대처하고 있었지만, 중국과 러시아가 이에 적극적인 관심을 기울이고 있는 점이 과거 핵문제와는 다른 구도였다. 남북정상회담을 앞두고 북중정상회담이 열렸으며 남북정상회담 이후 뿌띤 러시아 대통령의 평양방문이 이루어졌다. 중국과 러시아는 북한의 미사일위협이 미국의 MD 구상에 구실을 준다는 점에서 난처한 입장에 있었으며, 북한이 협상을 통해 이 문제를 해결하도록 설득했다. 실제 북한은 미사일협상에 타협자세로 나왔으며 사정거리 300~1000킬로미터의 중거리미사일(노동 1호, 2호)에 대해서도 1300킬로미터 이상의 장거리미사일(대포동 1호)과 마찬가지로 개발포기 의사를 제시했다. 이는 일본과의 수교에서 얻어질 사죄에 대한 보상을 염두에 둔 것이었다.

남북정상회담도 계기가 되어 북일수교 교섭이 진전되는 데 유리한 환경이 조성되었다. 중국, 러시아가 남북한 동시수교를 바탕으로 적극

---

18 Okonogi Masao, 같은 글.

적인 한반도외교를 전개했고 미국도 대북 경제제재 부분해제를 통해 대북관계를 진전시키고 있었으므로 일본만이 한반도문제에서 대북채널이 없이 고립되는 양상이 나타나고 있었다. 일본으로서도 납치사건 문제만 고집하며 그 해결을 전제로 북일수교 교섭을 늦추기는 어려웠던 것이다. 또한 2002년 월드컵을 둘러싸고 남북한과 일본 사이에 협력관계가 이루어질 가능성도 있었다. 클린턴 대통령의 평양방문이 실현되었다면 북미정상회담-북일정상회담-제2차 남북정상회담이 상호 상승작용을 하며 한반도 교차승인 구도가 실현될 가능성이 컸다. 북미관계가 연락사무소 개설단계 정도로라도 개선된다면 북일수교는 급진전하여 수교에 이를 가능성도 배제할 수 없었다.

4. 부시행정부 출범과 수교 교섭의 전망

클린턴정부하에서 가시화되던 북미, 북일 정상화구도가 부시정부 출범과 함께 뒤집히는 양상을 보이며 한반도 정세에 난기류가 형성되고 있다. 한미정상회담과 한미일 TCOG(대북정책 조정감독 그룹)회의 결과 제네바기본합의 준수, 대북포용정책 기조유지, 북미협상 재개, 남북대화 지지 및 한국 주도 인정 등이 합의되었다. 하지만 부시정부는 클린턴정부와는 다른 강경한 협상자세를 취할 뜻을 밝혔으며 클린턴정부 당시의 북미협상을 이어받는 것이 아니라 제네바기본합의의 원점부터 다시 시작한다는 입장을 보였다. 제네바기본합의 자체의 수정 가능성도 부정하지 않았다. 북한과 미국의 힘겨루기가 다시 개시될 우려가 생기고 있다. 더욱이 미국은 제2차 남북정상회담을 통해 남북한 양자간에 한반도 평화선언이 이루어지는 데 대해 경계심을 늦추지 않고 있다.

북미협상이 불투명해짐에 따라 일본도 북일수교 교섭에 적극적으로 나올 가망은 거의 없어 보인다. 김정일 국방위원장 장남 김정남의 일본 밀입국 해프닝은 어떤 경위에서 벌어진 것인지 확실치 않지만 결과적으로 북일관계가 쉽지 않음을 예감케 한다. 특히 일본 자민당이 공언하고 있는 집단적 자위권 행사가 96년 미일방위협력지침 개정, 99년 방위관련법 정비 당시처럼 북한 위협을 구실로 실현된다면 북한의 반발을 살 수밖에 없고 한반도 정세에 부정적인 영향을 미치게 되어 있다. 집단적 자위권 행사문제가 정치일정에 오르게 되면 일본정부는 북일수교 교섭 타결을 위한 입지가 극도로 좁아질 것이다. 이를 미국 부시행정부 내 '일본파'들이 적극 지지하는 것도 심상치 않다.

한일간에 역사교과서문제도 북일수교에 좋지 않은 영향을 미치게 되어 있다. 앞에서 언급했듯이 1998년 김대중-오부찌 정상회담에서 과거사 청산에 합의함으로써 북일수교를 위한 일본의 입지를 넓혀주었으나 역사왜곡문제가 돌출함으로써 과거사청산 합의조항의 유효성 자체가 위협을 받고 있다. 한일간의 갈등은 북일수교를 위한 분위기 조성에 마이너스로 작용할 수밖에 없다. 일본의 과거사문제에 대해 남북이 공동으로 대처하는 새로운 움직임도 나타나고 있다. 남북한의 협력은 중요한 성과이며 일차적 책임은 일본에 있다고 해도 일본정부와 대립하게 되는 것은 불행한 일이다. 북일수교가 원만하게 진행되기 위해서는 남북한, 일본 3자간에 과거문제를 포함하여 경제협력 등 현재문제에서도 공통점을 찾는 것이 바람직하기 때문이다.

현재 시점에서 남한정부는 남북대화를 재개하고 제2차 남북정상회담을 성사시킴으로써 미국뿐 아니라 일본까지 움직이게 해야 하는 힘겨운 과제에 직면해 있다. 한국정부는 과거 1992년 한반도 핵위기 때 대북정책의 일관성을 잃고 강경책으로 선회함으로써 거꾸로 한반도문제 해결의 주도권을 미국이 쥐게 되었음을 결코 잊어서는 안된다. 이러한 경험을 교훈으로 삼아 대북 화해-협력정책의 일관성을 견지하며 제2차 정상회담에서 한반도평화를 위한 진전을 가져오기 위한 노력을 지속해야 한다.

일본의 보수-우경화 흐름 이면에 비록 다수는 못되지만 이에 대한 일본 내 비판세력도 만만치 않음을 인식하고 이들과의 협력을 통해 일본이 한반도 평화에 기여하도록 견인해내는 작업도 게을리해서는 안될 것이다. 한국과 일본이 합의한 과거사청산 정신은 한일관계의 장래뿐 아니라 북일수교 협상의 진전을 위해서도 손상되어서는 안된다. 이는 한반도 전체와 일본의 역사적 화해를 위한 접점이기도 하다. 이 점에서 역사교과서문제에는 단호히 대처해야 할 것이다.

〈2001〉

'북조선=유격대국가'론의 제기와 의미
와다 하루끼 『북조선: 유격대국가에서 정규군국가로』 역자 후기

　이 책은 와다 하루끼 교수의 저서를 번역한 것이다. 와다 교수의 북한 및 한반도 관계 저작 가운데 대표적인 것은 이미 국내에 번역되어 있다. 그의 생각도 국내 유수한 일간지에 한 기고나 교과서 왜곡문제, 정신대문제, 조일수교문제 등과 관련된 일본 내 시민운동을 통해 널리 알려져 있다. 와다 교수에 대한 새삼스러운 소개는 오히려 어색한 느낌을 줄 만큼 일본 지식인으로서는 한국에 가장 많이 알려진 사람 중 한 분이다.
　와다 교수는 일본의 이른바 '전후 민주주의' 세대에 속하는 학자로서 60~70년대 베트남전 반대운동, 한일연대운동 등을 주도한 시민운동가이기도 하다. 그는 타께우찌 요시미(竹內好)에 그 사상적 기원을 갖는 '진보적 아시아주의' 계보에 속하는 지식인이다. 일본의 진보적 지식인들이 대개가 서구주의적 성격을 갖는 데 비해 그는 아시아, 특히 한

반도를 중시하는 차이를 보인다. 또한 일본의 아시아주의가 대체로 보수·우익적인 데 반해 그는 진보적인 계열에 서 있다. 이는 일본이 과거사를 철저히 반성하고 패권을 지향하지 않는 쪽으로 아시아의 지역협력을 지향하는 것을 뜻한다. 와다 교수가 사회주의체제 및 러시아 연구자로서, 러시아혁명과 뻬레스뜨로이까 연구의 권위자이면서도 이에 못지않게 한반도 및 북한 연구에 주력해온 것도 이와 같은 사상적 뿌리와 깊은 연관을 맺고 있다.

이 책은 저자의 거의 20년에 가까운 북한연구를 나름대로 총정리한 저작이다. 1980년대에 이른바 '유격대국가론'을 전개하여 주목을 받은 바 있는 저자는, 이 책에서 김일성 사망 이후 김정일시대를 '정규군국가론'으로 새롭게 정리하고 있다. 그의 유격대국가론은 국내에 상당히 알려졌지만, 주로 이론보다는 사실의 실증에 주력해온 그의 역사학자로서의 면모 때문에 그 논리적 내용은 그다지 정확하게 전달되지는 못했다. 그의 주장은 상당히 정교한 이론구조를 지니고 있으며, 냉전시대에도 활발한 연구가 가능했던 일본 및 구미의 비교사회주의 연구의 풍부한 성과에 기초해 있다. 그다지 두껍지 않은 이 책에서 독자들은 저자의 논리가 매우 간명하고 효율적으로 정리되어 있음을 확인할 수 있을 것이다.

이 책은 북한에 대한 본격적인 연구서이면서 동시에 통사 내지 교과서로서의 체제를 갖추고 있기도 하다. 김일성의 항일무장투쟁에서 북한체제의 형성 및 변화에 이르는 역사를 정리하고 있을 뿐 아니라 정치, 경제, 문화, 대외관계 등 체제의 기본적 측면에 대해서도 망라해 서술하고 있다. 이미 『역사로서의 사회주의』란 짧은 문고본 속에서 수백년에 걸친 사회주의 이념, 운동, 체제 전반에 대한 정리를 해낸 저자의 역량을 알고 있는 독자라면 이 책에서 그것을 다시 한번 확인할 수 있을 것이다.

이 책은 동시에 저자의 북한연구의 궤적을 서술하는 방식을 통해 일본 내 북한연구의 발자취를 보여주고 있기도 하다. 이 점에서 이 책은 일본 내 북한연구의 문제점, 일본인의 북한인식의 취약점에 대한 통렬한 비판이자 자기반성으로서도 중요한 의의를 갖는다. 현재 일본 내에서는 일본인 납치의혹사건이나 북한의 장거리미사일문제로 반북정서가 극도로 높아져 있다. 이는 거의 북한에 대한 '오리엔탈리즘' (orientalism)이라 해도 과언이 아닐 정도이며, 일본·북한 모두의 역사적 과제인 수교문제는 일본 자신의 힘만으로는 해결하기 힘든 지경에까지 와 있다. 저자는 조일국교정상화를 위한 시민운동을 전개하고 있으며 이 책은 이러한 시민운동가로서의 실천적 노력이기도 하다.

한편 번역과정에서 역자들이 가장 고심했던 것은 호칭문제였다. 남한에서는 북한이란 명칭이 일반화되어 있지만 일본에서는 '북조선'이란 표현이 쓰이고 있다. 일본의 신문, 방송은 먼저 북조선이라 부르고 그뒤에 조선민주주의인민공화국이란 공식호칭을 붙인다. '북조선'은 조선반도의 북쪽이란 지리적 의미 외에 아직은 국교가 없는 양국관계를 반영하고 있는 이름이다. 일본에서는 남북을 합친 지리적 범위로서 한반도를 쓰지 않고 조선반도란 지리적 호칭을 사용하기 때문이다. 여기에는 남과 북 어느쪽을 편든다는 의미는 전혀 없다. 물론 남쪽에 대해서는 대한민국, 한국이란 호칭을 사용하고 있으니 공평한 것은 아니지만 북조선이란 호칭이 그 자체로 반드시 차별적인 말은 아니다. 1946년에 북에서는 정권의 모태로서 북조선임시인민위원회가 설립되었고 1947년 북조선인민위원회가 되었다. 지리적 명칭으로 북쪽에서도 반도의 북쪽을 북조선으로 지칭하는 것이므로 현재에도 쓰이고 있다.

하지만 엄밀히 말해서 남한·북한 모두 대한민국을 기준으로 한 자기중심적 표현이며 북에서 쓰는 북조선·남조선도 이와 마찬가지라 할 수 있다. 1948년 8, 9월에 38선의 남과 북에 두개의 정부가 성립하면서 그때까지는 자연스럽게 쓰이던 조선·한이란 말이 정치적·이데올로기적 의미를 띠게 되었던 것이다. 이제 남과 북은 1992년 남북기본합의서나 2000년 6·15 남북공동선언에서 상대방을 정식 호칭으로 일컫고 있다. 또한 상대방의 통일방안에 대하여 공통점을 인정하고 있기도 하다. 남북이 화해·협력시대에 들어서고 있는 현시점에서 더이상 조선과 한이란 말이 갖는 냉전적 색채에 사로잡혀서는 안될 것이다.

남과 북은 공존의 정신에서 서로의 정치적 실체를 인정하기 위해 각각의 내부에서 상대방에 대한 호칭을 쓰는 연습을 해야 할 필요가 있다. 이러한 이유로 이 책에서 쓰고 있는 북조선이란 명칭을 그대로 살리기로 했고 제목도 그대로 두었다. 이는 물론 일본인의 현실에 맞추어 사용되고 있는 것이라는 한계가 있지만 남쪽 사회의 '연습용'으로도 적극적인 의미를 가질 수 있다. 역자는 저자의 저서 『조선쟁쟁』을 번역할 때 이러한 문제점을 인정하여 『한국전쟁』으로 고쳐 번역한 바 있다. 이제 제1차 남북정상회담이라는 역사적 만남이 실현된 상황에서 이 문제와 관련하여 조금이나마 진전을 이루어야겠다는 생각에서 저자의 표현을 그대로 번역하기로 했다. 문맥에 따라서는 '예외적'으로 북한 또는 한반도로 번역하기도 했음을 밝혀둔다.

역자들은 토오꾜오대학 유학 시절 와다 교수의 '소련-동유럽 쎄미나' '북조선 쎄미나'에 수년 동안 참가하면서 많은 깨달음을 얻었다. 두 사람 모두 직접 와다 교수의 지도하에 박사논문을 작성, 제출했으며 이 번역은 그 학은(學恩)에 대한 보답이기도 하다. 매주 월요일 오후에 시작하여 저녁 무렵에 쎄미나가 끝나면 와다 교수와 일본인·한국인 학생들이 함께 학교 앞 혼고오 산쬬오메의 선술집에 들러 못다 한 토론을 나누었던 것이 더없이 소중한 학문적 자산과 삶의 추억으로 남아 있다. 이제 와다 교수가 정년퇴임하여 안타깝게도 더이상 북조선 쎄미나는 명맥을 잇지 못하고 있지만 이 책을 통해 독자들에게 쎄미나 정신이 이어지고 있다고 믿는다.

〈2002〉

북조선의 유교담론에 관하여
김정일의 통치담론을 중심으로

1. 문제제기

1) 유교와 전통

70년대를 거치면서 80년대 이후 북조선의 공식이데올로기에는 사회주의이념과 무관해 보이는 전통적인 유교적 담론이 두드러지게 나타나고 있다. '사회정치적 생명체론' '충성과 효성' '사회주의 대가정' '이민위천' '인덕정치' '광폭정치' '사회주의 한식솔' 등 봉건시대 정치질서를 정당화하는 기능을 하던 전통적 가치를 강조하는 담론이 일반화되고 있다. 외부에 비치는 지도자에 대한 거의 무조건적인 개인숭배나 한치의 틈도 없어 보이는 단합도 다른 사회주의국가들과는 다른 모습이다. 더욱이 여기에 절대적인 지도자 김일성이 큰아들 김정일을 후계자로 삼고 권력을 승계한 가부장적 정치현실이 결합되고 있다.

이같은 사실을 두고 북조선체제는 사회주의가 아닌 봉건적 왕조체제에 가깝다든지 일종의 종교집단과 유사하다든지 하는 논의도 적지 않다. 하지만 이러한 현상은 어디까지나 문화적인 것, 혹은 이데올로기적인 것이며 북조선체제는 기본적으로 '국가사회주의'체제에 입각하여 북조선의 특수한 조건에 따라 새로운 변용이 가해진 것으로 볼 수 있다. 국가사회주의체제는 어떠한 국가의 것이든 고도의 권력집중을 특징으로 하고 있다. 공산당 1당이 사회 전체를 전일적으로 지배하는 '당=국가'체제가 통치의 근간을 이루며 집권자 1인에게 권력이 집중된다. 특히 권력교체의 합법적인 절차가 결여됨으로써 정치엘리뜨가 노령화하는 현상도 일반화된다.

따라서 사회주의체제의 정치문화나 이데올로기에서는 최고지도자에 대한 개인숭배가 만연하며 이러한 권력집중은 권위주의적 정치문화와 친화성을 갖지 않을 수 없다. 이러한 권위적 관계는 최고통치자와 일반인민 사이의 관계뿐 아니라 미시적인 사회관계도 지배하게 된다. 인민의 일상생활을 지배하는 직장의 사회적 관계에서도 고위간부와 부하 간의 후견-피후견 관계가 확산되는 경향을 갖는다.

다만 사회주의체제의 정치문화가 권위적이라 해서 그 문화나 이데올로기가 어느 체제에서나 동일하게 나타나지는 않는다. 체제형성과정에서 예외없이 소련을 모델로 한 국가사회주의체제를 확립한 국가들은 '사회주의 조국' 소련으로부터 상당한 영향을 받았으며 그 체제뿐 아니라 이념도 의식적으로 소련 것의 일부를 수용했다. 하지만 시간이 갈수록 사회주의국가들 가운데 일부국가들은 외래적인 것보다는 자신의 역사적 경험을 좀더 선호하는 것이 자연스러운 일이었다.

그런데 유일사상체계 확립운동 과정에서 갑산계 및 1로군계 이외의 방계(傍系) 빨치산파를 제거하면서 김일성은 '수령'으로서의 절대적 위치를 확보했다. 1970년 제5차 당대회에서 김일성은 다른 빨치산 동료들과도 구별되는 절대권력자가 되고 이는 하나의 제도로서 확립되었다. 여러 북조선 연구자들은 김일성의 절대권력이 제도화된 정치체제를 '유일지도체제' '수령제' '유격대국가'란 이름으로 설명했다. 그리고 이러한 실체적인 권력관계를 법적으로 뒷받침한 것이 1972년 사회주의헌법으로의 개정을 통해 성립한 주석제였다.

이러한 현상은 기존에 존재하고 있던 '국가사회주의'체제 위에 성립한 '제2차적 형성물'[1]이라는 성격을 갖는다. 이는 기존의 국가사회주의체제를 수정하기보다는 그 근간을 견지하려는 데서 생긴 것이다. 그리고 절대권력체제를 정당화하기 위한 갖가지 이념적 기제가 동원되면서 그 담론은 북조선적 특수성을 띠게 된다. 특히 유일사상체계 확립운동은 '주체사상'을 중심으로 전개된 것이며 문화혁명과정에서 절대화된 중국의 마오 쩌뚱 사상의 침투를 봉쇄하기 위한 의도도 갖고 있었다.

김일성의 주체사상으로 전사회를 일색화한다는 유일사상체계가 확립됨으로써 사회주의권의 보편적 이념인 맑스-레닌주의나 중국에서 절대화되어 북조선에 영향력을 미칠 수 있는 마오 쩌뚱 사상과 비교하거나 논리적 관계를 따지는 통로는 차단되었다. 하지만 북조선의 주체사회주의 및 김일성의 권력을 정당화하는 이데올로기의 내용은 끊임없이 변화를 겪게 된다. 이와 관련하여 북조선의 주체사상체계에서 중요시되는 것으로 '영도예술'이란 개념이 있다. 북조선을 둘러싼 내외적 조건은 끊임없이 변화하며 이러한 현실에 맞추어 통치방식도 계속해서 바뀔 수밖에 없음을 가리키는 개념이다. 이 논리에 의하면 현실을 설명하는 논리도 현실의 변화에 따라 바뀔 수밖에 없게 된다.

---

[1] 和田春樹『北朝鮮: 遊擊隊國家の現在』, 岩波書店 1998.

특히 이것은 전통을 현재 속에 살려가는 작업에서 가장 두드러지게 나타난다. 북조선의 민족주의적 흐름 속에서 민족전통을 보존하고 살려가는 일은 매우 중요시된다. 전통은 자연스럽게 결합하는 것이 아니라 현실에 맞게 의식적으로 재생되고 재창조되는 것으로 간주된다. 북조선이 전통을 살린다고 해도 그것은 혁명의 요구에 적합한 혁명적인 전통이 되어야 하며 이는 당연히 현실 권력관계를 반영해서 김일성의 빨치산투쟁이란 혁명전통으로 귀착되었던 것이다.

이 관점에서는 유교적 전통도 조선의 기층문화가 북조선의 현실과 자연스럽게 결합한 것이라기보다는 정치현실의 필요에 따라 동원되고 재생된 측면이 크다. 이는 무엇보다도 70년대 후반 80년대를 거치면서 진행된 김일성을 중심으로 한 북조선의 지도집단인 혁명 제1세대 빨치산파의 노령화, 김정일을 중심으로 한 제2세대의 권력승계란 현실과도 직결되어 있다. 시기적으로 유교담론이 두드러지게 나타난 것은 주로 70년대 이후였으며 80년대 들어 훨씬 강화되었다. 70년대 이전에는 유교담론이 북조선 공식이데올로기에서는 좀처럼 보기 어려웠다. 물론 이를 정당화하기 위한 논리는 북조선이 경험했던 조선의 문화전통에서 찾아내는 것이 손쉬운 일이었다.

북조선과 같은 유교문화권이던 아시아의 사회주의국가 중국, 베트남에서는 80년대부터 유교에 대한 긍정적 재평가 움직임이 권력에 의해 의식적으로 추진된 적이 있다. 이는 개혁·개방이 본격화되면서 공산당 통치를 효과적으로 유지하기 위해 밑으로부터의 민주적 통제를 허용하기 어려운 현실에서 위로부터 간부들의 통치윤리를 강화하려는 의도가 작용하고 있었다.[2] 북조선에서 유교담론이 확산된 것은 중국,

---

2 중국에서의 유교 재평가에 관해서는, 溝口雄三「〈儒教ルネサンス〉に際して」,『方法と

베트남에서 나타난 이러한 흐름과 무관하지는 않을 것이다. 그러나 북조선에서는 권력의 필요에 의해 유교담론이 활용되었음에도 불구하고 학문적 차원에서 유교 재평가작업은 이루어지지 않았다.³ 따라서 유교담론이 공식이데올로기 속에서 지도자, 당, 사회주의체제를 정당화하는 주요 요소임에도 불구하고 공식적으로는 매우 부정적인 평가를 받고 있다.⁴ 1974년부터 현재에 이르기까지 북조선의 이데올로기에 대한 독점적 해석권을 장악한 것은 김정일이었다는 점에서 북조선의 유교담

しての中國』, 東京大學出版會 1989 참조. 베트남의 경우는 坪井善明 「ヴェトナムにおける儒教」, 『思想』 1990년 6월호 참조. 중국, 베트남의 개혁·개방시대에 있어서 관료·지식인과 유교 재평가의 상호관련성에 관한 흥미로운 분석으로는, Alexander Woodside, "Exalting the Latecomer State: Intellectuals and the State During the Chinese and Vietnamese Reforms," *The China Journal*, July 1998 참조.

3 북조선의 경우 중국, 베트남과는 달리 유교에 대해 긍정적으로 해석하는 학문적인 재평가작업이 이루어진 적이 없었다. 역으로 유일사상체계 확립운동 과정에서 갑산계 박금철 등이 숙청되면서 그들이 실학파를 높이 평가하며 간부들에게 정약용의 『목민심서』를 필독문헌으로 읽도록 했다는 사실이 비판되고 있었다. 김일성 「당 간부들 속에 당의 유일사상체계를 세우며 혁명화하기 위한 사업을 강화하기 위하여——조선로동당중앙위원회 제4기 제21차 전원회의 확대회의에서 한 결론」(1970년 7월 6일), 『김일성저작집』 제25권 154면 참조.

4 70년대 이래 부정적 평가가 지속되고 있다. 이는 봉건적 유산 일반뿐 아니라 종교에 대한 부정적 평가와도 관련되어 있다고 보여진다. 다음의 정의를 보라. "도덕적 견해에서 유교의 교의는 효자충신과 남존여비 사상을 강조하였는바, 즉 아들은 가부장적 부모에게 맹목적으로 순종해야 하며 신하는 군주에게 무조건 굴종해야 하며 여자는 남편에게 무조건 복종해야 한다고 설교하였다. 이것은 모두 봉건통치질서를 유지하고 봉건통치질서를 합리화하는 반동적인 설교이다." "유교는 불교와 함께 우리나라에 들어와서 수백년 동안 봉건지배계급의 사상적 지배도구로 리용되면서 근로대중의 투쟁의식과 민족자주의식을 마비시키는 반동적 역할을 하였다." 『정치사전』(사회과학출판사 1973) 1327~28면; 『철학사전』(사회과학출판사 1970) 784~86면 참조.

론을 이해하기 위해서 김정일의 담론분석은 제일차적인 과제가 된다. 이 논문은 이같은 현실변화에 따른 이념적 정당화라는 시각에서 북조선의 공식매체에 공개된 김정일의 발언이나 논문을 자료로 하여 유교적 담론이 어떻게 형성, 변화해가는지 시간적으로 추적하는 것을 목적으로 한다. 시간적으로는 70년대 김정일의 후계자화 시기, 80년대 후계체제 확립 시기, 90년대초 사회주의권 붕괴 시기, 1994년 김일성 사망과 김정일체제 등장 시기 등으로 나누어 분석해보기로 한다.

2) 기존의 연구

북조선의 유교담론에 관한 연구로는 미국의 브루스 커밍스, 일본의 스즈끼 마사유끼, 와다 하루끼, 한국의 이종석, 안찬일 등의 연구가 대표적이다.

브루스 커밍스는 이 분야 연구의 선구적인 예에 속한다.[5] 커밍스는 북조선의 정치체제를 '사회주의적 코포라티즘(corporatism)'으로 부른 데서 드러나듯이 유기체적인 것으로 파악하고 있다. 그는 코포라티즘 체제의 대표적인 예를 과거 동유럽의 파시즘체제나 일본의 천황제체제에서 찾고 북조선은 사회주의체제이면서 자본주의적인 코포라티즘과 유사성을 갖고 있는 데 착안했다. 북조선이 수령, 당, 인민의 동심원적 관계를 중심으로 한 일종의 '가족국가'를 형성하고 있으며 이는 과거 제국주의시기 일본의 천황제국가와 유사한 구조를 이루고 있다고 본다. 그러나 커밍스의 연구는 이러한 관점을 개척한 획기적 성과로 인정되지만 유기체적인 것과 가족국가를 구별하지 않고 동일시하는 난점이

---

[5] Bruce Cumings, "Corporatism in North Korea," *Journal of Korean Studies* 4 (1982~1983) ; *The Origins of Korean War 2 : the Roaring of the Cataract 1947~1950*, Princeton UP 1990.

있다. 또한 이러한 국가구조가 1948년까지의 체제형성기에 만들어져서 현재에 이르기까지 변함없이 유지되고 있다는 주장을 하고 있다. 이는 유교담론의 변화를 무시하는 결과를 빚고 있기도 하다.

일본의 스즈끼 마사유끼의 연구[6]는 가장 먼저 유교담론을 체계화하고 이를 유일사상체계 확립운동의 구체적인 정치과정과 관련시켜 분석했다. 그는 혁명적 수령관, 사회정치적 생명체론 등을 면밀히 분석하고 그 결과 북조선의 정치체제를 '수령제'로 이론화하고 있다. 또한 천황제국가론과의 유사성에 주목하여 수령제의 '국체론'으로 발전시키고 있다. 특히 김정일의 권력승계문제가 수령제 확립과정과 깊은 관련이 있다고 주장한다. 스즈끼는 유교담론문제를 '사회주의와 전통의 공명(共鳴)'으로 파악하여 북조선연구에 상당한 반향을 불러일으켰다. 그러나 스즈끼의 연구는 북조선의 공식이데올로기를 전부 유교적인 것으로 간주하는 유교 환원주의적 경향을 드러내고 있다. 유기체적인 요소, 기독교적인 요소, 도교적인 요소도 모두 '유교적' '조선적'인 '전통'으로 동일시하는 무리를 범하고 있다. 또한 이러한 이데올로기가 의식적인 소산이 아니라 사회주의체제와 전통문화가 자연스럽게 결합한 것으로 본다. 이 연구는 이데올로기를 고정적인 문화의 일부로만 보는 난점을 안고 있다.

와다 하루끼는 커밍스와 스즈끼의 연구를 비판적으로 흡수하며 자신의 입장을 전개했다.[7] 그는 북조선의 문화나 이데올로기가 기본적으로 현실의 필요에 따라 의도적으로 만들어진 것으로 본다. 또한 그것은 소련, 중국의 사회주의, 조선의 전통, 필요하면 독일 파시즘이나 미국, 프

---

6 鈴木昌之『北朝鮮: 社會主義と傳統の共鳴』, 東京大學出版會 1992); 스즈끼 마사유끼 『김정일과 수령제 사회주의』, 유영구 역, 중앙일보사 1994.
7 和田春樹, 앞의 책.

랑스의 서구적인 것까지도 이용하는 절충주의적인 것으로 간주한다. 기존의 연구자들이 모두 유교적인 것으로 파악하는 사회정치적 생명체론 같은 이데올로기 가운데에는 잡다한 것이 혼재되어 있음을 판별해내고 있다. 그는 김정일이 주장하는 영도예술에 착안하여 이러한 담론은 계속해서 변화해왔으며 앞으로도 변화할 것이라고 본다. 이러한 김정일의 '정치 연출'에 대해 인류학자 클리포드 기어츠(Clifford Geertz)의 '극장국가론'[8]을 원용하여 분석하고 있다. 와다의 연구는 스즈끼의 연구에 대한 가장 직접적인 비판이라 할 수 있다.

한국에서 우선 이종석의 연구[9]는 주체사상 및 유일체제에 관한 연구의 일환으로 나온 것이다. 이는 유교담론만을 체계적으로 다룬 것은 아니지만 60년대말, 70년대 중반까지의 주체사상을 다루면서 나름대로 독자적인 관점을 제시하고 있다. 그의 연구는 먼저 나온 스즈끼의 연구와 상당한 유사성이 엿보인다. 그도 사회정치적 생명체론을 기본적으로 유교담론으로 간주하며 스즈끼와 같이 '사회주의와 봉건전통의 공명'으로 표현한다. 이는 다른 사회주의국가처럼 북조선사회에 만연하던 개인숭배가 북조선사회 저변에 잔존하고 있던 충효, 의리와 같은 봉건가치와 결합한 것으로 파악된다. 다만 이종석의 연구는 80년대에 체계화된 논리를 중심으로 분석하고 있으며 시대적 변화에 따른 유교담론의 변화를 충분히 추적하고 있지 못하다. 한편 이종석의 연구는 이러한 봉건가치는 김일성에게로의 권력집중을 합리화하기 위한 목적론적 해석 내지 이론체계이기도 하다는 점을 강조한다. 이 점에서는 와다의 관점과 통하는 바도 있다.

---

8 Clifford Geertz, *Negara: The Theatre State in Nineteenth-Century Bali*, Princeton University Press 1981.
9 이종석『조선로동당연구』, 역사비평사 1995.

안찬일의 연구[10]는 유교담론만을 대상으로 다룬 것이란 점에서 가장 풍부한 연구다. 그는 북조선의 유교담론은 조선의 전통적 유교문화, 일제의 식민지문화가 작용한 것으로 간주하고 있다. 이 점에서는 유교담론을 조선적인 것으로만 보는 스즈끼의 연구와는 차이가 있으나 안찬일도 유교담론을 사회주의와 기층문화의 자연스러운 결합으로 본다는 점에서는 스즈끼와 유사하다. 또한 그도 80년대 이후 북조선 이데올로기의 거의 대부분을 유교적인 것으로 단정짓는 점에서 유교 환원주의적 경향을 띠고 있다. 안찬일의 연구에서 아쉬운 점은 유교담론의 다양한 측면에 관한 풍부한 예증을 하고 있음에도 불구하고 시간적 경과나 정치적 변화에 따라 유교담론이 바뀌어가는 과정을 인과관계에 따라 면밀히 추적하고 있지 못하다는 점이다.

이같은 기존연구들은 유교담론에 관한 학문적 관심을 불러일으키고 그 이해를 넓히는 데 상당한 기여를 했다. 이 연구들이 지적한 북조선의 공식담론에 관한 비판도 많은 부분에서 여전히 그 효력을 유지하고 있다. 하지만 유교담론과 혼재하는 다른 요소들을 구별해내는 일, 유교담론이 시간적 경과 및 시대적 배경에 따라 바뀌어가는 모습을 정리하는 일 등은 기존연구가 남긴 과제라 할 수 있다.

2. 유교적 담론의 발단

1) '유일사상체계' 확립운동과 혁명적 수령관

1967년부터 전개된 유일사상체계 확립운동에 관해서는 그 원인과

---

10 안찬일 『주체사상의 종언』, 을유문화사 1997.

배경을 둘러싸고 많은 논의가 이루어지고 있다. 어떻든 이를 계기로 북조선의 권력관계 및 통치체제에 상당한 질적 변화가 일어난 데 대해서는 연구자들의 견해가 일치하고 있다. 이 유일사상체계 확립운동이야말로 현실정치의 변화뿐 아니라 그것을 정당화하는 이데올로기에서 유교적 담론이 형성되는 데 결정적인 역할을 했다.

유일사상체계 확립운동이 가시화된 것은 1967년 5월 당중앙위원회 제4기 제15차 전원회의를 전후한 시기였다. 이 전원회의 직후에 '수령'이 절대적으로 강조되어 김일성에게는 "경애하는 수령 김일성 동지" "위대한 수령"이란 호칭이 붙게 되었다. 동시에 전인민에게 "항일유격대원의 불굴의 혁명정신을 따라 배우자" "항일유격대원과 같이 혁명전통에 충실하자"는 구호가 제시되었다. 전인민은 "수령의 진정한 혁명전사"가 되도록 요구된 것이다. 이 유일사상체계 확립운동에서 가장 중요한 것이 수령의 지위를 새롭게 설정한 일이다. 이는 이른바 '혁명적 수령관'으로 체계화되어갔다.

60년대말부터 70년대에 걸쳐서 추구된 '위대한 김일성 수령'을 중심으로 한 인민의 단결은 기본적으로 항일빨치산을 모범으로 한 것이었다. 다만 그 관계를 형상화하는 과정에서 갖가지 다양한 담론이 형성되었다. 이는 위로부터의 대중운동을 통해 김일성 개인숭배를 조장하는 과정에서 아래로부터 경쟁적으로 담론형성이 분출된 데 따른 것이다. 이러한 담론은 빨치산 지휘관과 전사와의 관계를 기본모델로 하되 인민의 수령에 대한 충실성을 강조하는 것이라면 유기체적 담론이든 유교적 담론이든 무엇이든 좋았던 것이다. 70년대 담론형성의 특징은 '유일사상체계'란 이름 아래 전개되었으나 처음부터 하나의 논리로 체계화되기보다는 다양한 요소가 분출하면서 정리되어가는 모습을 띠게 된다. 여기서는 크게 보아 유기체적 담론과 유교담론의 두 흐름이 서로 혼재하면서 나타나게 된다.

우선 '어버이 수령'이란 표현을 들 수 있다. 예컨대 1969년 4월 당이론지 『근로자』에 실린 권두논문에서 김일성은 "언제나 인민과 고락을 함께 나누시고 전체 인민을 한 품에 안아 키우시며 인민의 모든 생활을 친어버이의 심정으로 보살펴주시고 계신다"고 찬양되었다. 따라서 "전체 조선인민은 이렇듯 위대하고 자애로운 어버이 수령님을 모셨기에 수령을 끝없이 신뢰하고 충심으로 따르며 수령께 자신의 모든 것을 의탁하고 일편단심 수령께서 가리키시는 한 걸음 따라 물불을 가리지 않고 싸워왔다"는 것이다.[11] 김일성을 어버이 수령으로 호칭하는 유교담론은 김일성이 환갑을 맞은 1972년 4월을 계기로 전사회로 확대되었다. 다만 김일성이 스스로 자신을 '어버이 수령'이라 부를 수는 없었다. 대신 유일사상체계 확립운동이 확대되는 가운데 김일성은 당을 '어머니 당'으로 표현하기 시작했다.[12]

김일성이 이전부터 언급하던 '정치적 생명'에 관한 담론을 이어받아 어버이 수령에 연결시키는 담론도 등장했다. 1966년 김일성은 한 연설에서 자신이 "언제나 당과 인민에게 충실"할 것이며 "나 개인이 하나 죽는 것은 아까울 것 없다, 비록 육체적 생명은 죽는다고 하여도 정치적 생명만은 더럽히지 않겠다, 이런 혁명적 신조만 가지면 어떤 곤란도 이겨낼 수 있습니다"라고 말한 적이 있다.[13] 이는 '육체적 생명'과 '정치

---

[11] 「위대한 수령 김일성 동지의 현명한 령도를 받는 우리 인민의 혁명위업은 필승불패이다」, 『근로자』 1969년 제4호, 8면.

[12] 김일성 「당사업을 개선하며 당대표자회 결정을 관철할 데 대하여: 도, 시, 군 및 공장 당책임비서협의회에서 한 연설」(1967년 3월 17~24일), 『김일성저작집』 제21권, 192~93면.

[13] 김일성 「당사업에서 형식주의와 관료주의를 퇴치하고 일군들을 혁명화할 데 대하여 ― 조선로동당중앙위원회 조직지도부, 선전선동부 일군들 앞에서 한 연설」(1966

적 생명'을 구분하고 정치적 생명이 보다 귀중하다는 논리였다. 당초 이러한 정치적 생명의 논리는 유교적인 색채를 띤 것은 아니었다. 이는 혁명 윤리 혹은 도덕을 말한 것으로 사적인 삶보다는 공적인 삶이 보다 중요하다는 것을 강조하기 위한 비유에 지나지 않았다. 김일성과 항일 유격대투쟁을 같이한 박영순은 1969년 한 논문에서 "김일성 동지께서는 우리에게 정치적 생명을 주셨다"고 해석을 내리기 시작했다.[14] 1974년 4월 한 논문은 "위대한 수령 김일성 동지는 우리 인민에게 가장 귀중한 정치적 생명을 안겨주시고 끝없이 뜨거운 사랑과 배려를 베풀어주시는 인민의 자애로운 어버이이시다"라고 했다.[15] 즉 육체적 생명을 친부모가 주듯이 정치적 생명은 어버이 수령이 준 것이란 논리다. 정치적 생명은 수령과 인민을 어버이와 자식 같은 관계로 맺어주며 수령에 대한 자식으로서의 도리를 강조하기 위한 매개로서 강조되기 시작한 것이다.

다음으로 수령에 대해 뇌수, 심장 등 인체 일부로 비유하는 유기체적 담론도 등장했다. 1969년 4월 김일성의 57회 생일을 기념하는 전국 사회과학자토론회에서 수령은 뇌수라는 담론이 처음으로 나타났다.[16] 이 토론회에서 수령은 "전체 당원들과 근로자들을 통일단결시키는 유일한 중심이며 혁명과 건설의 향도적 력량인 당과 정권기관, 근로단체

년 10월 18일), 『김일성저작집』 제20권 497면.
14 박영순 「정치적 생명을 귀중히 여기는 것은 혁명하는 사람들의 고결한 품성이다」, 『근로자』 1969년 제4호 23면.
15 「위대한 수령님을 모신 우리 인민의 끝없는 영예와 행복」, 『근로자』 1974년 제4호 4면.
16 「김일성 동지는 우리 당과 4천만 조선인민의 위대한 수령이시며 국제공산주의운동과 로동운동 및 세계혁명 승리에 크게 기여하고 계시는 탁월한 맑스-레닌주의자이시다」, 『로동신문』 1969년 4월 29일자.

들을 유일적으로 지도하는 최고 뇌수"로 정의되었다. 하지만 아직 수령에 관한 담론이 하나로 통일된 것은 아니었다. 이 시기 다른 이론가는 "수령 없는 당은 지휘관 없는 군대와 같다"고 하며 수령은 "당과 로동계급과 인민대중을 하나로 묶어세워 혁명승리에로 인도하는 유일한 중심이며 심장이며 최고 뇌수이다"라고 주장했다.[17] 그러나 인체에서 뇌수와 심장이 하나가 될 수는 없다. 새로운 담론이 이어졌다. 1973년 한 논문은 당이 심장이라는 논리를 세우며 "조선로동당은 로동계급을 비롯한 근로대중의 사회정치적 생명을 책임지고 온사회를 하나의 유기체와 같이 움직여나가는 우리 사회의 심장이며 원동력"이라고 정의했다.[18] 이 표현은 결국 수령은 뇌수이고 당은 심장이라는 논리를 함축하고 있다. 이처럼 당초 유교적 성격을 가졌던 사회정치적 생명과 관련된 담론도 유기체적 성격을 띠어가고 있었다.[19]

한편 이 유일사상체계 확립운동이 확대되는 과정에서 60년대 이래 표방되어오던 '주체노선'은 '주체사상'으로 선언되었다. 1967년 12월 16일 개선된 최고인민회의 제1차회의에서 김일성은 조선민주주의인민

---

[17] 김국훈 「당의 유일사상체계를 세우는 것은 우리 당 건설의 기본원칙」, 『근로자』 1970년 제5호 40면. 이 글에서는 "프롤레타리아독재체제에서 수령, 당, 계급, 대중은 서로 떼어낼 수 없는 전일체를 이루고 있으며 수령은 그의 총체를 지도하는 위대한 령도자이다"라고 규정하여 80년대에 체계화되는 수령, 당, 대중의 삼위일체론의 단초를 엿볼 수 있다.

[18] 박수동 「당은 사회의 심장이며 원동력」, 『근로자』 1973년 제10호 14~15면. 이 글의 취지는 당은 혁명의 지도부 수령을 위한 '혁명의 참모부'이며 수령의 혁명사상을 실천하기 위한 '혁명의 정치적 무기'라는 데 있었다. 여기서 지도부는 수령이며 당은 그 수단이 된다.

[19] 70년대 후반에 가서 '정치적 생명체론'은 시간적 차원까지 획득해간다. 예를 들어 "사람의 육체적 생명에는 한계가 있지만 혁명가들의 정치적 생명에는 끝이 없다"는 표현이다. 「정치적 생명은 혁명가의 영원한 생명이다」, 『근로자』 1977년 제11호.

공화국 정부의 새로운 정강을 발표했다. 그 제1항에 "우리 당의 주체사상을 모든 부문에서 훌륭히 구현함으로써 (…) 자주, 자립, 자위 노선을 철저히 관철시킨다"는 것이 포함되었다.[20] 김일성의 주체사상은 북조선 내부에서 중국의 마오이즘처럼 맑스-레닌주의에 버금가는 독자적인 사상으로서의 위치를 확보하게 되었다. 다만 주체사상도 당초부터 일관된 철학체계를 갖춘 사상으로 제시되었다기보다는 정치적인 맥락에서 독자적인 사상으로 선언된 뒤 당내 이론가들이 점차 그 내용을 채워가는 과정을 밟았다.

2) 김정일의 후계자 옹립

김정일이 김일성의 후계자가 되는 과정에서 동원된 담론은 조선혁명의 위업을 대를 이어 완수한다는 것이었다. 현재 진행중인 조선혁명을 이어받아 미래에도 차질없이 수행할 인물이 후계자가 되어야 한다는 논리다. 나아가 조선혁명의 기원은 김일성의 항일빨치산투쟁으로 거슬러올라갈 수 있다는 점에서 이는 혁명전통의 계승문제와 결합하게 된다. 수령을 절대화하는 유일사상체계 확립운동에 김정일의 권력승계 문제가 추가된 것이다. 그리고 당사자인 김정일 본인이 유일사상체계 확립운동에서 상당한 역할을 하게 된다.

김정일에 대한 북조선의 전기나 공식당사는 이 운동과정에서 김정일이 주도적인 역할을 했고 그것이 후계자로 인정받는 데 결정적인 요인이 되었다고 서술하고 있다.[21] 또한 북조선 연구자 가운데는 유일사

---

20 『김일성저작집』제21권, 488면.
21 조선로동당중앙위원회 당력사연구소 편 『조선로동당략사』, 조선로동당출판사 1979; 탁진·김강일·박홍제 『김정일지도자』 제1, 2, 3부, 평양출판사 1994; 조선로동당중앙위원회 당력사연구소 편 『김정일동지략전』, 조선로동당출판사 1999.

상체계 확립운동이 후계자문제와 직접적인 관련이 있다는 견해도 적지 않다.[22] 유일사상체계 확립운동이 어느정도 궤도에 오르면서 김정일이 주도적 역할을 한 것은 분명한 사실이다. 다만 운동의 개시 시점부터 김정일 후계문제가 발단이 되었는지는 입증하기 곤란하다. 이 운동의 개시와 김정일 후계를 직결시키는 견해는 대체로 김정일의 권력승계가 완료된 이후의 공식서술에 따른 것이며 당시 문헌만을 가지고는 그 직접적인 인과관계를 실증하기는 곤란하다. 1967년 당시 김정일은 당선 전선동부에서 문화-예술부문, 특히 영화, 연극 분야에서 활동하고 있었으며 대학을 졸업한 지 불과 3년밖에 안된 25세의 청년이었다. 유일사상체계 확립운동의 개시와 후계자 확립과정이 어떠한 인과관계에 있는지는 계속해서 구명(究明)되어야 할 과제다.

유일사상체계 확립운동 과정에서 갑산계와 빨치산파 일부가 숙청된 뒤 1970년 제5차 당대회에서는 주체사상이 맑스-레닌주의와 함께 당 공식노선으로 결의되었다. 나아가 73년부터 김정일은 당 핵심부에 부상하여 선전선동 담당비서, 74년 조직 담당비서로 진출하고 당 내부에서 김일성의 후계자가 되는 길을 걷게 된다. 김정일은 유일사상체계 확립운동을 이어받아 이를 더욱 철저화하고 체계화하는 역할을 하게 되었다. 특히 당내 선전부문을 장악하면서 김정일이 주력했던 작업은 수령 김일성을 중심으로 한 권력집중, 개인숭배를 강화하는 일이었다.

김정일이 선전부문을 담당하면서 나타난 구호가 "김일성 동지의 혁명사상으로 온사회를 일색화하자"는 것이었다.[23] 또한 이때 유일사상체

---

22 스즈끼 마사유끼, 앞의 책; 이종석, 앞의 책.
23 당이론지 『근로자』 1974년 제4호에도 「위대한 수령 김일성 동지의 혁명사상으로 온사회를 일색화하는 것은 우리 당이 지닌 가장 영광스러운 혁명위업」이란 논문이 게재되었다. 여기서는 이 일색화 작업을 '당중앙', 즉 김정일이 주도하고 있음을 분

계를 새롭게 정식화하기 위해 김정일이 제창한 것이 '김일성주의'였다.[24] 80년대초까지 일관해서 김정일은 당내에서 자신의 연설이나 담화를 통해 김일성주의를 제창하지만 이것이 대외적으로는 표방되지 않았다. 김일성주의가 당 내부에서 제기된 사실은 김정일의 연설 및 일부 전기에서 확인되는데 그것이 왜 외부로는 주장되지 않았는지 수수께끼다.[25] 1974년 4월 김일성의 62회 생일을 맞아 이를 민족 최대의 명절로 기념하기 시작하면서 김정일이 주도하여 만든 것이 '유일사상체계 확립 10대원칙'이었다.[26] 이 원칙은 그동안 당내에서 경쟁적으로 분출했던 수령 김일성에 대한 개인숭배와 관련된 담론을 다음과 같이 집대성한 것이다.

1. 위대한 수령 김일성 동지의 혁명사상으로 온사회를 일색화하기

명히 밝히고 있다. 나아가 5~9호에는 "김일성 동지의 혁명사상으로 온사회를 일색화하자"는 주제의 특집이 연속해서 꾸며졌다.

24 김일성주의가 최초로 제창된 것은 1974년 2월이었다. 김정일은 "온사회를 김일성주의화한다는 것"을 "수령님의 위대한 혁명사상, 김일성주의를 유일한 지도적 지침으로 하여 우리 혁명을 전진시키며 김일성주의에 기초하여 공산주의사회를 건설하고 완성해나간다는 것을 말합니다"라고 정의했다. 김정일 「온사회를 김일성주의화하기 위한 당사상 사업의 당면한 몇가지 과업에 대하여──전국 당선전 일군 강습회에서 한 결론」(1974년 2월 19일), 『주체혁명 위업의 완성을 위하여 3(1974~1977)』 3권, 조선로동당출판사 1987, 2~3면.

25 이종석은 '주체사상의 굴절'로서 이를 상당히 중요시하고 있다. 『조선로동당연구』 90~92면. 이종석도 인정하듯이 김일성주의는 『로동신문』에 잠깐 기사로 등장한 적이 있으나 하나의 이론으로 공식화된 적은 없다. 『조선로동당연구』 90~92면 참조.

26 김정일 「전당과 온사회에 유일사상체계를 더욱 튼튼히 세우자──중앙당 및 국가, 경제기관, 근로단체, 인민무력, 사회안전, 과학, 교육, 문화예술, 출판보도 부문 일군들 앞에서 한 연설」(1974년 4월 14일), 『주체혁명 위업의 완성을 위하여 3(1974~1977)』, 조선로동당출판사 1987.

위하여 몸바쳐 투쟁하여야 한다.
2. 위대한 수령 김일성 동지를 충성으로 높이 우러러 모셔야 한다.
3. 위대한 수령 김일성 동지의 권위를 절대화하여야 한다.
4. 위대한 수령 김일성 동지의 혁명사상을 신념으로 삼고 수령님의 교시를 신조화하여야 한다.
5. 위대한 수령 김일성 동지의 교시 집행에서 무조건성의 원칙을 철저히 지켜야 한다.
6. 위대한 수령 김일성 동지를 중심으로 하는 전당의 사상의지적 통일과 혁명적 단결을 강화하여야 한다.
7. 위대한 수령 김일성 동지를 따라 배워 공산주의적 풍모와 혁명적 사업 방법, 인민적 사업 작풍을 소유하여야 한다.
8. 위대한 수령 김일성 동지께서 안겨주신 정치적 생명을 귀중히 간직하며 수령님의 크나큰 정치적 신임과 배려에 높은 정치적 자각과 구술로써 충성으로 보답하여야 한다.
9. 위대한 수령 김일성 동지의 유일적 령도 밑에 전당, 전국, 전군이 한결같이 움직이는 강한 조직적 규률을 세워야 한다.
10. 위대한 수령 김일성 동지께서 개척하신 혁명위업을 대를 이어 끝까지 계승하여 완성하여 나가야 한다.

유일사상체계 확립운동에서 무엇보다도 강조된 것은 수령에 대한 '충성' '충실성'이었다. 이는 유격대 전사와 지휘관의 비유를 활용하여 인민이 지도자에게 절대적으로 따르도록 한 것이다. 절대적 존재로서의 수령을 강조하는 이러한 논리는 유교적 색채나 유기체적 요소가 쉽게 결합될 수 있는 성격을 지니고 있다. 하지만 이 단계에서는 그 자체로 유교적, 유기체적인 것으로서 통일적인 해석이 주어져 있지는 않았다.

1975년 5월 김정일은 "생산도 학습도 생활도 항일유격대식으로!"란 구호를 제시하며 유일사상체계 확립운동에 더욱 박차를 가하게 된다.[27] 70년대까지 김정일의 연설이나 담화를 보면 본인 스스로 유교적 담론이나 유기체적 담론을 제시하지는 않고 있다. 그러나 김정일의 김일성 숭배 고취작업에 충성하지 않을 수 없는 간부들은 경쟁적으로 이러한 담론을 확산시켜갔다. 이 점에서 이러한 담론에는 분명 김정일의 의도가 개재되어 있다고 할 수 있을 것이다.

3. 김정일 후계체제와 사회주의권의 변화

70년대까지는 거의 당 내부에서 유일사상체계의 이데올로기를 확립하는 작업에 주력했던 김정일은 1980년 제6차 당대회에서 후계자로 공식화된 이후 표면에 나서서 자기 명의로 논문이나 담화를 발표하기 시작했다.[28] 이미 당의 공식이념, 즉 주체사상에 대한 해석권을 독점한 김정일은 이를 김일성의 이름으로 발표하던 데서 한걸음 더 나아가 자신의 이름을 내걸기 시작한 것이다. 물론 모든 공식담론은 어디까지나 김일성의 주체사상이지만 이는 김정일의 것이기도 하다는 것을 강조한

---

[27] 김일성 「모든 힘을 알곡 800만톤 고지 점령을 위하여」, 『김일성저작집』 제30권 26~27면; 「"생산도 학습도 생활도 항일유격대식으로!"라는 혁명적 구호를 높이 받들고 주체의 혁명위업을 빛나게 완수해 나가자」, 『근로자』 1975년 제5호.

[28] 김정일의 저작집으로서 처음으로 공식간행되는 것은 이미 앞에서 인용한 바 있는 『주체혁명 위업의 완성을 위하여』 1~5권(조선로동당출판사 1987)이었다. 다음의 공식저작집은 그가 마지막 권력승계 절차를 밟고 있던 1992년부터 간행되기 시작한 『김정일선집』이다. 그밖에 개별적인 담화나 논문은 80년대부터 당기관지나 『조선중앙년감』에 발표되었으며 그중 중요한 문헌은 팸플릿 형태로 대량 배포되었다.

것이다.

80년대 이후 김정일의 공식담론 작업은 대형 저작물을 간행함으로써 공식 역사, 이데올로기 전반을 체계화하는 것으로 나타났다. 대표적인 것이 『김일성저작집』『조선통사』『위대한 주체사상 총서』『백과전서』 등 집단저작이다. 특히 김일성의 발언과 행동은 북조선사회 내 모든 진리의 유일한 기준이 되는 만큼 김일성의 언술을 집대성한 저작집, 행동을 기록한 전사의 간행이 갖는 의미는 크다. 나아가 주체사상을 거대한 체계를 갖는 사상으로 포장하는 일도 결정적인 의미를 갖는다. 이는 김일성과 주체사상의 권위를 높이는 것일 뿐 아니라 구체적인 성과물을 통한 김정일 권력의 가시화이기도 했다.

1) 가족국가론[29]

70년대 유일사상체계 확립운동 과정에서 나타난 담론의 특징은 항일유격대의 투쟁경험을 현재에 살려 재창조하는 것이었다. 항일빨치산 전사와 지휘관 김일성의 관계를 인민과 수령의 관계에 적용하는 것이 주된 특징이었다. 이는 기본적으로 '전사 공동체'라고 할 만한 것으로 와다 하루끼가 '유격대국가'라고 이름붙인 것은 이를 두고 한 것이다. 물론 북조선의 이데올로그들이 이를 해설 혹은 보완하는 다양한 논의 속에는 유기체적인 것, 유교적인 것 등도 혼재되어 나타나고 있었다. 하지만 70년대까지는 이러한 언술이 지배적이지는 않았다.

그러나 80년대부터 김정일이 전면에 나서서 자신의 명의로 논리를 전개하면서부터 지금까지는 개별적으로 주장되던 내용들이 주조를 이

---

[29] 가족국가론과 보다 일반적인 의미에서 유교적 국가론을 구분하는 것은 와다 하루끼의 구분법이다. 와다 하루끼, 앞의 책 148~49면 참조. 보다 일반적인 의미에서 유교국가론은 국가에 가족관계뿐 아니라 봉건적인 군신관계에까지 적용되기 때문이다.

루기 시작했다. 그의 이름으로 발표된 중요한 논문 중 하나인 「조선로동당은 ㅌ-ㄷ의 전통을 계승한 주체형의 혁명적 당이다」(82년 10월 17일)에서 그는 유교적 논리를 동원하여 수령에 대한 충성을 강조하고 있다. 그는 "로동계급의 당이 자기의 혁명적 성격을 대를 이어 고수"하고 있음을 전제로 하여 조선로동당의 내부구성을 "당은 당과 수령에 대한 충실성을 기본 징표로 하고 로, 중, 청을 배합하는 원칙에서 간부 대렬을 튼튼히 꾸렸다"고 평가했다.[30] 그리고 이러한 당이 이루고 있는 통일단결은 "당과 수령을 위하여 생명도 서슴없이 바쳐 싸우려는 드팀없는 혁명적 신념과 의리에 기초하고 있는 통일단결"[31]이라고 규정했다. 이는 다름아닌 당과 대중이 "혈연적 연계"를 맺고 있는 상태였다.[32]

여기서 김일성에게는 빨치산 지휘관을 넘어서 "경애하는 김일성 동지는 우리 민족이 수천년 력사에서 처음으로 모신 위대한 수령이시며 우리 당과 인민의 스승이며 어버이이시다"라고 하는 위치가 부여된다.[33] 김일성은 인민의 스승, 어버이일뿐 아니라 당의 스승, 어버이이기도 한 것이다. 그리고 당에는 "언제나 로동계급과 인민대중에게 끝없이 충실한 어머니 당"이란 위치가 부여된다.[34] 어버이 수령, 어머니 당이란 유교적 담론을 김정일 스스로 채택하기 시작한 것이다. 이는 가장 기초적인 가족관계, 즉 부모와 자식 관계를 국가에 적용했다는 점에서 초보적인 '가족국가론'이라 부를 만하다. 나아가 수령은 부모, 스승과 일체

---

30 김정일 「조선로동당은 ㅌ-ㄷ의 전통을 계승한 주체형의 혁명적 당이다」(82년 10월 17일), 앞의 책 132면.
31 같은 글 137면.
32 같은 글 138~39면.
33 같은 글 143면.
34 같은 글 146면.

화되는데 이는 유교의 전통적 가치에서 말하는 '군사부일체(君師父一體)'와 동일한 어법이라 할 수 있다.

김정일이 공식후계자가 되는 데에는 혁명 제1세대인 항일빨치산과의 지지가 큰 역할을 했다. 김정일이 여전히 수령에 대한 충성의 모델로서 항일빨치산들을 내세운 것은 당연한 일이었다. 그는 "우리는 항일혁명투사들이 위대한 김일성 동지를 높이 받들어 모신 것처럼 모든 당원들과 근로자들, 후대들이 대를 이어 경애하는 수령 김일성 동지를 높이 받들어 모시며 당과 수령이 가리키는 길이라면 산악과 진펄이라도 이직 그 길로만 가는 절대적인 충실성을 간직하도록 하여야 한다"고 요구했다. 그리고 이러한 충성은 김정일 자신이 후계자가 된 것처럼 대를 이어 계승되어야 했다. 따라서 김정일은 "우리는 주체의 혈통을 견결히 고수하고 순결하게 계승해나가야 한다"고 하며 "현세대뿐 아니라 후대들도 위대한 수령 김일성 동지의 사상과 이론을 당의 영원한 지도사상, 지도리론으로 틀어쥐고 나가며 (…) 주체의 혁명 위업을 빛나게 계승, 완성하여 나가도록 한다"고 했다.[35]

이 글에서는 유기체적 수령관도 그 단초를 보이고 있는데 그는 당의 단결을 말하며 "전 당이 수령의 사상으로 무장하고 수령의 사상 의지대로 숨쉬고 움직이는 산 유기체로 될 수 있다"고 강조했다.[36] 이러한 유기체적 수령관은 다만 아직 전면에 등장하지는 않았다. 앞서 보았듯이 수령은 뇌수라는 규정은 이미 유일사상체계 확립운동이 개시되는 단계에서 나타난 것이지만 처음으로 김정일이 직접 이 표현을 쓴 것은 1981년 시점이었다.[37]

---

[35] 같은 글 144~45면.
[36] 같은 글 135면.

가족국가론에서는 당과 수령에 대한 충성은 바로 조국에 대한 충성을 뜻했다. 김정일은 1985년 8·15를 맞이하여 "우리 시대의 애국심은 본질에 있어서 당과 수령에 대한 충성심"이라고 정의했다.[38] 이 논리 안에서는 "조국이자 수령이고 조국이자 당"으로 동일시되었다. "조국과 인민을 사랑하는 마음은 당과 수령을 받드는 충성심에서 집중적으로 나타난다"는 것이다. "당과 수령에 대한 충성심은 조국과 인민을 사랑하는 애국심이며 충성심의 높이는 애국심의 높이"라고 간주되었다. 김정일은 "당과 수령에 대한 충성이야말로 최고의 애국"이라고 단언했다.[39]

물론 가족국가론이 등장했다고 해서 항일빨치산에 대한 강조가 약화된 것은 아니며 80년대에도 지속되고 있었다. 1975년 김정일 자신이 제창한 "생산도 학습도 생활도 항일유격대식으로"는 바로 80년대에 가장 많이 쓰인 구호였다. 다만 빨치산 지휘관과 전사의 관계가 군사적 성격이 강하다는 점에서 김정일 후계체제가 안정화되면서 보다 평시적 관계에 맞는 비유로서 가족 등 유교적 이미지가 활용된 것인지 모른다. 또한 김정일이 공식후계자가 된 이후 김일성과 항일빨치산그룹에 김정일 자신, 그리고 김정일의 측근 세대까지 포함한 지도부와 인민의 관계는 과거 항일빨치산 내부의 관계만으로는 더이상 비유하기 어려운 것이기도 했다. 김정일이나 그 측근을 이루는 혁명 제2세대의 새로운 지

---

37 김정일 「당간부 사업을 개선하기 위한 몇가지 과업—전국 당간부 양성기관 교원 강습 참가자들에게 보낸 서한」(1981년 6월 12일), 『주체혁명 위업의 완성을 위하여 (1978~1982)』 4권, 조선로동당출판사 1987. 그는 "수령은 근로인민대중의 최고뇌수이며 통일단결의 중심입니다"라고 말했다.
38 김정일 「조국과 인민을 사랑하는 참다운 애국자가 되자—조선로동당 중앙위원회 책임일군들과 한 담화」(1985년 8월 15일), 『김정일선집』 제8권, 263면.
39 같은 책 263면.

도세력이 빨치산 자체일 수는 없다. 김정일을 포함하여 대부분이 항일 빨치산의 자제였다는 점에서 가족국가의 비유는 이들에게 자연스러운 것일 수도 있었다.

2) '사회정치적 생명체론'

권력관계를 합리화하는 담론은 일정시간이 지나면 상투화하며 그 설득력이 떨어지기 마련이다. 또한 새로운 상황이 발생하면 권력을 정당화할 보다 새로운 논리를 요구하게 된다. 특히 80년대 중반으로 접어들면서 중국에서는 떵 샤오핑의 개혁·개방노선이 본궤도에 들어서게 되었다. 또한 소련에서는 고르바초프가 새로운 공산당서기장이 되면서 개혁노선을 추진하기 시작했다. 중국은 북조선과 밀접한 혈맹관계에 있는 나라인 만큼 그 변화는 북조선체제에 적지 않은 부담이 되었다.

중국의 개혁·개방노선은 과거 마오 쩌뚱의 노선에 대한 일정한 비판과 반성에 입각하여 나온 것이었다. 소련의 뻬레스뜨로이까노선은 1956년 흐루시초프의 스딸린 비판을 넘어서 스딸린주의와의 공식결별로 향하고 있었다. 스딸린주의에 대한 내부 공식비판이 전혀 없었던 북조선의 경우 김일성과 이를 계승한 김정일 입장에서 소련, 중국을 포함한 사회주의세계의 변화는 바로 북조선체제 자체에 대한 위협으로 보였을 것이다. 이러한 시점에서 김정일은 사회주의권의 변화가 북조선체제에 유입되는 것을 차단하기 위해 사상적 단속에 직접 나서게 된다. 가장 중요한 논리가 '사회정치적 생명체론'으로, 1986년 7월 15일 「주체사상 교양에서 제기되는 몇가지 문제에 대하여——당중앙위원회 책임일군들과 한 담화」에서 발표되었다.

그동안 간간이 등장하던 유기체적 수령관이 전면에 등장한 것이다. 여기서 "혁명의 주체는 수령, 당, 대중의 통일체"로 규정된다. 이 3자간의 관계는 사회정치적 생명체란 개념으로 묶인다. 즉 "인민대중은 당의 령도 밑에 수령을 중심으로 하여 조직사상적으로 결속됨으로써 영생하는 자주적 생명력을 가진 하나의 사회정치적 생명체를 이루게" 된다. "개별적인 육체적 생명은 끝이 있지만 자주적인 사회정치적 생명체로 결속된 인민대중의 생명은 영원"하며, "영생하는 사회정치적 생명은 수령, 당, 대중의 통일체인 사회정치적 집단을 떠나서는 생각"할 수 없고 "개별적인 사람들은 오직 이러한 사회정치적 집단의 한 성원이 됨으로써만 영생하는 사회정치적 생명을 지닐 수" 있다는 것이다.[40]

이러한 수령, 당, 대중의 3자관계에서 수령의 위치는 어떻게 되어 있을까? 김정일은 "사회정치적 생명체는 많은 사람들로 이루어져 있는 만큼 거기에는 사회적 집단의 생명활동을 통일적으로 지휘하는 중심이 있어야 한다"고 주장한다. 다만 이 중심과 다른 부분과의 관계는 인체에 비유되고 있다. "개별적 사람들의 생명의 중심이 뇌수인 것처럼 사회정치적 집단의 생명의 중심은 이 집단의 최고뇌수인 수령"이란 것이다. 인체의 뇌수와 같은 수령의 역할은 "인민대중의 자주적인 요구와 리해 관계를 분석종합하여 하나로 통일시키는 중심인 동시에 그것을 실현하기 위한 인민대중의 창조적 활동을 통일적으로 지휘하는 중심"으로 정의된다.[41] 다시 말해서 "수령은 단결과 령도의 중심으로서 인민대중의 운명을 개척하는 데서 결정적인 역할"을 하며 이는 "뇌수가 인간활동에서 결정적인 역할을 하는 것이나 다름없다."

다음으로 김정일은 당에 관해서는 "수령을 중심으로 조직사상적으로 공고하게 결합된 인민대중의 핵심부대로서 자주적인 사회정치적 생

---

40 김정일「주체사상 교양에서 제기되는 몇가지 문제에 대하여――당중앙위원회 책임일군들과 한 담화」(1986년 7월 15일), 같은 책 447~48면.
41 같은 책 448면.

명체의 중추를 이루고 있다"고 규정한다. "사람들은 당조직과 당이 령도하는 사회정치조직의 한 성원으로서 조직사상생활에 적극 참가함으로써만 사회정치적 생명체의 중심인 수령과의 혈연적 련계를 공고히 하고 자기의 사회정치적 생명을 빛내어갈 수 있다"고 한다.[42] 당에는 뇌수인 수령과 인민을 이어주는 매개체 역할이 부여되고 있다.

그러나 이렇게 인체에 비유되는 수령, 당, 대중의 관계는 어디까지나 인간 사이의 관계이므로 윤리적 관계도 부과되고 있다. 이것이 '혁명적 의리와 동지애'라는 가치다. 즉 "수령, 당, 대중은 하나의 생명으로 결합되어 운명을 같이하는 사회정치적 생명체이기 때문에 그 사이에서는 서로 도와주고 사랑하는 혁명적 의리와 동지애의 관계가 이루어지게 된다"는 것이다. "혁명적 의리와 동지애는 개별적 사람들을 하나의 사회정치적 생명체로 결합시키는 작용"을 하게 된다.[43]

김정일은 혁명적 의리와 동지애를 사회적 구성원 사이의 보편적 가치인 자유, 평등의 원리와 비교함으로써 이를 구별하고 있다. "혁명적 의리와 동지애의 원리는 자유와 평등의 원리와 같은 차원의 원리"가 아니며 "평등의 원리가 개인의 생명을 가장 귀중한 것으로 여기는 개인주의적 생명관에 기초하고 있다면 혁명적 의리와 동지애의 원리는 개인의 생명보다 사회정치적 집단의 생명을 비할 바 없이 더 귀중히 여기는 집단주의적 생명관에 기초하고 있다"고 한다.[44] 이는 자유와 평등을 부정하는 것이 아니며 이를 전제로 한다고 하면서도 구분하지 않을 수 없는 것이다. 수령과 당, 대중은 동격이 아니기 때문이다.

"수령은 사회정치적 생명의 중심인 것만큼 혁명적 의리와 동지애도

---

[42] 같은 책 448~49면.
[43] 같은 책 449면.
[44] 같은 면.

수령을 중심으로 이루어져야"할 수밖에 없다. 따라서 "혁명적 의리와 동지애는 수령과 전사들 사이의 관계에서 가장 숭고한 높이에서 표현"된다. 나아가서 "수령은 사회정치적 생명체의 최고 뇌수로서 집단의 생명을 대표하고 있기 때문에 수령에 대한 충실성과 동지애는 절대적이고 무조건적인 것"이 된다. 이렇게 수령, 당, 대중 사이의 차등화를 꾀하기 때문에 그 사이에 갈등이나 대립이 끼어들 여지가 생기는 것을 우려하여 김정일은 "수령, 당, 대중이 하나로 결합되어서만 영생하는 사회정치적 생명체를 이루는 만큼 그것을 서로 분리시키거나 대치시켜서는 안된다"고 못을 박고 있다.

사회정치적 생명체론은 유기체적 정치관을 토대로 한 논리를 지니고 있다. 학자들 사이에서는 이를 유교적인 것으로 해석하는 논리가 많지만 반드시 그렇지는 않다.[45] 유교적 논리는 기본적으로 정치체제 내 구성원 사이의 관계를 군신관계나 부자관계에 비유하는 것이지 인체에 비유하지는 않는다. 오히려 그 기원은 동양이 아니라 서양의 기독교적 세계관이나 중세의 정치관까지 거슬러올라갈 수 있다.[46] 수령, 당, 대중의 통일체란 비유나 어법도 성부(聖父), 성자(聖子), 성신(聖神)의 기

---

45 대표적인 연구자는 스즈끼 마사유끼다. 그는 사회정치적 생명체론을 비롯해서 유일사상체계 확립운동 이후 북조선의 공식담론의 거의 대부분을 유교적인 것으로 파악하고 있다. 스즈끼는 유교를 "혈연공동체 내에서 효를 중심에 두고 개인에게 영원의 생명을 보장하는 것이었다"고 이해하며, 이것이 사회정치적 생명체론과 유사하다고 본다. 鈴木昌之『北朝鮮: 社會主義と傳統の共鳴』, 東京大學出版會 1992, 157면. 이는 일본의 유교학자 카지 노부유끼(加地伸行)의 유교관을 채용한 것이다. 『儒教とは何か』, 中央新書 1990.

46 와다 하루끼, 앞의 책 152면. 와다 하루끼는 유기체적 정치관 속에서 인민은 자주적 역할을 가질 수 없으며 유격대국가의 비유와도 모순을 일으킬 수밖에 없다고 지적한다. 상충되는 논리를 필요에 따라 활용하고 있다는 점에서 이러한 논리를 유교문화의 결과라기보다는 일종의 절충주 내지 편의주의로 보고 있다.

독교적 삼위일체론과 흡사한 데가 있다. 사회정치적 생명체론은 기독교적 영생론과 통하는 점도 많다.

  그렇다면 이러한 사회정치적 생명체론이 새롭게 등장한 배경은 어디에 있을까?[47] 그 해답은 이 담화의 뒷부분에서 찾을 수 있다. 김정일은 담화가 나온 시점에 주체사상 교양에서 중요한 것은 당원과 근로자에게 사회주의제도의 우월성을 똑똑히 인식시키는 데 있다고 강조했다. 그는 사회주의제도의 자본주의제도에 대한 우월성은 "어느 제도가 경제를 발전시키는 데 유리한가 하는 관점에서만 보아서는 안된다"고 지적했다. 그 이유는 이러한 관점에 서면 "사회주의 경제건설에서 일시적 난관이 조성되면 마치도 사회주의제도 자체에 그 무슨 결함이나 있는 것같이 생각하면서 자본주의에 대하여 환상을 가지게" 되기 때문이란 것이다. 여기서 사회주의와 자본주의를 비교하는 기준은 경제발전이 아니라 집단주의와 개인주의의 차이에 있으며 이는 바로 "사회적 집단의 사회정치적 생명을 더 귀중히 여기는가 아니면 개인의 육체적 생명을 더 귀중히 여기는가"에 있게 된다.[48]

---

[47] 사회정치적 생명체론의 체계화가 진행되는 가운데 1987년 2월부터 김정일이 탄생했다는 백두산 밀영이 공개되어 김정일의 탄생설화가 만들어지기 시작한다. 89년부터는 백두산 밀영 일대에 30년대 항일투쟁 당시 항일빨치산들이 새겨놓았다는 구호나무들이 발견되었다는 기사가 실리기 시작했다. "백두산에 김일성 장군을 계승한 백두광명성 탄생" "삼천리 강산에 밝은 빛 비추는 백두광명성 만세" "항일대장 김일성, 녀장수 김정숙, 백두광명성 천만년 모시자" "2천만 백의민족 대통운 백두광명성 출현" 등이다. 『로동신문』 1989년 10월~90년 1월까지 관련기사 참조. 이러한 상징 조작은 유교적이라기보다는 민간전승 전통 속의 주술적 요소, 도교적 요소, 민중 신앙적 요소들을 활용한 것이다. 물론 사회정치적 생명체론도 포함하여 이는 김정일의 후계체제를 더욱 공고화하기 위한 의도에서 등장한 것이다. 구호나무와 일련의 김정일 탄생설화에 관해서는, 와다 하루끼, 앞의 책 153~54면; 스즈끼 마사유끼 『김정일과 수령제 사회주의』, 유영구 역, 214~34면; 이종석, 앞의 책 113~14면 등 참조.

이미 소련, 중국 못지않게 경제적인 정체상황에 빠져 있던 북조선 처지에서 기존의 사회주의를 견지하기 위한 가치기준을 새롭게 확립할 필요성을 절감하고 있었던 것이다. 이를 경제발전이라는 물질적 가치가 아니라 사회정치적 생명이란 사상적 가치에서 찾고 있었다. 김정일은 북조선의 독자적인 기준을 세워야 한다며 다음과 같이 말했다.[49]

"큰 나라나 발전된 나라들에 대해서도 환상을 가져서는 안됩니다. 환상은 현실이 아닙니다. 우리는 언제나 자기 나라의 구체적 현실에서 출발하여야 합니다. 큰 나라나 발전된 나라라고 하여 언제나 옳은 길을 걷는 것도 아니며 또 그러한 나라들의 경험이라고 하여 다 우리나라 실정에 맞는 것도 아닙니다."

나아가 중국, 소련 등에서는 사회주의의 문제점을 인정하고 개혁이 가시화하고 있는 만큼 그러한 인식 자체에 대해서도 비판을 가하고 있다. 그는 "어떤 사람들은 사회주의 경제건설에서 일시적인 난관에 부딪치게 되면 그 원인을 무엇보다도 사람들의 사상문화적 상태나 사람과의 사업인 당사업에서 찾으려 하지 않고 사회주의 경제제도나 사회주의적 경제관리 방법에서 찾으려 한다"고 비판했다. 김정일이 이 담화에서 주로 비판의 화살을 돌리고 있는 상대는 중국이었다.

그는 외교적 우호관계를 고려하여 중국을 구체적으로 지칭하지는 않았으나 농사에서 "가족단위로 생산수단을 나누어주고 도급제를 실시"하는 방식을 "소부르주아적"인 것으로 간주하고 이는 자본주의적 요

---

48 김정일, 앞의 책 458~59면.
49 같은 책 444면.

소를 낳게 될 것이라고 비판했다.[50] 분명히 중국이 소농체제로 이행하는 조치로서 채택한 청부제방식을 가리킨 것이다. 김정일은 농업뿐 아니라 공업에 대해서도 언급하고 있다. 특히 "공장, 기업소의 자치제"를 "계획작성도 생산활동도 매개공장, 기업소가 독자적으로 하고 거기서 나오는 리윤도 공장, 기업소 단위로 나누어먹는 것"으로 보고, 이는 "기관본의주의를 조장시켜 사회주의사회의 통일적 발전을 저해"한다고 비판했다.[51] 이것도 중국의 기업개혁조치를 의식한 발언이었다. 또한 김정일은 미국 및 남한과 대치하고 있는 상황을 지적하면서 "자립적 민족경제를 건설해야 하며 그에 기초하여 사회주의나라들과의 경제기술적 협조를 발전시켜나가야 한다"고 주장했다.[52]

이는 미국, 일본과의 관계정상화를 통해 서방과의 경제협력을 확대하고 있던 중국의 개방노선을 염두에 둔 언술이었다. 주장의 핵심은 북조선의 경우 조건이 다르다는 것이었다. 이 담화는 발언 시점보다 1년 늦게 1987년에야 발표되었다. 모두 3장으로 구성되어 있는데 주로 소련, 중국을 비판한 내용이 담긴 제3장은 대외관계를 고려하여 공개되지 않았다.[53]

---

50 같은 책 463~66면.
51 같은 책 466~67면.
52 같은 책 468면.
53 『조선중앙년감 1987』 160~70면; 김정일 「주체사상 교양에서 제기되는 몇가지 문제에 대하여 ─ 당중앙위원회 책임일군들과 한 담화」(1986년 7월 15일), 앞의 책. 발표 당시 삭제된 제3장은 위에서 인용하고 있는, 1998년 4월에 간행된 『김정일선집』 8에는 실려 있다.

4. 사회주의권 붕괴와 북조선체제의 위기

사회주의권의 변화는 1987년 이후 더욱 급속히 진행되어갔다. 소련에서 뻬레스뜨로이까와 글라스노스뜨 정책이 가속화되며 동유럽 전체로 확산되어갔다. 남북관계에서는 서울올림픽이 개최되며 소련, 동유럽은 물론 중국까지 포함한 사회주의국가들의 참가도 확실해졌다. 올림픽을 계기로 국제적으로는 남북한의 체제역량 격차가 누구의 눈에도 분명해졌다. 김정일은 내부체제 단속을 강화하며 사상적으로 북조선 사회주의의 우월성을 선전하는 작업에 주력했다.[54]

이에 대처하는 북조선의 정책은 크게 보아 세가지 방향에서 이루어졌으며, 기본적으로 김정일이 지휘한 것이었다. 우선 경제정책에서 대

---

[54] 이러한 작업의 일환으로 김정일은 당중앙위원회 책임일군들에게 자주 담화를 발표하거나 연설을 했다. 사회주의권의 변화를 비판하는 글로서 『김정일선집』에 수록된 주요 담화나 연설은 다음과 같다. 「반제투쟁의 기치를 높이 들고 사회주의, 공산주의의 길로 힘차게 나아가자ㅡ조선로동당 중앙위원회 책임일군들과 한 담화」(1987년 9월 25일), 「주체의 혁명관을 튼튼히 세울 데 대하여ㅡ조선로동당 중앙위원회 책임일군들과 한 담화」(1987년 10월 10일), 「전당에 혁명적 당풍을 철저히 세우자ㅡ조선로동당 중앙위원회 조직지도부 책임일군회의에서 한 연설」(1988년 1월 10일), 「당을 강화하고 그 령도적 역할을 더욱 높이자ㅡ조선로동당 중앙위원회 책임일군 및 도당 책임비서들과 한 담화」(1989년 6월 9일, 12일), 「당 사상교양사업에서 나서는 몇가지 과업에 대하여ㅡ조선로동당 중앙위원회 및 정무원 책임일군들과 한 담화」(1990년 1월 11일), 「사회주의의 사상적 기초에 관한 몇가지 문제에 대하여ㅡ조선로동당 중앙위원회 책임일군들 앞에서 한 연설」(1990년 5월 30일), 「조선로동당은 우리 인민의 모든 승리자의 조직자이며 향도자이다」(1990년 10월 3일, 『근로자』 게재 논문), 「주체의 당건설 리론은 로동계급의 당건설에서 틀어쥐고 나아가야 할 지도적 지침이다ㅡ조선로동당 중앙위원회 책임일군들 앞에서 한 연설」(1990년 10월 10일).

중의 생활수준에 대한 불만을 해소하기 위해 인민소비생활 수준향상을 우선시하는 정책이었다. 이러한 정책은 1984년에 김정일의 발기로 시작된 '8-3 인민소비품 생산운동'을 강화하고 87년부터는 '경공업제일주의 정책' 나아가 '경공업 혁명'으로 이어졌다. 북조선이 세계청년학생축전을 유치한 것은 서울올림픽과 경쟁하기 위한 목적에서였지만 크게 보면 인민소비생활 수준향상과 관련되는 정책이었다.

다음으로 당원 및 일반 인민에 대한 사상교양을 강화하는 작업이었다. 이는 소련, 동유럽의 '수정주의 바람'이 북조선으로 유입되어 체제 이완을 초래하는 것을 차단하기 위한 선전작업이었다. 여기서 강조된 것이 유교적인 전통적 국가관, 도덕관이었다. 유기체적 국가관은 논리적으로는 일정한 모순을 내포하고 있었다는 점에서 동일한 사회정치적 생명체론의 틀을 견지하되 점차 유교적 담론을 증대시켜가고 있었다. 나아가 선전작업에서 또하나 주목해야 할 방향은 민족주의담론을 본격적으로 활용하기 시작한 점이다. 이는 '조선민족 제일주의' '우리식 사회주의'라는 표현으로 나타났다.

1) 유교적 국가론의 새로운 전개

대체로 1987년 이후 전개된 담론에서는 혁명적 수령관에서 말하는 뇌수론과 같은 유기체적 비유는 거의 쓰이지 않게 된다. 이는 후계자로서 김정일의 역할이 안정되어가고 점차 김일성의 역할을 대체해가게 됨에 따라 나온 현상이었다고 생각된다. 와다 하루끼의 지적대로 생명체의 뇌수는 수령 하나뿐이므로 이 논리 속에서 김정일의 위치는 찾기 어렵게 되어 있다. 이미 북조선체제는 김일성체제에서 김일성-김정일 양두체제로 전환되어 있었다. 또한 유기체논리 속에는 당원이나 인민들에게 수령에 대한 의무를 요구하는 도덕 내지 윤리가 설 수 있는 자리가 없다. 수령이 신체의 뇌수일 때 그 수족에 해당하는 인민대중은 자기의 판단력을 가질 수 없는 것이다.

김정일이나 북조선의 이데올로그들이 이러한 유기체적 국가론의 문제점을 인식했는지 구체적 증거는 없지만 어떻든 유기체적 담론은 감소했으며 이를 대체한 것이 유교적 담론이었다. 이전부터 사회주의적 생명체론에서 유기체적 담론과 혼재되어 쓰이던 어버이 수령, 어머니 당의 표현이 자주 등장했다. 사회정치적 생명을 매개로 수령, 당, 대중을 이어주는 것은 생명을 낳아준 어버이 수령과 어머니 당이란 논리로서 신체에 대한 비유보다는 인간관계에 보다 가까운 비유다.

김정일은 "우리가 수령을 어버이 수령이라고 부르고 당을 어머니 당이라고 하는 것도 수령을 중심으로 한 당조직이 사회정치적 생명의 모체이기 때문"이라고 말했다.[55] "위대한 수령 김일성 동지이시야말로 우리 민족 재생의 은인이시며 우리 인민에게 가장 고귀한 사회정치적 생명을 안겨주시고 가장 행복하고 보람찬 삶을 마련하여 주신 자애로운 어버이"이므로 "어버이 수령님을 높이 받들어 모시는 것은 조선에 태어난 모든 사람들의 마땅한 도리"가 된다.[56] 나아가 "수령에 대한 충성심을 높이는 데서 중요한 것은 또한 모든 당원들과 근로자들이 당의 의도대로 일을 잘하여 어버이 수령님의 심려를 덜어드리는 것"이기도 했다.[57]

수령과 인민의 관계는 부모-자식관계뿐 아니라 군신관계에도 비유되었다. 김정일은 사회주의국가에서 나타나는 수정주의, 개량주의 흐

---

[55] 「주체의 혁명관을 튼튼히 세울 데 대하여——조선로동당 중앙위원회 책임일군들과 한 담화」(1987년 10월 10일), 『김정일선집』 제9권, 55면.
[56] 같은 책 62면.
[57] 같은 책 129면.

름이 혁명적 수령관을 가장 비판적으로 바라본다는 것을 의식하고 북조선에도 침투하는 것을 우려하여 다음과 같이 말했다.

"안팎의 온갖 원쑤들은 수령이 이룩한 혁명업적을 허무는 데 공격의 화살을 돌리고 있습니다. (…) 혁명의 배신자들은 례외 없이 수령이 이룩한 혁명업적을 허물어보려고 악랄하게 책동하였습니다. 력사적 경험은 수령의 혁명업적에 대한 태도가 충신과 간신을 가르는 척도가 된다는 것을 보여줍니다."[58]

다음으로 수정주의, 개량주의 흐름이 비판의 화살을 돌린 것은 일당제, 즉 공산당 지도였다. 김정일은 수령의 어버이 역할 못지않게 당의 어머니 역할도 중시했다. 그는 "당이 인민대중의 절대적인 지지와 신뢰를 받으며 자기의 령도적 지위를 끊임없이 강화할 수 있었던 것은 인민대중의 운명을 책임진 어머니 당으로서의 본분을 훌륭히 수행하여왔기 때문이다"라고 주장했다.[59] 그는 어머니 당에 대해 다음과 같은 역할을 부여한다.

"어머니 당의 사랑과 믿음은 또한 사람들의 사회정치생활과 물질문화생활을 전적으로 책임지고 보살피는 데서 표현된다. (…) 우리는 당사업, 사람과의 사업에서 당원들과 근로자들의 정치생명 문제에 첫째가는 주목을 돌려야 하며 자식의 생명에 대하는 어머니의 심

---

[58] 「전당에 혁명적 당풍을 철저히 세우자──조선로동당 중앙위원회 조직지도부 책임일군 회의에서 한 연설」(1988년 1월 10일), 같은 책 125면.
[59] 「조선로동당은 우리 인민의 모든 승리자의 조직자이며 향도자이다」(1990년 10월 3일), 『김정일선집』 제10권, 253면.

정으로 인민들의 정치적 생명을 귀중히 여기고 그들의 정치적 생명에 자그마한 흠집도 남기지 않고 끝까지 빛내어가도록 이끌어주어야 한다. 이와 함께 인민들의 물질문화생활에도 깊은 관심을 돌리고 그들에게 보다 유족하고 문명한 생활을 보장해주기 위하여 헌신적으로 투쟁하여야 한다."[60]

유교적 국가론은 소련, 동유럽에서 체제내 개혁을 넘어서 체제붕괴가 이어지는 1991년초 시점부터 본격적으로 전개된다. 여기서 등장한 것이 '수령, 당, 대중의 일심단결'을 강조하며 수령에게 충성과 효성을 다하는 충신, 효자가 되어야 한다는 논리였다. 1991년 1월 5일 김정일은 당중앙위원회 및 정무원 책임일군들 앞에서 당사업에 관해 연설했다. 그는 90년에 동유럽 여러나라에서 사회주의정권이 하루아침에 무너지는 것을 보고 과연 사회주의를 끝까지 유지할 수 있을지 우려하는 사람들이 있으나 "비겁한 자들은 혁명의 깃발을 버리지만 우리는 혁명의 붉은 기를 끝까지 지키리라고 결심"했다고 말했다.[61]

김정일은 "사회주의냐 자본주의냐 하는 대결전이 첨예하게 벌어지는 환경 속에서" 당사업, 사람과의 사업을 강화해야 한다고 촉구하면서 "수령, 당, 대중의 일심단결"이 중요하다고 강조했다. 그는 당을 조직사상적으로 강화하는 것은 "간부들과 당원들을 당과 수령을 위하여 모든 것을 다 바치는 참다운 충신, 효자로 준비"시키는 것이라고 규정했다.[62] 이는 유교에서 흔히 얘기되는 전형적인 충효논리였다. 물론 수

---

60 같은 책 254면.
61 「당사업을 더욱 강화하며 사회주의 건설을 힘있게 다그치자」, 『김정일선집』 11, 1~2면.
62 같은 책 5면.

령과 당에 대한 의무만 강조한 것은 아니며 인민대중에 대한 의무도 중시하고 있다. 동유럽에서 사회주의정권이 무너진 것은 "당일군들이 세도와 관료주의를 부려 당이 인민대중과 리탈된 것"과 관련이 있다고 지적하면서 인민의 행복을 위해 헌신할 것을 요구하고 있다. 여기서 "인민을 위하여 복무함"이란 구호가 신념이 되어야 함을 역설한다.[63]

이 시기에 등장한 이른바 북조선식 민족주의담론인 '우리식 사회주의'의 내용에서도 충효논리는 다음과 같이 중요한 위치를 차지한다.

"우리나라 사회주의의 영원한 생명력으로 되는 수령, 당, 대중의 일심단결은 바로 위대한 수령님께서 지니신 인민에 대한 끝없는 사랑에 원천을 두고 있습니다. 수령님께서 인민을 끝없이 사랑하시고 인민의 념원을 빛나게 실현시켜주시기에 우리 인민은 수령님을 어버이로 끝없이 존경하고 높이 우러러 모시며 수령님께 충성과 효성을 다하는 것입니다."[64]

이러한 충효논리는 당사상 교양에서 중심적인 논리로서 체계적으로 주입되었다. 김정일은 1991년 5월 10일 열린 전국 당세포비서 강습회에 보낸 서한을 통해 이 논리를 더욱 가다듬고 있다. 이 서한에서 "당과 수령에 대한 충성과 효성은 우리 당과 혁명대오의 일심단결의 근본원천"이라고 규정했다. 또 "당과 혁명대오의 일심단결이란 당과 수령에 대한 충성과 효성의 결정체"라고도 정의했다. "당과 수령에게 자기의 운명을 전적으로 의탁하고 당과 수령을 위해 모든 것을 다 바쳐 싸우는

---

[63] 같은 책 20~22면.
[64] 「인민대중 중심의 우리식 사회주의는 필승불패이다──당중앙위원회 책임일군들과 한 담화」(1991년 5월 5일), 같은 책 72면.

사람이 참다운 충신이며 효자"였다.[65] 이러한 논리구조 속에서 충성과 효성은 개개인의 '혁명적 신념'이자 '도덕적 의리'가 되어야 했으며 '인생관'으로 승화되어야 했다. 더욱이 이는 단순한 개인윤리를 넘어서 "조국과 인민, 사회와 집단을 귀중히 여기고 사랑하며 그 륭성번영과 행복을 위하여 헌신하는 열렬한 애국심과 집단주의의 최고표현"으로 간주되었다.[66]

이 단계의 충효논리에서 충성과 효성은 유사한 품성으로 구별없이 쓰이고 있다. 하지만 봉건윤리에서 보면 충성은 군신관계에 적용되는 공적인 것이고 효성은 부모자식관계에 적용되는 사적인 것이다. 따라서 이 두가지를 좀더 엄밀하게 정의하는 작업이 이루어진다.

1991년 6월 김정일이 김일성고급당학교에 보낸 서한에서는 충효논리를 한단계 더 체계화하고 있다. 여기서 "충성과 효성은 다같이 수령을 무한히 존경하고 따르며 높이 모시고 받드는 혁명전사의 고상한 품성이라는 점에서는 서로 다를 것이 없"고 "수령에 대한 충성이라고 할 때에는 넓은 의미에서는 효성도 포함된다"고 정의한다. 그런데 "충성과 함께 효성이라는 말을 쓰는 것은 수령을 받드는 데서 도덕의리적인 면을 강조하기 위해서"라고 합리화하고 있다.[67]

여기서 "충성은 수령을 단결의 중심, 사상과 령도의 중심으로 모시고 수령의 령도를 높이 받드는 혁명전사의 정치사상적 품성"이며 "효성

---

65 「당세포를 강화하자──전국 당세포비서 강습회 참가자들에게 보낸 서한」(1991년 5월 10일), 같은 책 86면.
66 같은 책 91~92면.
67 「주체의 당건설 위업을 대를 이어 빛내어나갈 참된 당일군을 키워내자──창립 45돐을 맞는 김일성고급당학교 교직원, 학생들에게 보낸 서한」(1991년 6월 1일), 같은 책 303면.

은 수령을 사회정치적 생명체의 중심으로 모시고 어버이를 받들고 따르는 혁명전사의 도덕의리적 품성"이라고 구분된다. 충성은 혁명전사의 '본분'으로서 "충신은 수령의 령도를 높이 받들고 수령을 정치사상적으로, 목숨으로 옹호보위하고 수령의 혁명사상을 견결히 고수하며 수령의 명령지시를 무조건 철저히 관철하는 것을 신념으로 간직하여야 한다." 효성은 혁명전사의 '도리'로서 "효자는 정치적 생명의 은인이신 어버이 수령을 무한히 존경하고 흠모하며 수령의 안녕과 만년장수를 보장하며 수령의 뜻을 높이 받들고 꽃피우며 수령의 심려를 덜어드리고 수령에게 언제나 기쁨과 만족을 드려야 한다."[68]

특히 "혁명의 주체를 이루는 사회정치적 생명체는 수령을 어버이로 모신 하나의 사회적 대가정"이라고 재정의된다. "수령을 어버이로 모신 사회적 대가정은 수령과 혈연적으로 결합되어 운명을 같이하는 가장 화목하고 단합된 혁명적인 대가정이며 혁명적 대가정의 매 성원들은 수령의 참된 아들딸들"이 된다.[69] 유기체적 논리 속에서 뇌수와 수족의 관계는 어버이와 아들딸의 관계로 바뀐 것이다. 김정일은 이러한 사회적 대가정론의 목적도 "수령의 권위와 위신을 헐뜯는 온갖 반혁명적 조류를 반대하여 견결히 투쟁"하고 "현대수정주의, 현대사회민주주의를 비롯한 기회주의적 사상조류의 반동적 본질과 그 해독성을 깊이 인식"시키려는 데 있음을 분명히 하고 있다.[70]

2) 민족주의적 담론[71]

사회주의권에서 뻬레스뜨로이까노선이 본격적으로 전개됨에 따라

---

68 같은 책 303~304면.
69 같은 면.
70 같은 책 306~307면.

이에 대응하는 북측 논리의 또하나의 방향은 민족주의담론이었다. 북조선은 공식적으로는 프롤레타리아 국제주의원칙을 견지하고 있기 때문에 '민족주의'란 개념 자체에 대해서는 부르주아적 성격으로 규정하고 있었다. 따라서 민족주의란 용어를 그대로 쓰지는 않았으나 1989년 즈음부터 새로운 상황에 맞추어 민족주의담론을 적극 활용하기 시작했다. 이것이 '조선민족 제일주의'와 '우리식 사회주의'였다.

북조선은 맑스-레닌주의를 주체사상으로 대치하면서도 주체사회주의야말로 사회주의 보편성에 가장 충실한 사회주의임을 강조하고 있었다. 그런데 사회주의의 원조인 소련에서 사회주의 자체를 부정하는 흐름이 강력해짐에 따라 북조선 사회주의는 이러한 흐름과는 구별된다는 것을 부각시키지 않을 수 없었다. 사회주의의 보편성만 강조해서는 전 세계적인 사회주의의 변화 물결 속에서 왜 변화하지 않는지 정당화할 수 없게 된 것이다.

1989년 12월 당중앙위원회 책임일군들에게 한 담화에서 김정일은 "사회주의를 건설하는 매개 나라의 환경과 조건이 같지 않고 민족성이 다르며 혁명과 건설에서 의거하는 지도사상, 지도리론, 지도방법에서도 차이가 있는 것만큼 사회주의를 건설하는 방식에서뿐 아니라 사회주의제도의 구체적인 형태에서도 차이를 가져오지 않을 수 없다"고 말했다.[72] 그는 북조선 사회주의에 대해서 "우리의 사회주의는 우리나라의 구체적 실정에 맞게 세우고 우리 인민의 지향과 리익에 맞게 발전시

---

71 민족주의담론은 엄밀한 의미에서는 이 논문의 주제인 유교담론의 범위를 넘어선 것이다. 그러나 유교담론이 강조된 배경을 북조선의 공식이데올로기 전반과의 관련하에서 보다 포괄적으로 이해하기 위해 이 주제도 포함시켜 다루어보기로 한다.
72 「조선민족 제일주의 정신을 높이 발양시키자——조선로동당 중앙위원회 책임일군들 앞에서 한 연설」(1989년 12월 28일), 『김정일선집』 제9권, 459면.

켜나가는 우리식의 사회주의"라고 차별화했다. 그는 북조선 사회주의야말로 가장 우월한 사회주의라고 주장함으로써 이 난제를 해결해야 했다.

"우리의 사회주의의 우월성을 옳게 인식할 때 그 어떤 환경 속에서도 흔들리지 않고 사회주의 기치를 높이 치켜들고 나갈 수 있습니다. 그러므로 당원들과 근로자들에게 사회주의에 대한 일반론이 아니라 우리가 우리식의 사회주의를 어떻게 건설하고 공고 발전시켜왔으며 그 특성과 우월성이 어디에 있고 우리식의 사회주의가 얼마나 휘황한 전망을 펼쳐주고 있는가 하는 것을 잘 해설해주어야 합니다."[73]

나아가 북조선 사회주의의 우월성의 근원은 조선민족 제일주의에 있다고 보았다. 그리고 그 이유를 다음과 같이 들고 있다.[74]

"우리 인민이 자기 민족을 세상에서 제일이라고 자랑할 수 있는 것은 바로 위대한 수령, 위대한 당의 령도가 있고 위대한 주체사상이

---

73 같은 책 459~60면.
74 같은 책 449면. 김정일은 1986년 7월 15일 「주체사상 교양에서 제기되는 몇가지 문제에 대하여」에서 '우리민족 제일주의'를 말하고 있었다. "자기 나라 혁명에 충실하자면 무엇보다도 자기 민족을 사랑하고 귀중히 여길 줄 알아야 합니다. 나는 이런 의미에서 우리민족 제일주의를 주장합니다. 우리 민족이 제일이라고 하는 것은 결코 다른 민족을 깔보고 자기 민족의 우월성만 내세우라는 것이 아닙니다. 우리 공산주의자들이 민족주의자로 될 수는 없습니다. 공산주의자들은 참다운 애국주의자들인 동시에 참다운 국제주의자입니다. 내가 우리민족 제일주의를 주장하는 것은 자기 민족을 가장 귀중히 여기는 정신과 높은 민족적 자부심을 가지고 혁명과 건설을 자주적으로 해나가야 한다는 것입니다."『김정일선집』 제8권, 444면.

있으며 가장 우월한 사회주의제도가 있기 때문입니다. (…) 오늘 민족의 운명을 결정하는 결정적 요인은 민족을 이끌어나가는 수령의 령도이며 민족이 지침으로 삼는 지도사상이며 민족이 살고 활동하는 사회제도입니다."

조선민족 제일주의는 "위대한 수령을 모신 긍지와 자부심" "위대한 당의 령도를 받는 긍지와 자부심" "위대한 주체사상을 가지고 있는 긍지와 자부심" "세상에서 가장 우월한 사회주의제도에서 사는 긍지와 자부심"을 내용으로 하고 있다.[75] 이제 북조선의 사회주의는 다른 무너지거나 변질된 사회주의와 구별되는 독자적인 사회주의를 넘어서 가장 우월한 사회주의로 치켜세워진 것이다.

따라서 김정일에게는 이러한 "조선민족 제일주의 정신을 발양시키는 데서 수령, 당, 대중의 일심단결을 더욱 강화하는 것이 중요"했다.[76] 특히 간부들의 문제로서 조선민족 제일주의에 대한 "기본장애는 일군들 속에 남아 있는 관료주의, 세도를 비롯한 낡은 사업방법과 작풍"임을 지적하고 "혁명적 군중관을 확고히 세워 인민에게 충실하게 복무"하도록 촉구했다. 간부들에게 요구되는 자세는 "군중과 생사고락을 같이하며 언제나 어려운 일의 앞장에 서서 이신작칙의 모범으로 군중을 이끌어나가야 한다"는 것이었다.

또한 "조선민족 제일주의 정신을 발양시키는 데서 혁명전통을 빛나게 계승하고 민족적 전통을 잘 살려나가는 것이 중요"함을 강조했다. 이는 무엇보다도 항일빨치산 혁명전통을 계승하는 것으로 항일빨치산

---

75 같은 책 449~52면.
76 『김정일선집』제9권, 460면.

식으로 인민들과 함께하는 사업방식을 따라 배워야 할 것을 요구했다. 나아가 그밖의 민족문화유산과 전통을 오늘의 사회주의 현실에 맞게 계승발전시켜나가야 함을 역설했다.[77]

조선민족 제일주의에 이어서 등장한 것이 '우리식 사회주의'란 담론이었다. 이제 동유럽에서 사회주의국가들의 붕괴는 전면적인 흐름으로 확대되고 있었다. 김정일의 위기의식도 그만큼 증대되었다고 할 수 있다. 조선민족 제일주의를 말한 1년 뒤인 1990년 12월 김정일은 당중앙위원회 책임일군들 앞에서 이러한 동유럽 사회주의의 붕괴 흐름에 동요하지 않도록 촉구하는 담화를 발표했다. 그는 "지금 각양각색의 기회주의 사조에 의하여 사회주의 리념이 왜곡되고 있는 것만큼 사회주의의 우월성에 대한 선전은 일반적으로만 하지 말고 우리나라 사회주의의 구체적인 현실을 가지고 하여야 한다"고 주장했다.[78] 담화의 의도는 "우리식 사회주의의 본질적 특성과 우월성을 깊이있게 인식시킴으로써 사회주의에 대한 확고한 신념"을 가지도록 하는 데 있었다.

김정일은 북조선 사회주의가 동유럽 사회주의와 다르다는 것을 다음과 같이 강조했다.[79]

"지난 시기 적지 않은 사람들이 사회주의라 하면 어느나라 사회주의나 다 같은 것으로 생각하여왔습니다. 그러나 최근에 구라파에서는 사회주의가 좌절되고 있지만 아세아와 라틴아메리카에서는 계속 사회주의 기치가 휘날리고 있는 현실을 보고 사람들이 인식을 달리

---

[77] 같은 책 462면.
[78] 「우리나라 사회주의는 주체사상을 구현한 우리식 사회주의이다―조선로동당 중앙위원회 책임일군들 앞에서 한 담화」(1990년 12월 27일), 『김정일선집』 제10권, 472면.
[79] 같은 면.

하고 있습니다. 특히 우리나라에서 사회주의가 커다란 우월성과 생활성을 발휘하고 있는 것을 보고 진정한 사회주의에 대한 인식을 새롭게 가지게 되었습니다. (…) 사회주의는 그가 의거하는 지도사상에 따라 그 우월성이 다르게 나타납니다."

그는 사회주의가 좌절되고 있는 동유럽에서는 소련의 경험을 기계적으로 본딴 데 문제가 있음을 지적했다. 그리고 해방 이후 북조선에서도 사대주의에 젖은 '반당종파분자들'이 쏘비에뜨정권을 세우고 민주주의도 소련식으로 해야 한다고 했지만 김일성이 주체사상에 기초하여 북조선 실정에 맞는 독창적인 노선과 정책을 제시함으로써 문제를 해결했다고 주장했다. 또한 농업협동화와 개인상공업의 전환을 포함한 사회주의 개조과정도 북조선의 현실과 조건에 맞게 주체적으로 수행했다고 했다. 나아가 사회주의적인 교육, 문화, 보건 제도를 확립하는 것도 주체사상에 기초하여 우리식으로 해결했다고 설명했다.[80]

그는 사회주의제도뿐 아니라 "혁명의 주체"를 확립하는 문제도 우리식으로 해결했다고 역설했다. 그 핵심은 주체사상에 기초하여 '사상개조' '인간개조' 사업에 큰힘을 기울여온 데 있다고 했다. 역시 김정일이 가장 강조한 대목은 여기에 있었다. "혁명의 주체의 사상적 위력이란 다름아닌 수령, 당, 대중의 일심단결의 위력"이라 하고 "우리의 사회주의 사회에서 수령, 당, 대중은 운명을 같이하는 하나의 사회정치적 생명체를 이루고 있다"고 예의 그 논리를 반복했다.

이 담화에서는 동유럽 사회주의가 붕괴한 원인을 다각적으로 분석, 비판하고 있다. 지도관리 방법에서 자본주의적 요소를 끌어들인 점, 이

---

[80] 같은 책 477~78면.

른바 새로운 '사고방식'에 기초한 국제관계를 말하며 군사적으로 무장해제함으로써 정치적 자주성을 상실한 점, 제국주의의 사상문화적 침투를 허용함으로써 인민들의 사회주의의식을 마비시킨 점, 정치적 다원주의 간판 밑에 부르주아에게 정권을 내준 점 등을 지적했다.[81] 그는 '순수민주주의' '독재 없는 민주주의'는 환상이며 "시장경제와 사회주의는 결코 양립할 수 없다"고 단언했다. 나아가 '경제협력'과 '원조'는 제국주의의 경제적 침투를 위한 기도이며 '자립적 민족경제'를 지켜나가야 함을 강조했다.[82]

결국 자본주의와의 엄청난 경제적 격차란 현실 앞에서 김정일이 강조한 것은 정신적 가치였다. 물질적 가치를 체제비교의 척도로 인정해서는 사회주의체제의 우월성을 유지할 수 없게 된 것이다. 그는 "인민대중의 자주성을 실현시키기 위한 혁명의 길에서 비록 육체적 생명은 잃을지언정 사회정치적 생명만은 더럽히지 않는다는 것이 우리 인민의 고상한 사상정신적 풍모"라고 했다.[83] 마지막으로 그는 "우리식대로 살아나가자"는 구호를 내걸고 나가자고 했다.[84]

이러한 '우리식 사회주의'란 개념은 그 앞에 '인민대중 중심'이란 수식어가 붙으면서 일반화되었다.[85] 김정일은 북조선 사회주의가 공고하며 패배하지 않는 이유는 "인민을 사회의 진정한 주인으로 내세우고 사회의 모든 것이 인민을 위하여 복무하는 인민대중 중심의 사회주의"라

---

[81] 같은 책 484~500면.
[82] 같은 책 501, 503면.
[83] 같은 책 505면.
[84] 같은 책 506면.
[85] 이는 1991년 5월 당중앙위원회 책임일군들과 한 담화에서 공식화되었다. 김정일 「인민대중 중심의 우리식 사회주의는 필승불패이다―조선로동당 중앙위원회 책임일군들과 한 담화」(1991년 5월 5일), 『김정일선집』 제11권.

는 데 있다고 간주했다.[86] 물론 여기서도 '수령, 당, 대중의 일심단결'이야말로 북조선 사회주의의 영원한 생명력이라고 치켜세웠다.

다만 인민대중 중심이란 표현을 중시하게 된 것은 '세도와 관료주의' 문제를 극복하기 위한 목적에서였다. 그는 소련, 동유럽에서 사회주의가 무너지게 된 가장 큰 이유의 하나가 여기에 있다고 생각했다. 그는 세도와 관료주의는 원래 "로동계급의 당의 본성"과는 관계가 없고 "낡은 사회의 반동적 지배계급의 통치방법"인데 "이러한 방법이 사회주의 사회에 나타나는 것은 간부들의 머릿속에 낡은 사상의 잔재가 남아 있는 것"과 관련된다고 보았다.[87] 그는 모든 간부들이 "인민대중에 대한 헌신적인 복무정신을 가지고 인민대중에게 충실히 복무하는 기풍을 세워야 한다"고 촉구했다. 일군들은 "군중 위에 선 특수한 존재가 아니라 인민대중 속에서 나와 인민대중을 위하여 복무하는 심부름꾼"이 되어야 한다고 말했다. 세도와 관료주의를 극복할 수 있는 방식으로서 '혁명적 사업방법' '인민적 사업체계'를 바로 세워야 한다는 점이 강조되고 "인민을 위하여 복무함!" "전당이 군중 속으로 들어가자!"는 구호가 다시 제시되었다.[88]

조선민족 제일주의나 우리식 사회주의는 이후 북조선의 공식적 담론에서 일관해서 중요한 위치를 차지하게 되었다. 이는 붕괴하거나 위기에 처한 다른 사회주의체제는 물론 자본주의체제와도 경제성장이나 인민생활 수준의 면에서 일체의 비교를 거부하는 논리였다.

---

86 같은 책 41면.
87 같은 책 76~77면.
88 같은 책 79면.

5. 김일성 사망과 김정일의 공식승계

1) 이민위천, 인덕정치, 광폭정치

유교적 국가관의 담론은 계속해서 일정한 변화를 꾀해갔다. 1992년 최고인민회의에서는 헌법이 일부 개정되었다. '프롤레타리아독재' 규정이 '인민민주주의 독재' 규정으로 바뀌었으며, 무엇보다도 큰 변화는 정무원 밑에 있던 국방위원회를 분리하여 독자적인 기구로 만든 점이었다. 김정일은 국방위원회 위원장으로 임명되고 조선인민군 최고사령관으로서 원수 칭호를 수여받았다. 김일성에게는 대원수 칭호가 주어졌다. 김정일의 권력승계를 위한 마지막 절차로 군에 대한 장악작업이 본격화된 것이다. 김정일은 이 헌법개정에 맞추어 그 내용을 주지시키기 위한 전국인민정권기관 일군 강습회에 서한을 보내 새로운 담론을 펼치고 있다.

이 시기는 앞에서 언급한 인민대중 중심의 우리식 사회주의를 강조하던 시점으로 김정일은 '인민대중 중심'의 정치를 '인덕정치'로 새롭게 정의하고 있다. 그는 김일성의 정치를 인덕정치라 부르면서 다음과 같이 말했다.

"인민을 위한 참다운 정치는 인민을 존중하고 인민에게 모든 혜택을 베푸는 정치로 되어야 합니다. 수령님께서는 친어버이의 인자한 마음으로 인민을 따듯이 이끌어주시며 인민의 행복에서 기쁨을 찾으시고 은정 깊은 혜택을 베풀어주십니다. 수령님의 인자하고 은혜로운 인덕정치에 의하여 우리의 인민정권은 인민의 참다운 충복으로서 본분을 다하고 있으며 인민은 사회생활의 모든 분야에서 아무런 근심걱정을 모르고 보람찬 삶을 누리고 있습니다. 위대한 수령님의 자주, 민주, 단결, 인덕의 정치는 인민에 대한 끝없는 사랑과 믿음에 기초하고 있습니다."

이는 체제에 대한 지지를 확보하는 방법으로서 논리로 설득하거나 도덕윤리를 강조하는 방식에서 더 나아가 인민대중의 정서에 호소하는 방식을 채용한 것이다.

이러한 정서적 호소는 김일성이 1994년 7월 4일 남북정상회담을 며칠 앞두고 사망하면서 장례행사를 치르는 과정에서 더욱 두드러졌다. 북조선체제 형성 초기부터 거의 반세기를 통치한 김일성의 사망으로 북조선 전역은 깊은 애도의 분위기에 쌓이게 되었다. 그 분위기는 김정일 자신도 "수령에 대한 예의도덕을 지킬 줄 아는 숭고한 도덕관을 지닌 인민을 보고 커다란 충격을 받았다"고 고백할 정도였다. 김정일은 "우리는 인민복을 누리고 있다"며 "수령님을 따르는 우리 인민들의 끝없는 충성과 지극한 효성에 대하여서는 세계 진보적 인민은 물론 적들까지 탄복"했다고 감격하는 발언을 했다.[89] 김정일이 김일성 사망에 임하여 보인 모습은 바로 효성스러운 자식 그 자체였다. 김정일은 3년상을 치르는 전통적 상례에 따라 수령이 사망한 자리를 메우기 위해 "당과 국가기관을 새로 구성"하는 '추대사업'을 뒤로 미루었다.

김일성이 사망하고 나서 김정일의 새로운 통치방식을 제시하는 데는 일정한 시간이 필요했다. 관례상 만 2년으로 끝나는 3년상을 만 3년으로 해석하여 1년 연장해서 치른 것도 전통적 상례나 도덕 이외에 시

---

[89] 김정일 「위대한 수령님을 영원히 높이 모시고 수령님의 위업을 끝까지 완성하자——조선로동당 중앙위원회 책임일군들에게 한 담화」(1994년 10월 16일), 『김정일선집』 제13권, 426면.

간 벌기라는 의도가 있었다. 여기서 등장한 것이 김일성의 생전의 뜻을 받들어 관철하자는 이른바 '유훈통치'로, 이것도 전통적인 유교관념을 활용한 것이었다. 그 구호는 "김일성 동지는 영원히 우리와 함께 계신다"였다. 유훈통치는 김정일이 1997년 10월 10일 당총비서로 추대되기까지 계속되었다. 특히 사망 직전 7월 5, 6일 경제부문 책임일군협의회에서 김일성이 직접 지시한 경제정책 내용이 가장 중요한 유훈이었다.[90] 이는 1992년부터 채택된 경공업, 무역, 농업 등의 3대 제일주의정책을 독려하기 위해 관련부문 간부들을 질타한 지시사항으로 인민생활을 높이기 위한 제반시책이었다.[91]

김정일은 김일성 사망 이후 민심을 추스르기 위해 잇달아서 사회주의이념에 관한 논문을 발표했다. 이는 김일성이란 절대적 권력자의 사망으로 생긴 인민들의 심적 동요를 막는다는 의도가 작용했을 것이다. 가장 먼저 발표된 것이 1994년 11월 1일에 나온 「사회주의는 과학이다」란 논문이었다. 과학으로서의 사회주의이념이 건재하다는 것을 주장하는 취지의 글이지만 핵심은 과학이 아니라 정서였다.

김정일은 다당제나 의회민주주의와 달리 인민대중 중심의 사회주의에서 정치는 사랑과 믿음의 정치이며 이를 인덕정치라고 부른다고 서로 대비시켰다. "참다운 인덕정치를 실현하자면 인민에 대한 끝없는 사랑을 지닌 정치지도자를 내세워야 한다"며 "사회주의 지도자는 능력도

---

90 같은 책 422면. 이 글에서 김정일은 김일성이 사망 직전 카터 전 미국 대통령을 만나 조미회담을 유리하게 만들어놓았다고 말했다. 또한 조국통일문제에 대해서도 모든 문제를 깨끗이 마무리해놓았다고 말했다. 북미관계를 중심으로 한 대외관계, 통일문제 등도 중요한 유훈통치 항목에 속한다.
91 김정일 「군의 역할을 높여 인민생활에서 전환을 일으키자——조선로동당 중앙위원회 책임일군들과 한 담화」(1994년 10월 20일), 『김정일선집』 제13권, 442~52면.

있어야 하지만 무엇보다도 인민을 끝없이 사랑하는 숭고한 덕성을 지녀야 한다"고 주장했다.[92] 인덕정치는 바로 지도자, 즉 김일성 사후 김정일의 정치를 가리키는 담론이 된 것이다.

다음으로 그는 사랑과 믿음의 정치를 실현하자면 당을 "어머니 당으로 건설해야 한다"고 말했다. 이는 김일성이 60년대부터 즐겨 썼던 표현이었다. "어머니가 자식을 극진히 사랑하고 따뜻이 돌봐주듯이 당을 인민대중의 운명을 책임지고 세심히 보살펴주는 진정한 인민의 향도자로, 보호자로 되게 한다는 것을 의미한다"고 설명했다.[93] 어머니 당을 강조한 이유는 당간부들 속에서 세도와 관료주의, 부정부패 경향을 철저히 청산하고 인민에게 충실히 복무할 것을 요구하기 위해서였다.

김정일은 김일성의 정치 스타일을 전통적인 용어로 표현하고 있다. 김일성은 "일찍부터 이민위천을 좌우명으로 삼으시고 한평생 인민들 속에 계시면서 인민들과 생사고락을 같이하시었으며 인민을 위하여 모든 것을 다 바치셨다"고 말했다. "인민을 하늘같이 내세운다"는 전통적인 통치자의 덕성을 동원한 것이다. 나아가 김일성의 인덕정치는 "각계각층의 인민들에게 차별없이 사랑과 믿음을 안겨주는 폭넓은 사랑과 믿음의 정치"라고 정의하고 이 점에서 이를 "광폭정치"라 부른다고도 했다. 이에 대해 인민들은 "수령의 인덕정치의 고마움을 깊이 느끼고 있으며 그 은덕에 충성으로 보답하기 위하여 몸과 마음을 다 바쳐 투쟁하고 있다"고 했다.[94] 김일성의 정치로 설명된 이민위천(以民爲天), 인덕정치, 광폭정치 등 전통적인 가치의 통치이념이 앞으로 김정일의 통

---

[92] 김정일 「사회주의는 과학이다——조선로동당 기관지 로동신문에 발표한 론문」 (1994년 11월 1일), 같은 책 481~82면.
[93] 같은 책 482면.
[94] 같은 책 486~87면.

치 스타일이 될 것을 예고한 것이다.

나아가 김일성에 대해 적용했던 충효논리도 김정일에게 계승되고 있었다. 그는 당과 인민, 군대에 자신에 대한 충성을 요구했다. 김일성 사후 당간부들 앞에서 "혁명대오의 일심단결을 강화하는 데서 중요한 것은 전당, 전민, 전군이 령도자를 충성으로 받들어나가도록 하는 것입니다. 무엇보다도 간부들이 당의 령도를 충성으로 받들어나가야 합니다. (…) 나에게 충실한 전사들이 있으니 내가 있고 내가 있으니 충신들이 있는 것입니다"라고 말했다. 그는 "좋은 때 백날을 따르는 것보다 준엄한 때 하루를 따르는 것이 더 중요"하며 "좋을 때에는 당을 따르다가 어려울 때에 떨어져나가는 사람은 의리가 없는 사람"으로 "혁명가들은 혁명적 의리를 귀중히 여기고 끝까지 지켜야 한다"고 강조했다."[95]

김일성 사후 김정일은 잇달아 사상적인 논문을 발표했다. 이러한 글에서 주로 활용된 논리는 역시 유교담론이었다. 그는 10월 2일 발표한 「조선로동당은 위대한 수령 김일성 동지의 당이다」에서 "이민위천의 사상" "인민대중의 운명을 책임지고 보살펴주는 어머니 당" "인민에 대한 믿음과 사랑의 정치, 인덕정치" 등을 되풀이하여 강조했다.[96]

이처럼 논리적 판단보다 윤리적, 정서적 가치를 중시하는 경향은 더욱 강해져간다. 김정일은 12월 25일에 「혁명선배를 존대하는 것은 혁명가들의 숭고한 도덕의리이다」란 논문을 발표했다. 여기서 그는 "혁명선배들의 투쟁과 업적을 허무주의적으로 대하며 부정하는 것은 혁명의

---

[95] 김정일 「위대한 수령님의 뜻을 받들어 내 나라, 내 조국을 더욱 부강하게 하자— 조선로동당 중앙위원회 책임일군들과 한 담화」(1994년 12월 31일), 같은 책 492~93면.
[96] 김정일 「조선로동당은 위대한 수령 김일성 동지의 당이다」, 『로동신문』 1995년 10월 2일자.

길에서 물러서며 혁명을 배반하는 것"이라고 하며 "혁명선배들을 헐뜯고 그들의 사상과 업적을 모독하는 것은 혁명을 모독하는 것이며 혁명의 원쑤들 앞에 굴종하는 것"이라고 비난했다. 그는 "혁명선배들을 어떻게 대하는가 하는 것은 혁명에 대한 태도문제인 동시에 혁명가들의 도덕의리에 관한 문제"라고 중요시했다. "혁명선배를 존대하는 것은 혁명가들에게 있어서 어길 수 없는 혁명적 의리"이며 "혁명가들 사이의 관계는 혁명의 한 길에서 뜻을 같이하고 생사운명을 같이하며 육체적 생명보다 더 귀중한 사회정치적 생명을 빛내어나가는 혁명동지들 사이의 관계"라고 했다.[97]

혁명선배들이란 북조선 역사에서는 항일유격대를 중심으로 한 "항일혁명투사"들, "조국해방전쟁 참가자"들, "천리마대고조시기의 영웅들과 로력 혁신자들"을 포함하고 있었다. 역시 이러한 김정일의 논리의 핵심은 "혁명선배의 최고대표자는 수령이며 수령에 대한 충실성은 혁명적 의리의 최고 표현"이란 구절에 집약되었다. 그리고 김정일은 사회주의 역사에서 노동계급의 수령들인 맑스, 엥겔스, 레닌, 스딸린에 대해서도 "존대하고 그들의 업적을 높이 평가한다"고 말했다.[98] 다음 글에서 드러나듯이 여기서 김정일이 의도한 것은 사회주의 체제, 이념에 대한 논리적이고 합리적인 비판, 판단을 의리없는 자들의 행위로 간주하여 이를 봉쇄하는 데 있었다.

"기회주의자들과 사회주의 배신자들은 로동계급의 수령을 헐뜯고

---

97 김정일「혁명선배를 존대하는 것은 혁명가들의 숭고한 도덕의리이다」,『로동신문』1995년 12월 25일자.
98 같은 글. 북조선에서는 1956년 소련의 스딸린 비판이 전세계에 엄청난 파장을 불러 일으켰음에도 불구하고 스딸린 비판을 공식적으로 행한 적이 없다.

혁명선배들의 성스러운 혁명투쟁과 위대한 혁명업적을 모독하였으며 사회주의를 허물고 자본주의를 복귀시켰습니다. 이것은 제국주의의 압력에 굴복하여 혁명을 배반한 가장 비열한 반혁명적 죄행이며 혁명적 의리를 저버리고 초보적인 인간 도덕마저 짓밟은 가장 비도덕적인 배신행위입니다."

2) 수령결사옹위정신, 총폭탄정신, 자폭정신

위에서 설명했듯이 김정일이 김일성에 대해 개발했던 유교적 담론은 김정일이 권력을 승계하면서 고스란히 김정일에게 옮겨졌다. 하지만 권력을 승계하면서 나타난 체제는 전혀 다른 모습을 갖게 되었다. 그것은 김정일이 군의 최고책임자로서 북조선을 통치하는 것이며 이를 정당화하는 논리도 군을 중시하는 것이었다.[99]

1994년 7월 김일성이 사망하고 나서 97년 10월 당총비서에 추대될 때까지 김정일은 당내 최고직위에 취임하지 않았으며 98년 9월까지 국방위원장직 및 인민군 최고사령관직 외에 정부의 공식지위에는 취임하지 않았다. 김일성 사후 김정일의 통치방식을 보면 철저하게 군부대시찰을 중심으로 하여 군과 관련된 행사에만 참석함으로써 군사 지도자로서 자신의 이미지를 전면에 부각하는 것이었다. 김정일은 권력승계를 마무리하는 작업으로서 군조직 장악에 정력적으로 나서게 되었다.

---

99 와다 하루끼는 이를 '유격대국가'에서 '정규군국가'로의 전환으로 이해하고 있다. Haruki Wada, "The Structure and Political Culture of the Kim Jong Il Regime: Its Novelty and Difficulties, a Dissertation Presented at International Conference Commemorating the Opening of the Graduate School of North Korean Studies," Kyungnam University, May 28~29, 1998. 와다의 논리에 대한 비판적 논평으로는, 서동만「북한 정치체제 변화에 관한 시론」,『정치비평』98년 가을/겨울호 참조.

김정일이 의도적으로 군부대를 시찰하기 시작한 것은 1995년 1월 1일부터였다. 김정일은 신년을 맞이하여 인민군 제214군부대를 방문하고 장병들과 기념촬영을 했으며, 이것이 컬러사진으로 『로동신문』 제1면에 게재되었다.[100] 이 부대 소속 단위부대의 소식을 전하는 『로동신문』 기사에는 "김정일 장군님을 결사옹위하는 총폭탄이 되자"는 슬로건이 실렸다.[101] 1월 26~27일에는 조선인민군 제9차 선동원대회가 열려 인민군 상장 박재경이 보고를 하면서 모든 당원과 인민들을 "김정일 장군님의 절대적 숭배자로, 당과 수령을 목숨으로 결사옹위하는 총폭탄으로 튼튼히 준비"시키고 있다고 했다.[102] 2월 6일 중앙인민위원회는 김정일의 탄생일 2월 16일을 '민족 최대의 명절'로 제정했다. 4월 24일 인민군 창건 63돌 기념 중앙보고대회가 열리고 인민군 총참모장 최광이 보고를 담당하여 인민군은 "경애하는 최고사령관 동지를 결사옹위하는 총폭탄이 되도록" 한다고 발언했다.[103] 이른바 '총폭탄정신'이 공식화된 것이다.

1995년까지만 해도 김정일의 군 중시는 어디까지나 김일성 사후 마지막 권력승계과정으로서 군 장악을 위한 포석이었다고 생각된다. 그러나 95년 여름부터 북조선을 엄습한 수해는 북조선경제에 막대한 피해를 입혔고 이때부터 북조선체제 수립 이래 가장 가혹한 식량기근을 겪게 되었다. 북조선당국이 외부에 식량지원을 호소하기 시작한 것도 이때부터다.

1996년 신년도 공동사설은 북조선 인민들에게 '고난의 행군'을 호소

---

100 『로동신문』 1995년 1월 2일자.
101 『로동신문』 1995년 1월 3일자.
102 『로동신문』 1995년 1월 28, 29일자.
103 『로동신문』 1995년 4월 25일자.

하기 시작했다. 사설은 "백두밀림에서 혁명의 사령부를 목숨으로 사수한 7련대의 결사옹위정신이 우리 혁명대오의 고귀한 넋이 되고 (…) 신조가 되어 힘차게 나래치게 하여야 한다"고 하고, "우리는 지금 가장 어려운 환경 속에서 사회주의를 건설하고 있다. '고난의 행군' 정신은 제 힘으로 혁명을 끝까지 해나가는 자력갱생, 간고분투의 혁명정신"이라고 정의하며 인민들에게 호소하고 있다.[104] 1930년대말 항일빨치산부대가 일제의 토벌에 쫓기며 소련령으로 도피하기까지의 가장 험난했던 시기를 빗대어 북조선 주민들에게 인내와 내핍을 호소하기 위한 슬로건이었다.

식량난은 북조선에 한국전쟁 이래 가장 가혹한 시련을 안겨주었다. 그 수에 대해서 여러가지 추측이 있지만 상당한 아사자가 나온 것도 부인할 수 없는 사실이다. 중앙으로부터 식량은 물론 생활필수품이 제대로 공급되지 못하면서 북조선 계획경제의 근간을 이루는 중앙공급체계가 거의 마비되는 사태가 조성되었다. 체제이완현상이 광범하게 만연하며, 당 및 행정조직, 사회단체들이 상부 지시대로 움직일 수 없게 되었다.[105] 북조선 지도부는 군조직을 동원하여 사태수습에 나서게 되었다고 보인다. 이후 "김정일 동지를 수반으로 하는 혁명의 수뇌부를 목숨으로 사수하자"는 구호가 전면에 내세워지며 공식성을 띠게 된다.[106]

---

104 『로동신문』『조선인민군』『로동청년』 공동사설 「붉은 기를 높이 들고 새해의 진군을 힘차게 다그쳐 나가자」, 『로동신문』 1996년 1월 1일자.
105 김정일의 연설 「우리는 지금 식량 때문에 무정부 상태가 되고 있다」(1996년 12월 7일), 『월간조선』 1997년 4월호.
106 사설 「당의 령도 따라 위대한 김일성 동지의 위업을 끝없이 빛내어 나가자」, 『로동신문』 1996년 7월 8일자; 금강산발전소 건설에 참가한 군인과 건설자 들을 만나 기념촬영한 김정일을 보도한 『로동신문』 1996년 7월 8일자 1면; 사설 「조선로동당은 영원히 위대한 김일성 동지의 당으로 빛날 것이다」, 『로동신문』 1996년 10월 10일자.

1997년에는 김정일에 대한 총폭탄정신, 인민군에 대한 강조가 더욱 두드러졌다. 1월 1일 공동사설에서는 "올해는 고난의 행군을 승리적으로 결속하기 위한 최후의 돌격전"이라는 위치를 부여하며 김일성 사후 3년이 된다고 그 의미를 강조했다. 김정일의 권력승계가 이루어질 것을 암시한 것이다. 이 사설은 "우리 인민군대는 우리 혁명의 기둥이며, 주체사업 완성의 주력군이다. (…) 전군에 수령결사옹위정신, 총폭탄정신, 자폭정신이 차 넘치게 해야 한다"고 요구했다.[107] 4월 9일 김정일의 국방위원장 취임 4돌 기념 중앙경축보고대회에서 총정치국장 조명록은 "최고사령관 동지께서는 군대는 곧 인민이고, 국가이며 당이라는 독창적인 군 중시 사상을 밝히시고 우리 인민군대를 혁명 주체의 핵심력량, 주체위업 완성의 주력군의 지위에 확고히 올려놓으셨다"고 말했다. 나아가 "령도자와 인민, 최고사령관과 전사들의 관계는 명령과 복종의 관계가 아니고 부모와 자식 간의 혈연적 관계이며 영원한 한식솔"이라고 규정했다.[108]

이처럼 김정일에 대한 개인숭배는 기존의 유교적 담론에 군사적 이미지를 동원한 새로운 담론이 추가되어 나타났다. 총폭탄정신, 자폭정신, 최고사령관 및 혁명 수뇌부를 사수하자는 구호는 김정일 자신의 말이 아니라 당기관지의 사설이나 당, 군 고위간부들의 발언을 통해 표현되었다. 하지만 이러한 담론은 김정일 자신이 만든 것은 아닐지라도 그의 의사가 담긴 것이었다. 이후 김정일과 관련된 주요 기념행사나 매년 1월 1일에 발표되는 신년사에서도 이러한 담론은 계속 강조되어 나타나고 있기 때문이다.[109]

■

107 『로동신문』 1997년 1월 1일자.
108 『로동신문』 1997년 4월 10일자.
109 당보·군보 공동사설 「위대한 당의 령도 따라 새해에 총진군을 다그치자」, 『로동

'수령결사옹위' '총폭탄' '자폭' 등은 군사전투와 연관된 극한적인 용어다. 그만큼 북조선이 처한 경제난의 심각성에서 오는 위기의식이 높았다는 증거다. 유교적 담론만으로는 새로운 위기에 대처하기 부족하다는 문제의식에서 고안된 담론일 것이다. 또한 여기에는 통치 전반에 군을 동원할 수밖에 없는 현실이 반영된 것이기도 하다. 김정일을 중심으로 단결을 요구하는 공식담론에는 기존의 유교적인 것에 군사적인 것이 결합되어 뒤섞인 모습을 보인다. 김정일의 57회 생일을 기념하는 『로동신문』 사설은 그 대표적인 예에 속한다.[110] 이 사설은 "령도자와 인민의 혼연일체"를 다음과 같이 강조한다.

"우리의 혼연일체는 령도자는 인민의 운명을 지켜주고 인민은 령도자를 결사옹위하는 영원한 운명공동체이다. 령도자와 인민은 하나의 운명으로 단결되어 있다. 령도자는 인민의 운명의 개척자, 보호자이며 인민은 령도자를 옹위하는 성새이고 방패이다."

"우리의 수령결사옹위 정신은 강성대국 건설을 령도하시는 김정일 동지를 위해서라면 한목숨 기꺼이 바치는 총폭탄정신, 자폭정신이다."

신문』 1998년 1월 1일자; 당보·군보·청년보 공동사설 「올해를 강성대국 건설의 위대한 전환의 해로 빛내이자」, 『로동신문』 1999년 1월 1일자; 당보·군보·청년보 공동사설 「당 창건 5돌을 맞는 올해를 천리마대고조의 불길 속에 자랑찬 승리의 해로 빛내이자」, 『로동신문』 2000년 1월 1일자; 당보·군보·청년보 공동사설 「고난의 행군에서 승리한 기세로 새 세기의 진격로를 열어 나가자」, 『로동신문』 2001년 1월 1일자.

110 이하 인용은 「위대한 혼연일체의 위력으로 강성대국 건설의 새시대를 열어 나가자」, 『로동신문』 1999년 2월 16일자에서.

여기까지는 분명히 군사적인 비유다. 하지만 그뒤에는 다음과 같이 기존의 유교적 담론이 이어진다.

"우리의 혼연일체는 령도자는 인민에게 인덕을 베풀고 인민은 령도자를 진심으로 받드는 숭고한 도덕의리의 결합체이다. 믿음으로 시작되고 사랑으로 다져지는 것이 령도자와 인민의 인간관계이다. 령도자를 어버이로 높이 모신 혁명세계에서 사랑은 내리고 충성은 오르게 된다. (…) 김정일 동지께서는 수령 김일성 동지께서 한평생 그러하시었던 것처럼 이민위천을 좌우명으로 삼으시고 인민의 행복을 마련하시기 위해 불면불휴의 정력적인 활동을 벌여 나가고 계신다."

60년대 이래 중심이 되었던 항일유격대 지휘관과 전사의 관계는 인민군 최고사령관과 군인의 관계로 바뀌었지만 이전처럼 그 속에는 유교담론도 뒤섞여 있었다. 이렇게 군을 중시하는 김정일의 정치는 '선군정치'란 용어로 집약되었다.[111]

■

[111] 『로동신문』, 『근로자』 공동사설 「우리 당의 선군정치는 필승불패이다」, 『로동신문』 1999년 6월 16일자. 여기서 선군정치는 "군대를 혁명의 기둥으로 내세워 사회주의 위업 전반을 밀고나가는 령도방식"으로 정의되고 "군대이자 당이고 인민이며 국가라는 혁명철학에 기초하고 있다"고 설명된다. 또한 "사회주의 정치사에 처음 출현"한 "독창적인 정치방식"으로 "아무도 걸어보지 못한 전인미답의 길"로 내세워지기도 한다. 선군정치에서 군대와 인민은 "사회주의를 지키는 2대 력량"으로 간주되며 군대와 인민의 "일심단결" "일치" "혼연일체"가 강조된다. 물론 선군정치는 김정일의 통치와 직결되어 있다. 이는 "독특한 김정일식 정치방식"으로서 "우리 당의 선군정치의 영원한 생명력은 령도자의 특출한 자질에 있다"는 것이며 김정일은 "현시대가 갈망하는 장군형의 정치가의 최고 귀감"으로 찬양된다.

3) 민족주의담론의 변화

김일성이 사망한 뒤 김정일은 종래 부정적으로만 보던 민족주의 개념 자체에 대해서도 긍정적인 평가를 내리게 되었다. 김일성 사후 김정일은 1996년까지는 주로 사상 및 이념 문제에 집중해서 논문이나 담화를 발표했는데 이는 대체로 체제의 내부단속을 강화하는 보수화의 방향이었다.[112] 그러나 3년상이 끝나가고 권력승계를 앞둔 시점부터 민족 및 통일 문제에 대한 논문을 발표하기 시작했다.[113] 이는 남북관계 개선을 염두에 둔 것이었다.

그는 과거 "조선의 참다운 공산주의자들"은 "민족주의자들과의 단합도 성과적으로 실현하였다"고 하며 "민족주의와 공산주의는 애국애족이라는 공통된 요구와 지향을 가지고 있다"고 간주했다. "공산주의와 대립되는 것은 민족주의일반이 아니라" "부르주아 민족주의이며 민족이기주의, 민족배타주의"라고 한정했다. 이는 남북관계에 적용하기 위한 논리로서 긍정적인 측면을 지니고 있었다. 그는 "북과 남에 서로 다른 사상과 제도가 존재하는 우리나라에서 민족대단결과 조국통일의

---

[112] 「사상사업을 앞세우는 것은 사회주의 위업 수행의 필수적 요구이다」(1995년 6월 19일), 「조선로동당은 위대한 수령 김일성동지의 당이다」(1995년 10월 2일), 「혁명선배를 존대하는 것은 혁명가들의 숭고한 도덕의리이다」(1995년 12월 25일), 「주체철학은 독창적인 혁명철학이다──조선로동당 중앙위원회 리론잡지 『근로자』에 준 담화」(1996년 7월 26일).

[113] 「혁명과 건설에서 주체성과 민족성을 고수할 데 대하여」(1997년 6월 19일), 「위대한 수령 김일성 동지의 조국통일 유훈을 철저히 관철하자」(1997년 8월 4일), 「온 민족이 대단결하여 조국의 자주적 평화통일을 이룩하자──력사적인 남북조선 정당. 사회단체 대표자련석회의 50돌 기념 중앙연구토론회에 보낸 서한」(1998년 4월 18일) 등이다. 민족주의 개념에 대한 긍정적 평가는 김일성 사후 간행된 김일성 회고록 『세기와 더불어』에서도 나타난다.

기초로 될 수 있는 것은 민족성과 그로부터 흘러나오는 민족애, 민족자주정신"이라고 주장했다.[114]

동시에 민족주의담론은 북조선의 사회주의체제 유지를 위한 목적에도 봉사하는 것이었다. 따라서 남북한 전체를 포괄하는 민족주의 개념으로 확대되기에는 많은 난점을 안고 있었다. 특히 북조선 공식논리에서는 김일성 사망 이후 민족을 김일성과 직결시키는 논리가 빈번히 등장하고 있었다. 위의 글에서 김정일은 "민족의 우수성은 곧 수령의 위대성"이라고 하며 "우리 인민은 경애하는 수령 김일성 동지를 모시어 위대한 민족이 되었다"고 연결시켰다. 그는 세상 사람들이 "우리 인민의 민족성을 김일성민족의 우수성으로 칭송"하고 있으며 "김일성민족의 민족성에서 핵을 이루는 것은 자기 수령에 대한 충효심"이라고 정의했다. "수령에 대한 충효심은 김일성민족의 훌륭한 민족성의 최고 표현"이자 "김일성민족의 우수성의 근본 바탕"이란 것이다.[115] 이는 북조선 중심적, 수령 중심적 민족관의 극치라 할 수 있다.

다만 민족주의담론은 남북관계 개선을 위한 정치작업의 성격도 가지고 있었다. 1997년 6월 김정일은 김일성의 통일유훈이란 명목으로 "우리는 북과 남이 사상과 제도의 차이를 초월하여 공존, 공영, 공리를 도모하고 조국통일대업을 이룩하기 위하여 힘을 합쳐 나갈 것을 주장한다. 우리는 민족적 량심을 가지고 조국통일을 위해 나서는 사람이라면 어떤 사상과 신앙을 가졌건 또 그가 자본가이건 군장성이건 집권상층에 있건 관계하지 않고 함께 손잡고 나갈 것이다"라고 선언했다.[116] 자

---

114 김정일「혁명과 건설에서 주체성과 민족성을 고수할 데 하여여」(1997년 6월 19일), 『로동신문』 1997년 6월 21일자. 1993년 김일성 이름으로 발표한 전민족대단결 10대강령도 이러한 논리에 바탕을 둔 것이다.
115 김정일, 같은 글.

본가, 군장성, 집권상층까지 협력대상에 포함시킨 것은 당시 남한정부와의 남북대화 및 남한기업과의 경제협력을 하겠다는 정책적 시사였다.

나아가 남한에서 정권이 교체되어 김대중정부가 출범하고 나서 이러한 경향은 더욱 두드러지게 된다. 이제 김정일은 김일성의 유훈이 아닌 자신의 이름으로 통일 및 남북 관계에 대해 입장을 전개하기 시작했다. 그는 "우리는 남조선의 집권상층이나 여당과 야당 인사들, 대자본가, 군장성들도 민족공동의 리익을 귀중히 여기고 나라의 통일을 바란다면 그들과도 민족대단결의 기치 밑에 단합할 것입니다"라고 민족대단결의 대상을 확대하며 1년 전의 입장을 다시 천명했다.[117] 이 논문은 우선 당시 진행중이던 남한의 현대그룹과의 금강산개발사업을 구체적으로 염두에 둔 것이며 특히 집권상층을 가장 앞에 내세운 것은 김대중정부와의 남북대화 가능성을 열어두기 위한 표현이었다.

6. 잠정적 결론

2001년 신년 공동사설은 "21세기는 거창한 전변의 세기, 창조의 세기이다. 위대한 김정일 동지께서는 언제나 먼 앞날을 내다보시며 통이 크게 작전하고 대담하게 변혁을 이룩해 나가고 있다. 김정일 동지 식으로 살며 (…) 낡은 관념에서 벗어나 참신하게 사고하고 더 높이 비약해

---

[116] 김정일 「위대한 수령 김일성 동지의 조국통일 유훈을 철저히 관철하자」, 『로동신문』 1997년 8월 4일자.
[117] 김정일 「온 민족이 대단결하여 조국의 자주적 평화통일을 이룩하자—력사적인 남북조선정당, 사회단체 대표자련석회의에 50돐 기념 중앙연구토론회에 보낸 서한」 (1998년 4월 18일), 『로동신문』 1998년 4월 18일자.

야 한다"고 하며 인민들에게 21세기에 맞는 새로운 사고를 고취하고 있다.[118] 글 곳곳에서 '혁신' '변화' '창조' '진취' 등 새로움을 강조하는 용어들이 쓰이고 있는 것도 과거와 다른 어법이다. 무조건적인 충성을 요구하던 작년까지의 담론도 김정일의 치적을 전면에 내세우며 이를 바탕으로 김정일을 따라야 한다는 식으로 바뀌고 있다. 김정일이 실력으로 곤란한 상황을 타개했음을 부각하면서 인민들이나 당간부들에게 단결을 요구하고 있다.[119] 총폭탄, 자폭, 사수 등 극한적인 구호도 2000년보다는 강조의 톤이 약화되고 우선순위에서도 뒤로 처지고 있다.

신년사에 이어 1월 4일 "21세기는 거대한 전변의 세기, 창조의 세기이다"라는 제목하에 새로운 발상을 고취하는 김정일의 발언이 공식매체의 전면에 게재되었다.[120] 무엇보다도 김정일 발언은 시대가 20세기에서 21세기로 바뀌었음을 강조하며 이러한 새로운 시대의 요구에 맞게 경제운영을 바꿔나가야 함을 다음과 같이 강조하고 있다.

"21세기에 상응한 국가경쟁력을 다져가는 일보다 중요한 과업은 없다." "21세기에는 새시대의 요구에 맞게 무슨 일이나 손색이 없게 하여야 한다." "새로운 년대에 들어선 것만큼 우리는 지난날 다른 나라 식의 낡은 틀과 관례를 전면적으로 검토하여 보고 모든 사업을 우리식대로 전개해가야 한다." "지난 시기에 마련한 터전에서 그 모양

■

[118] 「고난의 행군에서 승리한 기세로 새 세기의 진격로를 열어 나가자」, 『로동신문』 2001년 1월 1일자.
[119] 예를 들어 다음과 같은 구절이다. "지난해의 위대한 승리는 경애하는 김정일 동지의 특출한 정치실력과 정력적인 활동의 고귀한 결실이다. (…) 위대한 김정일 동지의 정치실력은 온민족을 매혹시키고 온세계를 격동시켰다."
[120] 「21세기는 거대한 전변의 세기, 창조의 세기이다」, 『로동신문』 2001년 1월 4일자.

대로 살아갈 것이 아니라 새로운 시대의 요구에 맞게 그 면모를 끊임없이 일신시켜가야 한다." "이제는 2000년대에 들어선 만큼 모든 문제를 새로운 관점과 새로운 높이에서 보고 풀어나가야 한다."

이 발언은 50, 60년대와 21세기를 대비하며 농사법 등 농업부문의 변화, 과학기술 중시 및 현대적 기술로의 개건, 경제관리체계의 변화 등을 시사하고 있다. 중국의 신문들이 이를 새로운 경제정책 변화를 예고하는 것으로 보도한 지 며칠 안되어 1월 16일 이후 김정일은 중국을 비공식 방문, 상해 현지를 시찰하며 직접 자신의 육성으로 상해가 천지개벽이 일어난 만큼 발전했다고 발언함으로써 중국의 개혁·개방을 긍정적으로 평가했다. 김정일은 개혁·개방에 따른 발전의 상징인 상해의 푸둥지구를 중심으로 경제현장을 집중적으로 시찰했다. 당시 김대중 대통령이나 남한의 언론매체들은 김정일의 새로운 움직임은 중국의 개혁·개방 방식을 원용하여 북조선의 개혁·개방을 꾀하겠다는 신호로 해석할 수 있다는 견해를 밝힌 바 있다. 마침내 2002년 7월 1일 북조선은 시장개혁을 향한 조치를 취하기 시작했다. 시장화로의 변화와 함께 앞으로 유교적 담론처럼 인민에 대해 지도자에게 무조건적인 충성과 절대적 지지를 요구하는 경향이 어떠한 추이를 보일지 주목되고 있다.

유교담론은 70년대부터 시작하여 80년대, 90년대를 거치면서 강화되는 경향을 보이지만 그것이 항상 같은 내용을 가진 것은 아니었다. 또한 그것은 철저하게 상황적 필요성을 반영한 인위적인 형성물이었다. 물론 유교가 조선 전래의 전통문화라는 점에서 북조선체제와 일정한 친숙성이 있음을 부정할 수는 없다. 하지만 이를 사회주의체제와 유교전통의 자연스러운 혹은 필연적인 결합으로 볼 수는 없을 것이다.

이 점에서 유교담론은 지금까지 변모해온 것과 마찬가지로 앞으로도 변해갈 가능성이 크다. 과거에 유교담론이 그러했듯이 이것도 전혀 다른 새로운 담론으로 대체될 수도 있다. 나아가 흔히 유교담론으로 해석되었던 것 가운데는 유교가 아닌 유기체적, 기독교적, 도교적, 혹은 민중신앙적인 것들도 뒤섞여 있었다. 유교를 포함해서 이러한 담론들은 모두 과거 공식 사회주의이념과는 무관한 것들이다. 이러한 담론들도 보다 합리적인 것으로 대체될 여지가 있다.

유교담론은 북조선의 사회주의체제에 문제가 생기고 이에 대한 내부비판이 일어날 사태를 우려하여 사회주의체제의 정당성을 확보하기 위한 의도로 만들어진 것이다. 그러나 이 정당성이란 경제발전과 민주주의의 신장을 통해 인민들에게 풍족한 삶을 보장함으로써가 아니라 비판을 봉쇄하고 맹목적인 지지를 얻음으로써 확보되었던 것이다. 이는 통치결과의 잘잘못에 대한 책임과 이에 대한 인민의 판단을 흐리게 하려는 의도를 지니고 있다. 유교담론이 간부들이 인민들에게 군림하는 것이 아니라 좀더 봉사하는 자세를 갖도록 하는 점에서 통치도덕을 높이는 효과를 갖는 점을 부정할 수는 없다. 그러나 밑으로부터의 비판과 요구를 통해 보다 긍정적인 방향으로 사회주의체제가 변화할 수 있도록 해야 한다는 과제에서 보면 마이너스 효과도 심각할 것이다.

유교담론이 체계적으로 주입된 데에는 김정일의 역할이 결정적이었고, 김정일이 노쇠한 아버지 김일성에 대한 충성과 효성을 요구할 때에는 그런 대로 인민이 수긍할 수 있는 점이 있었다. 그 아버지가 사라진 지 벌써 10년이 넘었다. 이제는 김정일 스스로 북조선체제와 자기 정권의 앞날을 개척해야 하는 처지이며, 이는 국가발전을 통해 인민들에게 보다 나은 생활을 보장함으로써 실현할 수밖에 없다. 그리고 이러한 측면에서 구체적인 통치성과를 토대로 인민의 지지를 확보해갈 필요에 쫓기고 있다. 물론 체제변화가 개혁·개방 쪽으로 간다고 해도 중국이나 베트남에서처럼 간부들에게 통치윤리를 요구한다는 효용성이란 면에서 유교논리는 계속 활용될 수도 있지만, 이전과 같은 효용성을 지닐지는 의문이다.

 1972년 환갑을 맞았을 당시 북조선의 평균연령을 기준으로 할 때 김일성은 후계를 생각해야 할 노인이었다. 어버이 수령은 자연스러운 호칭일 수 있었다. 2002년에 60세를 맞이하여 환갑을 넘긴 김정일도 결코 젊은 나이가 아니다. 그렇다고 해서 현재 북조선의 평균연령으로 보거나 김정일의 처지로 볼 때 아버지에 대한 유교적 담론을 스스로에게까지 지속하는 것이 그다지 자연스러워 보이지는 않는다. 시장화로의 개혁 이후 유교적 담론의 변화 움직임이나 이것이 김정일시대의 정치로 정착하고 있는 '선군정치'와 어떤 연관이 있는지에 대해서는 다음 연구 과제로 삼고 싶다.

⟨2006⟩

제2부

남북관계

'동북아시아 전쟁'으로서의 한국전쟁
와다 하루끼 『한국전쟁』 역자 후기

　　와다 하루끼 교수는 역자가 1986년부터 1995년까지 일본 토오꾜오대 대학원에 유학할 당시 지도교수로서 많은 가르침을 주신 분이다. 현재는 토오꾜오대학을 정년퇴임했지만, 여전히 왕성한 연구활동을 하고 있다. 와다 교수는 한국에 주로 북한전문가로 알려져 있는데 일본에서는 러시아·소련연구의 제1인자로 많이 알려져 있으며, 러시아사연구 학술단체인 '러시아사연구회'를 이끌고 있다. 다만 해가 갈수록 그의 관심은 한반도로 향하고 있지 않는가 하는 느낌이다. 그는 1992년 『김일성과 만주항일전쟁』을 낸 데 이어, 95년 이 『한국전쟁(朝鮮戰爭)』을 저술했고, 98년에는 『북조선: 유격대국가에서 정규군국가로(北朝鮮: 遊擊隊國家の現在)』를 출간했다.

　　와다 교수의 이 저작은 역자가 오랜 기간 곁에서 지켜본 바로는 사회주의 및 러시아·소련연구, 남북한연구 등 많은 분야에 걸친 그의 연구

가운데 스스로 가장 심혈을 기울인 것이 아닐까 생각한다. 그 이유는 본디 한국전쟁의 성격에서 비롯된 것이기는 하지만 연구나 자료 면에서 미국, 일본, 중국, 러시아, 남한과 북한이 모두 깊이 관련된 만큼 각 나라에 대해 골고루 이해를 가질 필요가 있기 때문이다. 또한 각 나라의 언어를 습득하는 것뿐 아니라 각 지역에 흩어져 있는 증언자들로부터 증언을 청취하는 것도 더 깊은 연구를 위해서는 빠뜨릴 수 없는 조건이다.

와다 교수는 일본에서는 60년 안보세대로서 이른바 '전후(戰後) 민주주의자'에 속하는 지식인이다. 따라서 일본의 전후에 대해 비판적인 인식을 갖고 있는 세대에 속한다. 그가 이 저작에서 종래 일본 내에서는 금기시되던 일본공산당과 재일조선인 그리고 한국전쟁의 관계를 다룰 수 있었던 것은 기성 좌익에 대해 독자적인 입장을 유지해온 이러한 지적 배경 때문이다. 또한 그는 러시아·소련연구자로서 학문의 길을 시작하면서 러시아혁명과 나로드니끄운동에 깊은 관심을 갖게 되었다. 연구를 진전시키는 가운데 특히 소련의 반체제 내지 비판적 지식인들과 깊은 교류를 가졌다. 그가 소련의 뻬레스뜨로이까에 일본에서 가장 일찍부터 주목한 것도 이러한 지적 배경에서 나온 것이다. 나아가 그는 60년대에 베트남전쟁 반대 시민운동에 참여함으로써 미국과도 인연을 맺은 바 있다. 이 점에서 그는 미국의 반전(反戰)세대와도 지적 공감대를 유지하고 있다. 또한 70, 80년대에는 한국의 민주화운동에 협력하는 '한일(韓日)연대운동'을 주도하여 한반도와도 깊은 인연을 맺게 되었다. 와다 교수는 한국의 민주화운동과 관련하여 김지하(金芝河), 지학순(池學淳), 김대중 씨 등의 구원운동에서 중요한 역할을 했다. 80년 이후에는 북한 및 김일성의 항일무장투쟁 연구에 몰두하면서 새롭게 중국어 공부를 시작하고 중국을 방문하여 조선족들과도 교류를 쌓았다. 그는 김일성의 항일빨치산투쟁에 관한 연구를 발표한 후, 이 주제를 두고 북한 학자들과 의견을 나누기 위해 91년 북한을 한차례 방문하기도 했다.

따라서 와다 교수의 한국전쟁연구는 그 평생의 학문적·실천적 역정이 하나로 집약된 결과물이라 볼 수 있다. 와다 교수의 한국전쟁연구는 그의 뛰어난 학문적·언어적 능력이나 다채로운 실천적 경험에 비추어 볼 때 이 분야에서는 보기 드문 저작에 속할 것이다. 관계국의 이해가 첨예하게 엇갈리는 이 분야 연구에서 이 저작이 놀랄 만한 균형을 유지할 수 있는 것도 이러한 능력과 경험 때문이라 할 수 있다.

그는 이 책에서도 밝히고 있듯이, 브루스 커밍스의 연구성과를 비판적으로 수용하며 한단계 발전시키려고 한다. 와다 교수가 한국전쟁의 발발을 기본적으로 한반도에서 유일 정통성을 주장하는 남북 분단정부가 수립됨에 따른 '필연적 결과'로 보고 있는 점은, 한국전쟁을 일제 식민지로부터의 해방·미소 분할점령·분단정부 수립으로 이어지는 구조적 연관 속에서 파악하려는 커밍스의 관점과 통하는 바가 있다. 다만 그는 커밍스가 소홀히했던 러시아와 중국측 공개자료를 음미하여 커밍스 연구의 약점에 대해 균형을 잡고 있다. 그는 한국전쟁을, 소련과 중국의 지원하에 북한의 계획된 선제공격으로 개시된 '내전'이 '국제전' 즉 '중미전쟁'으로 확대된 것으로 보는 인식을 갖고 있다. 또한 똑같이 커밍스 교수의 연구를 비판적으로 넘어서려고 한 박명림 박사가 한국전쟁을 '침략전쟁'이며 반드시 일어나지 않을 수도 있었던 전쟁으로 보는 것과도 차이를 보이고 있다.

특히 와다 교수가 강조하는 것은 공산측에는 중국혁명, 즉 항일전쟁과 국공내전의 연장으로서 한국전쟁을 개시한 측면이 있었다는 점이다. 커밍스 교수나 박명림 박사도 중국공산당과 한국전쟁의 연관성을 국제적인 차원에서 분석하고 있지만, 와다 교수는 이를 당시 동북아시아 국제공산주의운동의 내적 연관이란 관점에서 이해하고 있다. 와다 교수는 60년대 중소분쟁 이후 굳어진 민족공산주의의 시각에서 소련이나 러시아의 참전을 파악하려는 경향을 비판적으로 본다. 역자의 생각으로 와다 교수는, 90년대 이후 중국측 자료공개나 연구가 개전 당시 존재했던 프롤레타리아 국제주의를 경시하려는 경향에는 일종의 책임회피가 있는 것으로 경계하는 것 같다. 주젠룽 교수의 저작을 비판적으로 보는 것은 이러한 방향에서다.

그리고 와다 교수는 러시아·소련 전문가로서 러시아측 공개자료에 대해서도 치밀한 사료비판과 독자적인 해석을 통해 이 자료에 무비판적으로 의존하는 데에도 견제역할을 하고 있다. 러시아 사료의 해석에서는 그의 풍부한 러시아사 지식이 빛을 발하고 있다. 나아가 그의 독특한 해석이 드러나는 대목은 무엇보다도 일본공산당과 한국전쟁의 관련부분에 대한 분석이다. 일본에 대한 분석은 자료발굴이나 연구에서 기존연구에서는 볼 수 없는 새롭게 개척된 분야라 할 수 있다. 이러한 새로운 시각을 바탕으로 스딸린의 소련공산당과 중국공산당, 일본공산당, 조선로동당의 관계를 입체적으로 조명함으로써 동아시아 국제공산주의의 내적 연관 속에서 한국전쟁을 총체적으로 이해하려는 방식은 사회주의 전문가로서 와다 교수의 면모가 가장 잘 드러나는 대목이라 할 수 있다.

이 저작은 미국이나 남한측의 대응에 대해서도 공산주의국가들간의 관련 못지않게 비중을 두고 분석하고 있다. 그는 커밍스의 연구에 많은 자극을 받았음을 인정하면서도 미국이 사전에 북한의 계획을 알면서 이를 유인했다는 커밍스의 해석에는 이의를 제기하고 있다. 오히려 북한을 소련의 괴뢰로 간주하며 소련은 전쟁을 결단할 조짐이 없다고 본,

당시 미국의 북한·소련 인식에 문제가 있었던 것으로 본다. 특히 이승만의 한국전쟁에 대한 대응을 둘러싼 해석에서는 냉전시대 기존의 한국 내의 한국전쟁관과는 뚜렷이 구별되는 인식을 보여주고 있다. 이승만도 북진통일할 의도는 있었으나 그 능력은 없었고, 일단 그 능력이 생기자 서슴없이 무력통일에 나섰다는 것이다. 북한측 선제 무력공격으로 한국전쟁이 개시되었으나, 유엔군 참전 이후 한국군과 미군이 38도선을 넘어 진격함으로써 결과적으로는 북한과 남한이 모두 한차례씩 무력통일 시도를 한 것이라는 해석이다. 북한의 남한점령정책 및 남한과 유엔군의 북한점령정책에 대한 서술도 남북한에 뿌리깊게 존재하는 경직된 한국전쟁 인식을 넘어서려는 저자의 독자적인 해석이 드러나는 곳이다. 그리고 한국전쟁에 대한 일본의 입장을 분석하면서 전쟁을 통해 요시다 경제우선주의 노선이 정착해가는 동시에 혁신세력의 평화주의가 요시다노선을 뒷받침하는 역할을 하게 되었다는 해석도 독특하다. 한편 미국을 매개로 한 타이완과 한국전쟁의 관련도 와다 교수는 상당히 중시한다.

이처럼 이 책은 전쟁과 관련된 각국의 사정에 대해 다루는 동시에 전쟁의 개시에서 진행, 그리고 정전, 나아가 전쟁이 가져온 결과에 이르기까지 전쟁의 전국면을 빠짐없이 망라하고 있다. 그는 한국전쟁과 관련된 여러가지 측면을 두루 살핀 결과, 이를 남북한뿐 아니라 정도의 차이는 있으나 미국·중국·소련·일본·타이완이 모두 관련된 '동북아시아전쟁'으로 더욱 넓은 시각에서 접근할 것을 요청하는 것이다.

이 저작은 한국전쟁과 관련하여 미·일·중·러·남북한에서 나온 최신 자료와 연구성과를 거의 모두 섭렵하고 소화해내고 있는만큼, 종합적인 자료 내지 연구사로서의 가치를 가지고 있다. 이 책의 장점은 한국전쟁의 실상 및 연구성과 전반이 지니는 복잡다단한 측면에 대해 균형잡힌 안목을 길러줄 수 있다는 데에 있다. 또한 저자 나름으로 수많은 이슈에 대한 독자적인 해석을 내리고 있는 만큼, 새로운 논의를 불러일으킬 학문적 자극이 될 것이다. 이 책에 이어서 커밍스 교수의 『한국전쟁의 기원』 제2권이 번역·출간되면, 이미 간행된 박명림 박사의 『한국전쟁의 발발과 기원』을 비롯한 기존 연구성과와 함께 비교·대조되면서 수많은 쟁점과 의문점이 새롭게 제기될 것으로 생각된다.

이 저작을 관통하는 저자의 시각은 한국전쟁을 단순히 학문적인 차원에서 연구하는 데만 그치지 않으려는 그의 실천적 자세와도 통하고 있다. 그는 자신의 한국전쟁관에 입각하여 일찍부터 한국전쟁을 종식시키고 한반도 평화체제를 구축하기 위한 방안으로 남북한·미·중이 참여하는 4자회담을 제안한 바 있다. 그리고 이와 더불어 동아시아의 평화를 위해 '동아시아 공동의 집'이란 원대한 구상을 제시하고 있기도 하다.

와다 교수는 한반도 평화공존과 통일, 나아가 동아시아 평화를 위한 노력을 논의하면서 항상 일본인으로서의 입장을 잊지 않으며, 일본의 책임을 그 전제로 삼고 있다. 여기에는 일본이 식민지지배를 했던 이웃 나라의 불행을 통해 전후 부흥의 계기를 마련한 데 대한 양심의 가책이 깔려 있다. 따라서 그는 일본의 과거사청산이 이루어져야 이 지역의 평화를 위한 일본의 노력이 가능해짐을 역설해왔다. 「한국어판 서문」에서도 언급하고 있듯이 그는 평화체제 구축 이전에 북미(北美), 북일(北日) 수교가 필요하다고 밝히고 있다. 특히 일본이 남한뿐 아니라 북한에 대해서도 사죄와 배상 의무를 다하여 북일수교를 실현함으로써 한민족 전체와 일본의 진정한 화해를 실현하는 것이 한반도 및 동아시아 평화를 위해 시급한 과제임을 말해왔다. 이 저작이 와다 교수의 이러한 노력의 일환임을 독자들은 책 곳곳에서 확인할 수 있을 것이다.

역자는 이 책의 번역과정에서 '조선'이란 명칭 때문에 고심하지 않을 수 없었다. 조선이란 명칭이 이미 남한에서는 북한의 정통성과 관련된 이데올로기적 의미를 띠는 것으로 오해를 받을 소지가 있기 때문에, 저자가 쓰는 '조선전쟁'은 영어로 말하자면 'Korean War'에 해당하는 일본의 역사적 명칭이지만 저자의 양해하에 '한국전쟁'으로 바꾸어 번역하기로 했다. 일본에서는 역사적·지리적 명칭으로서 '조선'이란 호칭이 사용되고 있으며 여기에 조선반도, 조선어, 조선사가 대응한다. 이는 조선민주주의인민공화국, 대한민국(한국)이라는 1948년 이후 쓰이기 시작한 분단정부 내지는 국가 명칭과는 구별되는 좀더 포괄적인 용어다. 중국에서도 북한정부와의 오랜 우호관계로 인해 오해를 받기도 하지만 기본적으로 일본과 같은 의미로 '조선'이란 명칭을 쓰고 있다. 물론 일본도 '조선'의 남쪽에 대해서는 국교를 맺고 있으므로 한국이란 명칭을 쓰고 있다. 중국도 90년대초 한중수교 이후에는 남쪽에 대해 한국이라는 명칭을 쓰고 있다. 그런데 지금 남한에서는 이 일본이나 중국의 '조선'에 해당하는 호칭으로 대개 '한국'이라는 단어를 쓰고 있다. 그러나 엄밀히 따지면 한국은 대한민국의 약칭으로 정부 내지 국가를 가리키는 것이며 역사적·지리적 호칭이 되는 데에는 문제가 있다.

책 속에서는 남북한 전체를 가리키는 역사적·지리적 의미로 '조선'이란 명칭이 자주 등장하기에 이를 모두 '한국'으로 번역하는 것도 문맥상 문제가 많았다. 이 경우 번역어로는 '한반도'란 명칭을 주로 사용하기로 했다. 단지 북한의 공식문헌이나 당시 소련, 중국 등 공산권 문헌에 나오는 문장을 직접 인용한 경우 그대로 남북한 전체를 가리킬 때에는 조선이나 조선반도란 명칭을 살려두었다. 간접인용인 경우도 문맥상 조선으로 살려둔 예들이 있다. 이에 반해 남한이나 서방측 공식문헌에서 직접 인용한 경우 한국이나 한반도란 명칭을 문맥에 따라 채용했다. 북의 조선민주주의인민공화국(북조선)에 대해서는 현재 남한에서 통용되는 관례에 따라 '북한'이란 명칭을 기본으로 쓰기로 했다. 이 역시 북한 및 공산권 문헌에서 직접 인용한 경우 조선, 북조선, 조선민주주의인민공화국 등 명칭을 그대로 살려두었다. 남의 대한민국(한국)에 대해서는 저자 자신이 한국이란 명칭을 쓰고 있기 때문에 번역에 문제가 없었으나, 북과 같이 나오거나 비교가 될 경우 문맥상 균형을 맞추는 뜻에서 '남한'으로 바꾸어 번역한 예도 있다.

〈1999〉

탈북동포문제 어떻게 보아야 하나

1. 탈북동포문제의 성격

올해 2월 중국 내 25명의 탈북동포가 스페인대사관에 피신한 사건이 일어나면서부터 이른바 '기획망명'이 미국 및 일본 대사관 등에서 잇달아 일어나고 있다. 이 과정에서 중국과 일본 정부 사이에는 외교문제까지 발생했다. 일부 탈북동포는 한국대사관에도 피신, 망명을 신청하여 한·중간에도 외교문제를 야기했다. 중국정부는 한국정부에 탈북동포의 신병인도와 조사를 요구하고 한국정부는 제3국행을 전제로 교섭을 진행한 바 있다. 일단 중국측은 한국 이외의 대사관에 망명한 경우 제3국행을 인정하지만 한국대사관에는 다른 원칙을 적용할 전망이다. 북한측 입장을 의식하지 않을 수 없는 면도 있고 한국대사관으로 탈북자가 쇄도하는 것을 우려하는 측면도 있을 것이다. 교섭 끝에 6월 23일 중국과 한국이 타협하여 그들에게 제3국을 경유한 한국행이 인정되었다. 다만 금후도 중국이 이러한 움직임을 그대로 방치할 것이라고 여기지는 않는다.

　기획망명이 연이어 일어나는 최근에 중국은 동북지방의 탈북동포나 지원단체에 대해 대대적인 단속을 하고 있다는 보도가 있다. 작년 장길수군 가족 망명 이후 제3국행이 관례가 된 듯 보이지만 실제는 그리 간단치 않을 것이다. 탈북동포문제는 남북한관계, 한중관계, 북중관계에서 '뜨거운 감자' 같은 성격을 지니고 있다. 이들 사건을 계기로 국제법상 난민자격을 요구하는 한국, 일본, 미국 내의 지원단체의 목소리가 높아지고 있다. 그러나 그전에 탈북동포문제가 갖는 복합적 성격을 정확히 이해할 필요가 있다.

　무엇보다도 탈북동포문제는 이들에게도 국제적으로 인정되는 보편적인 권리가 주어져야 한다는 인권차원의 사안이다. 이들에 대한 국제법적인 난민자격 인정은 당연한 요구다. 이 점에서 그동안 한국정부도 탈북동포문제의 심각성을 인식하고 중국측에 지속적으로 문제해결을 촉구해왔다. 다만 탈북동포문제를 대외적으로 크게 부각하여 외교문제화하기보다는 '조용한 해결'을 통해 실질적으로 도움을 주는 방식을 모색해왔다. 중국정부가 이들을 북한으로 돌려보내는 것이 아니라 제3국행 방식으로 처리하게 된 데에는 단지 인권문제에 대한 국제여론을 의식했기 때문만이 아니라 한국정부와의 암묵적인 외교협력이 작용한 결과라고 보인다.

　하지만 문제는 여기서 그치지 않는 매우 복합적인 차원의 해결이 요청되는 사안이기도 하다. 중국 내 탈북자들에 대한 처리는 기본적으로 중국정부의 권한사항이다. 이 문제를 처리함에 있어 우선 중국은 북한과의 양자관계를 고려하지 않을 수 없다. 중국과 긴밀한 관계에 있는 북한정부의 입장을 무시하고 일방적으로 처리할 수는 없는 것이다. 이들에 대한 난민 인정은 북한 내정에 적지 않은 영향을 미칠 수 있기 때문이다. 나아가 중국은 신장 위구르지역이나 티베트지역 등의 소수민족문제를 안고 있기도 하다. 탈북동포에게 국제적인 난민자격을 인정하게 되면 똑같이 이들에게도 그러한 자격을 적용하지 않을 수 없게 된다. 이는 미국이나 국제사회의 내정개입을 허용하게 되는 것이며 가뜩이나 꼬여 있는 미중관계를 감안할 때 중국이 가장 두려워하는 사태가 된다. 현재로서는 제3국행 방식이 중국의 한계치일 수밖에 없다.

2. 탈북동포와 체제문제

그러나 이번 사건에서 가장 중요한 점은 중국 동북지역에 떠도는 탈북동포들을 이대로 방치해도 좋은가 하는 문제를 제기하고 있다는 점이다. 인도적 차원에서 이미 발생한 탈북동포들에 대한 대책이 마련되어야 한다는 것은 당연하며 매우 시급한 해결을 요구한다. 중국정부는 탈북동포에 대한 엄격한 단속이나 강제송환을 중지하고 그들이 안심하고 살 수 있도록 배려할 필요가 있다. 또한 중국, 북한, 한국 등 3국의 협력을 통해 사태해결을 모색할 필요도 있다. 다만 이 사건을 가지고 북한체제에 이상이 있다거나 심지어는 붕괴조짐으로 해석하는 것은 지나친 과장이 아닐 수 없다.

중국에 나와 있는 탈북동포들은 대개 1995~97년 사이에 닥친 식량위기 중 그야말로 배고픔을 면하기 위해 국경을 넘은 사람들이다. 그리고 북한당국이 이들 '식량난민'에 대해서는 다시 북한으로 돌아오더라도 눈감아주는 정책을 펴온 것도 그 때문이다. 일부 탈북자에 대해 수용소에 보내는 등의 처벌이 있었다고 해도 그것이 정치적 이유에 의한 망명이 아닌 한 일벌백계 차원의 경고성 조치였다고 볼 수 있다. 일부에서 주장하듯 무차별적인 처벌이 횡행하는 것 같지는 않다. 물론 거듭되는 월경과 귀향을 둘러싸고 수많은 인권유린이 일어나고 있으며, 피해자들은 비참한 증언을 하고 있다. 특히 부녀자의 인신매매나 매춘, 청소년의 기아 등 심각한 비극이 벌어지고 있다.

한편 탈북동포 한사람 한사람의 인권은 소중하지만 수십만 이상이라고 주장하는 중국 거주 탈북동포 숫자를 과장해서는 안된다. 장기적으로 중국에 머물고 있는 탈북동포들은 말도 통하지 않는 중국땅에서 거의가 조선족사회에 의탁해 살아가고 있다. 조선족사회는 200만명 이상이라고 하지만 도시로의 이농이나 한국 등지로 '해외노무'를 떠나서 약 150만 정도가 집단적인 사회를 형성하고 있다고 알려져 있다. 탈북자 규모는 조선족사회의 수용능력을 넘어서는 수는 아닐 것으로 추측된다. 이것을 넘어선다면 동북지역의 중국사회에도 엄청난 치안문제를 야기하지 않을 수 없다. 중국정부는 현지조사에 입각해 정확한 실태를 파악할 의무가 있다. 또 한국도 조선족사회와의 협력을 모색해야 한다. 어떻든 이번 피신자들을 포함하여 중국 전역에 유랑하고 있는 탈북자들은 현재 북한체제 위기의 산물이라기보다는 5~7년 전 경제위기의 피해자들로 보아야 할 것이다.

북한체제는 고도의 동원태세를 갖추고 있으며 북미, 북일 간 긴장상태나 남북대치상황 때문에 이러한 태세는 이완될 수 없는 나름의 이유를 지니고 있다. 또한 북한체제는 자체의 뿌리깊은 민족주의를 지니고 있으며 쉽게 흔들릴 수 없는 강한 체제 결속력을 유지하고 있다. 이러한 체제성격이 민족주의 없이 소련에 종속적이었던 과거 동독과는 본질적으로 다르다. 동독은 정치적으로 소련에 의존적이었을 뿐 아니라 북한에 비하면 그리 크지 않은 군사력도 소련군이 장악하고 있었다. 따라서 소련의 변화가 즉시 동독의 붕괴로 이어질 수 있었다.

당연히 북한 내부에서는 경제적 곤란 때문에 주민들이 김정일체제에 상당한 불만을 느끼고 있을 수 있다. 하지만 이러한 불만이 정치화되고 있지 않으며 집단적인 저항세력이 형성된 것도 아니다. 오히려 북미, 북일 관계, 남북관계가 개선되어 상당한 정도로 북한체제의 개혁·개방이 진행되지 않는 한 이러한 상태에 변화가 생기기는 어려울 것이다. 이 점에서 북한체제에 대해 김정일정권과 주민을 분리하여 대처하겠다는 발상은 북한과의 관계개선을 하지 않겠다는 것이나 다름없다. 정권과 체제가 완전히 일체화된다는 것은 있을 수 없겠지만 현재 북한체제 하에서 둘 사이에 눈에 띄는 분리현상이 나타나지는 않다는 점을 주목할 필요가 있다. 최근 중국을 경유하여 서울에 망명하는 탈북자 가운데 조선로동당원은 거의 없다고 알려져 있다. 수년 전 황장엽 당비서 등 고관의 망명이 있었으나 그들은 매우 예외적 존재로 재중탈북자 범주에 속하지는 않는다. 따라서 현시점에서 탈북동포문제는 기본적으로 북한정부와의 관계를 제쳐놓고 해결할 수는 없는 것이다.

3. 탈북동포문제와 남북 화해·협력

다음으로 탈북동포문제는 남북관계와 직접적인 연관이 있다. 우리가 이 문제를 다루면서 가장 먼저 부딪히게 되는 물음은 탈북동포가 줄어들기를 원하는가 늘어나기를 원하는가 하는 것이다. 만일 늘어나기를 원한다면 그 논리의 최종적인 도달점은 북한체제 붕괴를 원하는 것으로 이어질 수 있다. 반면에 남북 화해·협력의 방향에서 본다면 당연히 줄어들어야 한다. 오히려 향후 이러한 탈북동포사태가 대량으로 발생할 가능성을 고려한다면 북한경제 재건까지 시야에 넣은 남북 화해·협력 이외에 다른 대안이 없다는 것을 절감하게 된다. 우리는 이미 남한 내에 들어와 있는 탈북동포들도 우리 사회의 일원으로 정착시키는 데 많은 곤란을 겪고 있다.

한국정부는 탈북동포 1인당 약 3천7백만원의 정착금을 지급하고 또 일정기간 직업훈련을 받게 하고 있다. 그뒤 대체로 1~2년간의 보호·관찰기간을 거쳐 그들은 대한민국 국민으로 편입된다. 그 비용을 전부 합치면 1인당 약 1억1천만원 정도로 추산된다는 비공식 통계가 있다. 작년 1년간 583명, 올해 6월 현재 514명으로 점점 늘어나고 있으며 정부예산도 한계에 달하고 있다. 약 3천7백만원이라는 금액은 평균 봉급 생활자가 약 4년 이상 저축해야 모을 수 있는 금액이다. 환율이나 생활수준 격차를 고려하면 중국에 거주하는 조선족이나 북한주민에게는 평생 손에 넣기 힘든 막대한 금액이다. 그러한 예산도 커다란 재정부담이 되어 한국정부는 올해부터 정착금 액수를 절반으로 줄이고 있다. 더욱이 탈북동포 가운데 한국사회에서 성공하는 사람은 드물고 대다수는 사회 저변에 빈곤층으로 쌓이게 된다.

또 최근 기획망명의 경우 거의 모든 탈북동포는 중국 동북부로 탈출하여 수년 동안 살아온 이른바 '조선족화'한 사람들이다. 한국정부는 조선족에 대해서는 중국국적자라는 이유로 입국을 제한하고 있다. 정착금도 전혀 없이 저임금 외국인 노동자로 취급받게 되는 것이다. 최근 이중국적을 인정하려는 움직임이 있으나 입국허용과는 별개의 조치다. 중국법률에 따르면 외국국적을 취득한 중국인은 중국국적을 자동상실하게 되어 조선족에게 반드시 유리하다고도 할 수 없다. 탈북동포는 한국헌법상 한국인이기 때문에 일단 문제가 되면 무조건 받아들이지만 한국사회가 언제까지 이 흐름을 견뎌낼 수 있을 것인가? 그들의 비참한 운명에 동정을 금할 수 없지만 보다 근본적인 대책이 요청된다.

따라서 이들이 북한 내에서 일정한 권리를 누리며 충분히 먹고살 수 있는 쪽으로 체제가 개선되는 것이 필요하다. 탈북동포문제 해결을 위해서 북한당국의 노력이 가장 중요하다는 점은 말할 필요도 없을 것이다. 그러나 북한이나 중국에 대해 탈북자문제 해결을 요구할 수 있으려면 남한 정부나 단체들이 이 방향으로 노력을 하는 것이 전제가 된다. 당연히 식량지원을 포함하여 대북경제지원을 해야 탈북자문제 해결을 요구할 명분을 가질 수 있을 것이다. 우선 남한정부가 대북경제지원을 국제적으로 떳떳이 내세울 만큼 충분히 하고 있음에도 불구하고 탈북동포가 증가한다면 그때는 당당히 북한에 이 문제의 해결을 직접 요구할 수 있다. 중국과의 교섭을 생각해도 마찬가지로 민족적 견지에서 중국 이상으로 대북지원을 할 수 있는가가 중요해진다.

이처럼 한국정부가 중국 및 북한과의 외교관계에서 일정한 제약을 느끼는 반면에 NGO들은 적지 않은 역할을 할 수 있다. 실제로 그동안 NGO들은 이 문제를 국내외에 여론화하는 데 크게 기여해왔다. 한국정부가 탈북동포에 대한 지원활동을 하는 것은 불가능하며 향후 상당기간 NGO들만 활동할 수 있을 것으로 보인다. 그러나 그 역할이 크면 클수록 이제 국내의 탈북동포 지원 인권단체들에게도 남북 화해·협력의 흐름과 보조를 같이하면서 문제해결을 꾀하는 균형잡힌 시각과 지혜가 요청된다. 이는 탈북동포를 포함하여 북한 인권문제 해결을 위한 근본적인 방책은 다름아닌 남북 화해·협력과 한반도 냉전해체라는 자각을 뜻한다. 탈북동포문제는 그 실질적 해결에 가장 효과적인 수단을 찾아야 하며 동시에 남북화해를 저해하는 구실이 되는 결과를 피하는 것이 필요하다. 탈북동포문제나 북한 인권문제를 해결하는 길은 바로 남북

화해·협력에 있다는 인식이 절실하다.

　탈북동포문제에 접근할 때는 그 해결에 가장 효과적인 수단을 모색해야 하며 남북화해를 저해하는 구실이 되는 결과를 피하는 일이 중요하다. 이는 결코 문제를 은폐하자는 뜻이 아니다. 북한체제의 개혁·개방까지 시야에 넣은 대북 화해·협력이 확대되어 북한 내부에서 주민생활과 인권상태가 개선되는 것이야말로 해결의 지름길이란 인식이 절실히 요청된다. 탈북동포문제를 북한체제를 붕괴시키기 위한 활동의 일환으로 전개하거나 정치적 목적을 위해 이용하는 것은 사태의 인도주의적 해결에 전혀 도움이 되지 않는다.

4. 탈북동포문제와 북미·북일관계

　나아가서 남북간의 화해·협력을 포함하여 북한의 대미·대일관계에 대한 입장도 열쇠가 된다. 최근에 일어난 일련의 기획망명사건은 한국, 일본 내부의 지원단체가 치밀한 계획하에 추진한 것으로 알려지고 있다. 이들 단체는 미국도 포함하여 국제적인 네트워크를 형성하고 있다. 문제의 핵심은 배후에 있는 이들 단체가 북미·북일관계 정상화를 바라고 있는가 아닌가 하는 점이다. 그러나 안타깝게도 이 단체들은 북한과의 관계개선에 앞장서서 반대하고 있다고 생각된다. 북미·북일의 미수교 상태는 사실상 적대관계와 다름없다. 미국 부시정부는 클린턴정부의 대북정책을 180도 전환하고 있다. 코이즈미정부는 유사법제화를 서두르고 있으며 북한이 주요 대상이 될 것임에 틀림없다. 문제는 이 적대관계 해소를 가로막는 구실로 인권문제가 거론된다는 데에 있다. 바로 EU국가들이 북한의 인권문제를 거론할 때 설득력을 갖는 것은 미·

일과는 달리 북한과 수교를 맺고 경제지원도 하고 있기 때문이다. 그래서 북한도 EU와는 인권문제를 협의해가겠다는 유연한 입장을 밝힌 것으로 생각된다.

전세계가 주목하는 가운데 월드컵행사가 막을 내렸다. 작년부터 북한측은 이 기간에 '아리랑축전'을 개최하여 한국을 포함한 해외로부터 대규모 관광객을 모집한다고 선전해왔다. 두 행사를 협력적으로 개최하기 위해 남북 사이에 상호 경축사절단을 파견하거나 연대프로그램이 실행되는 것이 아닌가 하는 추측과 기대도 있었다. 아리랑축전은 체제 내부 단속과 함께 월드컵이란 세계적 행사를 의식하여 북한 나름으로 외화벌이를 노린 개방책이었다고 해석된다. 올해부터 북한측이 일본인 납치의혹사건문제를 행방불명자문제로 다시 조사한다는 유연한 자세로 나온 것도 아리랑축전과 무관하지 않을 것이다.

그러나 지난 3월 임동원 특사 방북이나 그 직후 남북 민간단체의 접촉시에도 북한측은 아무런 반응을 보이지 않았고 이와 관련된 교섭도 이루어지지 않았다. 무언가 원인이 있어 북한의 당초 계획에 '변화'가 생긴 것으로 볼 수밖에 없다. 어디까지나 추측에 지나지 않지만 스페인 대사관에 25명의 기획망명이 발생하면서부터 북한측은 그 파장을 두려워한 것이 아닐까? 만일 북한측이 모처럼 취한 개방 움직임이 이 기획망명으로 위축되었다면 이 사건이 초래한 복잡한 효과를 냉정히 다각적으로 평가하는 것이 필요한 시점이다. 향후 기획망명이 한국과 중국 사이에 외교적 충돌을 일으키는 결과가 되면 대북 화해·협력을 둘러싸고 한국과 중국 사이에 유지되어온 우호관계에 재를 뿌리는 역할을 할 우려도 없지 않다.

〈2002〉

현충원에서 한반도의 '과거'와 '미래'를 보다

2005년 북측 대표단의 현충원 참배에 부쳐

8·15해방 60주년 기념 남북공동행사에 참가하는 북측 대표단이 14일 오후 서울 동작동의 국립현충원을 참배했다. 지난 6·15정상회담 5주년 공동행사에서 남측 정부대표단이 평양을 방문했고, 그 과정에서 김정일 국방위원장과 정동영 통일부장관의 면담이 성사되며 북측은 6자회담 재개 의사를 표명한 바 있다. 이렇게 6자회담에서도 남북간의 우호적 관계가 이뤄지면서 남북관계가 복원되고 있음을 실감하는 터이지만, 이번 참배 의사를 북측이 먼저 밝히고 서울 방문 초기에 이를 단행했다는 사실에서 많은 남쪽 국민들은 좀 의아한 느낌을 가질 수도 있을 것이다.

그렇다면 우선 5년 전인 2000년 6·15남북정상회담을 위해 평양을 방문한 김대중 대통령이 평양 순안공항에서 가진 의식을 상기해볼 필요가 있다. 김대중 대통령과 김정일 국방위원장의 포옹 장면은 남측 사람들뿐 아니라 전세계의 많은 사람들에게 깊이 각인되어 있다. 하지만 그 직후 김대통령이 조선인민군 의장대의 사열을 받은 사실은 남측 언론에서도 그다지 부각되지 않았다. 이는 남북 양측이 서로의 체제를 인정하고 화해를 추구한다는 의미에서 가장 상징적인 의식이었다. 휴전체제하에서 대한민국의 국군통수권자인 대통령이 북측 조선민주주의인민공화국의 군대를 정식으로 인정한다는 뜻으로 해석될 수 있는 행동이었기 때문이다. 나중에 중단되기는 했으나 남북간의 군사적 신뢰구축을 위한 군사회담이 열린 것은 당연한 수순이었다. 물론 당시 김대통령은 혁명열사릉 등 북측의 국립묘지 참배까지 하기는 쉽지 않은 상황이었다.

이번 참배의식에 북측을 대표해서 참가한 김기남 조선로동당비서는 사실상 김정일 국방위원장의 특사로 간주해도 무방한 위치에 있다. 그의 참배는 김정일 위원장의 참배를 대신하는 의미도 갖고 있다는 말이다. 또한 안경호 북측 행사준비위원장은 북측의 각계각층 단체를 대표하고 있다. 북의 체제는 정부·민간을 구분할 수 없는 성격을 갖고 있긴 하나, 남측 체제식으로 설명한다면 정부·민간의 대표가 모두 국립현충원을 참배한 셈이다.

현충원은 어떠한 기념시설인가? 여기에는 대한민국의 역대 국가원수, 독립운동 유공자, 6·25전쟁 전사자, 베트남전쟁을 포함하여 휴전체제하의 남북 대치상황 속에서 전사 내지 직무상 사망한 유공자들이 안장된 국립묘지다. 압도적 다수는 전쟁과 분단으로 희생된 군인 전사자들이다. 우선 북측 대표들의 참배는 8·15해방을 기념해 민족의 자주와 독립을 위해 희생한 인사들을 참배하는 것으로 해석할 수 있을 것이다. 그러나 참배는 총체적인 것이며 다른 범주의 안장자들에게 향하지 않을 수 없다. 이러한 의미를 북측 대표들도 모를 리 없는 것이다.

서로의 체제를 인정한다는 것은 상대의 현재뿐 아니라 과거까지 포함할 때 완전한 것이 된다. 화해란 현재 살아있는 사람들 사이에서 적대적 관계를 바꾸는 것을 뜻한다. 하지만 동족상잔의 피비린내 나는 전쟁을 겪은 지 한 세대가 지나지 않은 남북의 현실에서 화해는 산 사람만으로 그쳐서는 완전치 못하다. 그것은 '귀신'들의 화해로까지 이어질 때 온전한 것이 된다. 화해를 실행하는 위치에 있는 사람들은 전쟁과 분단 희생자의 2세들이기 때문이다.

70년대에 발표된 분단소설로 신상웅의 『심야의 정담』이란 작품이 있다. 소설은 동작동 국립묘지에 대한 이야기로 시작되는데, 여기서 주인공은 탄생한 지 불과 30년도 안된 나라에 이처럼 많은 전사자를 묻은 거대한 규모의 국립묘지를 가진 나라가 또 있을까 하고 탄식한다. 소설이 탄식해 마지않던 그 넓은 동작동 묘지도 모자라 이제는 대전에 분원까지 만들기에 이르렀다.

과거 남측에서 북측과의 관계개선이나 대북지원을 앞장서서 반대한 단체들이 있다. 재향군인회를 필두로 전몰유가족회, 상이군경회 등이 대표적이다. 이들만큼 북측 체제에 대해 적대적인 태도를 가지며 그 정당성에 추호도 의문을 느끼지 않는 사람들은 없을 것이다. 남북관계를 산 자가 아닌 죽은 자들이 지배하고 있다는 얘기는 바로 이러한 단체들의 존재에서 그 근거를 찾을 수 있다. 과거의 적대관계는 끊임없이 재생산·재해석되며, 그것은 현재의 중요한 일부를 이루게 된다. 따라서 현재의 화해는 과거의 화해와 함께해야 하며 이를 '역사의 화해'라고 부를 수 있을 것이다. 이 점에서 북측 대표단의 참배는 여러모로 의미심장한 상징적 사건이다.

국립묘지나 전쟁과 관련된 기념물은 한 국가·체제가 갖는 정체성의 핵심을 이룬다. 또한 이 정체성은 고정된 것이 아니라 현실의 흐름 속에서 끊임없이 재구성된다. 이는 과거의 역사, 특히 국가의 탄생과 관련된 역사해석과 가장 밀접한 관련을 갖는다. 특히 식민지지배를 겪은 나라에 식민지지배 및 민족독립운동과 관련된 역사는 가장 직접적이다. 남북은 분단정부로 출발해 그 귀결로서 전쟁을 겪은 만큼 분단과 전쟁의 역사도 이에 못지않은 비중을 지니고 있다.

남측은 광복 60주년을 맞이하며 과거사 청산작업을 추진중이다. 이제 일부 사회주의운동도 독립운동의 한 부분으로 인정하며 독립유공자 속에 포함시키기 시작했다. 남북 사이에서도 서로의 체제를 인정하고 진정한 화해를 이루려면 상대방의 묘지를 참배할 수 있어야 한다. 여기에는 독립운동의 역사에 대한 남북 양측의 인식의 차이를 극복하기 위한 노력이 전제가 된다. 북측에는 항일빨치산 출신을 안치한 혁명열사릉, 그밖의 독립운동, 정부수립, 체제건설에 기여한 인사들을 안치한 애국열사릉, 국가원수로 유일한 김일성 주석의 시신을 안치한 금수산기념궁전 등이 세워져 있다. 남측에는 국립현충원 한군데에 여러 범주가 결합되어 있으나 북측에는 여러 범주로 나뉘어 있다는 차이가 있다.

물론 북측이 남측 묘지를 참배했다고 해서 남측의 독립운동 인식을 그대로 인정했음을 뜻하지는 않는다. 현실의 분단, 대립의 대상으로서 역사의 분단, 역사의 대립을 극복하기 위한 장정의 출발선에 위치해 있다고 보는 것이 좋을 것이다. 특히 분단과 6·25전쟁을 둘러싼 현대사의 대립은 아직 남북 모두 말도 꺼내기 어려운 상황에 있다. 하지만 북측이 불구대천의 원수로 여기던 이승만 대통령, 박정희 대통령이 현충원에 안치되어 있다는 사실, 안치자의 최대다수는 남북이 서로 맞선 6·25전쟁의 전사자라는 사실을 결코 가볍게 보아서는 안될 것이다. 북측의 행동이 쉽지 않은 결정에서 나왔을 것임을 짐작하는 역지사지의 입장에 선다면 남측도 화해를 위한 몸짓으로서 적절한 참배방식을 찾을 수 있을 것이다.

이번 참배는 어디까지나 북측의 자발적 조치지만, 실제 필자가 알기로 이번 참배가 꼭 갑작스럽게 성사된 것만은 아니다. 최근 몇년 동안 남측의 민족화해범국민협의회(민화협)는 남북간의 전쟁과 분단의 희생자들을 추모하는 합동문화행사를 타진해왔다. 이른바 전쟁귀신, 분단귀신들의 넋을 위로하며 죽은 귀신들 사이의 화해를 꾀하는 푸닥거리인 셈이다. 또한 북측에 상이군경회의 남북교류를 제안하기도 했다. 지난 6월 평양에서 열린 6·15공동행사에서는 상이군경회 대표가 만찬장의 축하연설을 하기도 했다. 그렇게 본다면, 이번 참배는 남북 당국자간의 관계복원을 배경으로 하여 최근 수년간 지속되어온 민간 차원의 논의에 북측이 적극적으로 대응하기 시작한 것이라고 할 수도 있다.

이번 참배를 남측에서 남북의 과거와 현재에 대한 화해의 상징적 행동으로 받아들일 수 있다면 남북관계가 한단계 진전하는 역사적 계기가 될 수 있다. 하지만 그것이 갖는 함의가 매우 복합적인 만큼 남측에서 이에 어떻게 대응할 것인지는 쉬운 문제가 아니다.

먼저 현재의 대립적인 냉전체제를 넘어서서 화해를 진전시키기 위한 상생노력의 일환으로 받아들이는 것이 중요하다. 바로 군사적 신뢰구축을 위한 여건조성 차원에서 이번 계기를 적극 살려나가야 할 것이다. 남북의 전몰유가족회와 상이군경회의 교류, 그 남북 관련단체들이 합동으로 치르는 상대방에 대한 추모행사 등도 후속사업이 될 수 있다(북측에서는 상이군인을 '영예군인'이라고 부른다). 이는 남북 양측 재향군인회의 교류로 확대될 수 있다. 물론 이러한 사업은 그 자체로서 중요하지만 남북군사회담을 본격적으로 개시하기 위한 준군사적 신뢰구축에 해당하는 것이기도 하다.

문화적으로는 비무장지대나 남북의 묘지시설 등에서 분단과 전쟁,

냉전의 희생자들을 총체적으로 추모하는 남북 민간단체의 합동추모행사를 고려해볼 수도 있을 것이다. 당국자간에는 휴전체제를 평화체제로 전환하기 위한 논의가 진행되는 과정에서 이러한 성격의 행사가 지속적으로 이루어져야 한다. 여기에는 미국을 포함해 참전국들도 참여하는 것이 바람직할 것이다.

이와 동시에 무엇보다도 이번 참배가 남측 사회 내에서 남남갈등을 확대하는 방향으로 나아가지 않도록 하는 것이 가장 절실한 과제다. 모처럼 어렵사리 이루어진 북측의 행동을 부정적으로 해석함으로써 남측 내부의 갈등만 증폭하는 결과가 된다면 이는 남측 사회의 미성숙함, 민주주의 수준의 저급함을 드러내는 수치스러운 일이 될 것이다.

이번 참배를 계기로 남북의 화해를 향한 노력이 꾸준히 진전되면서 그것이 진정한 것임을 남북 각각에서는 물론이고 국제적으로도 인정받을 수 있다면, 6자회담에 북핵문제 해결을 위한 여건조성 차원에서도 상당한 효과를 발휘할 수 있을 것이다.

6자회담에서 북·미 양국간에 벽에 부딪치고 있는 북측의 평화적 핵이용권 문제는 주권국가의 국제법적 권리의 문제이지만, 한반도 국제관계 차원에서는 한반도비핵화 공동선언이 그 근거가 되고 있다. 남북관계에서 화해의 진전은 비핵화공동선언의 효력을 주장하는 데 필수불가결하다. 남측이 북측의 평화적 핵이용 권한을 인정하지 않는데 미국에 이를 인정하라고 하는 것은 무리한 요구다. 또한 중국이 타협책으로서 제시한 6자회담의 합의문 안에는 한반도 평화체제 수립을 위한 당사국 포럼개최문제가 포함되어 있으며 미국도 동의하고 있다.

북측은 자신의 체제보장문제를 미국의 선제핵공격 배제라는 소극적 안전보장 차원이 아니라 불가역적인 체제안전보장이란 차원에서 평화체제 수립을 주장하고 있다. 여기에 미국이 부분적으로 동의하고 있다는 점은 고무적이다.

현시점에서 미국을 이 과정에 적극 참가시키기 위해서는 남북간에 군사적 화해의 진전이 가장 설득력을 갖는다. 이번 북측 대표들의 현충원 참배는 이와 무관해 보이지 않는다.

〈2005〉

6·15시대의 남북관계와 한반도 발전구상

1. '6·15시대'의 역사적 의미

 6·15정상회담 이후 남북관계는 당국간 관계에서 기복을 보이기는 했으나 교류·협력 면에서 꾸준히 진전되어왔다. 정상회담 5주년이 되는 지난해에는 6·15행사와 8·15행사에서 남북관계가 복원되며 역사상 처음 민간행사와 당국간 회담이 자리를 함께하게 되었다. 과거 정부와 민간이 일체화된 북측과, 정부와 민간이 분리된 남측의 엇갈린 만남에서 벗어나 정부 대 정부, 정당 대 정당, 민간 대 민간의 부문별 차원에서 대등한 교류·협력이 전면화하는 계기가 되었다. 6·15정상회담의 실현에 남측 내부의 민주화라는 국민적 저력이 밑받침되었던 것과 마찬가지로 교류·협력에서도 정부와 민간의 엇갈림을 극복하는 민주화의 논리가 작용하고 있었던 것이다. 거꾸로 이는 그동안 남측의 불신과

우려 대상이던 북측의 통일전선적 대남접근이 해소되어감을 의미하기도 한다. 8·15행사에서 북측 대표단의 국립현충원 '참배'는 이같은 남북화해를 포괄하는 상징적 행위다. 특히 북미간에 적지 않은 긴장이 있었음에도 불구하고 북핵문제가 6자회담의 협상을 통한 해결방식에 도달하게 된 것은 남북 화해·협력관계가 군사적 해결방식에 대한 '억지력'으로 작용했기 때문이다.

6·15정상회담의 효과는 남측 못지않게 북측에서도 발휘되고 있다. 남북교류와 협력, 남한의 대북지원으로 북조선경제는 실질적 도움을 받고 있으며, 북조선 내부에서도 숨길 수 없는 공공연한 사실이 되어 있다. 과거 남측 이상으로 통일을 외쳐오던 북측 당국 입장에서는 명분상으로는 물론이고 인민들로부터 남북관계를 진전시켜야 한다는 아래로부터의 압력을 받아왔을 것이다. 이제 북조선에서 이른바 '6·15정신'은 김정일시대의 통일노선이자 그 성과로서 대대적으로 선전되고 있으며, 김일성시대를 넘어서는 새로운 남북관계를 의미하고 있다. 북조선에서 6·15정신의 핵심내용으로 내세우는 '우리민족끼리'란 용어는 종래 7·4공동성명의 자주, 평화, 민족대단결 가운데 '자주' 원칙의 성격을 바꾸고 여기에 '민족대단결' 원칙을 결합한 것으로 해석된다. 이는 외세와 그 식민지로서 남한을 배격하는 '반외세적 자주'에서 남한을 같이 힘을 합칠 수 있는 존재로 보는 인식의 전환을 이룬 것이다. 북측의 용어 민족대단결 원칙 속에는 남측에서 쓰는 화해·협력의 의미가 담겨 있다. 따라서 '선자주, 후민족대단결(화해·협력)'에서 양자를 병행하거나 '선민족대단결, 후자주'로 향하는 유연한 변화를 뜻한다고 볼 수도 있다. 북조선 입장에서는 북미 대치관계, 한미동맹이라는 제약에도 불구하고 남한의 존재를 인정하고 도움도 받아야 하는 현실을 인정한 것이다. 6·15정상회담 이후 북측이 '자주'보다 '우리민족끼리'라는

표현을 선호하는 데는 이러한 변화가 반영되어 있다. 다만 이 '자주' 원칙은 상황에 따라 언제든지 전면에 등장할 수 있는 북조선의 전략적 끈이란 점에서 '우리민족끼리'는 아직 낙관할 수만은 없는 유동적인 성격을 지니고 있다.

남한 내에서도 6·15정상회담 이후 남북관계를 규정하는 다양한 논의가 이루어졌으며 지난해 6·15행사 이후 다시 활성화되고 있다. 6·15공동선언에서 연합제와 낮은 단계의 연방제의 공통점을 인정하는 합의에 이른 것을 근거로 하여 6·15를 기점으로 그전을 분단시대의 마무리, 그후를 통일시대의 시작으로 보는 견해가 제시되고 있다.

2. 남북관계의 진전과 후퇴

6·15를 기점으로 이전과 이후를 구획할 만큼 지난 5년간의 성과가 상당한 것이긴 하지만 아직 남북관계는 여러 방면에서 많은 한계를 드러내고 있다. 한반도의 평화와 통일이라는 긴 여정을 내다볼 때 갈 길이 멀다는 뜻이다. 문제는 이뿐만 아니라 전세계적인 냉전의 종식이나 남북관계의 역사에 견주어볼 때 현시기까지 마땅히 이루어졌어야 하는 과제들이 아직 실현되지 못하고 있다는 점이다. 더욱이 화해·협력에 따른 남북관계의 개선은 그 자체로 역사의 전진이기는 하지만, 동시에 자칫하면 역사의 후퇴로 갈 수 있는 반작용을 야기하기도 한다는 점 역시 가볍게 볼 수 없다. 이와 관련하여 '분단체제론'은 냉전종식 이후 남북 화해·협력이 크게 진전되었으나, 이와 함께 한반도에서 위기라고 할 만한 불안정한 정세가 조성되기도 했다는 데 주목한다.[1] 한반도 냉전과 분단의 모순을 남북 두 체제, 국가의 대립이란 측면에서만 보고,

남북의 화해·협력을 진화론적인 발전과정으로만 파악하는 단선적인 접근으로는 문제를 제대로 볼 수 없음을 지적한 것이다.

이처럼 한반도 정세가 단선적으로만 진전되는 것이 아니며 후퇴가 일어나기도 한다는 사실은 현실뿐 아니라 인식의 면에서도 나타나고 있다. 진보학계 내에서 북조선체제의 위기상황을 의식하며 한국의 국가형성과 민주주의 발전문제를 자족적이고 독자적 단위로 파악해야 한다는 주장이 나오는 것이 그 한 예다.[2] 더욱이 이 주장은 모든 통일논의나 이에 따른 민족주의적 지향을 해방 직후 좌절된 통일국가건설의 지향으로 환원시킴으로써, 마치 통일논의 자체가 비현실적이거나 쓸모없는 공론이라는 인상을 심어줄 수 있다. 이에 반해 올해 6·15행사를 계기로 남북화해가 고조되는 분위기 속에서 제기된 매카서(D. MacArthur) 동상 철거사태 같은 통일지상주의 움직임[3]도 남북 각각의 상대적 독자성을 무시해버리는 결과를 낳음으로써 오히려 통일논의 자체에 대한

---

1 이하 분단체제론에 관해서는 백낙청 『흔들리는 분단체제』, 창비 1998; 『세까이(世界)』지의 백낙청 인터뷰 「우리는 지금 통일시대의 들머리에 있다」(www.changbi.com/webzine/content.asp?pID=396)에서 인용.
2 최근 최장집의 주장이 대표적이다. 이는 그 스스로가 일찍부터 견지해온 분단국가 형성과정에 대한 역사적 분석이나 남북관계를 적대적 공존관계로 보는 시각과는 어긋나는 논리라는 점에서 납득하기 힘들다(최장집 「해방 60년에 대한 하나의 해석: 민주주의자의 퍼스펙티브에서」, 참여사회연구소 해방 60주년 기념 심포지엄 '다시 대한민국을 묻는다: 역사와 좌표' 자료집, 2005. 10; 최장집 『한국민주주의의 조건과 전망』, 나남 1996). 더욱이 민주화 이후 한국 민주주의의 한계에 대한 그의 분석이 상당한 설득력을 얻고 있다는 점에서도 최장집의 통일문제에 대한 시각은 지나칠 수 없는 사안이다(최장집 『민주화 이후의 민주주의』, 후마니타스 2004).
3 예컨대 강정구의 6·25전쟁론은 어디까지나 학술논쟁 차원에서 처리될 사안이지 사법처리 대상은 아니며, 동국대의 교수 직위해제 조치도 바람직한 것은 아니다. 하지만 이러한 통일논리는 거꾸로 통일논의의 발전을 저해할 수 있다.

부정적 여론을 자초하는 원인이 된다.

우선 역사의 일정한 시기에 그 시대의 과제가 해결되지 못하고 뒤로 미루어질 때 그것이 얼마나 큰 악영향을 미치는지는 현재의 북조선 핵 위기에서 드러난다. 사실 북조선 핵문제의 근원은 전세계적 냉전이 종식된 후로도 해결되지 못한 채 남겨진 북미·북일 대립관계에 있다. 노태우정부 당시 한소·한중 수교, 그리고 남북의 유엔동시가입이 이루어졌으나 북조선의 대외관계는 미·일과의 냉전적 대립을 벗어나지 못했다. 더욱이 북조선체제에 닥친 경제위기는 본격적인 개혁·개방으로의 노선전환에 장애로 작용했다. 적어도 80년대말, 90년대초에 북미·북일 관계정상화는 당연히 실현됐어야 할 시대적 과제였다. 여기서 그 원인이나 책임을 북조선의 대외관계로 돌릴 수만은 없지만, 결과적으로 북핵문제는 1992, 93년부터 발생하여 현재까지 한반도 정세의 진전을 막는 걸림돌이 되고 있다. 전세계적 냉전종식 이래 한반도 정세가 역사적인 관점에서 반드시 진보했다고 볼 수는 없다. 이것은 동서간의 냉전적 대결이 종식된 조건에서 대외관계를 포함하여 남측 한쪽만의 일방적 발전이 한반도 전체의 발전을 자동적으로 보장하는 것이 아님을 나타내는 증거가 된다.

남북관계의 중심을 이루는 경제협력은 6·15정상회담의 산물인 개성공단, 금강산관광, 남북 철도·도로연결이라는 3대협력사업을 넘어 7대신동력사업(에너지협력, 철도 현대화, 백두산관광, 남포항 현대화, 북한 산림녹화, 공동영농단지 개발, 공유하천 공동이용)으로 확대되어야 할 단계를 맞고 있다. 새로운 남북경협은 북조선 내부의 경제개혁 및 개발과 연결된 대규모 프로젝트로서 일방적인 단순지원의 성격을 넘어 호혜적 사업, 지속성 있는 사업을 중심으로 편성되고 있으나 인프라, 물류개발, 에너지협력 등은 일정부분 핵문제 해결과 연동될 것으로 예상된다. 경협의 핵심을 이루는 대북전력지원은 남북 양자간 현안이었지만 김대중정부는 미국의 반대를 의식하여 해결하지 못했다. 노무현정부는 이를 6자회담 틀 속으로 이전시켜 타결을 꾀했지만 사안은 국제화된 것이다. 전력제공문제도 6·15정상회담의 후속조치로 실현되어야 하는 시대적 과제라고 볼 수 있다. 북미관계 정상화와 마찬가지로 한 시기에 풀어야 할 사안이 뒤로 미루어지면 그 해결은 몇배나 힘들어질 수 있는 것이다.

　남북정상회담 직후 전개된 북미관계가 부시정부 출범과 함께 역전되면서 관계정상화와 평화협정을 담은 2000년 북미공동선언이 사문화됨에 따라 한반도 평화문제, 남북 군사문제도 현재까지 별 진전을 이루지 못하고 있다. 북조선측은 철저히 남북간 경제협력사업이 관련된 사안에 한정하여 군사실무회담에 응하고 있을 뿐이다. 북미관계의 교착이 기본 원인이지만 남북간의 군사력 격차가 벌어지고 있는 점도 북조선에는 큰 부담으로 작용하기 때문으로 보인다. 전시작전지휘권 등 군사분야에 한미동맹관계가 영향을 미치는 문제도 남북군사회담 진전을 위해 해결해야 할 과제가 되고 있다. 이러한 상황에서 올해(2006년) 1월 19일 제1차 한미전략대화에서 주한미군의 '전략적 유연성'을 인정하는 공동성명이 발표됨에 따라 향후 대북·대중관계를 비롯한 동북아 안보정세에 미칠 부정적 영향이 크게 우려되고 있다. 남북관계를 통해 6자회담과 더불어 핵문제를 돌파해내야 할 필요성이 점점 증대되고 있는 것이다. 남북관계의 성취에도 불구하고 나타나는 한계는 역사적 흐름 속에서 계속 극복해나가야겠지만, 성취와 한계는 시간적인 선후관계로서 단선적인 흐름 속에 있는 것이 아니라 서로 맞물린 복잡한 관계를 이루고 있음을 기억해야 한다.

3. 분단, 평화, 통일

통일 이후 후유증에 시달리고 있는 독일을 예로 들지 않더라도 급격한 통일이 남북 모두에 자칫 재앙을 초래할 수도 있다는 데에는 국민 대다수가 동의하고 있다. 북조선체제가 경제적으로 자립할 수 있는 여건이 아니고 한국 또한 자체의 경제·사회적 불균형도 수습하기 곤란한 처지여서 통일은 장기적 시야에서 바라볼 수밖에 없다. 또한 남북의 첨예한 군사적 대치상태를 비롯해 한반도 냉전체제가 여전히 해결되지 않은 상태에서 평화체제를 수립하는 것도 선결과제다. 하지만 장기적 시야에서 바라본다는 것이 통일이란 목표 자체의 포기로 귀결되는 것은 아니다. 독일통일은 동서 양측 모두 통일에 대한 대비 없이 통일과 분리된 평화만을 추구하다가 역설적으로 냉전종식과 함께 동독이 갑작스럽게 붕괴하면서 이루어진 것이다. 장기적인 교류·협력의 실적을 쌓아온 동서독관계에도 훨씬 못 미치는 남북관계를 두고 통일 이전의 평화정착만을 강조하며, 독일통일의 한계를 보지 못하는 우를 범해서는 안될 것이다.

이렇게 볼 때 지난해 12월 국회를 통과한 남북관계발전법에서 5년마다 남북관계 전반에 관한 정책계획을 수립하도록 규정한 것은 고무적이다. 통일분야에서 장기적 시야로 차근차근 준비해가는 국가정책으로서의 아젠다를 설정하는 것은 그간 단기적 필요에 쫓겨 압축성장에 급급했던 발전방식을 반성하고 문제에 새롭게 접근하는 전기가 될 수 있다. 분단의 역사를 뒤돌아보고 모든 분야에 걸쳐 그 폐해를 찾아내어 통일의 가능성과 방안을 다각적으로 모색하는 작업을 지속적으로 전개해야 한다. 무엇보다도 남의 연합제와 북의 낮은 단계의 연방제 사이에 공통점을 인정하는 6·15선언의 합의는 서로를 배제하던 공식통일방안이 접점을 찾음에 따라 통일논의를 합법화했다는 데 큰 의의가 있다. 명시적으로 표기된 문안만으로는 북측이 기존의 연방제 통일방안을 두 단계로 나누어 남측의 연합제에 접근하는 변화를 꾀한 것으로 나타났다. 그러나 겉으로 표현된 것은 아니지만 남측 입장에서는 김대중 대통령의 3단계 통일안 중 공화국연방제 단계가 염두에 있었음을 시사한다.[4] 60년 이상 지속된 남북 각각의 체제가 일궈온 성과와 그 부정적 측면까지 포함한 상호이질성을 감안한다면, 단일국가로의 통합만이 능사가 아닐 것이다. 해방 당시 좌절되었던 단일국가로의 통일을 복원하는 데 치중해온 한국 내 통일논의는 연방제를 포함한 다양한 형태의 복합국가로의 통일도 시야에 넣어야 한다.

이처럼 남북이 통일방안에서 공통점을 인정한 것은 획기적 합의이지만, 그 핵심은 장기적 시야에서 점진적으로 통일을 추진하자는 것이며, 나아가 현재의 분단된 남북을 각각 좀더 나은 상태로 발전시켜가자는 것이다. 현재보다 더욱 나은 상태로의 통일이 아닌 한, 역량도 부족한 상황에서 굳이 통일을 이룰 것은 아니며, 또한 남북 각각의 체제도 앞으로 발전잠재력을 충분히 살려가는 통일이 되어야 바람직하다. 이같은 인식에는 생존 자체에 집착할 수밖에 없는 북조선체제의 현실이 가로놓여 있지만, 그렇다고 현시점에서 통일 자체를 운운하는 것이 비현실적이고 남북 어느 쪽에도 도움이 되지 않는다는 일부 진보학계의 주장은 한반도 분단에 대한 숙명론 내지 비관론으로 후퇴하는 것과 다름없다. 문제는 분단 자체가 근본적으로 불안정하다는 것이고 더구나

---

[4] 서동만 「남북한통일방안의 접점: '남북연합'과 '낮은 단계의 연방제'」, 고려대아세아문제연구소 학술회의 발제문, 2000. 6. 26.

분단의 외적 조건으로서 한반도냉전이 해소될 경우 현재와 같은 분단상태가 그대로 유지될 수 있겠는가 하는 점이다. 분단상태를 좀더 나은 것으로 개선하는 것이 역설적으로 분단상태의 동요를 수반할 수밖에 없음을 간과해서는 안된다. 특히 그 과정 중 남북 각각의 내부에서 분출될 통일열망은 분단상황의 관리라는 소극적인 접근만으로는 제어하기 어려워 보인다. 오히려 장기적 시야에서 '과정으로서의 통일'이라는 관점을 가지고 적극 대응하는 것이 현실적인 접근일 것이다. 이 관점에 따르면 이제 '좋은 분단' '좀더 나은 분단'으로의 개선은 '나쁜 통일'을 막는 바람직한 통일로의 준비과정이 되어야 하는 것이다.

당연히 평화는 통일을 향한 노력에서 견지되어야 할 소중한 가치이자 지속적으로 진전되어야 할 과제이기도 하다. 그동안 평화는 통일 이전에 정착되어야 할 하나의 단계로 간주되어왔다. 이는 냉전적 대립시기에 1972년의 동서독 기본조약을 모델로 남북관계의 질서를 구상한 한국에서 주로 통용되어온 인식이었다. 물론 남북과 함께 미국도 당사자로서 포함되는 한반도 평화체제 수립이란 제도화는 통일 이전에 반드시 거쳐야 할 단계다. 그렇지만 평화란 '과정으로서의 통일'과 마찬가지로 끊임없는 노력 속에서 확보되고 진전되어야 할 '과정'이기도 하다. 남북기본합의서 같은 상세한 제도적 내용을 갖춘 문서도 이행될 여건이 되지 못하면 평화를 보장하기 어렵다. 휴전체제라는 국제법적 질서가 유지되고는 있으나 한반도에는 전쟁 없는 상태가 50년 이상 지속되고 있다. 6·15 이후 포괄적인 군사회담이 개최되지는 않았으나, 교류·협력이 진행되며 3대경협이 성사되는 가운데 실질적인 수준에서 한반도 평화는 획기적으로 진전되었다. 한반도의 분단체제는 6·25전쟁이란 거대한 폭력에 의해 고착되고 정당화된 것이며, 모든 분야에 걸친 남북간의 총체적 단절과 대립의 산물이다. 따라서 분단 자체가 폭력이란 점에서 남북간의 교류·협력 자체는 비군사적 분야라고 해도 한반도의 평화를 증진시키는 효과를 내게 마련이다.

또한 '구조적 평화' 개념이 강조하듯이 경제적 빈곤, 극심한 사회적 불균형이 존재할 때 평화는 유지될 수 없다. 이는 각각의 체제 내부뿐 아니라 남북관계에도 적용된다. 이제 남에 비해 압도적으로 열세에 있는 북의 군사력보다는 위기에 처한 북조선경제가 한반도와 동북아시아 지역에 더 큰 위협요인이 된다.[5] 북조선의 핵문제도 위기에 처한 체제의 안위와 직결되어 있다. 이제 6자회담에서도 북조선의 핵시설 철거는 이에 상응하는 당사국들의 경제적 지원과 결부된다는 데 일정한 합의가 성립되어 있다. 따라서 재래식 군사력과 관련된 한반도 평화체제 수립도 북조선의 경제재건과 분리할 수 없는 문제가 될 것이다. 군사·안보적 차원에서만 정의된 평화는 그것이 증진될수록 북조선체제의 불안정을 야기할 수도 있다. 따라서 교류·협력, 나아가 장기적인 통일과정과 분리된 평화는 일면적이다. 통일 이전의 단계로서 장기적인 평화정착 단계를 설정해온 종래의 발상을 넘어 두 과정이 서로 중첩된다는 새로운 인식이 요청된다.

남북관계가 서로의 체제를 실질적으로 인정하는 국면에 들어섬에 따라 정부, 단체 등 각 분야의 주체들은 남북관계를 규율하는 질서와 관행에 대한 합의를 모아가야 한다. 한국의 통일운동이 여전히 합법성을 무시하면서까지 북조선측과의 접촉과 연계를 우선시한다면 더이상 국내에서 대중성을 확보할 수 없다. 한국 내에서 다수의 지지를 얻고 내부동력을 키우려면 한국 민주주의의 흐름과 함께하는 방향으로 운동

---

5 이근「한반도 평화체제 구축을 위한 새로운 접근」, 대구경북지역 통일교육쎈터·동아시아국제정치학회 공동학술회의 발제문, 2005. 11.

을 발전시켜야 한다. 이를 토대로 남북간의 만남에서는 사실상의 국가관계에 준한 법적·관행적 절차를 만들고 이를 좀더 민주화·제도화해 가는 것도 중요하다.

그러나 장기적인 통일은 말할 것도 없고 한반도 평화나 남북화해를 염두에 둔다고 해도 사실상의 국가간 관계를 넘어 남북간 연대의 근거를 어디에 마련하는가 하는 것은 빼놓을 수 없는 과제다. 국제적으로는 과거 프롤레타리아 국제주의에 입각한 계급연대노선이 존재했으나, 이제는 그 타당성과 현실성을 상실했다. 평화·환경·시민운동에서 국제적 시민연대라는 노선이 현재 진행중이지만, 북조선의 정치·사회·경제상황을 볼 때 당분간은 그 대상을 찾기 어렵다. 이 점에서 분단체제론이 강조하는 남북 민중간의 연대, 그 기준으로서의 남북 민중의 이익이란 관점은 중요한 시사점을 준다. 그리고 그 고리의 하나가 민족이란 끈이며, 통일을 지향하는 '한반도 민족주의'는 분단이란 조건 속에 내재되어 있는 민중적 열망이다.

민족주의가 갖는 부정적 측면은 항상 경계해야 마땅하지만 한반도 민족주의가 제대로 구성되기 위해서는 열린 성격을 띠지 않을 수 없다. 우선 분단상황에서 형성되어온, 민족과 구별되는 북조선 인민, 한국 국민의 정체성을 상호인정해야 하기 때문이다. 이것은 '동질성의 확대'와 함께 '이질성의 공존'을 실현해야 성립되는 복합적 정체성을 지니기 때문이기도 하다. 물론 한국 국민의 정체성은 더욱 민주적이고 다양성을 포용하는 방향으로 심화·발전해야 한다. 북조선 인민의 정체성은 향후 개혁·개방을 경험해가며 사실상 정체성의 전환이라고 해야 할 큰 변화를 겪지 않을 수 없을 것이다. 한국의 국민정체성이 흡수통일을 지향하는 '대한국주의'로 자기확장을 꾀할 수 있으며, 북조선의 애국주의는 '김일성민족주의'로 왜소화될 우려가 있다. 그러나 민족주의의 부정성에 질린 나머지 민족주의를 부정한다면 오히려 이러한 사태가 방치될 수 있으며, 도리어 적극적으로 건전한 민족주의, 열린 민족주의를 구성하려는 시도야말로 민족주의의 문제점을 극복하는 길이다. 남북의 주민들이 한반도 내부에 건설할 '민족공동체'를 토대로 하고 여기에 주요 4대국에 흩어져 있는 해외동포의 존재를 포함한다면 한반도 민족주의는 더욱 풍부해질 것이다. 여기에 형성될 '다국적·다언어의 한민족 네트워크'는 자민족중심주의의 폐쇄성에서 벗어난다는 지향성을 함축하고 있다. 이는 동북아시아 지역 차원의 협력을 토대로 한 평화와 번영 속에서 성립할 수 있을 것이다.

4. 상생의 남북협력발전

남북 각각이 처한 내부상황과 분단의 연관관계는 분단체제론이나 적대적 공존관계론의 입장에서 줄곧 제기되어온 쟁점이다. 냉전적 대립시기는 말할 것도 없고 민주화의 초기시점까지도 남북 양체제가 서로 대립하는 가운데 상호의존하는 관계에 있었다는 점은 대체로 인정되는 사실이다. 6·15시대에 이러한 측면은 남측의 민주주의와 분단의 관계, 북측의 개혁·개방과 분단의 상관관계에 관한 문제로 부각되고 있다.

이를 둘러싸고 분단체제론 입장에서는 남한 내에서 민주화의 진전과 더불어 "분단체제가 흔들리고 있다"는 문제제기가 있어왔다. 이는 냉전체제하에서 오히려 냉전이란 조건 덕에 세계적으로 유례없는 성공을 거두었던 남한의 발전주의 국가체제가 냉전종식과 함께 더이상 유지될 수 없게 되었으나, 제때 개혁을 이루지 못한 탓에 맞게 된 것이

IMF금융위기라는 해석이다. 아직 사회과학적으로 구체적인 인과관계가 분석된 것은 아니며, 남북 각각의 문제를 모두 분단으로 귀착시키는 분단환원주의에 빠져서도 안되지만, 내부의 독자적인 구조와 논리를 인정하되 분단과의 상관관계를 찾아보려는 노력은 국내문제를 한반도 및 동북아시아 지역차원에서 조망하는 시각을 제공한다.

사실 경제체제뿐 아니라 정치지형을 보더라도 한국 민주주의는 여전히 이념적으로 협소한 틀에 갇힌 '냉전형 민주주의'에서 벗어나지 못하고 있다. 이러한 상황에서 신자유주의적 양극화의 직격탄을 받은 것이다. 세계 10위 수준의 무역규모를 자랑하는 한국이지만 사회복지예산은 OECD 가입국 평균의 3분의 1(6%)에도 못 미쳐 최하위를 기록하고 있다. 그런데도 진보정당의 세력이 매우 미미한 가운데, 분배 없이 건전한 성장이 있을 수 없다는 논리나 사회적 양극화에 대해 최소한의 사회적 안전망을 확보하기 위한 복지정책을 사회주의적이라고 비난하는 여론몰이가 일정하게 먹히는 풍토는 분단상황과 떼놓고 볼 수 없다. 매우 취약한 사회보장에 반해 비대화된 군사·안보부문도 무시할 수 없다. 한국경제의 성장과 함께 GDP에서 군사비가 차지하는 비율은 크게 줄어들었지만 전체 국가예산에서 보면 여전히 적지 않은 비중이다. 눈에 보이는 군사부문뿐 아니라 그밖의 안보부문까지 포함하면 그 규모는 더욱 거대해진다. 이미 체제경쟁에서 뒤져 기진맥진한 경제상태에서 막대한 군사비를 지출하고 있는 북조선의 사정은 훨씬 심각하다.

북조선의 국가사회주의도 분단상황의 영향을 강하게 받아왔다. 이미 70, 80년대를 거치면서 정체상태에 빠진 북조선 사회주의는 시장적 요소의 도입을 통한 개혁시도를 완강히 거부하고 국가사회주의를 더욱 철저화하는 방향으로 문제점을 극복하려고 했다. 김일성·김정일 최고지도자를 중심으로 한 절대권력체제로서 극단화된 초월적 일인체제는 내적 형성논리를 가지면서도 이러한 구조와 무관하지 않다. 시장적 요소에 대한 거부감과 분단상황에 따른 그에 대한 두려움은 동전의 양면이나 다름없었다. 중국, 베트남이 80년대부터 개혁·개방을 본격적으로 추진해온 것과 달리 북조선은 이 흐름에 뒤처져 있다가 소련, 동유럽의 사회주의권이 붕괴함에 따라 경제위기에 봉착했고, 2002년에 들어서야 시장적 개혁에 착수했다. 북조선의 개혁·개방은 2000년 6·15정상회담으로 남북관계가 '정상화'됨에 따라 남측으로부터의 안보위협이 완화된 정세와 연동되고 있다.

남북간의 화해·협력이 일정한 궤도에 오르고 있는 현단계에서 남북관계는 각각의 내부상황과 밀접히 맞물려갈 가능성이 크지만, 이를 좀더 면밀한 대책하에 의식적으로 추진해야 한다. 우선 남한만 보더라도 새로운 단계의 남북경협은 전력제공이나 인프라건설 등 막대한 재원을 필요로 한다. 대북지원도 의료·식량 등 인도주의적 지원을 넘어 농업협력, 소비재산업 등 개발원조 방식으로 확대되어야 할 단계에 접어들고 있다. 그런데 남한정부가 대규모 대북 지원과 투자에 나서야 할 이때에 사회적 양극화의 진행에 따른 막대한 복지수요 충족도 시급한 과제로 대두하고 있다. 동시에 현재 한국경제는 사회적 양극화란 현실의 다른 한편으로 400조원의 부동자금이 투자처를 찾지 못해 유동하는 과잉자본의 상태에 있다. 국내에서 토건국가적인 개발수요를 보장해주는 방식으로는 한국경제가 더이상 선진화로 나아갈 수 없다는 것은 부동산가격 상승이 가져온 망국적 폐해에서 드러나고 있다. 사회적 양극화와 과잉자본이 공존하는 국내의 불균형이 한국 민주주의의 병폐로 나타나는 것과 마찬가지로 남북간 경제력의 극심한 격차와 과잉자본이 공존하는 한반도 내 불균형도 평화를 저해할 수 있다.

이처럼 분단으로 인한 국내체제의 한계가 남북의 화해·협력이 진전되어야 극복될 수 있는 것이라면, 대북 지원 및 투자를 중심으로 하여 화해·협력에 들어가는 비용은 거꾸로 국내 복지예산의 증대에 유리한 여건을 조성할 수 있다. 북조선에 투자처를 확보하여 남북의 동시발전, 협력발전을 꾀하는 방식은 과잉자본에 하나의 출구가 될 수 있다. 한정된 예산 속의 경합관계라는 근시안적인 발상에서 벗어나 평화와 복지가 서로 상승효과를 일으키는 선순환관계에 있음을 치밀하게 계산하고 전망해주는 비전과 정책이 절실히 요구된다. 더욱이 안보비용의 억제와 절감 효과가 피부로 느껴질 만큼 평화와 복지로 이전되는 성과도 보여주어야 한다. 이 점에서 남북간의 군사적 위협을 완화, 감소시킬 남북군사회담은 남북경협의 촉진제 역할을 하게 될 것이다. 길게 보면 이 모든 것이 통일을 위한 선행투자, 통일비용이라는 남북상생의 인식이 국민들 의식 속에 뿌리내려야 한다.

2002년 7·1조치 이후 조심스럽게 시장화에 나서고 있는 북조선의 경우도 내부개혁은 남북경협과 밀접한 관련을 맺으며 진행될 것이다. 이미 남한의 식량·비료지원과 남북경협이 북조선 내부 경제순환에서 무시하지 못할 비중을 차지하기에 이르렀다. 북조선의 시장적 개혁은 현재 발전단계가 낮은 상황에서 경제개발과 결합하여 추진될 수밖에 없다. 북조선의 개혁·개방은 2004년부터 본격화된 중국의 대북투자진출과 직결되어 있다. 시장화와 개발의 초기단계에서 남한자본의 투자도 실질적인 역할을 해야 향후 장기적 차원에서 북조선경제의 구조가 좀더 남북통합적이 되어갈 수 있다. 한국의 과잉유동자본이 대북투자에서 수익구조를 만들어낼 수 있도록 남북협력하에 지속가능한 북조선 개발 프로그램이 마련되어야 한다. 경제개발의 초기 조건에서 한일 국교정상화에 따른 일본자본 진출이 현재와 같은 한국경제구조를 형성하는 데 결정적 요인이 되었다는 점을 교훈으로 삼아야 한다.

이처럼 한국에서 평화와 복지, 경제의 새로운 도약은 함께 갈 수밖에 없는 관계에 있으며, 체제의 성격과 발전수준이 다른 북조선의 경우도 남북이 함께해야 바람직한 발전을 이룰 수 있다.[6] 현시점의 한국 정치지형으로 볼 때 개혁·진보세력은 평화·진보세력이 되어야 다수파가 될 수 있으며, 그 매개는 평화와 복지의 결합에 있음을 고려할 때 이 결합에 균열이 일어난다면 진보세력의 앞길에 치명적이다. 평화와 복지, 개발을 연계한 '남북협력발전' 구상을 실행가능한 정책으로 준비해야 할 때다. 이것은 남북경협이 남북 각각의 국내경제에 주요 부문으로 자리잡아 지속적으로 확대재생산되는 공동경제의 구조가 형성되는 것을 뜻한다. 이미 5년 전 6·15선언은 철도와 도로 연결을 통한 철의 씰크로드, '민족경제의 균형적 발전'이란 청사진을 제시함으로써 우리의 정치·경제·사회·문화적 공간을 한반도와 동북아시아로 넓혀놓았다. 한반도 전체, 나아가 동북아시아의 시야에서 남북 각각의 개혁과 발전을 바라보며 협력방안을 찾아 실천해가는 것이야말로 6·15시대의 가장 주된 과제다.

⟨2006⟩

---

[6] 백낙청 외 『21세기의 한반도 구상』, 창비 2004; 특집 「새로운 한반도 경제모델의 모색」, 『동향과 전망』 2005년 여름호.

참여정부는 초심(初心)을 버렸는가?

동북아 정치경제 구도와 한미FTA

　주한미군의 전략적 유연성 합의에 이어 한미FTA 협상 시작을 선언하면서 한국외교부는 한미동맹이 정치·군사동맹에 경제동맹이 결합된 관계로 한단계 더 강화되는 것이라고 설명한 바 있다. 한미동맹은 대북 억지력으로서 여전히 냉전적 적대관계를 상정하는 20세기형 동맹에서 벗어나지 못하고 있다. 그렇다면 경제동맹도 적을 상정하는 관계일 터인데 한편에서는 세계화 속의 무한경쟁시대를 내세우면서 다른 한편에서는 경제동맹이란 것이 성립하는지 의문이다.

　한국의 무역상대로 제1, 2, 3위가 중국, 미국, 일본이고, 북한은 지속적인 교류·협력의 대상으로 되어 있다. 그렇다면 지경학적으로는 유럽연합(EU)은 아닐 것이고 미국을 제외하고 이중 어느 나라를 적으로 상정해야 하는 것이니 경제동맹이란 발상은 넌쎈스라 하지 않을 수 없다. 미국도 경제적으로는 한국과 엄연한 경쟁관계에 있으며, FTA협상은 치열한 이해관계의 다툼이 될 것이란 점에서도 그러하다.

다만 외교부의 설명에는 FTA로 한미관계를 정치·군사관계에 이어 경제관계에서까지 더욱 밀접한 일체화 수준으로 가져간다는 의도가 있음은 분명해 보인다. 그러나 동(북)아시아지역의 정치경제적 구도는 이러한 발상과는 반드시 합치하지 않는 흐름 속에 있으며, 그 속에서 이 지역의 국가들이나 한국의 외교적 자율성이 확대되어왔음을 놓쳐서는 안된다. 최근 한미FTA나 전략적 유연성 합의를 정당화하기 위해 '중국 영향력 확대설'이 주요 언론을 장식하고 있다.

2년 전부터 본격화된 중국의 대북투자를 가지고 '북한의 동북4성화' '북한의 중국 식민지화' 등 우려를 부채질하는 기사가 크게 보도되기도 했다. 미일동맹 강화에 맞서기 위해 중러관계가 강화되는 추세를 가지고 '북·중·러' 대 '한·미·일'의 냉전적 구도로 회귀하는 것이 아니냐는 분석이 제시되기도 했다. 이러한 해석을 전면 부정할 수는 없으나, 이는 이보다 훨씬 큰 흐름과 구도가 동북아시아에 형성되고 있음을 간과하는 것이다.

중국의 대북투자로 향후 중국의 5개년계획 기간 중 50억달러의 투입이 약속되었다고 알려졌다. 1년에 평균 10억달러 규모다. 현재 북중교역관계는 1년에 약 15억달러 수준이다. 무상지원을 포함해도 20억달러에 미치지 못할 것이다. 남북교역액은 약 10억달러로 남한의 대북교역 규모는 중국 다음으로 제2위다. 반면 한중교역액은 작년에 1000억달러를 넘어서 북중교역의 60배를 훨씬 넘는다. 남한의 대중국 투자액수도 북중투자관계를 압도하고 있다.

또한 북한이 대중투자를 유치하기 이전 DJ정부시절부터 적극적으로 요구했던 것이 남한의 에너지지원, 사회간접자본 투자를 중심으로 한 대규모 경제협력이었음을 잊기가 쉽다. 중국의 대북투자로 편중되고

만 것은 남한이 핵문제 등으로 대북투자에 한계를 보인 데 따른 불가피한 선택의 결과인 것이다. 다만 미흡하기는 해도 금강산관광이나 개성공단과 같은 남북경협은 진행중이다. 한중관계가 정치군사적으로는 북중관계에 미치지 못하지만 경제적으로는 압도하고 있다는 점에서 두 차원은 서로 엇갈리며 균형을 이루는 가운데 냉전적 구도와는 전혀 다른 성격을 띠게 되었다. 이미 민주주의와 시장경제로 체제전환을 한 러시아와 한국의 관계는 정치, 경제 어느 면에서도 북러관계에 앞서고 있음은 더이상 긴 설명을 필요로 하지 않는다.

또한 6자회담 등 외교분야에서 중국의 영향력 확대에는 중국이 위와 같은 경제관계 이외에도 남북한과 동시수교국이란 점이 크게 작용하고 있다. 90년대초 냉전해체 당시 한소, 한중 수교가 이루어지면서도 북미, 북일 관계가 냉전적 대립에서 벗어나지 못한 데 따른 불균형의 산물인 것이다. 1, 2차 북핵위기도 북미, 북일 사이의 냉전적 대치에 근본원인이 있다. 6자회담에서 중국에 이어 한국이 적극적 역할을 할 수 있었던 배경에는 2000년 6·15남북정상회담 이후 꾸준히 진전된 남북간의 화해·협력이 있다.

이 점에서는 중국의 영향력 확대를 지적하기 이전에 90년대초 이래 미, 일과의 관계개선에 좌절을 거듭해온 북한의 외교적 한계를 동시에 보아야 한다. 북중경제협력이 본격적으로 확대되기 이전에 북한이 납치문제를 고백하며 일본과 두차례나 정상회담을 가지면서 북일수교에 공을 들였던 것은, 무엇보다도 일본과의 경제협력을 절실히 원했기 때문이었다. 중국의 영향력 확대는 탈냉전으로 가는 과정에서 생긴 문제로서 이는 북미, 북일 관계 타개, 남북경협의 확대 같은 냉전해소로 해결할 일이지, 냉전적 해법을 구할 일이 아니다.

미일동맹 강화에 대해서도 좀더 면밀히 살펴볼 필요가 있다. 일본은 정치·군사적으로는 미일동맹을 강화하면서도 경제적으로는 매우 신중하다. 밀접해지는 정치·군사적 동맹관계도 기지이전 협상, 미군주둔 비용부담 등 그 내용을 보면, 꾸준한 일본의 대미 독자성 확대로서 한미협상과 대비되는 교훈이 된다. 나아가 이제까지의 군사적 동맹처럼 경제도 생각한다면 미일FTA가 먼저 이루어져야겠지만, 현실은 그렇지 않다. 미·일동맹은 정치·군사로는 강화되고 있지만, 경제에서는 미국과 일본 사이에 경쟁과 갈등이 지속되고 있는 것이다. 1997년 IMF 금융위기 이전에 일본은 엔화의 국제화를 지향하는 아시아통화기금(AMF) 구상을 내세웠지만, 미국의 견제로 좌절된 적이 있다. 특히 98년에는 '재팬패씽'(Japan passing)이라고 해서 당시 클린턴 대통령이 경제적 이해관계 때문에 일본을 건너뛰고 중국과 전략적 제휴를 맺기도 했다.

참여정부가 출범 초기부터 동북아시아시대를 내세운 주된 배경은 한·중·일을 중심으로 한 동(북)아시아 경제협력의 확대와 심화에 있었다. 중국경제의 부상으로 기존 한일경제관계를 포함하여 동북아시아 내 국제분업 및 경쟁관계에서 한국의 입지가 넓어진 측면을 적극 평가한 것이다. 이러한 3국협력과 동아시아 경제협력의 진전으로 휴대폰, 가전제품 등에서는 '동(북)아시아 표준'을 만들어낼 수 있는 수준에 이르고 있다는 인식이다. 동아시아에 확산되는 한국 대중문화의 '한류'열풍은 경제현상을 문화적으로 뒷받침하는 흐름이다. 한일관계에서 '욘사마' 현상은 국교정상화 이후 과거 60년 동안 볼 수 없던 사건으로서 역사문제로 인한 한일정부의 갈등에도 불구하고 지속되고 있다. 동북아시아에서 정치·군사적 관계와 경제적 관계의 엇갈림이란 구도 속에서 한국, 일본 모두 미국과의 동맹관계로부터 일정하게 독자성을 늘려갈 조건이 형성되고 있었던 것이다.

2005년 12월 동아시아정상회담에 이르기까지 중국, 일본의 주도로

동아시아의 경제협력이 진전되는 데 대해 미국은 내심 초조해하고 있다. 미국이 1년에 7000억달러의 무역적자를 내면서도 경제를 유지할 수 있는 비결은 달러기축통화국이란 점 외에 대미수출에서 상위에 있는 중국, 일본, 한국, 대만이 미국정부 채권을 구입해 적자를 상쇄해주고 있기 때문이다. 이들 나라가 경제협력에 의거한 동아시아의 독자적 통화협력을 강화해 달러의 활용규모를 줄인다면, 미국으로서는 경계하지 않을 수 없는 움직임이 될 것이다. 최근 일본이 아시아개발은행(ADB)을 통해 가상의 아시아 공동통화 연구 구상을 발표한 것도 1997년 AMF구상의 수정판이라 할 수 있다.

미국이 정치·군사적 헤게모니를 활용하며 중국견제에 나서고 있으나, 이러한 지역경제협력의 흐름은 동아시아의 새로운 지역질서 수립을 미국이 일방적으로 주도할 수 없게 만드는 균형추 역할을 하는 측면이 있다.

물론 동아시아 지역경제협력에는 불협화음도 끊이지 않는다. 이는 각국의 국내상황과도 연관이 있다. 일본도 세계화의 흐름 속에서 일정한 국내경제의 구조조정을 진행중이며, 한국만큼 심한 것은 아니지만 사회적 양극화의 폐해도 나타나고 있다. 국민통합의 수단으로서 국가권력이 폐쇄적 민족주의를 활용할 위험성도 있다. 중국도 시장경제의 발전에 따른 사회적·지역적 불균형, 빈부격차가 심각한 수준에 이르고 있으며, 배외적 민족주의에 호소해 이 문제를 해소하고 싶은 유혹에 빠질 수 있다.

세계화의 폐해에 공동대처할 필요성은 한·중·일의 국내사정에서도 점점 절실해지고 있으며, 이를 지역경제 및 문화협력을 확대, 심화함으로써 해결해가야 하는 과제에 직면해 있다. 이러한 필요는 유럽연합(EU), 북미자유무역협정(NAFTA), 동남아국가연합(ASEAN), 메르코수르 등 다른 지역협력의 움직임과 궤를 같이하는 것이기도 하다.

더욱이 한·중·일의 역내 경제협력은 정치·군사적 갈등의 취약성을 상쇄할 수 있는 중요한 토대이자 수단이기도 하다. 한·중·일간의 갈등, 특히 중·일간의 정치적 갈등이 확대될수록 동북아시아지역 내 미국의 정치·군사적 역할은 커질 것이며, 한국·일본의 대미동맹 의존도도 더욱 커질 것이다.

이처럼 동북아시아에서 정치·군사적 관계와 경제적 관계가 반드시 일치하는 것은 아니다. 또한 정치·군사적 갈등과 대립만이 주도하는 구도가 아니며, 경제협력과 경쟁이 서로 교차하는 복합적이고 중층적 구도로 되어 있다. 사실 출범 당시 노무현정부는 DJ정부 이래 아세안+3(한·중·일)의 틀을 살리면서 한·일, 한·중 관계에서 FTA로 간다는 구상이었다. 이것이 한·아세안, 한일FTA를 통해 지역협력의 기반을 다지고 한중과 한미FTA 간에 경쟁을 시킨다는 구상으로 부분수정된 것이었다.

그런데 갑자기 다른 것은 다 뒤로 미루고 미국에만 집중하는 움직임이 나타나고 있다. 더욱이 위와 같은 동아시아의 추세와 관련해서 보면, 협상자세에서 한국이 미국에 매달리는 듯한 모습을 보이는 것은, 실제 힘의 관계의 반영이라기보다는 전략적, 정책적 선택의 문제점으로 여겨진다.

한미FTA와 관련된 여러 문제는 그 자체가 갖는 파장의 심각성도 심각성이려니와 그에 앞서 면밀한 준비와 충분한 공론화를 통해 추진되어야 한다는 데에 집중되어 있다. 이는 동아시아 정치경제 구도 전반에 대한 비전과 분석이 전제되어야 할 거시적 사안이다. 또한 국내적으로는 노동자, 농민, 각 분야의 경제주체를 포함하여 국민 전체의 경제적, 문화적 삶이 걸려 있는, 한국경제의 구조적 성격을 좌우할 수 있는 절실한 문제다. 도식적으로 말하면, 자본주의의 3가지 유형, 즉 영미(앵글로쌕슨)형, 동아시아형(선진일본형, 발전국가형), 유럽형 자본주의 중 영미형 방향으로 본격적으로 갈 것인가 하는 국가백년대계의 정책이기도 한 것이다.

한미FTA가 정부 설명대로 2003년 8월부터 로드맵을 작성해 체계적으로 추진된 것이 사실이라면, 그동안 동아시아 지역협력이나 한국경제의 진로와 관련해 정부가 심사숙고해온 방향을 FTA협상 개시에 앞서 국민이 납득할 수 있도록 제시했어야 한다. 무엇보다도 미국자본주의 모델의 장·단점, 한국경제에의 적용가능성에 대한 철저한 점검이 불가결했다. 그러나 전문가, 정책결정자 간의 심층적 논의는 고사하고 이익단체, 시민단체까지 참여한 공론화과정도 거의 없었다. 세계 10위권의 경제력을 갖춘 OECD 국가로서, 아래로부터 민주화를 이룬 한국국민은 이러한 논의에 참여할 이성적 주체가 되어야 한다.

이같은 논의를 일부언론에서처럼 동맹파 대 자주파의 대결 등 색깔론이나 이념논쟁으로 몰아가는 것은 국민의 수준을 무시한, 전혀 바람직하지 못한 행태다. 19세기적 상황을 가정하며 '중국이냐 미국이냐'의 선택과 같은 단순구도를 설정하는 방식도 숙명론적 질서관에 사로잡힌 여론호도에 지나지 않는다. 이제부터라도 당초 발표한 협상시한에 쫓기지 말고 충분한 시간을 갖고 나라의 진로와 각 분야의 이해득실을 따지는 생산적인 논의를 진행해야 한다.

〈2006〉

미사일사태에서 NSC는 '국가안전을 보장'하고 있나

　북한의 미사일발사로 한반도 안보정세에 긴장국면이 초래되고 있다. 그 책임소재나 대응책을 둘러싸고 정계, 시민단체, 언론 내에서 치열한 논의가 벌어지고 있다. 무엇보다도 이를 수렴하여 일관된 정책을 내놓아야 할 정부 내에서도 적지 않은 이견이 있는 듯하다.
　향후 미사일문제로 인한 긴장국면에 지혜롭게 대처해야 할 필요성에서 현재 외교·안보분야의 의사결정 기구나 과정을 살펴보는 것도 불가결한 작업이다. 출범 때부터 노무현정부는 대북정책 기조로서 과거 김대중정부를 계승·발전시킨다는 것을 내세운 만큼 이전 정부가 그 비교의 일차적인 대상이 될 수밖에 없다.
　작년 전략적 유연성 합의나 용산기지 이전문제와 관련하여 그 부실협상 책임이 논란이 되면서 국민적 관심의 한복판에 있던 NSC(국가안전보장회의)사무처가 연말에 슬그머니 통일외교안보정책실로 개편되었다. 대통령 자문기구로서 외교안보부처의 협의체인 NSC상임위원회는 그대로 유지하되 이를 실무적으로 뒷받침하는 정책기구로서 사무처는 위기관리 업무만 유지하며 사실상 폐지된 것처럼 축소되고, 대통령을 직접 보좌하는 안보정책실로 대체된 것이다.

장관급의 국가안보보좌관이 폐지된 대신 안보정책실장이 장관급으로 격상되었다. 인적 규모나 역할은 거의 그대로 유지된다는 설명이 있었으나, 실제 NSC상임위원회와 관련된 역할은 거의 없어진 것이나 다름없다. 당시 체제개편의 표면적 이유는 헌법상 대통령 자문기구로서의 NSC 산하에 부처간 실무조정기구로서 사무처를 둔다는 것은 위헌소지가 생긴다는 데 있었던 듯하지만, 진정한 이유가 무엇인지는 석연치 않다. 전문가나 언론 사이에서 부실협상과 관련한 책임소재를 없애기 위한 것이란 비판적 해석이 나오는 것도 이 때문이다.

개편의 경위야 어떻든 다수 전문가들 사이에서는 미사일발사 같은 긴장국면에서 NSC사무처의 역할이 다시 필요하다고 아쉬워하는 소리가 높다. 현재 미사일문제와 관련해서는 대통령이 직접 주재하는 외교안보장관회의가 열리고 있고, 이를 실무적으로 보좌하는 역할은 안보정책실이 담당하고 있다. 그리고 일상적인 조정기구로서 통일부장관이 상임위원장이 되어 주재하는 NSC는 유지되고 있으나, 이제 이를 실무적으로 뒷받침하는 상설기구가 애매해진 것이다.

대통령이 주재하는 외교안보장관회의는 커다란 정책기조를 결정하는 곳이며, 외교, 국방, 통일, 정보 분야에서 전략기획, 정책수립, 정보판단 등과 관련한 일상적인 조정은 NSC상임위원회에서 담당해왔는데, 안보정책실체제가 되면서 이 부분이 매우 취약해졌다는 것이 전문가들이 지적하는 핵심이다.

그렇다면 당초 NSC는 어떤 배경과 목적 하에 설치된 것일까. 외교부, 국방부, 국정원 같은 정부의 안보관련 부처는 상대적으로 거대한 규모다. 특히 안보·국방관련 부처는 냉전시대에 그 규모가 비대화되었고 이를 비서실체제로 통제하기 어려워 NSC가 만들어졌던 것이다. 특히 NSC상임위원회가 실질적인 조정기구로서 중요한 역할을 하게 된 것은 김대중정부였다. 김대중정부 임기 내내 상임위원회는 매주 한차례도 빠짐없이 열려 주요 외교·안보현안에 대해 업무 협의와 조정을 하면서 특히 대북정책의 일관성을 유지하며 부처간 이견을 수렴하는 데 결정적인 기능을 한 바 있다. 김대중정부의 대북 화해·협력정책(햇볕정책)은 이전의 냉전적 정책을 전환하는 것으로서, 과도기에 첨예하게 부딪칠 수밖에 없는 정부 내 이견을 일상적으로 조정해내는 기구가 필요했던 것이다.

다만 NSC는 조정기구로서 상임위원회만 존재했고, 외교안보수석비서실 외에 실무적 보좌기구는 갖추어지지 않았다. 김대중정부에서는 이런 기구 없이도 부처간 정책조정이 효과적으로 이루어진 면이 있었기 때문이다. 우선 김대중 대통령의 철학이나 경륜 외에도 김대중-임동원 라인의 확고한 리더십이 발휘되면서, 인치(人治)라는 문제점을 안고 있었으나, 임동원씨가 어느 자리에 있건(외교안보특보, 국정원장, 통일부장관) 실질적인 대통령보좌관 겸 NSC상임위원장 역할을 했던 것이다. 다음으로 호남출신 관료의 맥이 그 각 부처에서 실무보좌 역할을 한 점을 들 수 있다. 김대중정부의 노선, 철학을 지지하는 관료집단 라인이 거대한 외교안보 관련부처를 통제하는 역할을 한 것이다. 실제 호남 관료도 보수적인 사람이 있었지만 역설적으로 지역주의가 대북정책에서 긍정적 역할을 한 측면이 있었다.

NSC사무처체제는 노무현정부에서 처음 도입되어 기존의 외교안보비서실보다 상당한 규모로 확대되었다. 김대중정부에 이어 노무현정부에서도 탈냉전적 과도기가 지속되는 한에서 기존관료의 타성과 다른 새로운 정책을 시도하는 것이 필요하다는 인식에서 만들어졌다. 다만 김대중정부와 같은 방식으로 갈 수는 없고 기구적, 제도적으로 해야 한다는 문제의식에서 NSC사무처가 설치된 것이다.

물론 김대중정부 시절에 호남관료 인맥을 가지고 관료기구에 대해 일정한 통제가 가능했다는 것이 극심한 지역편중 인사의 폐해를 정당화할 수 있는 것은 아니다. 결과적으로 그러한 효과가 있었다는 설명일 뿐이다. 왜냐하면 이것이 긍정적 효과 외에 치명적인 역효과도 낳았기 때문이다. 실제 대통령제하에서는 상당한 규모로 외부로부터 정책집단의 정치적 임용이 이루어져야 기존 관료제를 통제, 활용하며 새로운 정책과 노선을 실행할 수 있는데, 이게 없이도 가능하다는 착각을 준 것이다.

김대중정부는 외부수혈 없이 그런대로 국정을 운영할 수 있었고, 정권말기 관료적 누수현상도 표면에 드러날 정도로 심각하지는 않았다. 특히 외교안보정책은 다른 분야에 비해 기조가 유지되어 미국의 부시정부 출범 이후 북미관계 악화, 남북관계의 정체에도 불구하고 선거국면에서 북한의 선박나포사건 등 위태로운 사태를 포함하여 안보상황을 관리해낼 수 있었다. 이 점이 노무현정부 탄생에 적지 않은 기여를 했음은 주지의 사실이다.

이러한 긍정적인 측면이 상황인식을 그르치는 쪽으로 작용했다. NSC체제는 설치되었으나, 노무현정부의 평화번영정책을 실행할 외부의 정책집단을 전문성에 입각하여 체계적으로 배치할 필요성을 절실히 느끼지 못했던 것이다. 여기에는 초기인사를 주도했던 386세대가 자신이 속한 거대한 집단을 대표할 만한 우수한 인재들을 폭넓게 망라할 수 없었던 한계도 작용했다.

따라서 NSC사무처는 또하나의 새로운 안보관료기구를 설치하는 것과 다름없는 결과가 되어버렸다. 아직 제도적으로 개방형 임용의 폭도 거의 허용되지 않았기에 코드인사라는 보수언론의 비판 속에서 장관의 정책보좌관 1명 외에 각 부처의 관료라인 속에 외부임용을 한다는 것은 생각조차 할 수 없었다. 따라서 각 부처로부터의 파견관료들이 대다수가 되어 시간이 흐름에 따라 기존의 안보기구들이 NSC를 좌우하게 되는, 역류가 일어나는 과정이었다.

외부임용의 초기조건에서 노무현후보 캠프 내에 전문가 인재풀의 극심한 부족도 큰 몫을 했다. 더욱이 정부출범 이후에도 이 한계를 보완하고 확충하려는 노력 또한 부족했다. 여기에는 인사 자체가 갖는 특성이자 한계도 작용했다. 어떠한 정권이든 초기에 판을 제대로 깔지 못하면 기존 사람들로 네트워크가 맺어지고 기득권구조가 형성되어 대통령도 마음대로 바꿀 수 없게 된다. 초기에 인적 네트워크가 형성되면 위기상황이나 사고가 없는 한 쉽게 바꿀 수 없게 되는 것이다. 시간이 지날수록 내부적으로 구조화되어버리기 때문이다.

나아가 아무리 좋은 의도를 지닌 제도라고 해도 제대로 운영되지 못하면 역효과를 낼 수 있다. 당초 NSC사무처체제는 미국의 제도를 벤치마킹한 것이다. 미국에서는 대통령 국가안보보좌관이 사무처장을 겸임하며 이를 지휘하게 되어 있다. 따라서 백악관시절의 콘돌리자 라이스(Condoleezza Rice)를 예로 들면 이해하기 쉽듯이, 안보보좌관은 국무장관이나 국방장관, CIA국장 같은 거대부처의 수장들과 어깨를 나란히 하며 조정역할을 수행해낼 수 있는 것이다.

그런데 노무현정부 초기 라종일 국가안보보좌관은 사무처를 지휘할 수 있는 위치가 아니었고, 실제는 이종석 차장이 지휘하는 이중적 구조가 되었다고 한다. 심지어 권진호 국가안보보좌관 시절에는 아예 안보보좌관이 사무처를 지휘하는 체제 자체도 바꾸어 두 직책을 분리함으로써 제도적으로도 장관급체제가 차관급체제로 수정되었다. 실세 운운, 이중적·파행적 운영이란 지적은 그것이 어떤 입장에서 나온 것이든 제도와 운영의 괴리에 대한 비판이었다. 주한미군의 전략적 유연성, 용산기지 이전과 관련해 협상과정을 둘러싸고 논란이 일어나는 파장이 있었던 데에는 여러가지 원인이 있지만, 제도적인 측면에서 찾는다면 NSC가 대통령의 노선에 따라서 외교, 국방 등 협상담당 부처를 통제하는 데 실패하고 거꾸로 사실상 이들과 융합관계였다는 데 이유가 있었다고 할 수 있다.

이렇게 부정적 측면을 강조해서 설명했지만 기여한 점도 적지 않다. 일련의 사고가 있었다고는 해도 일단 각 부처별로 외교·안보 사안에 대하여 딴소리를 내는 것은 거의 보이지 않게 되었다. 국방개혁안은 비록 내용적으로 미흡하며 시기적으로도 정권임기가 끝나는 2008년도부터 시행에 들어가는 것으로 타협적이란 비판은 있으나, 일단 입안되어 그중 방위사업청 설립은 실행에 옮겨졌다. 과거 대통령 1인에게 거의 독점되었던 국정원 정보가 기밀등급을 세분화하여 청와대를 거쳐 각 부처별로 공유할 수 있게 한 것도 눈에 보이지 않는 성과다.

이중적 체제운영 문제는 정동영 통일부장관이 임명되어 NSC상임위원장 역할을 하게 되면서 일정부분 해소되기도 했다. 여기에는 대권주자의 한사람으로서 정치력을 지닌 점도 있지만 대통령의 신임과 위임을 바탕으로 외교·안보라인 내에서 비교적 강한 리더십을 발휘한 데 따른 결과였다.

작년 6·15 5주년 기념행사에서 정동영·김정일 회담을 계기로 남북관계가 회복되어 8·15기념행사에서 북측의 국립현충원 참배로 이어짐으로써 이러한 남북관계 개선은 6자회담에서 9·19공동성명을 이끌어내는 동력이 되었다.

정동영 장관이 정치인으로서 전문가가 아니면서도 통일·외교안보 분야에 안착할 수 있었던 것은 NSC의 보좌기능 없이는 생각할 수 없는 일이었다. 특히 통일부는 외교안보분야에서 인력, 국내외 네트워크 등 여러면에서 가장 취약한 부처에 속하기 때문에 NSC사무처가 상임위원장인 통일부장관을 보좌한다는 매개 없이는 타 부처의 적극적 협조를 받기가 어렵게 되어 있다.

이처럼 NSC체제를 도입한 것은 새로운 시도였으나, 부정적 이미지를 남긴 채 무대에서 퇴장하는 결과가 되고 말았다. 이제 안보정책실체제는 과거의 외교안보비서실체제로 원위치된 것으로 보인다. 외교안보 현안을 부처간에 조정하는 기능은 여전히 NSC상임위원회에 주어지고 있으나, 이를 실무적으로 보좌할 기구의 뒷받침이 계속 이루어지고 있는지 의문이 제기되고 있다.

이종석 장관은 통일부장관으로서 NSC상임위원장이지만, 안보정책실의 보좌기능에 대해서는 할 말도 못하는 처지가 되었다. NSC사무처체제 축소안, 아니 폐지안을 직접 대통령 결재를 받아 집행한 장본인이 바로 이종석 당시 사무처장이었기 때문이다. NSC사무처체제의 법적 미비점이 과연 폐지해야 할 만큼 심각한 일이었는지 그 책임도 문제지만, 스스로 자승자박이 되었다는 점이 더욱 심각한 일이다.

다시 미사일문제로 돌아온다면, 그 대응을 둘러싸고 어떤 전략적 기조를 취하느냐에 따라 외교·안보라인의 리더십 소재가 좌우될 수 있다. 김대중정부 이래 정책의 일관성에 따른다면 통일부장관이 NSC상임위원장으로서 대통령의 신임을 받아 확고한 이니셔티브를 행사하는 체제가 될 것이다. 이와는 다른 방향에서 외교부장관에게 이니셔티브가 주어질 수도 있다. 법적으로 NSC상임위원장은 위원이 되는 부처장

중 대통령이 지명하게 되어 있지만, 관행상 계속 통일부장관이 수행하고 있다. 정동영 장관이 사임한 뒤부터 현체제는 외교·안보라인 내에서 어느 장관에게 확고한 이니셔티브가 주어지지 않은 채 대통령이 직접 관장하는 친정체제로 여겨진다. 긴장 내지 위기 국면에서 대통령이 외교안보의 진두지휘에 나서는 것은 직할이냐 아니냐의 여부를 떠나 당연한 것이지만, 대통령이 일상적인 조정업무까지 세세하게 챙길 수는 없다. 또한 대통령이 '올라운드 플레이어'가 되어 전면에 나서는 것은 복잡다단한 현실 앞에서 가능하지도 않을뿐더러 모든 위험부담을 대통령 한사람에게 지우게 될 우려도 있다.

그런데 현체제는 대통령직할체제의 외양을 띠고 있는 반면, 실질적으로는 외교부우위체제라고 볼 수도 있다. 4대국 대사직은 사실상 외교부가 전부 차지하고 있는 것이나 다름없으며, 현정부 들어서서 외교부는 차관직(제2차관, 평화교섭본부장)을 두 자리나 신설한 데 이어 장관급 청와대 외교안보정책실장 자리도 외교부 출신이 점하고 있다. 해외 정보부문에서 국정원 독자의 견제와 균형 기능은 상당히 취약해져 있으며, 외교부에 의존할 수밖에 없는 상태다.

외교안보 현안이 파도처럼 밀려오는 현실 앞에서도 반기문 장관은 유엔사무총장 선거운동을 구가할 수 있다. 한미자유무역협정(FTA) 협상에서 외교부 김현종 통상교섭본부장의 장관에 버금가는 주도적 역할을 감안하면 장관급 3명, 차관급 3명을 거느리는 초유의 부처가 되어 있다고 해도 과언이 아니다. 가히 외교부 전성시대의 도래인 것이다. 이렇게 한쪽에 치우친 의사결정 구조의 현실을 보지 못하고, 과거의 권위주의시대가 아닌 민주화시대에 대통령 스스로 자기능력을 과신하는 직할체제는 '벌거벗은 임금님' 같은 결과를 빚을 수도 있다. 그것이 전략적 유연성 합의과정이나 한미FTA의 졸속추진, 최근 남북·북미관계에 대한 안이한 상황판단이 아니었기를 바랄 뿐이다.

　이미 NSC사무처체제가 외교안보정책실체제로 개편된 마당에 과거 제도의 부활을 주장하는 것은 비현실적이다. 다만 북한 미사일문제라는 노무현정부 최대의 외교안보과제에 대처함에 있어 당장의 현안도 시급한 일이지만, 출범 초기부터 뒤돌아보며 스스로의 태세를 한번 점검해보는 것도 그에 못지않게 절실한 작업인 듯하다.

　대통령의 통치력이 제대로 먹히기 어려운 임기말기에 접어드는 시점에 이번 사태와 같은 급박한 상황이 벌어질 경우 자칫하면 관료주의의 냉전적 타성이 고개를 들 가능성이 있다. 또한 남북 화해협력 기조의 견지를 둘러싸고 해당부처들 사이에 정보인식이나 대처방안에서 심각한 대립이 생길 수도 있다. 사안에 따라서는 부처의 기능이나 성격에 따라 비교적 강경하거나 온건한 입장표명이 따로 나올 수 있지만, 어디까지나 이것은 포괄적 전략에 입각하여 치밀한 계산에 따른 역할분담 관계에 있어야 한다. 부처간에 철저한 사전협의와 조정이 불가결한 전제가 된다. 바로 대통령을 중심으로 한 외교안보라인 내의 리더십이 확보되어야 하는 것이다. 그것이 안보정책실을 실무기구로 해서 안보관계장관회의를 중심으로 삼든 종래와 같이 NSC상임위원회를 중심으로 삼든 조직적으로 뒷받침할 수 있는 태세를 갖추는 일을 소홀히해서는 안된다.

　당연히 이러한 지적도 당초 노무현정부가 내걸었던 평화번영정책의 기조를 지켜나가자는 데 목적이 있는 것이지 잘못된 방향의 정책을 보다 효율적으로 하는 것이라면 안하느니만 못한 얘기가 될 뿐이다.

〈2006〉

미국의 초점은 애당초 북핵이 아니었다

1. 안보의 IMF?

북한이 드디어 핵실험이란 칼을 빼들고 나왔다. 다만 아직 핵실험을 단행한 것은 아니고 앞으로 할 것이니 최악의 상황으로 가기 전에 '제발 좀 말려달라'는 메씨지를 미국을 비롯한 관련국들에 던진 것이다. 여러 보도들도 분석한 대로 6주 앞으로 다가온 미국 중간선거에서 핵문제를 쟁점화시켜 협상에 압박을 가하려는 조치인 셈이다.

과학적 안전성 범위 내에서 핵실험을 한다는 점, 한반도비핵화가 궁극적 목표라는 점, 핵무기의 대외이전을 하지 않겠다는 점, 어디까지나 평화적인 협상을 통해 문제를 해결하겠다는 점 등을 강조한 것은 대북제재로 가기 이전에 협상의 기회를 찾으려는 북한 나름의 안전장치가 된다.

앞으로 일촉즉발의 위기상황으로 치닫는 것을 막기 위한 관련국들의 노력이 활발해질 것이다. 조지 부시 미행정부 출범 이후 제1기 4년, 제2기 1년 반, 도합 5년 반을 거치면서 진행되어온 '제2차 핵위기'는 거의 막바지로 향해가고 있다는 느낌이다. 그동안 한국은 김대중정부 2년, 노무현정부 3년 반을 경과했다. 추석 연휴가 끝나면 해법을 둘러싼 논의가 모든 지면을 장식할 것이다. 그전에 5년 반이면 결코 짧은 시간은 아닌데 어떻게 사태가 이 지경까지 왔는지 차분히 되돌아볼 기회를 갖는 것도 한가한 소리만은 아닐 것이다.

외교안보분야에서 노무현정부가 놓이게 된 처지를 '안보의 IMF상황'이라고 평하는 논의가 있다. 이는 일단 노무현정부의 성과 내지 노력을 정책의 '실패'가 아니라 '좌절'로 보면서 거세지고 있는 비판론에 대해 변호하려는 논리로 여겨진다.[1] 이러한 논법은 노무현정부가 맞이하게 된 안보현안이 그만큼 어려웠다는 시각에서 도입된 것으로 일정한 공감을 얻는 데 효과를 거둘지 모른다. 실제로도 북핵문제가 진행되고 있는데다가 이라크파병문제에 직면했고, 용산기지 이전, 주한미군의 전략적 유연성 합의 등 힘겨운 대미협상에 임해야 했던 상황에서 보면 적어도 과제만큼은 역대 어느 정부보다도 힘들었음을 부정할 수는 없을 듯하다.

그러나 현재진행형인 '안보의 IMF상황'을 타개하지 못하면, 이 용어는 자칫하면 노무현정부가 역설적으로 경제분야의 김영삼정부와 같은 처지로 간주되는 빌미가 될 소지가 크다. 우선 김영삼정부는 한국경제를 파탄상태로 몰아넣은 부(負)의 유산이 분명했던 데에 비해, 김대중정부는 6·15남북정상회담이라는 역사적 성과와 그후 지속된 남북 화

---

1 강태호 「변화하는 한미관계와 노무현 독트린의 운명」, 『창작과비평』 2006년 가을호.

해·협력이라는 정(正)의 업적이 너무도 확실하기 때문이다. 더욱이 남북관계를 중심으로 한 외교안보분야에서 노무현정부가 김대중정부의 한계를 넘어서기는커녕 그 성과에 기대어 연명하는 듯한 모습을 보이고 있고, 급기야 북한이 핵실험 발표를 하게 된 데에서는 더욱 그러하다. 제1차 북핵위기는 바로 김영삼정부하에서 발생한 사태라는 점을 뒤돌아볼 때, 이처럼 짧은 시간 안에도 역사는 되풀이되는 것인지 답답한 심정은 필자만 느끼는 바가 아닐 것이다.

노무현 대통령이 제대로 된 준비 없이 한미FTA 협상을 개시했던 것은 이러한 힘겨운 상황을 일거에 만회해보려는 그 특유의 승부사적 기질이 발휘된 것으로 보아도 무리는 아닐 것이다. 그 사실의 진위를 둘러싸고 청와대와 『경향신문』 사이에 신경전이 벌어져 "대북관계에서 조성된 한미동맹의 균열에 대해서는 경제밖에 해결방법이 없다"고 했다는 대통령의 발언은 사실 여부나 그 판단의 타당성 여부를 떠나 정황은 십분 이해할 수 있다. FTA협상 개시를 위한 4대선결조건 수용이나 그후 협상과정에서 드러난 준비부족, 의사결정과정의 비밀주의, 독단성 등 도저히 납득이 안되는 문제점들은 이 발언과 연관해볼 때 사태의 진실에 가깝게 접근할 수 있는 단서를 제공한다.

2. 초점은 북핵문제가 아닌 한미관계였다

그런데 지금 위기로 치달을지 모르는 핵문제의 상황을 지켜볼 때 가장 아이러니로 느껴지는 사실은 노무현정부 출범과 함께 부시행정부가 가장 먼저 제안했던 이슈는 북핵문제가 아니라 한미동맹 재조정문제였다는 점이다. 북핵문제는 김대중정부 이래로 진행형이었고 국민들의 관심도 이에 집중되어 있어 한미관계의 최대쟁점으로 일반적으로 인식되고는 있으나, 실은 한미동맹 재조정문제였던 것이다.

실제업무 면에서도 노무현정부에 설치된 NSC(국가안전보장회의)의 주된 임무는 북핵문제보다는 한미관계에 집중되어 있었고, 용산기지 이전문제가 협상의 최우선과제로 설정되고 있었다. 북핵문제는 미국의 대북강경정책에 대한 우려가 일단 외교적 해결방식의 접근으로 타협을 보면서 6자회담 개시로 이어졌다. 이는 북핵문제가 해결까지는 못 가도 최소한 상황악화를 억제하는 현상유지 내지는 관리 차원으로 수렴되었음을 뜻한다.

사실 DJ정부 말기 미국 부시행정부는 우라늄농축프로그램(UEP) 문제를 제기함으로써 급속히 확대되고 있던 남북 화해·협력 기조를 유보시킬 수 있었다. 나아가 상대적으로 부시행정부 출범 이후 정체상태이던 남북관계 대신 2002년 코이즈미 총리의 평양방문으로 새로운 탄력을 받고 있던 북일수교교섭을 중단시킬 수 있었다. 부시행정부가 북한을 '악의 축'으로 규정함에 따라 미국 국내에서 클린턴행정부의 북·미 공동선언이 무효화된 데 이어 남북관계나 북일관계의 진전이 차단된 것이다. 그후 동북아시아의 국제관계는 '제2차 북핵위기'의 발생으로 이어지며, 2000년 남북정상회담, 페리프로쎄스 이래 진전되던 상황은 '역코스'를 밟게 된다. 한반도의 냉전 해체 내지는 종식이 임박했던 국면은 다시 냉전의 유지 내지는 악화로 전환하게 된 것이다.

물론 여전히 동북아시아정세의 초점은 북한의 대외관계, 남북관계를 중심으로 북미관계, 북일관계의 개선 여부에 모아지고 있었다. 하지만 미국의 동북아시아전략이란 구도에서는 그 중심이 대북정책에서 미일동맹, 한미동맹 재편으로 이전한 것이었다. 이미 대만해협분쟁을 그 포괄범위에 포함시키는 미일동맹 재조정작업이 일정에 오르기 전에 그

틈새에서 코이즈미정부는 납치문제 해결을 위해 전격적인 평양방문으로 사태타결에 나서고 있었다. 마지막 남은 전후처리과제인 북일관계 타개 이후 미일동맹 재편을 마무리하는 것이 일본이 한반도문제에 직접 당사자가 되기 위한 독자외교의 수순이었다.

마찬가지로 한반도 냉전해체를 목표로 남북관계 개선을 최우선과제로 삼고 있던 김대중정부하에서 한미동맹 재조정문제는 한미협상의 의제에도 오르지 못하고 있었다. 한반도 차원에서 보면 남북관계, 북미관계 개선, 즉 한반도 냉전종식은 미일동맹보다 훨씬 직접적으로 한미동맹의 성격을 규정하는 의미를 지니고 있기 때문이었다.

3. 미국 주도의 협상구도

따라서 부시행정부의 전략은 남북관계, 북미관계를 묶어두고 한미동맹 재조정작업에 주력한다는 데 있었던 것으로 여겨진다. 북핵문제가 타결되지 않는 한, 북미관계의 대치상태하에서 남북관계 진전은 일정한 선을 넘기 어렵고, 한미동맹 재편협상에서 주도권은 미국이 쥐게 되어 있었던 것이다. 북한의 군사위협이 감소하기는커녕 오히려 증대하는 듯한 상황에서 한국이 대북억지력으로서 주한미군의 존재에 매달릴 수밖에 없는 상태가 지속되기 때문이다. 다만 한미동맹 재편의 핵심적 위치에 있는 주한미군의 전략적 유연성 문제, 즉 주한미군을 대북억지력에서 동북아시아지역의 신속기동군으로 전환시키는 작업은 북핵문제가 최악의 상태로 악화되어서는 원활하게 수행하기 어렵다.

따라서 북핵문제가 악화되는 것도, 진전되는 것도 아닌 어정쩡한 상태로 유지되는 편이 미국에는 유리한 것이며, 이 역할은 6자회담으로 충족되고 있었다. 그런데 노무현정부의 대응은 남북관계 개선을 6자회담에 맡겨두고 한미동맹 재편에 주력하는 것이었다. 이는 미국이 의도하는 전략구도에 따라 깔아놓은 협상판에 들어간다는 것을 뜻했다. 특히 대북송금 특검문제를 제기한 것은 김대중정부 이래 남북관계의 연속성을 끊는다는 의미를 갖고 있었다.

비록 김대중정부의 화해·협력정책을 계승·발전시킨다는 차원에서 평화번영정책을 내걸었으나, 독자적인 남북관계 개선은 소홀히하고 있었다. 이는 출범 이래 견지했던 '북핵문제 진전 이후 남북정상회담'이란 원칙에서 드러나고 있었다. 이는 한미관계와 남북관계가 상관관계를 가질 수밖에 없는 협상전략 차원에서는 대북관계에서 미국의 양보를 얻어내기 위해 미국의 안보적 요구를 최대한 수용한다는 자세로 나타나고 있었다.

사실 용산기지 협상은 노태우정부 당시부터 서울 한복판에 외국군 사령부가 존재해서는 안된다는 주권문제에서 비롯된 것으로 한국의 요구라는 성격이 강했지만, 부시정부 출범 이래 주한미군의 전략적 유연성을 확보하기 위한 미국의 필요라는 성격이 보다 전면에 나선 것이었다.

4. 순서가 뒤바뀐 한미동맹 재편협상, 일본과 대비돼

그러나 한국의 협상전략은 주한미군의 전략적 유연성 문제와 용산기지 이전문제를 분리 대응하는 것이었고, 더욱이 '선 전략적 유연성-후 기지이전'이 되어야 할 협상순서를 뒤바꾼 것이었다. 미일간에는 2002년 12월부터 2006년 3월까지 미일동맹 재정의 작업을 통해 미군의 전략적 유연성 원칙은 수용하되 일본열도 내 주일미군의 이동(유연성)

은 미일방위조약의 범위를 벗어난다는 이유로 사전협의를 의무화했다.

또 이 원칙의 합의를 토대로 하여 그다음 단계로서 자위대와 주일미군의 역할분담, 주일미해공군의 재편 및 기지이전 협상이 진행된 바 있다. 수년간에 걸쳐 난항을 겪는 협상에서 합의를 이룬 뒤 미일정상간의 공동선언으로 합의내용을 최종 확인한 일본의 경우와 비교하면, 협상의 전략과 자세에서 한일간에 상당한 차이가 있음을 인정하지 않을 수 없다.[2]

한국의 경우 기지이전이 한국의 요구라는 '허구의 주권문제'를 앞세움으로써 이전비용을 한국측이 압도적인 비율로 부담하는 결과가 되었다. 여기서 심각한 것은 전략적 유연성 협상의 지렛대가 되어야 할 기지이전 협상을 순서까지 바꾸어 기꺼이 신속하게 해소해주고, 용산기지 이전이 주한미군의 전략적 유연성 문제와 연계되어 있다는 사실을 국민들에게 철저히 은폐한 사실이다. 이미 기지라는 하드웨어의 변화를 인정한 이상, 주한미군 역할에 대한 재정의라는 쏘프트웨어의 변화는 자동적으로 따라가게 되어 있으며, 남는 것은 한국이 주한미군의 작전범위 확대에 말려들지 않는다는 소극적인 단서조항뿐이었다.

한미동맹은 냉전시대의 전쟁동맹에서 평화동맹으로 확실한 전환을 이루어야 했으며, 한미동맹 재편에서 한국의 지렛대는 남북관계 개선이며, 북한의 군사적 위협을 가능한 한 감소시키는 데에 있다. 김대중 정부하에서의 '선 남북관계 개선(선 한반도 냉전해체)-후 한미동맹 재편'의 구도가 그대로 지켜질 수는 없었다고 해도 최소한 남북관계 개선과 한미동맹 재편의 병행추진은 양보할 수 없는 선이 되어야 했다.

---

[2] 조성렬 「주일미군 전략적 유연성은 미국 맘대로 안됐다」, 『프레시안』 2006년 2월 22일자.

무엇보다도 한미동맹 재편문제를 한미협상 의제로 수용한 이상은 이를 국민에게 알리고 정면대응함으로써 국민적 합의를 모으기 위한 노력을 기울여야 했다. 그러나 협상과정은 북핵문제로 전전긍긍하는 한국이 미국에 매달리는 형국이 되고 말았다. 이라크파병을 결정한 것과 마찬가지로 미군의 주둔을 필요로 하는 한 한국이 미국의 전략적 유연성 요구를 일정부분이라도 수용하지 않을 도리는 없었던 것이다.

그러나 한국으로서는 북핵문제 해결이나 한반도 냉전해체를 선행하여 북한의 안보위협을 감소시킨 이후 한미동맹의 성격전환을 꾀하는 것이 어렵다면, 가능한 한 협상과정을 늦추면서 한국의 이해를 확보하는 편이 유리했다. 그러나 이러한 협상지연은 보수세력이 주장하는 한미동맹의 균열이 심각하다는 비판을 의식하는 한 어려운 일이었다.

두가지 핵심의제 협상은 3년이 안되어 완료되었다. 이 과정에서 6자회담의 2005년 9·19합의로 북핵문제나 남북관계 개선은 일시적으로 진전되는 기미가 있었으나 결국은 미국의 북한 위폐문제 제기로 답보상태에 빠지게 되었다. 이는 미국의 협상구도에서는 당연한 결과였다. 미국으로서는 한반도 평화로 국면이 타개되기 이전에 노무현정부 임기내에 한미협상을 밀어붙이겠다는 자세였을 것으로 추측되기 때문이다. 노무현정부도 북핵문제를 빨리 해결하겠다는 강박관념이 있었겠지만, 역설적으로 한미협상에 밀려 대북관계 개선은 뒷전으로 미루어졌던 것이다.

5. 자주라는 명목하의 미국이익 수용

이 과정에서 노무현정부가 대응책으로 내놓은 국방정책이 '협력적

자주국방'이며, 이에 따라 '국방개혁 2020'과 '5개년 중기계획'이 수립되었다. 이 방안도 수립 이후 대대적인 홍보와는 상반되게 입안과정에서 시민사회의 공론화를 포함한 논의과정은 제대로 이루어지지 못했다.

남한 군사력이 북한에 대해 열세에 있다는 낡은 냉전시대의 남북군사력 비교평가가 변함없이 군사력 확충의 인식토대가 되었다. 이는 장기적으로 2020년까지 681조원이 투입되고 앞으로 5년간은 161조원이 투입되는 구도로서 '막대한 군비증강안'이라는 비판을 받을 수밖에 없었다. 특히 주한미군에 의존했던 정보전력을 확충한다는 것이 핵심적 비중을 차지하기 때문에, 이는 미국의 이해에서 보면 거대한 군수산업 시장이 한국에 조성됨을 뜻하는 것이었다.

아마도 아프간전쟁, 이라크전쟁, 이스라엘-레바논전쟁 등 직접 전쟁이 벌어지는 지역을 제외하면 바로 한국에서 냉전 이후 세계 최대의 미국 무기시장이 열렸다고 해도 과언이 아닐 것이다. 이에 대한 노무현 대통령의 인식은, "군의 욕심은 차제에 최고A급, 최고수준의 장비와 씨스템을 갖춘 군대를 만들어보고 싶은 거다. (…) 최고장비, 최고씨스템을 내놓으라는 거고, 대통령이 '그래 준다'라는 거다"라고 한 『연합뉴스』와의 회견 발언에서 적나라하게 드러났다.

무엇보다도 안보분야의 일련의 협상과정에서 의도를 관철시킨 부시 행정부는 여세를 몰아 차제에 한미FTA 협상까지 새로운 한미협상 의제로 제시하며 이것까지 노무현정부 임기 안에 끝내겠다는 결의로 나서고 있다. 아마도 용산기지 협상이나 전략적 유연성 협상이나 마찬가지로 FTA협상도 비밀에 붙이는 것이 가능했다면, 한미 양국정부는 의회의 행정부에 대한 협상권한 위임시기가 사실상 만료되는 내년 3월까지 밀어붙일 수 있었을 것이다.

한미FTA 협상 개시에 이르러서 미국의 의도는 북핵문제 해결이나 북미관계가 아니라 한미동맹 재조정, 나아가 한미관계 전반의 재조정에 있었음이 확연히 드러나고 있다. 여기서 노무현 대통령의 의도를 평가하지 않을 수 없다. 일련의 한미협상이 최소한 북핵문제의 타개는 아닐지라도 파국으로 가는 것을 막지는 않았느냐는 논리다.

하지만 그것은 절반의 이야기일 뿐이다. 왜냐하면 미국의 의도에서 보면 한미협상이 진행중인 동안 대북관계는 크게 악화되어서는 안되지만, 크게 개선되어서도 안되기 때문이다. 경제분야 고유의 논리를 제외할 때, 노무현 대통령에게 한미관계가 대북관계 타개를 위한 목적을 포함하고 있다면, 미국에 있어서 대북관계는 한미관계의 수단이 되고 있는 것이다.

6. 한국이 망각한 자신의 전략적 가치

여기서 미국의 의도에서 본 한국의 전략적 가치를 평가해볼 필요가 있다. 일련의 협상과정에서 부시행정부는 협상이 진전되지 않을 경우 주한미군철수도 있을 수 있다는 카드를 활용한 것으로 알려졌다. 그러나 미국의 동아시아전략 내에서 주한미군의 위치는 좀더 강화되는 추세에 있다. 미국 내에는 주한미군이 철수한다면 한반도 평화 내지 통일 이후 한반도는 중국과의 전통적 우호관계에서 볼 때 중국과 이해를 같이하는 지역이 될 것을 우려하는 견해가 만만치 않다.[3] '중국위협론'에 따라 미일동맹이 강화되는 추세에 있지만, 마찬가지로 중국에 대한 경

---

3 박건영 토론문, 「한나라는 '작통권 환수 반대'를 대선공약으로 하라」, 『프레시안』 2006년 9월 8일자.

계심이 강해질수록 한국의 전략적 위치도 높아지게 되어 있다.

　미·일 대 중국 사이에 끼여 그 갈등에 말려들어갈지도 모른다는 '위기의식'에서 노무현 대통령은 '동북아균형자론'을 꺼내든 바 있지만, 상황은 반드시 위기로 볼 것은 아니었다. 이 논리는 표현만으로 보면 상당히 대담한 발상이지만, 오히려 그 이면에는 현재 국제정세를 구한 말로 환치하는 역사적 피해의식이 가로놓여 있으며, 그나마도 미국측의 반론에 슬그머니 수그러들고 말았다.

　더욱이 경제적으로 세계 11위 규모인 한국경제는 IMF금융개방 이후 월가의 동아시아 금융시장 거점이 되고 있다. 미국 재정채권의 최대보유국으로서 미국의 대외적자를 메워주는 일본, 중국 경제에 대해 견제할 수 있는 거점으로서 한국 금융시장이 큰 비중을 차지하게 된 것이다. 동남아시아도 포함해 'ASEAN+한중일'이 달러 활용을 줄이고 독자적인 지역통화협력으로 나아가는 사태를 미국은 우려하고 있다. 또한 주한미군이 철수하면 아시아지역 내 미군은 주일미군만 남게 되어 외로운 존재가 되어버린다. 주한미군철수가 일본의 안보 독자화를 부추기면서 주일미군의 위치에 미칠 영향도 무시할 수 없다. 장기적으로 미 공화당정부는 미일동맹과 한미동맹을 결합하여 나토형의 한미일 3각군사동맹으로 확대할 의도를 갖고 있기도 하다.

　이처럼 정치·군사적으로나 경제적으로 동북아시아지역에서 차지하는 한국의 독자적 위치나 비중을 한국정부 스스로가 제대로 평가하고 소중히 지켜나가야 하는 것은 절실한 과제였다. 그러나 과연 노무현정부는 자신의 힘과 존재를 얼마나 소중히 생각하며 이를 지켜내려 노력했는가? 아시아지역에서 한국의 정치·경제적 위상을 문화적으로 뒷받침하면서 한류의 저수지 역할을 하는 한국영화에 대해 스크린쿼터 축소를 단번에 FTA협상 개시의 전제조건으로 결정한 데에서 그 인식의 일단이 드러난다. 이 점은 한미FTA가 그리는 미래상에서 '중국경제위협론', 심지어 '일본경제위협론'까지 동원하면서 정작 동북아시아에서의 지역협력 비전은 빠져 있는 데에서도 엿보인다.

7. 북한의 폐쇄적 인식과 한반도 핵의 문명사적 의미

물론 남한만의 책임을 묻는다면 노무현정부 입장은 억울할지도 모른다. 이것은 북한측에서도 중시해야 할 측면이었기 때문이다. 북한은 지난 7월 남북 장관급회담에서 남한의 대중들이 북한 '선군정치'의 덕을 보고 있다고 주장함으로써 상당한 파장을 일으킨 바 있다. 물론 북한 입장에서 2300만의 인민을 포함한 자기 체제는 그 어느 것보다 소중한 존재일 것이다. 그러나 이 발언은 동아시아, 아니 전세계의 시야에서 자기존재를 객관화하고 상대화하여 보는 일이 북한에 시급함을 상기시켜주었을 뿐이다. 북한당국에는 안된 말이지만 자기 인민들도 먹여살리기 힘든 북한체제의 현실은 동아시아국가들의 부담 내지 짐으로 인식되고 있음을 냉정하게 바라볼 줄 알아야 한다.

거꾸로 남북관계는 물론이고 동북아시아지역 내 평화증진을 꾀해가는 데 남한의 정치·군사, 경제 역량이야말로 핵심고리 역할을 하고 있음을 이해할 것이 요구된다. 한반도 전체의 견지에서 볼 때, 이를 지켜갈 책임은 우선 남한의 몫이지만, 북한의 몫도 따라주어야 한다. 그렇기 때문에 이것은 독자적인 남북관계 개선을 소홀히 한 노무현정부의 책임으로 되돌아오게 되는 것이다.

북한이 핵보유를 선언하고 미사일 실험발사를 한 것은 자기 체제의 안보를 위한 군사적 억지력이란 주장을 하고 있다. 북한이 세계 초강대국 미국에 대해 느끼는 안보불안은 외부에서는 상상할 수 없을 만큼 절박하다고 알려져 있다. 남한 정부나 국민들도 북한이 느끼는 안보불안을 정확히 이해해야 한다. 이 점에서 하루빨리 북한의 취약한 군사력의 실태를 무시하고 자기 안전만을 위해 군비증강을 고집하는 인식에서 벗어나야 한다. 북한은 핵실험 시도로 이러한 남한의 일방적 안보가 거꾸로 자신의 안보불안으로 되돌아오는 부메랑이 될 수도 있음을 깨달아야 한다. 남한정부는 국방개혁의 일환으로 이를 극복하기 위한 일련의 정지작업을 해야 했으나 시도조차 하지 못했고, 국민의 안보의식은 여전히 보수적이다.

그렇지만 북한의 논리도 외부세계의 이해나 남한의 처지에 대한 배려 없이 일방적으로 주장된다면, 자기 체제만을 고집하는 편협하고 폐쇄적인 것으로 폄하될 뿐이다. 북한체제의 입장에서는 핵이나 미사일을 미국 네오콘의 대북공격을 저지할 군사적 억지력으로 간주하겠지만, 미국 네오콘의 군사적 해결방식에 대한 보다 중요한 억지력은 한반도와 동아시아, 나아가 국제사회의 평화의지다. 이라크전쟁을 보면 이러한 것이 무력하게 비칠지도 모르지만, 앞에서 언급했듯이 동아시아에서 차지하는 남한의 정치·군사, 경제적 위치는 미국도 무시할 수 없다. 남한은 물론이지만 중국, 일본, 러시아 등의 의사를 무시하면서까지 미국 네오콘이 대북 군사공격을 감행할 수는 없기 때문이다.

북한이 핵보유를 선언하고 미사일 실험발사를 해도 미국정부는 무시정책으로 대응해왔다. 1992~93년도 '제1차 북핵위기' 때와 양상은 달라져 있다. 더욱이 북한의 핵과 미사일은 이 지역, 특히 남한 시민사회의 평화의지와 상충되는 데 문제가 있다. 2000년 6·15정상회담 이후 꾸준히 진전되고 있는 남북 화해·협력은 남북이 함께 지키고 키워가야 할 소중한 자산이다. 북한이 군사적 수단에 의존하면 할수록 남한 정부나 시민사회의 평화역량은 약화될 수밖에 없으며, 앞서 언급한 한미관계에서 한국정부의 대미협상력에 치명적으로 작용하기 마련이다.

이번 발표에서 북한도 강조는 하고 있으나, 한반도비핵화는 역사적·문명사적 의미를 가지고 있음을 확인하는 것도 중요하다. 전세계적으로 일본만이 원자폭탄 투하로 직접 피해를 입은 '피폭국'으로 알려져 있지만, 한민족(조선민족)도 '피폭민족'이다. 1945년 8월 히로시마, 나가사끼에서는 일제로부터 강제동원된, 수만명으로 추정되는 조선인들이 일본인들과 함께 피폭을 당한 바 있다. 일본민족과 한민족은 피폭체험을 승화하여 동북아시아, 나아가 전세계의 비핵평화를 문명사적 사명으로 발전시켜나가는 공동의 노력을 다해야 한다. 북한의 핵실험은 아무리 협상카드라고 해도 이러한 문명적 의미에 반하는 행동이다.

8. 앞으로의 과제

스스로를 위해서나 남한을 위해서 북한이 할 일은 최소한 남북관계를 복원하여 군사실무회담을 진전시키고, 6자회담에 복귀할 절차를 밟아가는 것이다. 남한정부도 미국이 협상에 임하도록 더욱 적극적으로 요구해야 하며, 나아가 그동안 소극적이었던 독자적 노력도 병행해야 한다. DJ방북카드, 남북정상회담 등 모든 가능성을 타진해야 한다. 이처럼 목전에 박두한 핵문제 처리가 한국정부가 직면한 최대의 현안이 될 것이지만, 이와 함께 앞으로 한미FTA 협상이 남아 있고 전시작전통제권 이양 협상도 일정에 올라 있다. 이제 노무현정부는 중단이 불가능하다면 한미FTA 협상에서 최대한 한국국민의 삶을 지키는 데 최선을 다해야 하며, 협상시한을 넘기게 된다면 차기정부의 과제로 넘겨야 한다.

전시작전통제권문제도 주권문제로만 볼 일은 아니며, 이미 인정한 주한미군의 전략적 유연성에 대한 사전협의 메커니즘을 설정할 수 있는 마지막 협상수단임을 잊어서는 안된다. 오히려 한국정부보다 미국정부가 이양시기를 앞당기고 있는 것은 이것이 주권문제만이 아님을 시사해주고 있다. 충분한 국민적 합의와 공론화 과정을 거치며 대미협상에 임해야 한다.

최선을 다하는 것이 눈에 보이는데도 협상타결이 늦어졌다고 해서 실패로 간주할 만큼 한국국민들의 수준이 낮지는 않다. 이미 기왕의 한미협상들에서 미국의 말을 들어주며 양보하는 것이 북핵문제 해결에서 미국의 유연성을 이끌어내는 길이 아님은 명백히 드러나고 있다. 노무현정부는 한미협상 자체가 갖는 고유의 가치, 즉 한국의 전략적 가치를 소중히 지킨다는 확고한 인식에 입각하여 협상에 임해야 한다. 마지막으로 미국의 협력으로 반기문 외교장관의 유엔사무총장 당선이 확실시된다고 하여[4] 미국의 전략에 대한 인식을 안이하게 가져가서는 안된다.

⟨2006⟩

---

[4] 이근 「시나브로 변해가는 한미동맹과 '반기문 UN총장'」, 『프레시안』 2006년 10월 3일자.

남북이 함께하는 '2008년체제'

1. 남북관계 속의 '2008년체제'

1) 북조선 핵문제와 분단국가로서의 자기인식

북조선의 핵보유선언 및 핵실험은 북조선에 대한 부정적 인식을 증대하기도 했지만, 동시에 우리 입장에서는 일상적으로 잊기 쉬운 분단체제, 분단국가로서의 자기인식을 새롭게 하는 계기가 되고 있다. 2005년 6·15선언 5주년을 계기로 북조선이 91년 한반도비핵화 공동선언을 재확인하고 이를 토대로 9·19합의가 이루어진 것은, 북핵문제도 비록 북미관계가 근본원인이긴 하지만 분단을 떠나서는 발생할 수 없는 성격을 지녔다는 데 남북이 견해를 같이했음을 뜻한다.

나아가 9·19합의에 한반도 평화체제를 위한 관련국회 개최가 명기된 것도 북조선 핵문제가 국제적으로 한반도냉전에 대한 인식을 새삼

환기해준 덕분일 것이다. 이는 북핵문제의 해법이 그 원인인 한반도 냉전체제 해소로 이어질 수밖에 없음을 남북은 물론 4개 참가국이 인정한 것이다.

이러한 인식은 남북 양측이 일국적 자기발전에 매몰되어 있다가는 발전이 아니라 오히려 퇴보할 수도 있음을 인식하는 수준까지 높아져야 한다. 또한 남북 양측은 북핵문제를 한반도 평화뿐 아니라 통일을 염두에 둔 각각의 발전방향을 구상해가기 위한 계기로 살려나가는 지혜가 절실히 필요하다.

2) 87년체제, 98년체제, 2008년체제

민주화 이후 남한의 정치·경제·사회적 변화를 총체적으로 평가하기 위한 시대구획으로 이른바 '87년체제'가 활발히 논의되고 있다.[1] 이는 단순히 권력구조 차원의 개헌에 국한된 것이 아니라 87년 이후 민주화를 진전시켜온 남한의 정치·경제체제가 올해 대선을 앞두고 전환기를 맞이하고 있다는 인식에서 나온 것이다. 나아가 이 '87년체제'에는 97년 금융위기를 겪으면서 경제체제적 국면이 결합되기도 했다. 따라서 이번 대선에서 이러한 전환기적 시대인식에 국민적 합의가 성립하여 새로운 정권이 탄생한다면, 김대중·노무현 두 정부를 거쳐 이 체제와 국면이 총결산되고 아울러 새롭게 '2008년체제'가 등장하게 될지도 모른다. 물론 이것이 체제로 정착하지 못하고 혼돈 속에서 과도기가 지속될 가능성도 배제할 수는 없다.

---

[1] '87년체제'에 관한 집중적인 논의로는 『창작과비평』 2005년 겨울호 특집 '87년체제의 극복을 위하여', 이를 분단체제와 관련지은 글로는 이 가운데 김종엽 「분단체제와 87년체제」 참조. 남북경협 및 동아시아 협력과 관련해서는 이일영 「한국의 87년체제: 교착과 혁신」, 『창작과비평』 2005년 가을호 참조.

이와 대비되는 북조선의 변화는 91년의 사회주의권 붕괴와 더불어 나타난다. 이후 북조선이 직면한 경제위기와 대외적 위기는 '91년위기'라 할 만큼 결정적이었다. 그러나 김일성 주석 사망, 자연재해에 이은 '고난의 행군'을 거쳐 1998년에 김정일 총비서가 권력승계를 공식적으로 마무리하면서 선군정치(先軍政治)의 국방위원회체제가 성립한다. 이는 북조선의 시대구획으로서 '98년체제' 내지는 '선군체제'라 부를 수 있을 것이며, 이 체제하에서 2002년 7·1조치로 시장화의 움직임이 본격화되면서 그 성격은 다르지만 남한의 '97년국면'과 대비될 만한 변화가 일어났다.

그동안 남북관계는 91년 남북기본합의서 채택이라는 획기적 계기가 있었으나, 제1차 북핵위기로 유명무실화된 바 있다. 이후 제1차 위기는 94년 제네바기본합의가 타결되며 어느정도 해소된다. 그리고 제네바합의는 비록 완전히 이행되지 못했으나 북미관계의 기본틀로 한동안 유지되었다. 북조선 대외관계에서 '94년국면'이라 부를 만한 이 합의는 2000년 남북정상회담에 이은 북미공동선언과 함께 최종적으로 타결될 듯했으나, 부시정부 출범과 함께 무효화되고 말았다. 따라서 6·15정상회담으로 상징되는 '6·15시대'는 아직 남북관계, 남북 각각의 내부 및 국제적 차원에서 확고하게 자리잡지는 못했다고 볼 수 있다.

북조선의 대외관계는 제2차 북핵위기로 다시 위기국면을 맞았고 2006년 북조선의 핵실험으로 그 절정에 이르렀다. 다만 북미관계가 타협국면에 들어섬에 따라 6자회담이 재개되어 잠정적 타협의 가능성이 높아지고 있다. 2007~2008년을 거치면서 관련국들이 6자회담을 중심으로 양자·다자협상을 통해 북핵문제를 타개해간다면, 북조선도 대내외적으로 1992~93년 제1차 핵위기 이래의 긴 터널을 지나 '2008년체제'라 할 만한 일대 전환기를 맞이할 가능성이 크다. 이는 남한의 '87년체제' '2008년체제'를 모두 합친 정도의 획기적 의미를 지닌다.

3) 남북의 엇갈린 변화와 그 해소

그러나 1987년 남한 민주화, 80년대말 90년대초의 전세계적 냉전해체 이후 남북의 변화는 내적 변화와 외적 변화가 서로 엇갈린 동시성과 비동시성의 교차였다. 이 기간에 남북이 손을 맞잡고 지속적으로 만들어간 변화는 2000년 이후의 남북관계뿐이다. 더욱이 이 과정에서도 남북이 각각의 내부변화를 함께 풀어간 경우는 없었다고 할 수 있다. 북조선도 남한의 도움을 절실히 필요로 했지만, 2002년 7·1개혁조치는 남한이 아니라 중국과의 협력하에서 단행되었다. 물론 2000년 남북정상회담으로 남한으로부터의 안보위협이 일정정도 해소됨에 따라 이 조치가 실현된 점은 긍정적으로 평가해야 하지만, 남북이 협력하여 이루어낸 변화는 아닌 것이다.

이제 남북은 북조선의 핵문제나 대외관계, 남북관계 등 대외적 문제뿐 아니라 각각의 내부문제도 협력해서 해결해야 할 국면에 들어서고 있다. 실제로는 이미 80년대 후반 탈냉전상황이 도래함으로써 남북한은 상호보완적이거나 상호의존, 상호침투할 수 있는 분야마저 남북이 따로따로 추진하는 데 따른 기회비용을 심각히 고려해야 할 처지에 놓였다. 이러한 협력의 기회를 살리지 못한 채 거의 20년을 허송하며 현재에 이른 것이다.

91년 남북기본합의서에서 남북관계가 지속적으로 개선될 수 있는 토대가 마련되었으나, 이후 북미관계가 악화되고 핵위기가 시작되면서 노태우정부는 임기말에 들어 남북관계에 대한 통제력을 상실했다. 93년 이후 김영삼정부는 대북정책에서 일관성을 잃으면서 북미관계의 타개라는 호기를 남북관계에 활용하지 못하고 거꾸로 미국의 대북정책의 발목만 잡았다. 이같은 북미관계와 남북관계의 엇갈림은 김대중정부에 와서 대북정책이 크게 전환됨에 따라 해소되었다. 그리고 김대중정부가 북미관계에서 '페리프로쎄스'(Perry Process)에 적극 관여한 데 힘입어 마침내 2000년에 6·15남북정상회담으로 귀결되었다.

그러나 김대중정부가 후기에 접어들어 북미관계 악화를 극복하지 못하면서 남북관계는 다시 정체상태에 빠진다. 북미관계와 남북관계의 불일치는 노무현정부 4년 내내 대북관계의 장애로 작용했다. 2005년 9·19합의로 일시적으로 타결국면을 맞는 듯했지만 결국 북미관계 악화에 가로막혀 남북관계는 진전을 보지 못하고 중단되는 지경에 이른다.

4) 남북이 함께해야 할 '2008년체제'

그후 이라크전쟁으로 진퇴양난에 빠진 부시정부가 대북정책을 수정하기 시작하면서 북미관계는 남북관계와 조응할 가능성이 커지고 있다. 북미 양자협상이 본격화됨에 따라 남북관계에도 새로운 조짐이 나타나고 있는 것이다.[2] 올해는 1991년, 2000년에 이어 세번째로 북미관계와 남북관계가 서로 호응할 수 있는 기회다. 동시에 대선을 앞두고 차기정권의 향배에 따라 김영삼정부의 전철을 밟느냐 그렇지 않으면 김대중정부 전반기 이래의 흐름을 이어가느냐 하는 기로에 서 있기도 하다.

탈냉전기 남북관계의 역사를 뒤돌아보며 우선 새겨야 할 교훈은, 어떠한 정부가 들어서든지 적어도 북미관계 개선에도 불구하고 남한정부의 대북정책이 북미관계의 발목을 잡아서는 안된다는 것이다. 또한 여

---

2 북조선 핵문제와 관련된 최근 상황에 관해서는 『프레시안』(www.pressian.com)에 연재된 「한반도브리핑」 참조.

기에 그치지 말고 북미관계가 기복을 보인다면 남북관계를 통해 이를 추동하는 주도력을 발휘해야 한다. 나아가 남북관계가 남북 각각의 내부변화와 맞물려 각각의 과제를 함께 풀어가는 시발점이 되어야 한다. 그렇게 될 때 '2008년체제'라는 명칭에 걸맞은 적극적인 시대적 의미가 부여된다고 하겠다.

'퍼주기' 논란에서도 나타나듯이 그동안 남한의 대북지원이나 경제협력은 언제나 남한의 부담으로 인식되었고, 일방적인 시혜라는 시비도 있었다. 비록 핵실험국면으로 정체중이기는 하지만, 개성공단에 남한기업이 진출하거나 남북 경공업협력이 협의되는 등 호혜적인 차원의 경협이 시도된 바도 있다. 이제는 이런 것들이, 남북경제공동체·남북경제통합·한반도경제론 등 일련의 논의에서 보이는 것처럼, 남북한의 현상황을 짚어보며 남북관계와 결부된 한반도 전체적 시야에서 논의될 때이다.

87년체제나 98년체제가 남북 각각에서 별개로 형성된 것이었다면, 2008년체제야말로 남북이 각각의 과제를 함께 풀어가는 시대에 서로가 함께하는 체제가 되어야 한다. 만약 2000년국면이 순항하여 북미·남북관계가 지속적으로 개선되어왔다면, 이같은 체제가 적어도 5~6년 전에 개시될 수 있었을 것이다. 이는 2008년체제 속에는 6·15공동선언 제2항(통일조항)의 정신을 살려 국가연합의 실마리를 찾기 위한 남북 각각의 노력이 포함되어야 한다는 뜻이기도 하다.[3] 즉 2008년체제가 성립할 수 있다면, 이는 6·15시대가 각각의 내부와 남북관계에 확고하게 자리잡으며 이어지게 되는 것이고, 그럼으로써 남북 각각의 체제를 넘

---

3 국가연합의 현실적 필요성에 관해서는, 백낙청 『한반도식 통일, 현재진행형』(창비 2006)에서 적극적으로 제기되고 있다.

어 한반도 전체의 2008년체제가 되는 것이다.[4]

물론 현재 남북은 험난한 내부사정에 직면해 있으며 2008년체제를 함께 열어가기에는 만만치 않은 과제를 안고 있다. 여기에는 남북 서로가 탈냉전 이후 상황, 분단체제론의 표현에 따르자면 '흔들리는 분단체제' 속에서 협력하기는커녕 복잡한 대외관계에 얽혀 대립해오면서, 조성되는 난국을 독자적으로 풀어온 데 따른 부담이 겹쳐 있기도 하다. 남북 각각이 처한 상황은 내부적으로 봐도 심각하지만, 서로 대비해보면 훨씬 심각하게 나타난다. 이런 점에서 87년체제나 98년체제가 과거에 대한 자리매김이라면, 2008년체제는 미래를 바라보는 당위이자 가능성의 영역인 셈이다.

2. 남한 : 87년체제의 귀착점

1) 냉전형 정치지형의 보수주의국가

한국 정도의 경제규모를 갖는 국가 중에 보수중심의 이념지형이 이토록 지배적인 국가는 드물 것이다. 보수언론이나 제1야당이 여당의 경제운영이나 통치스타일을 두고 좌파정권 운운하며 색깔론을 펴는 현실은 지극히 냉전시대적인 구태라 하지 않을 수 없다. 분배와 성장의 균형을 말하거나 동반성장을 주장한다고 해서 '좌파정권'이라는 딱지를 붙이는 나라가 OECD국가 중에 또 있는지 의문이다. 이러한 정치지형에선 당연히 진보정당의 의회진출 여지가 매우 좁을 수밖에 없다.

---

4 '2008년체제'가 '6·15시대'와 이어지며 남북 각각을 넘어서 한반도 전체의 2008년체제가 된다는 시각은 백낙청 교수의 조언에서 많은 시사를 얻었다.

72년부터 동방정책을 추진하여 90년에 통일을 이룬 동서독의 사례가 엄연히 존재함에도 불구하고, 대북 화해·협력정책을 주장한다고 해서 서슴없이 '빨갱이정권'이라 비난하는 것이 우리의 현실이다. 물론 이는 순전히 국내상황 탓만은 아니며, 남북 대치상황의 지속, 북미·북일간 대립 같은 국제적 냉전구조가 국내적으로 재생산되기 때문이기도 하다.

분단이라는 외적 조건 외에 이러한 풍토를 떠받치고 있는 물적 토대도 무시할 수 없다. 그 예로 인구대비 군병력의 비율, 국가예산 중 국방비 비중은 세계 최고수준인 데 반해, 복지·문화부문은 다른 OECD국가들과 비교해 빈약하기 짝이 없다. 또한 남북관계 진전에 따라 '안보불감증'이 만연하고 있다는 보수층의 비판은 탈냉전상황, 남북 화해·협력의 진전에도 불구하고 뿌리깊게 유지되는 군사·안보부문의 '평화불감증'을 역설적으로 드러낸다.

2) 안보 비대화의 안보취약국가

헌법상 군대를 보유할 수 없게 되어 있는 일본에서는 자위대의 합법적 지위를 인정하고 외교역량에 걸맞은 군사적 역할을 추구하자는 논리를 이른바 '정상국가론'이라고 말한다. 일본은 군사적으로 정상국가가 아니라는 주장이다. 그런데 이러한 논리를 보며 느끼는 것은 과연 군사적 측면에서 한국은 정상국가일까 하는 점이다.

60만 대군을 거느리며 국가예산에 비추어 막대한 군사비를 지출하는 한국은 거대한 '안보국가'다. 대외관계, 경제력, 군사비 규모, 국방력 증강 추세 등 어떤 측면을 비교해보더라도 북조선에 대한 남한의 안보불안은 과장되어 있다고 할 수 있다.[5] 하지만 주권국가로서 당연히 지녀야 할 전시작전지휘권을 미국이 돌려주겠다는데도 불안해서 받아들일 수 없다는 여론이 여전히 상당한 비중을 차지한다. 북조선보다 체제역량에서 압도적으로 우위에 있는 남한은 일방적이고 적대적인 안보개념에서 벗어나 '협력안보'로 가기 위한 준비조차 두려워하는 상황인 것이다.

경제규모 세계 10위권의 국가들 중에 한국만큼 이라크파병, 레바논파병을 손쉽게 단행할 수 있는 나라도 드물 것이다. 주한미군기지 이전 협상에서 나타난 저자세, 사전협의 없이 주한미군의 한반도 외부 기동을 허용하는 전략적 유연성 인정 등은 남북의 군사적 대치하에서 미군 주둔에 매달리는 안보의존심리 말고는 설명하기 힘든 현상이다. 안보가 비대화된 국가이면서도 만성적인 안보불안에 시달리며 더 많은 안보를 추구하지 않을 수 없는 '안보딜레마'에 갇혀 있는 것이 분단국가 남한의 현실이다.

3) 내수와 분절된 '통상국가'

노무현정부가 제시한 '비전 2030'은 상당히 공들인 야심찬 기획이었다. 하지만 앞으로 20여년을 내다본다는 말이 무색하게도 그 속에는 북조선과의 연관이 전혀 포함되어 있지 않다. 그야말로 분단 국가 내지 체제로서 자기인식이 결여된 대표적인 예라 할 만하다. 노무현정부가 집권 후반기에 국가의 미래를 다 걸다시피 하며 추진하고 있는 한미 FTA도 분단국가로서의 현상황을 그대로 두고 남한만의 자기발전을 꾀하는 발상의 대외적 표현이다. 정권 초기 동북아시대를 내걸고 그 속에서 한반도 전체의 평화와 번영을 지향한다던 비전과 포부는 온데간데

---

5 남북한의 군사력 비교를 통해 이 문제를 심층적으로 논의한 글로, 함택영·서재정 「북한의 군사력 및 남북한 군사력 균형」, 경남대북한대학원 엮음 『북한군사문제의 재조명』, 한울 2006 참조.

없이 사라져버렸다.

경제구조 면에서 한국경제는 세계 10위권의 무역규모 국가로서 거의 80%에 가까운 대외의존도를 특징으로 하고 있다. '비전 2030'은 그 연장선상에서 국가발전을 도모한 외부지향적 발전구상의 일환이라 할 수 있다. 이는 세계화의 흐름 속에서 지속적으로 개방을 확대해야 한다는 대전제를 따르고 있지만, 농업이나 제조업의 상당부분을 희생해서라도 써비스업을 강화하는 방향으로 산업구조를 재편하려는 '통상국가'를 염두에 둔 것이다.[6] 하지만 세계적인 무역대국 일본도 내수비율이 80%에 육박하며 대외의존도는 20%를 넘지 않는다.

이같은 한국경제의 구조는 단기적으로 보면 97년 금융위기에 신자유주의적 처방을 수용해 대처한 데서 비롯하지만, 근본적으로는 4800만의 인구규모를 가지고 고성장시대의 관성으로 경제총량을 급속히 늘리려 했던 것의 결과일 수도 있다. 이제 수출이 늘어나 국민총생산이 증가해도 그 성과가 내수기반과 국민소득의 확대로 이어지지 않는 대내외부문 사이의 분절이 구조화되고 있다. 이러한 내수와 수출의 분절은 대기업과 중소기업의 불균형, 새로운 계층분화와 연관되어 있다.

더욱이 이 구상은 남한에 한정해서 살펴보더라도 광범한 산지·농경지를 갖는 국토환경, 전통적 농업인구 등을 무시한 기형적 산업구조를 전제로 한다. 이에 따른 지리적·자연적 분업의 왜곡, 국토환경·생태계의 파괴는 경제효과만으로 계산할 수 없는 치명적 결과를 초래할 수 있다.

---

6 통상국가에 대한 정부측 입장으로는 최낙균 외 『선진통상국가의 개념정립』, 대외경제정책연구원 2005. 한미FTA를 포함하여 이에 대한 비판적 논의로는 우석훈 『한미FTA 폭주를 멈춰라』, 녹색평론사 2006; 이해영 『낯선 식민지, 한미FTA』, 그린비 2006 참조.

4) 사회적 양극화 속의 '초토건국가'

현재 남한에는 400~500조원에 달하는 거대한 과잉자본이 떠돌고 있는데, 이 자본이 마땅한 투자처를 찾지 못해 부동산투기로 몰리는 상태다. 그런데 97년 금융위기 이후 급속히 진행된 사회적 양극화는 해결의 실마리조차 찾지 못하고 있다. 대기업과 중소기업, 정규직과 비정규직 노동자, 소득 상위계층과 하위계층의 양극분화는 완화될 기미가 보이지 않는다. 그 와중에 부동산가격 폭등에서 느끼는 국민 일반의 상대적 박탈감은 사회통합을 위협하는 수준에 이르고 있다.

더욱이 한국경제는 개발독재시대에 형성된 거대한 건설자본, 토건자본이 GDP의 20%에 달하는 세계적인 '초(超)토건국가'이기도 하다.[7] 그런데도 비대화된 건설·토목자본의 수익을 보장할 신도시·혁신도시·기업도시 계획이 줄을 잇고 있다. 이미 기형적으로 비대해진 수도권의 분산을 위해 행정도시 건설을 단행하면서도 동시에 수도권에 또 다른 신도시를 짓고 있다. 삼면의 바다를 놔두고 한 대선후보는 내륙운하 구상을 공약으로 발표한 실정이다.

도로공사, 토지공사, 주택공사, 농촌공사 등은 어마어마한 수익을 올리는 반면, 서민들의 주거조건은 나아지지 않고 부동산가격은 오르기만 한다. 이미 주택보급률은 100%를 넘어섰음에도 불구하고 주택을 소유한 가구의 비율은 60% 정도에 머물고 있다. 부동산과 토목, 건설에 국민생산의 20% 이상을 투여하며 복지·문화예산이 압박받는 상태를 방치하는 한 한국경제가 삶의 질이란 측면에서 결코 선진경제가 될 수

---

7 '초토건국가'란 개념은 우석훈의 조어이다. 우석훈 「부동산 파동과 '노무현 레짐', 어떻게 청산할 것인가」, 『녹색평론』 2007년 1~2월호. 한국형 토건국가의 개념과 현황에 관해서는 홍성태 외 『개발공사와 토건국가』, 한울 2005 참조.

없다는 유럽 여러나라의 지적도 있다.

'초토건국가'의 원인을 분단과 직접 연관짓는다면 분단환원주의라는 비판을 받을지 모른다. 그러나 수도권의 이상집중과 비대화 등을 역사적으로 추적해보면, 분단으로 인한 남북의 지리적 분업 단절, 한반도 자연공간의 기형화 등이 근저에 깔려 있음을 부정할 수 없다. 이러한 원인을 인정하기 싫다고 해도 초토건국가가 더이상 남한 내부에서 유지될 수 없음은 분명하다. 사실 좌초상태에 빠진 현대재벌의 금강산프로젝트는 국내에서 구조조정의 위기를 예상한 건설자본이 대북진출에서 그 활로를 찾으려는 자구책인 셈이었다. 그런데 결과적으로 노무현정부의 지방균형발전계획으로 건설자본은 대북진출에서 유인을 찾을 필요가 없어진 것이다.

3. 북조선: 98년체제의 현황

1) 위기관리체제 — 선군정치

북조선은 90년대초 이래 지금까지 위기관리체제에서 벗어나지 못하고 있다. 북조선이 국가발전에서 뒤처진 이유는 기본적으로는 체제 내부에 있을 테지만, 특히 미국과의 관계를 중심으로 한 대외관계가 냉전국면에서 벗어나지 못한 데 있기도 하다. 이미 70년대말, 80년대초에 개혁·개방노선을 채택한 중국, 베트남 등 다른 아시아 사회주의국가들이 대미관계에서 체제 안전보장문제를 해결했다는 점에서도 비교되는 대목이다.

당중심 체제하에서도 군사적 비중이 높았던 북조선은 김일성 주석 사후 김정일 국방위원장의 후계체제로 재편되면서, '선군정치'를 내세우는 등 군사적 색채가 더욱 강화되었다. 이는 북미 대치상황의 장기화로 말미암은 대외적 위기, 만성적인 자원부족 및 공장가동률 저하에 따른 경제적 위기를 수습하기 위해 일종의 위기관리체제를 제도화한 것이다.[8]

선군정치는 만성적인 외교·경제적 위기상태에서 북조선 인민에게 체제유지의 안정감을 주는 효과를 거두고 있을 것으로 보인다. 대내적으로 선군체제는 시장화개혁이나 경제개발 단계에서 일종의 개발독재체제와 유사한 것이 될 가능성이 크다. 하지만 폐쇄적인 북조선체제도 과거에 비해 상당부분 경제적으로 개방된 상태이며, 식량 등을 국제사회의 지원으로 해결해야 하는 처지다. 앞으로 본격적인 시장화나 경제개발을 추진하기 위해서는 외부의 협력이 더욱 절실하다. 따라서 체제의 정당성을 확보하기 위해 어느정도는 외부의 지지를 확보해야만 한다.

선군정치는 대미관계에서 정당성을 가질지 몰라도 대남관계 및 다른 비적대적 국가들과의 관계에서는 설득력을 얻기 힘들다. 특히 6·15시대를 선군정치와 함께 김정일 통치의 브랜드로 내세우고 있는 터라 이에 대한 남한 통일운동진영의 반응은 북조선 인민의 여론에도 무시할 수 없는 변수가 되고 있을 것이다.[9] 남한도 61년 5·16쿠데타 이래 전두환정부 또는 노태우정부까지 30년 정도 군부정권이 통치한 만큼, 북조선의 선군정치가 생소한 것만은 아니다. 그러나 오랜 기간 군부정권에 대항하며 87년 고난에 찬 민주화투쟁을 성공시킨 이래 탈권위주

---

[8] 선군정치에 관해서는 와다 하루끼, 『북조선: 유격대국가에서 정규군국가로』, 서동만·남기정 옮김, 돌베개 2002; 이대근 「당군관계와 선군정치」, 경남대북한대학원 엮음, 앞의 책 참조.
[9] 올해(2007) 1월 17일 북조선의 정부·정당·단체 연합회의에서 발표된 성명은 국내외의 통일운동단체들이 선군정치를 적극 지지해야 한다고 주장하고 있다.

의를 진전시키고 있는 남한국민들에게 선군정치는 그 자체로 긍정적인 평가를 받기 어렵다. 비록 박정희정권 예찬 씬드롬이 있다고는 하지만 그것은 경제적 성과에 국한된 것이지 군부독재까지 포함하는 것은 아니라는 점에서도 그러하다.

2) 빈곤한 핵보유국

북조선 핵문제의 근본원인은, 90년대초 냉전해소 당시 한소·한중수교, 남북한 유엔동시가입이 이루어지고 남북간에 기본합의서가 채택되는 가운데 북미·북일관계가 답보상태에 머문 데 있다. 과연 북조선이 핵무기 카드를 외교문제 타개를 위해 활용한 것이 효과적이었는지는 검증하기 어려운 면이 있지만, 북조선이 핵카드를 꺼내든 의도가 북미 적대관계 해소에 있었다는 것만은 분명하다. 2000년 10월 북미공동선언으로 북미관계는 역사적 화해의 실마리가 보였다가 부시정부 출범과 함께 이전의 합의가 무효화되어 제2차 북핵위기가 조성되었기 때문이다. 미국 내에서도 이 위기가 부시정부의 대북정책이 실패했기 때문에 일어났다는 비판이 일고 있다.

그러나 북조선의 핵무장이 불가피한 선택으로 일정정도 인정된다고 해도, 핵무장 자체를 외부에서 긍정적으로 받아들인다고 본다면 이는 대단한 오판이다. 국제사회나 남한의 다수여론은 북조선의 핵무기를 해결해야 할 '문제상황'으로 여기지 정당한 수단으로 인정하는 것이 아니다. 무엇보다 만성적인 식량부족에 시달리며 국제사회의 인도주의적 지원에 의존해야 하는 북조선 형편을 감안하면, 외부의 눈에 핵무장이 인민의 삶을 도외시한 과도한 대응으로 비치는 것은 당연하다. 핵무기는 가공할 파괴력 때문에 외교수단으로 운용하기 위해서는 상당한 국가역량을 필요로 한다. 주로 강대국들이 핵무기를 보유하게 된 것도 이러한 성격 때문이다.

물론 핵을 보유하지 않은 약소국 입장에서는 핵위협을 받는 불평등한 관계가 억울하기 짝이 없는 노릇이지만, 힘이 뒷받침되지 않은 상태에서 핵을 보유하게 되면 상당한 도덕적 부담을 안게 된다. 그 대표적인 이유가 북한의 핵보유가 중국을 비롯한 중재국이나 국제사회, 남한 시민사회의 평화여론과 상충된다는 것이다. 도덕적 정당성이 확보되지 않는 한 그 부담은 체제 내로 전이되어 체제안보에 부메랑이 될 수도 있다. 남한이나 일본, 대만이 핵무장의 길로 가는 핵도미노가 일어나지 않는 한 북조선의 핵무장은 동아시아지역에서 정당성을 확보할 수 없고, 이들의 협력을 필요로 하는 북조선 입장에서 그것이 국가발전에 질곡으로 작용하게 될 것은 분명하다.

3) 고립 속의 시장화

북조선은 2002년 7·1조치로 시장화개혁에 한발을 내디뎠다. 90년대까지 북조선은 '선북미·북일관계 정상화, 후개혁'을 전략으로 내세웠지만, 북미·북일대치가 장기화함에 따라 그 순서를 뒤바꾼 듯하다. 남북정상회담 이후 남한의 안보위협 해소라는 최소한의 조건 아래 중국과 남한의 경제협력에 힘입어 내부경제개혁에 나선 것이다.[10]

극심한 자원고갈 상태에 처한 북조선의 시장화개혁이 순조롭게 진전되기 위해서는 외부로부터의 대규모 자원투입이 필수적이다. 소비재나 생산재 전반에 걸쳐 만성적 결핍에 허덕이며 일종의 전시체제나 다름없는 상태에서 시장화조치는 극심한 인플레나 사회적 불균형을 초래

---

10 북조선 시장개혁에 관한 연구로는 김연철·박순성 엮음『북한경제개혁연구』, 후마니타스 2002 참조.

하기 쉽다. 북조선경제가 개혁의 성과로 경제생활 전반에 활기를 띠고 있는 반면, 이러한 개혁의 부작용도 이미 확산되고 있다.

시장화개혁은 중단없는 후속조치를 필요로 하며 지속적인 성장을 수반해야 한다. 따라서 외부로부터의 막대한 투자유입이 필요하다. 한때는 중국과의 경제협력으로 중국에의 식민화·종속화가 우려된다는 언론보도가 나왔지만 이는 상당부분 과장인 것으로 드러나고 있다. 북조선은 여의치 않은 중국의 대북경협에 불만을 지닌 듯하며, 그것이 북조선의 핵실험에도 일정정도 영향을 미쳤다고 추측된다. 남한의 경제협력도 핵문제에 부딪혀 답보중이고 경공업협력도 군사문제 때문에 중단된 상태다.

이러한 대내외적 경제상황에 비추어볼 때, 북조선의 핵실험은 외부의 경제협력이 뒷받침되지 못한 상태에서 '고립 속의 시장화'라는 거의 실현 불가능한 시도를 감행해야 하는 불안감의 반작용일지 모른다. 북핵문제를 다룰 때 남한을 비롯한 관련국들이 유의해야 할 점은 북조선의 시장화개혁 역시 방치해서는 안되는 절박한 현안이라는 것이다.

4. 2008년을 어떻게 맞이할 것인가

1) 생산적 선거과정

2008년이 새로운 체제로 나아가는 출발점이 될 수 있을지는 먼저 2007년 대선과정에서 후보, 정당, 시민사회 등 정치주체가 얼마나 생산적인 경쟁을 통해 현명한 선택을 하느냐에 달려 있다. 민주화 이후 87년, 92년, 97년, 2002년에 이은 다섯번째 대선을 치르는만큼, 한국의 선거문화도 성숙해져야 할 시점에 왔다. 국민 일반이나 각 정치주체가 그야말로 한국 민주주의를 한단계 발전시켜야 한다는 역사적 인식을 갖고 선거에 임해야 한다. 특히 노무현정부는 극도로 낮은 국민지지도를 감안하여 과욕을 버리고 절제된 자세로 정도를 걷는다는 원칙을 견지하며 국정을 운영해야 한다.

이와 맞물려 북조선의 대응도 중요한 변수가 될 것이다. 북조선의 자세에서 중요한 것은 6·15정신에 입각하여 정책의 일관성을 말보다 행동으로 보여주는 것이다. 체제의 성격상 5년마다 대통령선거를 치러야 하는 남한에 비해 적어도 중단기적으로 정권교체의 '부담'이 없는 북조선이 남북관계에 가장 기여할 수 있는 것도 이 언저리에 있다. 북조선이 남한 대선에서 '평화세력'의 승리를 바라는 것에는 하등 잘못이 없다. 만약 김대중·노무현정부 10년의 성과가 차기정부 들어서 무효화된다면 그것이 북조선에 얼마나 위협이 될지는, 미국 부시정부 출범으로 북미관계가 백지화된 경험에 비추어 이해하지 못할 바는 아니다. 그러나 북조선이 공식성명을 통해 특정정당의 패배를 선동하는 것은 남한 정치체제의 성격을 무시하는 것이며 7·4공동성명, 남북기본합의서, 6·15선언으로 이어지는 내정불간섭의 정신을 훼손하는 과잉행동으로 비칠 뿐이다.

2) 남한의 바람직한 지향

우선 한미FTA는 시급히 협상을 중단하거나 종료하고 중장기적 과제로 돌려, 좀더 충분한 준비와 공론화과정을 거칠 필요가 있다. 그리고 동북아시아 지역협력으로 다시 눈을 돌려 한일·한중FTA의 가능성을 모색하는 수순을 밟아야 한다. 무엇보다 그 토대가 되는 바람직한 한국경제의 미래상을 경제구조, 산업구조적 측면에서 찾아나가는 논의가 활발히 이루어져야 한다.

우선 개성공단, 금강산관광을 지속적으로 확대하면서 핵문제타결에 맞추어 남북경제협력을 본궤도에 올리는 일이 시급하다. 이제는 남한경제의 내수기반 확대, 중소기업·농업의 활성화를 염두에 둔 남북경제협력을 구체적 로드맵을 가지고 실행에 옮길 수 있어야 한다. 특히 대통령선거나 새로운 정부출범에 맞추어 노무현정부의 '평화와 번영'이라는 국정과제를 재검토하고, 나아가 '평화경제' '평화경영' '밥과 평화' 등 기존 후보들의 정책이나 학계·시민단체 차원에서 제기하는 한반도경제, 한반도미래구상 등의 담론이 활성화되어야 한다.[11]

남한의 부동산문제도 철도·도로건설을 비롯한 북조선의 인프라건설에 대한 진출로 완화하거나 해결할 길이 없는지 진지한 조사와 자료에 근거한 논의가 필요하다. 부동산버블의 급격한 붕괴로 인한 제2의 경제위기를 막고 이를 연착륙시키기 위한 방도를 남북관계에서 모색하는 것은 전혀 새로운 모험이 아니다. 이는 현대재벌이 금강산프로젝트에서, 일본 자민당이 북일수교 교섭에서 이미 시도했던 것이다. 막대한 부동자금도 북조선개발펀드를 조성하는 등의 출구를 마련함으로써 수익모델을 만들어낼 수 없는지 전문적 검토가 있어야 한다. 베이징올림픽을 앞둔 중국의 대형 프로젝트, 고성장을 구가하는 베트남의 국유기업 민영화 등에 이미 국내 금융자본의 진출이 활발하다.

특히 안보분야에서 남북군사회담을 성사시켜 냉전시대의 일방적·적대적 안보에서 탈피하고 협력안보로 나아감으로써 안보딜레마를 해결

---

11 한반도 전체를 염두에 둔 남북의 경제적 지향에 관한 최근의 연구로는, 한반도사회경제연구회 『한반도경제론: 새로운 발전모델을 찾아서』, 창비 2007 참조. 아직은 체계화되지 않은 슬로건 차원이지만, '평화경제'는 정동영, '평화경영'은 손학규, '밥과 평화'는 김근태의 것이다. 다른 후보들도 이에 합류하여 대세가 형성되는 것이 바람직하다.

할 수 있는 실마리를 찾아야 할 것이다. 북한의 핵무기가 남한의 재래식 군비증강의 부메랑이라는 경고를 가볍게 지나쳐서는 안된다. 남한의 경제역량과 북조선의 군사위협에 대한 정확한 평가를 바탕으로 중국·일본 등 주변국과의 관계 속에서 '적정안보' 수준에 대한 국민적 합의를 이끌어내는 작업이 공론화되어야 한다.

이러한 정책대결이 중심이 된다면 선거제도 등 다른 해결과제가 있다고 해도 냉전형 대결구도에서 탈피할 수 있을 것이다. 그리고 그 위에서 보수와 진보가 서로 노선을 경쟁함으로써 더욱 다양한 이념적 스펙트럼이 공존하는 정치지형이 형성되어갈 수 있을 것이다.

3) 북조선의 지향

북조선의 핵보유는 장기화되어서는 안되며 조속히 비핵화의 방향으로 해결되어야 한다. 자칫 한국, 일본, 대만의 핵무장 도미노가 일어날 기미가 보이면, 미국과 중국은 이를 차단하기 위하여 북조선의 핵무기가 정당화되기 전에 강경책을 불사할 수 있다. 설령 미국과 중국이 이러한 강경책을 회피한 채로 핵도미노가 현실화된다면, 북조선의 핵무기는 협상카드로서 힘을 잃게 될 것이다. 북조선은 취약한 체제역량을 핵무기라는 극단적인 수단으로 메울 것이 아니라 경제력을 중심으로 체제역량 자체를 키우는 정도(正道)로 나아가야 한다. 북조선이 내부체제나 핵무기와 관련해서 취해야 할 담론전략은 최소한으로 절제되고 억제된 것이어야 한다. 어디까지나 대미관계에서의 체제안전보장 등 외교협상카드 차원으로 한정되는 것이 바람직하다.

선군체제가 변화하려면 김정일 국방위원장이 군사지도자가 아니라 경제지도자로서 거듭나며 자기 위치를 확립하기 위한 행보에 적극 나서야 할 것이다. 우선 중국·남한의 경제협력을 적극적으로 확보함으로써 인민생활을 향상시키고, 시장화개혁과 아울러 본격적인 발전체제로 나아가는 토대를 쌓아야 한다. '선군'은 배후에 두고 '선경제'를 전면에 내걸어 국제사회의 신뢰를 확보해가는 것은 남한사회에서 대북경제협력에 대한 긍정적 여론을 이끌어내는 길이기도 하다.

북조선의 시장화개혁도 상당한 리스크를 수반하는만큼, 남한이나 중국과의 긴밀한 협력하에서 시장경제의 경험을 학습하는 것이 더 안전한 길이 될 것이다. 시장경제로의 이행에 요구되는 쏘프트웨어를 얻기 위해서는 주변국들의 협력이 필수적이다. 이는 고립 속의 시장화가 아니라 동북아지역의 정상국가로 다시 태어나는 과정의 일환으로 진행되어야 한다. 체제안전보장 문제는 북미관계에서 일정부분 해결된다고 해도, 개혁·개방을 본격화하는 도중에 남한과의 관계에서 부딪힐 또다른 새로운 문제가 될 수도 있다. 이와 관련한 체제안전보장의 장치로서는 구심력이 강한 연방제보다는 남북의 독자성을 담보하는 국가연합이 더 효과적일 수 있음을 진지하게 고려해야 할 것이다.[12]

무엇보다도 북조선은 남북관계나 국제사회에서 자기 위상을 정확히 인식할 필요가 있으며 이를 위해서 자기 체제를 외부에 제대로 이해시키기 위한 노력을 배가해야 한다. 시장화개혁 등 외부에 긍정적으로 비칠 수 있는 변화를 정확히 전달하고 설명하기 위한 역량을 키우는 것도 중요하다. 핵무기, 빈곤, 아사, 탈북, 인권, 수용소, 위폐 등 악화될 대로 악화된 북조선의 국가이미지를 개선하는 것도 시급하다.

이러한 남북의 노력이 서로 맞물려 선순환과정에 들어서기 위한 실

---

[12] 이미 6·15선언 제2항에서 북측은 기존의 연방제를 '낮은 단계의 연방제'로 하향조정하고 있다. 북조선의 체제안전보장 장치로서 국가연합이 갖는 효과에 관한 부분은 백낙청 교수의 조언에서 따온 것이다.

마리를 잡을 때, 2008년은 남한의 87년체제, 북조선의 98년체제의 부정적 유산을 극복하고 2000년의 6·15시대를 이어감과 아울러 한반도의 2008년체제를 열어가는 새로운 이정표가 될 것이다.

〈2007〉

대안체제 모색과 '한반도경제'

1. 대안체제의 모색

대선을 앞두고 진보개혁세력에 대한 지지도가 좀처럼 올라가지 않는 가운데 김대중-노무현정부에 대한 평가가 다양한 수준에서 이루어지고 있다. 특히 경제분야에 관심이 집중되며 두 정부 모두 시장주의[1] 흐름에 대처하는 데서 크게 부족했다는 판단에 많은 논자들의 의견이 일치하고 있다. 나아가 진보개혁적인 연구그룹 및 씽크탱크 들에서는 시장주의에 대처하는 다양한 대안체제 모색의 움직임이 나타나고 있다.

이러한 모색들로는 '생태·평화 사회민주주의국가론' '신진보주의국

---

[1] 이 글에서도 신자유주의보다 시장주의 내지는 시장만능주의란 용어를 쓰기로 한다. 이에 대한 적절한 설명으로는, 김기원 「김대중-노무현 정권은 시장만능주의인가」, 세교연구소 심포지엄 '신자유주의시대, 대안은 있는가'(2007. 7. 13) 발제문 참조.

가론' '노동중심 통일경제연방론' '사회투자국가론' '사회연대국가론' 등을 들 수 있다.[2] 정치적 지형에서 볼 때 이러한 모색은 대체로 민주노동당 지지 내지 여권 지지라 할 수 있으며, 과거 한국자본주의 논쟁의 NL, PD계열의 맥을 잇고 있거나 그 사이에서 중도적 입장을 표방한다고 하겠다.

앞의 논의들 가운데 남한경제만을 독자적 단위로 설정하는 일국적 모델이 세가지로 다수를 이루며, 그 속에서 남북관계의 위치는 부차적이다. 그런데 남북관계와 관련하여 신진보주의국가론이 '한반도경제론'을, 노동중심 통일경제연방론이 '통일민족경제론'을 제시하고 있다는 점에서 다른 모델들과는 대조적이다. 여기서 특히 신진보주의국가론은 한반도경제론을 전면에 내세우며 남북관계를 가리키는 표제를 모델의 브랜드로 삼는다는 점에서 이를 가장 중시하고 있다는 인상을 준다. 다만 내용을 보면 한반도경제론이란 명칭에 걸맞게 체계의 유기적 일부로서 남북경제관계를 다루고 있다고 하기에는 부족한 점이 적지 않다. 오히려 남북경제관계가 신진보주의국가에 접합되어 있다고 하는 편이 솔직한 느낌이다. 이제 한반도경제론은 겨우 출발한 참이며, 앞으로 진화해가야 할 길이 먼 상태이기 때문일 것이다.

이에 비해 내용적으로는 오히려 통일민족경제론이 노동주도형 경제모델 속에서 좀더 큰 비중을 차지하고 있다는 인상을 준다. 이는 통일

---

2 『한겨레신문』이 진보학계의 대안모델 모색들을 기획연재로 정리·보도했는데, 이 글에서도 이를 토대로 다루기로 한다. 이들 내용을 볼 수 있는 저작으로는, 신영복·조희연 엮음 『민주화·세계화 '이후' 한국민주주의의 대안체제 모형을 찾아서』(함께읽는책 2006); 한반도사회경제연구회 『한반도경제론: 새로운 발전모델을 찾아서』(창비 2007); 박세길 외 『새로운 사회를 여는 상상력』(시대의창 2006); 진보정치연구소 『미래공방』 2007년 3-4월호; 임채원 『신자유주의를 넘어 사회투자국가로』(한울 2006) 참조.

민족경제론이 연방제에 근접한 틀을, 한반도경제론이 국가연합의 틀을 전제하고 있다는 점과 연관이 있을 것이다. 그런데 통일민족경제론은 적극적인 의욕과 많은 유용한 아이디어들을 담고 있지만 아직 전문적 연구로 나아가고 있지는 못한 상태다.

이 글에서는 '한반도경제론'을 주된 논의대상으로 삼을 것이다. 그 명칭에서부터 경제활동공간을 중심으로 '한반도경제'란 분석틀을 제시한 점에 중요한 의의가 있으며, 이를 지속적으로 발전시킬 필요가 있기 때문이다. 이 입장은 백낙청(白樂晴)의 '분단체제론'에 입각한 남북관계의 논리를 토대로 통일과정에서의 남북연합을 상정하고 있다. 이론적인 기반을 보면, 자유주의 국제정치경제학의 경제통합론, 신지역주의 국제정치학의 지역협력론, 제도주의 경제학의 체제이행론, 자유주의 내지 비판이론의 국제관계론 등에 입각한 종합적 연구라고 할 수 있다.

대체로 진보학계의 성향은 경제관계에서는 편차가 있으나, 정치관계에서는 한반도 평화 및 남북 화해·협력의 기조에 거의 이견이 없는 듯하다. 남북경제관계나 남북경제통합을 다루지 않은 모델들도 적어도 한반도 평화를 스스로가 지향하는 '일국적 모델'이 실현되는 데 핵심적인 여건으로 전제하는 것이다. 또한 일국적 모델이라고는 하지만, 이들 논리 가운데 일부는 노동중심 통일경제연방론이나 신진보주의국가론보다도 남북경제관계와 더욱 친화적이 될 잠재력을 지니고 있기도 하다.[3]

---

3 이정우(李廷雨)는 유럽형 사민주의 모델이 한국경제에 가장 바람직하다고 주장하며, 그 근거로서 남북문제의 해결을 감안할 때도 정치지형적으로는 사회민주주의 모델이 적합하다고 본다. 이정우·최태욱「도전인터뷰: 한국사회, 시장만능주의의 덫에 걸리다」, 『창작과비평』 2007년 여름호.

2. '한반도경제론'의 과제

앞에서 '한반도경제론'의 의의를 적극적으로 평가하기는 했지만, 이 입장은 일정한 한계를 안고 있기도 하다. 그것은 한반도경제론이란 브랜드를 전면에 내세울 정도로 이론적 체계나 인식적 전제를 갖추고 있느냐의 문제다. 한반도경제론은 이론틀로서 분단체제론을 전제하고 있다. 하지만 분단체제론의 경제적 측면, 즉 '분단경제체제론' 내지 '분단체제 자본주의론'이 빠져 있다는 한계를 안고 있다.[4]

분단체제론의 논리는 세계체제, 남북 각각의 두 체제, 이를 매개하는 분단체제 등 정치·경제·사회·문화를 포괄하는 총체적인 차원에서 구성되어 있지만, 그 주된 관심사는 정치적 분야였다고 할 수 있다. 한반도 핵문제의 획기적 진전이 예상되는 현시점에서 분단체제론이 경제 분야로 확대되어야 한다는 것은 시의적절한 과제다.

분단경제체제론 내지 경제분야의 분단체제론은 '분단환원론'으로 흐르지 않는 선에서 분단에 따른 남북의 역사적 경제발전 경로를 분별해내는 작업을 뜻한다. 이것은 경제사적인 사실 확인 및 인과관계의 정리

---

4 박현채(朴玄埰)의 민족경제론은 분단경제의 극복을 통해 통일민족경제를 지향한다는 전제하에 분단경제를 체계 안에 포함하려는 의욕을 지니고 있었다. 그러나 그것이 학문적 체계로서 갖추어져 있지는 못한 것 같다. 이와 관련한 유일한 연구로 재일동포 학자 정장연의 작업을 들 수 있을 것이다. 鄭章淵『韓國財閥史の硏究: 分斷體制資本主義と韓國財閥』(日本經濟評論社 2007). 정장연은 남북의 경제적 단절 외에 식민지시대에 형성된 일본과의 경제적 분업관계의 단절도 '분단체제 자본주의' 형성의 핵심적 계기로 본다. 그러나 정장연의 작업도 남한경제에 한정된 시작단계에 있으며, 북조선 경제발전까지 포함하여 남북 전체를 아우르는 체계로는 나아가지 못하고 있다.

이지만, 총체적인 차원에서 분단에 따른 희생 또는 비용을 따져보는 일이다. 해당시점에서 일국적 경제발전을 극복하는 데 드는 기회비용을 고려하는 것도 동전의 양면처럼 떼려야 뗄 수 없는 과제가 될 것이다. 이러한 작업은 향후 평화통일과정에서 염두에 두어야 할 정치전략과 유기적 연관 속에서 남북의 경제적 연계를 복원 및 형성하는 데 밑거름이 될 것이다.

분단경제체제론의 토대로서 특히 중시해야 할 학문분야는 지리학이며, 생태학은 이와 중첩하면서 새롭게 결합해야 할 인식적 토대라 할 수 있다. 우선 분단된 남북에서 한반도로 경제적·정치적 공간을 확대하는 데 따르는 남북의 연계에 담아야 할 구체성은, 지리학(정치·경제·사회·문화·지역적 차원)의 '복권'에서 찾아야 한다. 분단이란 가장 원초적으로는 남북의 지리적 분절이며, 일국체제가 자연스러운 것으로 보이게끔 분단이 체제화됨에 따라 사회과학도 일국적인 학문이 되어왔다. 이 점에서 가장 치명적인 영향을 받은 분야가 지리학이며, 분단체제하에서 가장 낙후된 사회과학분야가 된 것이다. 한국경제학에서 지리학적 사고가 제 몫을 하지 못하게 된 것도 이러한 배경이 작용했기 때문이다.

한반도경제론뿐 아니라 남북 경제협력이나 경제통합 논의는 거의 전적으로 제도 개혁 및 통합 차원에서 다루어져왔다. 남북의 이질적인 체제와 제도를 잇는 작업은 당연하고 또한 필요한 일이다. 그러나 남북 경제협력 내지 경제통합은 단순히 서로 분리된 다른 두 국가나 체제의 결합과는 성격이 다르다. 한일·한중·한미 경제관계와 남북관계의 차이는 남북이 역사적으로 장기간 분업적 연관 속에서 경제생활이 영위되어온 공간이었다는 점에 있다. 제도와 체제의 통합 차원만 다룬다면 이 본질적 차이를 무시하기 쉽다. 한반도 경제공간의 '복원' 내지 형성은 '물질경제'의 연계 및 통합의 차원을 중시한다는 점에서 경제인류학 및 경제지리학의 관점이 요구되는 것이다.

물질경제 차원에서 본다면, 남북 각각의 경제발전 수준 및 단계를 고려하여 수평·수직적 관계를 포함한 복합·중층적 분업관계 창출을 위해서는 한반도 경제지도 작성이 전제가 되어야 할 것이다. 이 경제지도를 통해 남북의 산업은 물론 자연환경·국토·기후·자원·식생 등을 종합적으로 반영한 한반도 주민들의 생산과 소비 생활이 파악되어야 한다. 여기에는 시장적 연계를 중시하되, 현시점의 남북간 시장적 연계가 매우 미미한 수준인만큼 이를 넘어선 물질적 관계가 내재되어야 한다. 현재는 세계화의 흐름이 국제적 분업관계에도 압도적인 영향을 미치며, 좀더 생산비가 낮은 지역으로 생산설비를 이전하거나 가능한 한 가격이 싼 지역에서 원료와 부품 등을 조달하는 글로벌 아웃소싱이 전면화하고 있다. 하지만 현시점의 한반도 경제지도를 작성하고 이를 토대로 미래의 한반도 경제지도를 구상해가는 가운데 한국경제의 글로벌 아웃소싱은 어떻게 바뀔 수 있을지 따져보는 작업은 반드시 거쳐야 할 과정이다.

또한 물질적 연계에는 반드시 생태학이 결합되어야 한다. 이는 60년 이상에 걸친 분단으로 인한 생태왜곡과 환경파괴를 바로잡기 위함일 뿐 아니라 지구온난화 등 전지구적 생태위기에 직면한 21세기의 시대적 요구이기도 하다. 특히 남북의 경제적 연계가 시장논리에만 맡겨질 경우 남북의 압도적 경제격차는 물론 이미 개별적 발전을 이룬 각각의 독자적 단위의 문제는 시정되지 못한 채 모순을 더욱 심화시킬 가능성이 있다. 시장주의의 폐해를 시정하기 위해서라도 경제지리적 관점과 생태적 관점은 중요하며, 시장주의가 지배하기 어려운 지점도 바로 이 관점 속에 있다.

글머리에서 시장만능주의를 완화하거나 극복하기 위한 대안모델의 모색으로서 한반도경제론이 제시된 점을 지적했다. 구소련과 동유럽의 체제전환과정은 물론이고 국가의 관리하에서 체제이행이 진행중인 중국의 최근 변화를 볼 때, 남북 경협 및 통일은 노골화된 시장만능주의가 확장될 기회가 되기 쉽다. 북조선체제는 낙후된 경제수준을 성장시켜야 하는 개발과, 파탄에 빠진 국가사회주의체제의 시장개혁화라는 이중의 과제에 직면해 있다. 북조선체제가 외부에서 몰아닥칠 거센 시장의 압력에 버틸 힘은 자체에서 찾기 힘들어 보인다.

남북의 경제적 연계는 바로 북조선이 직면한 시장형성과제와 IMF 경제위기 이후 남한이 직면한 시장제어과제가 서로 결합되어 선순환관계를 이룰 거점경제권의 창출을 지향하는 방향으로 나아가야 한다. 또한 세계화 및 시장주의에 대응하는 지역협력방안으로서 동북아 내지 동아시아 지역협력이 논의되고 있는데, 이 지역협력으로 이어지는 한반도경제권의 형성이야말로 빼놓을 수 없는 연결고리다.

3. 분단경제체제의 양상과 한반도경제권의 창출

경제적 측면에서 보면, 한반도 분단이란 오랜 역사과정에서 형성된 지역적 분업관계가 단절된 상태에서 남북 각각이 경제발전을 수행해온 것을 말한다. 현재의 남북한 경제는 1945년 당시의 분단을 소여(所與)조건으로 한 초기발전에 지속적인 제약을 받고 있다. 그러나 분단이 장기간 계속되고 체제화되는 가운데 고속·압축성장이 실현되면서 남북 모두 분단이란 초기조건에 대한 '초극(超克)체제'라 할 만큼 변모했다.[5] 스스로 분단을 의식하지 못하며 일국적 발전이 오히려 자연스럽게 느껴질 만큼 상호단절이 굳어진 것이다.

경제발전에서 앞서나간 북조선은 전형적인 스딸린주의적 사회주의 공업화전략에 따라 아우타르키(Autarkie)적 발전경로를 택했다.[6] 여기에는 초기조건으로서 일제강점기 이래의 중화학공업 기반이 중요한 토대가 되었다. 외연적 발전단계에서 중앙집중적 명령경제는 위력을 발휘하기 마련이었고, 전후 50~60년대에 걸쳐 북조선은 급속한 경제성장을 이루며 단기간에 사회주의공업국가로 변모했다. 다만 일국적 완결체제를 선호하는 전통적인 스딸린주의적 경제발전관이 지배하고 있던데다가 대외자주노선이 결합했고, 더욱이 70년대 중반 오일쇼크로 인한 외채 지불정지에 따라 세계경제와의 단절을 선택함으로써 인위적이고 과도한 아우타르키 경제가 형성되었다.

북조선의 선도적 경제발전에 위협을 느끼던 남한은 60년대초부터 박정희 개발독재체제하에서 미국, 일본에 자본과 시장을 의존하는 대외지향적 발전경로를 택했다. 그리하여 60년대 경공업 위주의 수출주도형 경제성장, 70년대 중후반 대외지향적 중화학공업화로 급속한 산업화에 성공하여 농업국가에서 공업국가로 탈바꿈하기에 이르렀다. 이렇게 대외의존도가 큰 발전은 민주화 및 88올림픽 이후 국민소득의 증가에 힘입어 내수기반이 확대되면서 일정한 균형을 이룰 계기가 마련되기도 했다. 그러나 세계화의 흐름에 따른 급격한 대외개방으로 IMF 금융위기를 맞게 되었고, 폭발적으로 성장하는 중국시장을 중심으로

---

5 초극체제란 정상적으로는 극복하기 어려운 조건을 비정상적으로 뛰어넘었다는 의미에서 성취가 큰 만큼 그에 따른 모순도 못지않게 큰 체제라는 뜻이다.
6 북조선의 '자립적 민족경제'는 당초 일정 수준의 국제분업을 부정하는 것은 아니었으나, '주체경제'를 주장하는 단계에 이르면 거의 자급적인 폐쇄체제와 다름없이 극단화되었다.

한 수출확대를 통해 이 위기를 극복했다. 그 결과 88%대로 대외의존도가 심화되었으며, 거의 '도시형 통상국가'라 할 만큼, 상당한 인구규모나 농지 및 산지 면적을 지닌 지리적 조건을 도외시한 경제구조를 형성하기에 이르렀다.

한반도경제론의 신진보주의국가 모델은 남한경제의 과제를 '혁신주도형 경제'의 실현으로 삼고 있다. 이것은 마이클 포터(M. Porter)의 경제발전단계론[7]을 차용한 것으로 중요한 의미를 지니지만, 전후단계에 대한 검토를 생략한 채 이 단계만을 분리 적용했다는 문제점을 안고 있다. 남한경제만 보더라도 선행단계가 충분히 성숙하여 다음 단계로 이행했다기보다는 당시 상황의 정책적 필요에 따라 단기간에 무리하게 이행한 면이 있음을 지적하지 않을 수 없다. 남한경제가 경제 규모나 단계에서 혁신주도형이란 과제에 직면해 있기는 하지만, 어떤 점에서는 선행하는 모든 단계의 과제를 동시에 안고 있다는 측면을 가볍게 보아서는 안될 것이다.

마이클 포터의 이론을 적용해볼 때, 남한은 초기단계의 '요소주도형' 발전에서 '투자주도형' 발전으로 성공적 진전을 이루었다. 그러나

---

[7] M. E. Porter, *The Competitive Advantage of Nations*, Free Press 1990. 포터는 기술 및 생산성의 발전에 따른 경쟁력의 우위를 기준으로 국가의 경제발전단계를 요소주도형, 투자주도형, 혁신주도형, 자산주도형의 단계로 구분했다. 천연자원과 반(半)숙련노동력 같은 기초요인, 세계시장에서 유용한 최적기술을 이용하기 위한 투자 및 저렴한 숙련노동력이나 현대적 시설 같은 고차요인, 기술도입보다 신기술 창출 및 혁신을 통한 새로운 산업의 창출과 산업클러스터 형성 등 혁신요인, 경제적으로 풍요한 상태에서 축적된 부의 주도라는 요인 등이 각 단계에서 경쟁력을 형성하는 요인이다. 한국의 지리학계에서는 박삼옥(朴杉沃) 『현대경제지리학』(아르케 1999)이 포터의 경제발전단계론을 중요하게 다루고 있으나, 한국경제와 관련하여 이를 검토하고 있지는 못하다.

'혁신주도형' 발전으로 가는 과정에서 중대한 장애에 부딪치고 있다. 더욱이 혁신주도형 발전으로 본격적으로 나아가지 못한 단계에서 '자산주도형' 발전이 중첩되고 있다. 투자주도형 발전단계에서 지나친 대외지향적 발전에 따른 국내산업간 연관성 부족이 혁신주도형 발전에 한계로 작용하고 있다고 여겨진다.

이에 비해 북조선은 요소주도형 발전에서 투자주도형 발전으로 나아가지 못하고 70년대 이래 정체되다가 80년대 후반 이후에는 위기에 빠져 있다. 북조선은 과도한 요소주도형 발전이 족쇄로 작용하여 투자주도형 발전단계에서 요소주도형으로 후퇴한 것이라 볼 수 있다. 물론 경제발전전략 외에도 국가사회주의 경제체제의 내재적 모순이 작용한 것이 더욱 근본적인 요인일 수 있다. 여기다가 90년대 이후 시장개혁과 경제개발의 이중적 과제에 직면했으나, 어느 쪽도 타개하지 못하고 있는 상태다.

현재 남북한 경제의 현실에서 한반도경제의 형성이란 남북 각각의 일국적 발전에 수반된 기형성을 시정하면서 각각의 발전과제를 수행하기 위한 새로운 분업관계를 창출함을 뜻한다. 한반도경제의 잇점은 남북한과 주변국 동포 등 '8천만명＋알파' 규모의 시장을 바탕으로 하는 비교적 안정적인 내수기반의 형성에 있다. 나아가 이는 한반도 통일을 시야에 둔 경제공동체 형성의 과정이자 동북아시아 지역협력의 일부이기도 하다. 무엇보다도 북조선체제의 급격한 붕괴를 피하고 장기적인 통일과정에서 점진적 개혁으로 이행하는 것이야말로 관건적인 일이다.

남북의 발전단계 격차를 고려할 때 경제적 상호연계에는 수평적·수직적 분업의 양면을 고려하지 않을 수 없다. 수직적 분업관계에서 북조선의 노동력과 토지공간 등 생산요소의 공급은 남한경제의 활력소가 될 수 있다. 남한 자본주의가 북조선의 시장개혁 및 발전의 촉매가 되는 상생협력관계 조성이 과제가 된다. 물론 남한경제의 필요에 따른 낙후부문의 구조조정 및 설비이전만이 지배적인 유인이 되는 것에 대해서는 북조선뿐 아니라 남한 내에서도 문제가 지적되고 있다. 따라서 수직적 분업뿐 아니라 첨단산업의 형성을 기하는 수평적 분업관계 창출도 못지않게 중요한 과제다.

4. 시장만능주의와 남북관계

남북경제협력은 시장논리와 정치논리의 연계관계로서 성립할 수 있다. 정치논리란 일차적으로는 한반도 평화와 남북경협이 직결되어 있다는 방향에서 작용할 수밖에 없다. 북핵문제가 해결되어 북미·북일관계가 정상화된다면 북조선은 대외적으로 전면개방의 압력을 받게 될 것이며, 북조선체제의 안전보장에 대한 위협은 미국 못지않게 남북관계에서 오게 될지 모른다. 동서독 통일의 경험을 반면교사로 삼는다면, 장기적인 시야에서 한반도경제가 상정하는 남북경제통합도 남북의 국가적 독자성을 유지하는 가운데 추진하는 것이 바람직하다. 이것은 생산요소의 측면에서 북으로부터 남으로의 노동력 이동의 자유는 제약을 받을 수밖에 없음을 뜻한다. 이 점에서 북조선체제 유지의 안전판으로서 남북국가연합은 북조선의 개혁·개방을 보장하는 기제가 될 수 있다.

따라서 남한경제에서 압도적으로 작용하는 시장논리만으로는 남북경협 및 한반도경제가 성립할 수 없으며, 이는 남북 각각 및 공동의 정치전략에 입각한 경제정책을 토대로 형성되어야 한다. 특히 한반도 평화와 함께 확대될 남북경제협력은 북조선경제에 대한 산업정책적 고려 없이는 북조선 경제기반의 완전 폐기로 이어지는 완전재편론으로 나아갈 가능성이 크다. 자본주의시장의 가치기준으로 북조선 산업시설은 거의 채산성이 없으며, 시장논리에만 맡길 경우 북조선 경제기반이 전면 붕괴에 빠질 수 있기 때문이다.

현재 개성공단에의 남한기업 진출이나 임가공방식에 따른 남북경협은 한계상황에 처한 남한기업의 구조조정 차원에서 값싼 임노동과 부동산가격을 잇점으로 한 경우가 대부분이다. 그러나 이러한 방식의 남북경협만으로는 시장만능주의로 귀결될 우려가 있다. 물론 남북경협도 시장논리를 벗어날 수 없으며, 당장은 남한경제의 한계와 문제점을 보완할 투자처로서 지속가능한 남북경협분야의 창출이 바람직하다. 이 경우 남한 자본주의의 노동유연화와 북조선 저임금 노동력의 활용이 결합하여 남한 노동계급의 이해와 충돌할 우려가 있다. 그렇다고 개성공단의 경우 북측 인력의 경쟁상대는 중국이나 동남아 인력이며, 남한 업체가 그쪽이 아닌 개성으로 감으로써 남한지역의 고용상태와의 연계효과도 있다는 점을 무시하는 것은 아니다. 어쨌든 북조선이 처한 형편에서는 이마저 없는 것보다는 낫다 할 수 있고, 한계상황에 처한 남한 중소기업의 처지도 절박하다. 다만 남한 노동계급의 이익과 남북경협의 상충관계를 타개할 길은 총체적인 성장 차원에서 남한경제와 북조선경제의 선순환관계 창출에서 찾을 수밖에 없다. 따라서 첨단산업도 포함하여 북조선의 시장개혁 및 경제발전과 연계한 체계적인 투자계획이 불가결하게 될 것이다. 이러한 여러 측면에서 남북경제관계는 시장만능주의의 확장 기회이자 시장만능주의의 견제 통로가 될 수 있는 이중적 성격을 띤다.

5. 경제지리적 관점

남북 각각의 새로운 분업관계 창출을 위해서는 국토공간의 인위적 분단에 따른 남북의 경제발전 경로를 확인할 필요가 있다. 남북의 분단 경제체제는 농업 희생을 통해 공업중심적 발전을 이루었다는 공통점을 갖는다. 물론 분단 당시 농업국가였던 남한은 요소주도적 발전으로서 쌀 자급체제는 유지하고 있었다. 다만 남북을 포함한 한반도 전체의 식량공급자 역할을 했던 해방 당시 상황을 감안할 때, 남한만의 쌀 자급은 엄연한 후퇴였다. 이에 반해 북조선의 중화학공업체제도 요소주도적 발전이었다. 30년대 일제하에서 공업기반이 갖추어졌기에 가능한 발전이었다.

그러나 남북 각각은 분단상태 아래에서 단절된 부분을 독자적으로 메우기 위해 무리한 완결체제를 지향한 면이 있으며, 그 반대로 핵심요소를 쉽게 포기한 면도 있다. 70년대 남한의 수출지향적 중화학공업화에 따른 국내의 산업적 연관성 결여가 대표적이다. 반대로 북조선은 무리하게 식량자급을 꾀한 나머지 좁은 경지면적을 확장하기 위해 70년대 대자연개조사업에 나섰고, 이는 일시적으로 북조선 농업의 일정한 발전을 이루기도 했으나 결과는 농업 파탄이었다. 또한 북조선 산업은 대내적 연관성은 확보했으나 대외 연관성이 극도로 결여되어 상당한 고비용 및 비효율의 체계를 벗어나지 못하고 있다.

남북분단에 따라 남북 공업의 지역적 특성도 크게 변화했다. 남한은 미·일과의 경제적 연계에 의존한 나머지 태평양지향적 공업입지를 갖추게 되었다. 이것이 정치적으로는 영호남 지역차별의 물적 토대를 이루기도 했다. 반면 북조선은 대륙지향적 공업입지를 갖추고 있다고 할 수 있다. 이는 일제의 30년대 공업화가 만주침략을 목적으로 한 것이란 초기조건에 6·25전쟁 이후 미군의 공격에 대한 극도의 공포심리가 작용한 결과이기도 하다.

잊어서는 안될 것은, 남북 경제발전에서 분단체제적 특성은 그것이 경제논리로만 진행된 것이 아니라 안보논리가 작용했다는 점이다. 70년대 박정희정권의 중화학공업화는 당시 주한미군 감축 내지 철수 전망 속에서 방위산업 육성이란 과제와 직결되어 있었다. 남한의 핵발전소 건설도, 중단되기는 했으나, 핵무기 개발계획과 연관되어 있었다. 이는 북조선의 경우 더욱 두드러지는데, 60년대 군수산업 육성은 중화학 기반을 토대로 추진된 것이며, 폭격 위험을 피하기 위해 공장시설이 오지에 입지하거나 지하화하는 양상을 보였다. 80년대 후반에서 90년대에 걸쳐 북미대립의 원인이 되는 북조선의 핵발전소 건설과 핵무기 개발 추진도 경제안보화의 일면이다.

경제지리적 관점에서 볼 때 생산분야에서 남북경제협력은 일차적으로는 남북의 동일 산업들을 비교하여 상호연관을 짓는 데서 찾을 수 있다. 현재 남북의 경제단계 및 기술격차를 감안할 때, 북조선의 비철금속을 중심으로 한 지하자원 이외에 남한경제에 직접적인 이익이 될 만한 분야는 찾기 어려운 것으로 알려져 있다. 최근 남한 경공업물자 지원과 북조선 지하자원 개발의 결합은 이러한 북조선경제의 실태를 감안하여 어렵게 찾아낸 선순환방식이라 할 수 있다. 그러나 그밖에도 기술 및 노동력, 공장부지 등 생산요소의 제측면에서 남북의 동일산업간 연관관계의 잇점을 찾아낼 필요가 있다.

국토공간의 측면에서 보면, 한반도경제의 형성은 분단된 남북 각각에 갇혀 해양과 대륙에 치우친 국토계획에서 벗어나 한반도와 대륙, 해양을 시야에 둔 균형있는 국토공간 활용의 길이 열리게 될 것임을 뜻한다. 우선 남북을 잇는 여러 수준의 국지적 경제권 형성을 꾀할 수 있으며, 예컨대 개성공단이 성공적으로 진전된다면 개성—파주—수도권을 잇는 경제권이 형성될 수 있다. 더 넓게 보아 남북과 일본, 중국, 러시아 등을 포괄하는 환(環)황해, 환동해 경제권 등 지역협력과의 연계로 이어진다면, 남한에서 상대적으로 뒤떨어진 서해안 및 동해안 일부지역이 거꾸로 새로운 발전의 중심지가 될 수 있다. 이 점에서 남북을 잇는 물류망 건설을 남북의 산업적 연계와 연관시키는 종합적 계획이 구상되어야 하며, '철의 씰크로드' 발상에서도 나타나듯이 이는 동북아시아 지역협력으로 이어질 수밖에 없는 성격을 지니고 있다.

남한의 수도권 분산을 위한 지방균형발전 정책은 남북경협과 직접적인 관련 아래 추진된 것은 아니며 현재 부동산가격 폭등의 부작용을 일으키고 있으나, 남북 지방연계의 계기가 될 잠재력을 지니고 있다. 이 점에서 철도·도로 등 대북 인프라건설 지원은 남한 부동산거품의 연착륙 및 건설자본의 순조로운 구조조정의 출구라는 관점을 적극 평가할 필요가 있다. 남한의 초토건국가화(超土建國家化)가 분단으로 인한 국토공간의 기형적 활용과 일정한 연관이 있음을 인정한다면, 이를 단순히 남한 자본의 모순을 북조선에 전가하는 것이라고 부정적으로만 보아서는 안될 것이다. 더욱이 남한에서는 비생산적일 수 있는 분야가 북조선에서 생산적인 역할을 할 수 있다면, 이는 바람직한 남북간 선순환 분야의 창출이 될 수 있다. 물론 이것은 남한에서 난개발 및 환경파괴의 주역이 토건자본이었다는 반성을 통해 남한에서 진행되었던 부정적인 개발방식을 친환경적·생산적 방식으로 전환하는 계기로 삼아야 한다는 인식 속에서 이루어져야 한다.

핵 및 미사일 개발문제로 북조선의 군수산업이 낙후한 경제수준에 비해 비대화되고 있는 문제는 널리 인식되고 있다. 이에 반해 남한 자본주의가 갖는 군사 케인즈주의의 실태에 대해서는 아직 이렇다 할 인식이 이루어지고 있지 못하다는 점에서 면밀한 연구가 진행되어야 한다. 이러한 작업을 토대로 한반도 평화체제 형성에서 남북 군축은 남북 각각의 군수산업을 민수산업으로 전환하는 것을 핵심과제로 포함하게 될 것이다.

6. 생태적 관점

생태적 관점의 의의는 지구온난화 등 환경재앙에 대한 대응뿐 아니라 남북 평화와 통일의 정서적·지리적 정체성 차원에서도 찾을 수 있다. 남한의 시장논리에 따른 난개발이 환경파괴를 몰고 왔다면, 북조선의 국가사회주의 중앙집권형 경제는 남한보다 더욱 심각한 자연파괴를 초래했다고 여겨진다. 그 실상을 구체적으로 확인할 수 없지만, 과거 구소련 및 동유럽의 체제전환과정에서 드러난 환경훼손은 자본주의체제보다 훨씬 심한 것이었다는 점에서 북조선의 실태도 미루어 짐작할 수 있다.

분단체제하 남북 경제발전에 따른 생태계파괴는 허용한계를 넘어서고 있다. 우선 한반도공동체 형성을 위한 정서적 정체성의 회복과 형성에서 생태적 관점이 재조명되어야 한다. 분단에 의한 삶의 공간 및 자연의 단절, 6·25전쟁 과정의 극심한 파괴는 남북 주민들의 정서에 깊은 상흔을 남기고 있는 것이다.

나아가 남북 각각의 경제규모가 분단으로 떨어져나간 만큼 축소되었다고 해도 각각의 공간활용은 관성을 갖기 마련이고, 결국 분단에 따른 무리한 국토공간 활용은 산업 및 도시 공간의 부족을 초래했다고 생각된다. 주민이동의 자유가 없는 국가사회주의체제의 속성상 북조선에서는 도시로의 과도한 집중현상을 막을 수 있었다. 이에 반해 남한에서는 수도권 일극집중이 극심한 폐해를 낳기에 이르러 노무현정부에 와서는 수도 행정기능 중 일부의 이전을 추진하게 되었다. 또한 남북 모두 지리적 조건을 극복하기 위해 과도한 자연개조에 나서게 되었다. 농지확장을 목적으로 서해안 일대에 방대한 간척지를 조성한 것은 남북 모두가 마찬가지였고, 앞에서 언급했듯이 북조선은 옥수수농사용 계단밭을 조성하기 위해 산지까지 개간하기에 이르렀다.

남북의 공업일변도 발전이 가져온 생태적 결과도 심각하다. 남한의 도시 과잉집중은 불균형발전 정책에 주된 원인이 있지만, 분단에 따른 주거 및 산업 공간 부족도 크게 작용했을 것이다. 여기에 남한에서는 농·산촌에 대한 도시자본의 지배, 건설자본의 과잉에 따른 초토건국가화가 지역의 난개발을 확산하기에 이르렀다. 남한의 부동산가격 폭등이 잘못된 주택정책에 기인한 바 크지만, 분단에 따른 국토공간의 기형적 활용과도 일정한 연관이 있을 것이다.

남북의 자연조건을 초월하는 개발도 남북간에 상반된 결과를 가져오고 있다. 남한의 골프장 및 스키장 건설은 환경파괴의 측면을 생각지 않더라도 기후 및 지리적 조건에서 한계에 부딪치고 있다. 반면에 북조선은 토지의 무리한 농지화로 풍부한 관광 및 산림 자원을 훼손하고 있다. 지리적 조건상으로는 남쪽의 농지화, 북쪽의 레저시설 건설이 더 적합할 수 있다.[8]

---

[8] 최근 정부가 내놓은 농지전용 반값 골프장 건설안은 남북한 전체를 시야에 둔 국토공간 활용이란 관점에서 전면 재검토할 필요가 있다. 마찬가지로 평창 동계올림픽 유치계획의 경우도 국토공간은 물론 기후조건까지 고려할 때 남한의 단독개최는 무리한 프로젝트다.

따라서 남북환경협력은 남북관계가 생태적 관점에서는 공동운명체임을 확인시켜줄 가장 핵심적 분야다. 물론 남북환경협력에는 다른 어떤 분야보다 막대한 비용이 소요될 것이다. 또한 낙후된 북조선의 경제개발에 대한 의욕은 남한이나 외부에서 가하는 환경보호 압력과 상충될 소지가 크다. 쿄오또의정서를 둘러싼 선진국과 개발도상국 간의 이해관계 충돌이 남북관계에서도 첨예하게 벌어질 수 있다. 미약하나마 북조선 나무심기운동 등에서 이미 확인된 것이지만, 북조선의 파괴된 자연을 회복하는 작업에는 막대한 비용이 들 것으로 예상된다.

하지만 환경협력은 새로운 경제가치를 낳는 분야가 될 수 있다는 인식도 필요하다. 쿄오또의정서가 발효된다면, 남북환경협력은 이산화탄소 배출량의 남북거래를 매개로 새로운 차원에서 각광받게 될 것이다. 남북환경협력으로 환경산업이라는 첨단산업분야를 창출할 수 있는 새로운 기회가 열릴 수 있으며, 남북농업협력도 산업경제의 차원뿐 아니라 환경협력의 차원에서 새롭게 규정될 필요가 있다.

7. 덧붙이는 말: 한미FTA와 '도시형 통상국가'

노무현정부는 한미FTA를 추진하여 협정문에 서명하고 국회비준을 남겨두고 있다. 이것은 잘못된 선택이 낳은 정책이지만, 다른 각도에서 보면 IMF 금융위기 이후 크게 달라진 남한경제의 구조적 귀결이란 측면도 지니고 있다. 이미 90년대부터 경제개방의 흐름 속에서 농림수산업 및 관련산업은 지속적으로 몰락과 황폐화의 길을 걸었다. 나아가 수도권 및 도시 집중도 전국의 수도권화라 할 정도로 심화되고 있었다. 여기에 경제위기 이후 대외부문의 과도한 비중이 결합되어 남한은 '도시형 통상국가'의 길을 지향하게 되었다고 생각된다.

남한경제는 IMF 금융위기를 거치면서 수출입 합계가 GDP의 54.4%(1993년)에서 88.6%(2006년)로 지속적으로 확대되었다. 특히 97년(67.9%)에서 98년(84.1%) 사이의 상승이 한국경제구조의 질적 변화를 가져왔다. 이러한 실태는 인구 1억 2천만 규모인 일본경제의 대외의존도가 20% 미만인 것과도 대조를 이룬다. 그 이면에는 준비 없는 개방에 따른 내수기반의 급격한 붕괴라는 현실이 가로놓여 있다. 더욱이 수출산업은 지속적으로 성장하고 있으나 그 과실(果實)이 중소기업 성장 및 일반 국민소득 증대로 귀결되지 않는 데 근본적인 문제가 있다. 남한경제는 국민경제의 내적 연관성을 상실하고 외적 연관성에 지배되고 있는 것이다.

이러한 상태는 남한경제에서 국민경제의 의미는 무엇인가 하는 근본적 의문을 제기한다. 여기에 영미식 주주중심 자본주의체제의 방향으로 금융산업이 재편됨에 따라 경제가 급속히 금융화하며, 장기적 투자가 위축되고 있다. 앞에서 언급했듯이 비생산적 건설자본이 이상비대화(초토건국가화)하여 자산소득에서 부동산가치의 비중이 지나치게 커지게 되었다. 이는 사회적 격차 확대와 계층간 불균형 심화를 낳으며, 경제선진화에 요구되는 복지·문화 예산증액 및 자본형성에 심각한 제약이 되고 있다. 한미FTA를 둘러싸고 격렬한 논란이 일어난 것은, 졸속적인 추진과정에 대해서는 물론이고 그것이 한국경제의 이러한 문제를 해결하기보다는 더욱 심화할 것으로 예상되기 때문이다.

나아가 한미FTA가 발효된다면 남북경협의 독자성 및 한국정부의 대북 산업정책적 자율성이 확보될 수 있을지 의문이 제기되고 있다. 개성공단을 둘러싼 협상은 한국정부가 나름대로 문제의식을 갖고 노력한 것이지만, 그 결과는 유동적이라 볼 수밖에 없다. 개성공단 생산품의 남한제품 인정은 북핵문제 해결시까지 유보되어 있으며, 그 시점에서도 노동과 인권 등 국제기준에 부합해야 한다는 단서가 붙었다. 이는 북조선체제의 성격에 관련되는 사안으로 오히려 남북경협을 미국의 대북정책에 얽매이게 하는 독소조항으로 작용할 소지를 남기고 있다. 더욱이 투자자-정부 제소제도 등 그밖의 독소조항이 한국정부의 대북산업정책적 자율성에 부정적인 제약으로 작용할 여지가 있다. 따라서 한미FTA 졸속비준을 막기 위해 철저한 검증작업이 진행되어야 하며, 이러한 부정적 소지를 최소화하기 위한 노력을 멈추어서는 안된다. 또한 이에 그치지 말고 남북 경제관계를 포함하여 좀더 근본적 차원에서 대안체제를 모색할 수 있는 계기로 살려나갈 필요가 있을 것이다.

〈2007〉

| 해제 |

서동만의 북조선 연구
『북조선사회주의 체제성립사 1945~1961』을 중심으로

와다 하루끼

 서동만은 걸출한 북조선 연구자였다. 그의 연구는 한국인의 문제의식에서 출발해 일본의 학문적 전통을 배우고, 그것을 통해서 세계적인 학문수준에 도달했다. 그리고 다시 한국 연구들의 세계 최첨단의 성과를 공유한 후에 독자적인 방법과 학풍을 만들어내면서, 초기 북조선체제 연구로써 앞으로의 연구토대를 만드는 기념비적인 실적을 낳았다고 평가할 수 있다.

 서동만은 1986년에 처음 일본에 와서 토오꾜오대 대학원 사회학연구과 국제관계론 과정 학생이 되었는데, 그때 지도교수가 바로 나, 와다 하루끼였다. 1988년 같은 연구과 석사과정에 입학했고, 1990년 3월에 석사논문「해방 조선에 있어서 '인민민주주의론'의 형성과정 1945~1950」을 제출했다. 같은 해 박사과정에 진학해 박사논문으로 '북조선사회주의 체제성립사 1945~1961'을 주제로 선택했다. 그리고

열심히 정진한 지 5년째인 1995년에 박사논문을 제출해 학위를 받았는데, 본문 587면(400자 원고지 1,955매), 부표 30면, 문헌목록 33면, 합계 650면에 이르는 대작이었다.

1996년 귀국한 서동만은 이후 10년간 급격하게 변화하는 한국사회와 학문세계에 종사하면서, 최첨단의 정보자료를 획득해 자신의 구상을 몇번이고 다듬어가면서 박사논문을 고쳐 썼다. 이렇게 해서 탄생한 것이 2005년 1월 간행된 대저작『북조선사회주의 체제성립사 1945~1961』(선인)이었다. 이 책이 바로 서동만의 주요 저서이며, 그가 오늘날 북조선의 정치외교를 논할 때 토대가 된 것이다. 이처럼 확실한 토대가 있었기 때문에 서동만의 해설도, 논평도 빛을 발했던 것이다.

1.

북조선, 조선민주주의인민공화국 역사·체제 연구는 오랫동안 낮은 수준에 머물러 있었다. 냉전기의 스칼라피노(R. Scalapino)·이정식 공저『한국공산주의 운동사: 북조선편』제2권(1972)[1]은 고(故) 양호민의『북조선의 이데올로기와 정치』전2권(1967)과 함께 북조선연구로서는 최초의 개관을 보여준 것이었다. 당시에는 냉전이데올로기가 제약이 되었고, 무엇보다도 북조선의 기본적인 자료가 부족했던 점이 연구를 막고 있었다.

변화는 1980년 전후에 나타났다. 소련의 회상과 공간(公刊)자료에

---

[1] R. Scalapino & Chong-Sik Lee, *Communism in Korea*, I·II, Univ. of California Press 1972(제1권의 국역, 한홍구 역『한국공산주의운동사』1·2·3, 돌베개 1986).

의해, 소련점령기의 역사연구에 새로운 빛을 주는 작은 시도가 내 논문 「소련의 조선정책, 1945년 8월~1946년 2월」(1982)에 의해 행해졌다. 이후에 이 방향은 네덜란드인 에릭 반 리(Erik van Ree)의 『한 권역의 사회주의: 스딸린의 조선정책 1945~1947』(1989)[2]에 의해 더욱 자세하게 이어졌다. 한층 큰 의미를 가졌던 것은 70년대말부터 한국전쟁시기의 노획 북한문서가 미국에서 공개된 일이었다. 이 자료에 근거해서 태어난 중요한 연구는 박명림의 『한국전쟁의 발발과 기원』 제2권(나남 1996)에서 북조선관계를 다룬 장(章)과 찰스 암스트롱(Charles K. Armstrong)의 『북조선혁명 1945~1950』(2003)[3]이다. 박명림은 북조선의 체제를 '혁명적 동원체제'라고 부르고, 그것이 '급진군사주의'의 경향을 띠었다고 분석했다. 암스트롱은 완성된 씨스템에 있어서 만주파의 영향력이 결정적인 것을 지적하고, 북조선국가는 '모양에 있어서는 크게 스딸린주의적이었으나, 내용에 있어서는 분명히 민족적'이었다고 보았다.

80년대말부터는 뻬레스뜨로이까와 소련 몰락에 의해 소련점령군, 소련공산당의 자료가 공개되기에 이르러, 점령기 연구는 일거에 깊어졌다. 한국의 젊은 연구자 김성보, 전현수, 기광서 등이 소련의 문서관에서 엄청난 노력으로 자료를 모으고, 토지개혁, 경제개혁, 정치체제에 관한 박사논문을 96년, 97년에 한국과 모스끄바에서 제출했다. 이 중에서 김성보의 연구 『남북한 경제구조의 기원과 전개: 북한농업체제의 형성을 중심으로』(역사비평사 2000)만이 출판되었다. 새로운 자료정보를 집

---

[2] Erik van Ree, *Socialism in One Zone: Stalin's Policy in Korea, 1945~1947*, Distributed in the US and Canada by St. Martin's Press(1989).

[3] Charles K. Armstrong, *The North Korean Revolution, 1945~1950*, Cornell University Press 2003(김연철·이정우 역 『북조선 탄생』, 서해문집 2006).

대성한 것은 김광운의 대저서 『북한 정치사 연구 1: 건당·건국·건군의 역사』(선인 2003)로 출판되었고, 1945년부터 48년까지의 정치사가 대상이 되었다.

이렇게 2005년의 시점에서 보면, 소련점령기의 북조선에 관한 연구는 상당히 진전되었으나, 한편으로는 그 시기가 이후 북조선의 역사로 분리되어 연구되는 경향이 있었기 때문에, 다른 한편으로는 그 시기 이후인 1960년대 이후의 북조선과 다소 성급하게 직결하는 시각이 있었던 것도 부정할 수 없다. 대체로 1950년 이후부터 60년대초까지의 시기에 대한 연구는 지극히 불충분했던 것이다. 1956년 종파사건에 관한 소련 외무성 자료의 연구를 토대로 해서 씌어진 러시아인 안드레이 란꼬프(Andrei Rankov)의 『스딸린에서 김일성으로: 북조선의 형성 1945~1960』(2002)[4]만이 존재하고 있었다.

그렇기 때문에 2005년에 서동만의 대저서가 등장한 것은 더욱 대단한 의의를 가졌던 것이다.

2.

서동만이 수학한 일본에서는 소련사회주의 연구의 수준이 상당히 높았다고 할 수 있다. 누가 뭐라 해도 세계적인 권위로서 존경받아온 것은 영국의 카(E. H. Carr)와 그 저서 『쏘비에뜨 러시아사』이다. 카는 소련의 역사를 시기 구분해, 각각의 시기에 소련의 국가사회씨스템이

---

4 Andrei Lankov, *From Stalin to Kim Il Sung: The Formation of North Korea, 1945~1960*, Rutgers University Press 2002.

어떻게 형성되어갔는지를 동시대의 신문잡지를 자료로써 그려냈다. 카를 사사(師事)하여 본격적으로 소련 연구를 시작한 토오꾜오대학 법학부 교수 타니우찌 유즈루(溪內謙)는 『현대사회주의의 성찰』(1978)[5] 및 대저작 『스딸린 정치체제의 성립』 제1~4부(1970~86)[6]를 저술했다. 타니우찌는 '당의 국가화'라는 모델을 가지고, 스딸린 정치체제의 성립을 설명하려고 했다. 이에 대해 토오꾜오대학 문학부 교수 이시이 노리에(石井規衛)는 '당=국가체제'는 러시아혁명 후 내전기에 이미 성립되어 있었다고 주장했다. 타니우찌의 후계자 시오까와 노부아끼(塩川伸明)는 1984년에 타니우찌를 비판하며,[7] 이미 성립되어 있던 '당=국가체제'에 의한 '사회'의 자립성에 대한 부인을 30년대 체제의 특징으로 파악했다. 나는 타니우찌·시오까와의 논쟁에 개입해서, 당-국가-사회단체의 3자관계로서 파악할 필요가 있다고 주장하면서 이 3자의 일체화야말로 국가사회주의체제의 내실이라고 보았다. 더욱이 나는 스딸린 개인독재체제를 완성된 국가사회주의체제 위에 2차적 구조물로서 특별한 국가체제가 탄생한 것으로 포착할 것을 제안했다. 서동만은 이러한 토오꾜오대학 소련연구자들의 논의를 흡수했다.

내가 1985년 이 소련사회주의 연구방법을 북조선 연구에도 적용하려고 할 때, 쎄미나에서 서동만은 나와 토론을 거듭했다. 나는 1993년에 1961년경까지 북조선에서는 소련형 사회주의, 국가사회주의체제가 성립해, 1960년대 곤란한 내외정세 속에서 이 체제 위에 2차적인 구조

---

5 溪內謙 『現代社會主義の省察』, 岩波書店 1978.
6 溪內謙 『スターリン政治體制の成立』 第1部 農村における危機(1970), 第2部 轉換 (1972), 第3, 4部 上からの革命(1980~86), 岩波書店 1970~86.
7 塩川伸明 『「社會主義國家」と勞動者階級: ソヴェト企業における勞動者統轄 1929~1933年』, 岩波書店 1984.

물로서 현재의 북조선체제, 유격대국가가 완성되었다는 가설을 제시하기에 이르렀다(「유격대국가의 성립과 전개」, 『世界』 1993. 10). 서동만은 내가 이러한 가설을 세우는 것을 도우면서, 그것을 자기의 것으로 소화해서 박사논문에 몰두했다.

그때 서동만이 만들어낸 독자적인 방법은 첫째, 당＝국가 관계, 둘째, 당＝군 관계, 셋째, 당＝사회단체 관계를 포함한 당의 공업·농업 관리체제라는 세가지의 각도에서 각각의 시기 국가사회주의 씨스템의 형성과정을 분석, 서술해가는 것이었다. '당, 국가, 군, 사회단체＝경제'라는 4가지 요인(factor)에 의해 북조선의 씨스템 전체를 파악할 수 있게 된 것이다.

게다가 서동만은 이른바 끄레믈린학(Kremlinology)의 방법도 원용하고 있다. 기관지부터 정성들여 꼼꼼히 선별해, 북조선 공직인사의 변화를 처음으로 전면적으로 확정지었다. 더욱이 만주파, 연안계, 소련계, 국내계라는 나의 당내계파 구별을 큰 줄기로 놓고 채용하면서, 국내계를 박헌영 중심의 남로파, 그외의 남로계, 북조선의 국내계로 더욱 자세하게 나누고 있다. 각파, 각계가 어떤 직책을 차지하고 있는가, 그것이 어떻게 변화하고 있는가를 더욱 정밀하게 추적해 확정하고, 공식문헌을 해독하는 단서로 삼았던 것이다.

3.

서동만은 해당시기를 다섯 시기로 구분하고, 각 시기별로 5장으로 나누어 분석, 서술하고 있다. 제1장 「해방과 인민위원회」에서는 1945~46년을 다루고, 제2장 「'인민민주주의국가' 수립과 '당＝국가'」

에서는 46~50년을 다루었다. 서동만은 1946년 8월 공산당이 신민당과 합동해서 로동당이 되고, 47년 2월 북조선인민위원회와 인민회의가 성립했던 것에서 '당=국가'체제가 완성되었다고 생각한다. 무엇보다도 1948년 9월에 탄생한 조선민주주의인민공화국은 자본주의체제는 아니지만, 국가사회주의체제에까지는 이르지 않은 인민민주주의국가로 보고 있다. 사회단체로서는 직업동맹이 여전히 일정의 권한을 소유하고 있었는데도, 농민동맹은 아주 약화되어 인민위원회에 흡수되고 있었다. 일반적으로 북조선에서는 국가의 힘이 사회와 비교해서 훨씬 강했다고 보고 있다.

제3장「6·25전쟁과 전시체제」는 50~53년을 다루고 있다. 전쟁과정에서 1950년 10월 군대 내에 당조직이 만들어져 총정치국이 설치되고, 군대는 당의 군대가 된 점을 지적한다. 공업부문에서는 유일관리제에 의해 전시체제로의 이행은 순조롭게 진행되었으며, 노동규율 유지를 위해 엄격한 형사죄가 도입되었다. 농업부문에서는 점령에서 해방된 후 전통적인 노력부조(勞力扶助)의 형태가 조직되어 농작업의 계획화가 진행되었으며, 농촌관리를 위해서 남쪽의 점령지에서 사용되었던 전권대표 파견방식이 채용되었다. 52년 12월에는 지방행정 개편이 시행되어, 행정단위인 면(面)이 없어지고 리(里)가 행정의 말단으로 편입되었다. 전쟁과정에서 사영(私營)상공업이 몰락했다. 전쟁과정에서 사회주의로의 과도기가 시작되었다고 본다.

제4장「전후 경제복구건설과 사회주의적 개조」는 53~58년 시기를 다루고 있다. 전후 김일성의 권력은 강화되었지만, 소련계·연안계는 여전히 당과 정부의 중요 직책을 차지하고 있어서 김일성 주류파와의 충돌이 시작되었다. 소련으로부터의 정책적 간섭이 사태를 복잡하게 만들었다. 김일성은 '주체'를 제기하며 소련계를 공격했지만, 소련공산

당 제20회 대회에서 스딸린 개인숭배 비판에 당혹해 자기변호에 빠졌다. 반대파는 소련의 의향을 의지해, 56년 8월말 당중앙위원회 전원회의에서 김일성 개인숭배 비판으로 나아갔다. 그러나 역으로 주류파에 눌려 모두 붕괴되었다. 이후 당은 김일성파로 일원화되어간다. 중국군은 58년 10월까지 북조선에 남았지만, 그동안에도 연안계 장군들의 숙청은 철저하게 진척되어 군대는 완전히 만주파의 것이 되었다. 사회주의적 개조는 위로부터 강행되었다. 농업집단화는 소련모델을 따라 행해졌다. 다만, 전쟁과정에서 주민의 동질화가 진행되었기 때문에, 집단화에 대한 실력반항은 없었다. 공업관리 면에서는 당조직의 역할이 증대했다. 그러나 여전히 행정조직과의 이원적 상호견제는 사라지지 않았다. 직업동맹은 증산경쟁운동 담당자로서의 역할을 충실하게 이행하게 되었다. 농촌에서는 집단화로 태어난 농업협동조합을 통합해, 리(里)인민위원회와의 합체가 실현되었다. 강력한 농촌장악은 농촌으로부터 경제잉여 추출을 가능하게 함으로써 중공업중심의 고성장노선에 의한 경제복구를 유지했던 것이다.

　제5장 「'국가사회주의'와 당의 '일원적 지도' 체제의 확립」은 58~61년을 다루고 있다. 숙청은 사회·국가에 대한 당 우위 원칙의 제도화과정으로서 완성되었다. 그때 '천리마운동' '청산리방법' '대안의 사업체계' 등으로 불리는 조선식 모델이 추구되었지만, 이것은 소련형 '국가사회주의'의 틀 내에서의 것이었다. 1961년 제4회 당대회는 김일성과 만주파의 '승리자의 대회'였다. '당중앙위원회의 만주파화'는 '당·정·군의 일체화'를 나타내는 사건이었다. 군대 내에서는 소련식 군사단일제를 부정하고 당위원회를 최고로 하는 중국식 군당제도가 채용되었던 것이나, 만주의 항일무장투쟁이 창군의 유일한 이념, 건국이념으로서 정식화되었다. 58년 3월에 시작된 제1차 5개년계획은 대중의 열의를

동원해서 진행되어 목표수치는 2개년 반 만에 달성되었다고 발표됐다. 이 결과 59년도는 목표수치가 터무니없이 높은 수준으로 설정되어 파탄했다. 60년도는 후퇴했지만 61년도는 농업 면에서 또 과도한 목표를 세우기에 이르러 7개년계획은 고성장노선으로 되돌아갔다. 공업부문에도 당 우위의 제도화가 관철되어, 직업동맹은 최종적으로 당의 일부 부서 정도로 격하되었고, 지배인의 유일관리제는 '자본주의의 잔재'로서 제외되어 공장당위원회에 의한 집단적 지도체계로의 이행이 선언되었다. 이것이 '대안의 사업체계'다. 농업에서는 리를 생산단위로 하여 군당위원회가 리를 직접 지도하는 형태가 만들어졌는데, 이것이 '청산리방법'이다. 더욱이 군에 군농업협동조합경영위원회라는 국가기관이 설치되어 농업협동조합의 국가화가 관철되었다.

　이렇듯 북조선의 국가사회주의는 제4회 당대회를 기점으로 성립되었다. 당정관계, 군대, 공장, 농촌의 말단에 이르기까지 당의 일원적 지도체계를 관철시켜, 국가사회주의는 사회를 생산단위인 작업반의 수준까지 그 안에 포섭했다.

　이처럼 서동만은 북조선의 국가사회주의체제의 성립과정을 치밀하고도 명쾌하게 그려냈다. 북조선 사회주의가 모델로 삼았던 소련, 중국보다도 철저한 국권적 사회주의였으나 냉전의 최전선에 위치했으므로 군사색을 짙게 띠지 않을 수 없었으며, 당·군관계의 역사적 형성과 변화, 만주파의 존재 등 내적 구조에도 규정되었기 때문이라는 설명이다. 이 체제 위에 70년대에는 '유격대국가'나 '유일지도체계'라 불리는 제2차적 구조가 형성되었다고 서동만은 전망했다.

　마지막에 부표로 첨부된 당·정부·사회단체·당대회 간부의 직업경력은 현재까지 발표된 인사표 중에서 가장 포괄적이며 가장 정확한 것으로 그 가치가 높다. 일본의 한 우익 저널리스트가 이러한 상세한 리스트는 북조선에서 제공된 것일 거라고 비방했을 정도였다.

  너무도 짧은 생을 살다간 서동만은 이 훌륭한 책을 한국과 세계 학계에 남겨놓은 것이다. 나는 이 책의 탄생에 공헌할 수 있었음을 긍지로 생각한다.

和田春樹 • 토오꾜오대 명예교수
(번역: 김은혜)

| 수록글 발표지면 |

1부

「50년대 북한의 곡물생산량 통계에 관한 연구」··『통일경제』(1996.2)

「북한 사회주의에서 근대와 전통」··『한국의 근대와 근대성 비판』역사비평사 1996

「북한연구에 대한 반성과 과제」··『현대북한연구』1호(1998.11)

「1950년대 북한의 정치갈등과 이데올로기 상황」··『1950년대 남북한의 선택과 굴절』역사비평사 1998

「북한 정치체제 변화에 관한 시론」··『정치비평』1998년 가을·겨울호

「한국전쟁과 김일성」··『역사비평』2000년 여름호

「북한체제와 민족주의」··『역사문제연구』4호(2000.4)

「북일수교 교섭의 전망과 과제」··『통일논총』제19집(2000)

「'북조선=유격대국가'론의 제기와 의미」··『북조선』돌베개 2002

「북조선의 유교담론에 관하여」··『통일문제연구』(반년간지) 2006년 상반기호

2부

「'동북아시아 전쟁'으로서의 한국전쟁」··『한국전쟁』창작과비평사 1999

「탈북동포문제 어떻게 보아야 하나」··미래전략연구원 2002.7.8

「현충원에서 한반도의 '과거'와 '미래'를 보다」··『프레시안』(2005.8.15)

「6·15시대의 남북관계와 한반도 발전구상」··『창작과비평』2006년 봄호

「참여정부는 초심(初心)을 버렸는가?」··『프레시안』(2006.4.19)

「미사일 사태에서 NSC는 '국가안전을 보장'하고 있나」··『프레시안』(2006.7.11)

「미국의 초점은 애당초 북핵이 아니었다」··『프레시안』(2006.10.4)
「남북이 함께하는 '2008년체제'」··『창작과비평』 2007년 봄호
「대안체제 모색과 한반도경제」··『창작과비평』 2007년 가을호

| 저작목록 |

저서

『한국의 근대와 근대성 비판』(공저), 역사비평사 1996

『1950년대 남북한의 선택과 굴절』(공저), 역사비평사 1998

『북일수교의 전망과 대응』, 외교안보연구원 2000

『한반도 평화보고서』(공저), 한울 2002

『북조선사회주의 체제성립사 1945~1961』, 선인 2005

『새로운 진보의 나침반』(공저), 느루 2007

「北朝鮮における社會主義體制の成立 1945~1961」 토오꾜오대 대학원 박사학위논문(1995.9)

번역서

와다 하루끼 『한국전쟁』 창작과비평사 1999

와다 하루끼 『북조선: 유격대국가에서 정규군국가로』(남기정 공역), 돌베개 2002

학술 기고 및 발표문

「조선공산당북조선분국 10월10일 창설 주장에 대하여: 1950, 60년대 북한의 공식설명 변화와 관련해서」, 『역사비평』 1995년 가을호

「50년대 북한의 곡물생산량 통계에 관한 연구: 농업으로부터의 경제잉여 추출과 관련하여」, 『통일경제』(1996.2)

「북한 당군 관계의 역사적 형성: 한국전쟁 이후부터 1961년 전후 시기까지를 중

심으로」,『통일문제연구』26호(1996.10)

「와다 하루끼의 학문세계」,『정치비평』1호(1996.12)

「김정일의 권력승계」,『북한경제』27호(1997.9)

「김정일 생존작전 "경제를 개방하라"」,『뉴스플러스』104호(1997.10)

「미일 방위협력지침과 한반도」,『민족문제연구』1997년 가을호

「김정일의 '경제지도'에 관한 연구: 북한의 공식문헌을 중심으로」,『통일경제』35호(1997.11)

「북한 붕괴론에 관하여」,『통일』197호(1998.2)

「정경분리 원칙과 정책의 일관성 유지」,『통일경제』41호(1998.5)

「북한 정치체제 변화에 관한 시론」,『정치비평』1998년 가을·겨울호

「IMF 상황 이후 남북한 관계」,『사회과학연구』15호(1998.8)

「북한연구에 대한 반성과 과제: 1990년대 연구성과와 문제점」,『현대북한연구』1호(1998.11)

「북한 당·군 관계의 역사적 형성: 한국전쟁 시기를 중심으로」,『외교안보연구』3호(1998.12)

「북한의 대남 정책」,『통일시론』1호(1998. 12)

「북한과 미·일 수교 적극 권유」,『시사저널』489호(1999.3)

「일본, 한반도 냉전구조 해체에 동참하라」,『시사저널』491호(1999.3)

「반복되는 대결과 타협, 과연 역사에 진전은 있는가」,『통일시론』4호(1999.4)

「대북 포용정책의 오늘과 내일」,『통일시론』4(1999.4)

「美-北, 北-日 수교 통해 남북관계 개선——냉전 해체로」,『자유공론』392호(1999.11)

「'한일기본조약'과 '조일수교교섭'의 상관관계」,『아세아연구』1020(1999.12)

「작전계획 5027-98 관련기사 및 페리보고서」,『통일시론』5호(2000.2)

「북일수교 전망과 정치·경제적 대응 과제」,『통일경제』63호(2000.3)

「일본 '평화헌법' 개정 논의와 한반도 평화」, 『순국』 110호(2000.3)

「동북아시아 다자간 안보협력의 현황과 과제」, 『통일시론』 6호(2000.4)

「북한체제와 민족주의」, 『역사문제연구』 4호(2000.4)

「한국전쟁과 김일성」, 『역사비평』 2000년 여름호

「경제 해결사로 불리고 싶다」, 『한겨레21』 309호(2000.5)

「6·25가 북한사회·체제에 미친 영향」, 『관훈저널』 75호(2000.6)

「세기적 이벤트의 주연을 노린다」, 『주간한국』 1825호(2000. 6)

「북한 외교의 변화와 일본과의 관계」, 『외교』 54호(2000. 7)

「외세배격 아닌 '서로 힘을 모으는 자주'로 해석: 7·4성명의 '자주'와 6·15선언의 '자주' 의미」, 『자유공론』 401호(2000.8)

「남북정상회담과 한반도 정세 전망」, 『황해문화』 2000년 가을호

「남북한 통일방안의 접점: '남북연합'과 '낮은 단계의 연방제'」, 『통일로』 145호 (2000.9)

「6·15공동선언 해설」, 『통일시론』 8호(2000.10)

「경의선 연결과 군사문제」, 『통일시론』 9호(2000.12)

「대북 화해·협력 정책의 성과와 방향」, 『지방자치연구』 8호(2000.12)

「동북아시아 다자간 안보협력과 한반도 평화」, 『통일문제연구』 제23집 (2001)

「현남북관계 상황분석 및 타개방안」, 『안보정책논총』(2001)

「남북정상회담의 초심으로 돌아가서」, 『통일시론』 9호(2001.1), 청명문화재단

「남북정상회담 이후 남북화해·협력」, 『2000년』 217호(2001.5)

「남북정상회담 이후 남북 화해·협력: 안보 개념을 중심으로」, 『통일로』 154호 (2001. 6)

「최근 소강상태의 남북 대화 배경과 전망」, 『통일경제』 75호(2001.6)

「1990년대 미일 관계와 부시 행정부의 대일 정책」, 『외교』 58(2001.7)

「南北間の平和共存と平和定着のための在外同胞の役割」第10期民主平統日本評議會

における特別講演(2001.10)

「북일수교 교섭의 전망과 과제」,『통일논총』제19집(2001.12)

「남북대화의 한계와 가능성」,『통일로』161호(2002.1)

「남북 화해·협력과 안보 개념의 변화」,『국방저널』339호(2002.3)

「부시 발언 이후 북미, 남북관계의 과제」,『통일로』163호 (2002.3)

「부시 방한의 성과와 남북한의 과제」,『2000년』228호(2002.4)

日朝國交促進國民協會二周年記念シンポジウム「北朝鮮問題と日本」での報告(2002.6)

「특사 방북 이후의 한반도 정세」,『통일로』167호(2002.7)

「대선 후보간의 대북 정책 비교」,『통일경제』82호(2002.7-8)

「脫北者の增加をどう見るか——韓國からの視点」『世界』2002년 8월호

「북한의 대외정책: 핵문제를 중심으로」,『한반도 군비통제』32집(2002.12)

シンポジウム「朝鮮半島の共存と東北アジア地域協力」(東京大學東北アジア研究會など共催)における報告(2005.5)

「6자회담 합의의 몇가지 쟁점과 과제」,『통일로』207호(2005.11)

「6자회담 합의의 전망과 대응」,『통일문제연구』27권(2005)

「북조선의 유교담론에 관하여: 김정일의 통치담론을 중심으로」,『통일문제연구』(반년간지) 2006년 상반기호

「6·15시대의 남북관계와 한반도 발전전략」,『창작과비평』2006년 봄호

「정병준『한국전쟁』」,『창작과비평』2006년 가을호

「'평화의 지배블록', 흔들려서는 안돼」,『신진보리포트』2006년 겨울호

「남북이 함께하는 '2008년체제'」,『창작과비평』2007년 봄호

「대안체제 모색과 '한반도경제'」,『창작과비평』2007년 가을호

「濟州沖繩台灣の安全保障」日本平和學會·2007年度秋季研究集會(韓國濟州大學校)

「東アジアにおける「民衆の平和」を求めて－日韓歷史經驗の交差」における報告

(2007.11)

언론매체 기고

• **프레시안**

「동북아 신질서는 남북화해로부터」(2001.10.10)

「남북관계의 국면전환」(2002.1.25)

「북, 경의선 연결까지 갈까」(2002.2.22)

「현충원에서 한반도의 '과거'와 '미래'를 보다」(2005.8.15)

「'남북관계 정상화'의 출발점… '김정일 답방'이 관건」(2005.8.16)

「고(故) 이수일 선생, '침묵'의 뜻을 되새깁니다」(2005.11.25)

「참여정부는 초심을 버렸는가?: 동북아 정치경제구도와 한미FTA」(2006.4.19)

「'평화의 지배블록' 깨뜨린 참여정부의 과오: 전략적 유연성 — 한미FTA의 정치지형」(2006.6.7)

「남측 정부의 안이한 정세인식이 문제」(2006.6.21)

「미사일사태에서 NSC는 '국가안전을 보장'하고 있나: '외교부 전성시대'의 NSC 유감」(2006.7.11)

「이제는 '적대적 안보개념' 벗어던져야: 전시 작전통제권 환수와 한국의 안보개념」(2006.8.16)

「미국의 초점은 애당초 북핵이 아니었다: 한미관계와 북핵문제의 상관관계」(2006.10.4)

「부동산 광풍의 물꼬를 北으로 돌려라: 북한 핵실험의 경제적 역설」(2006.11.15)

「임기말의 남북관계… 정략적 접근을 경계한다: 대선과 남북관계, 그 고차원의 방정식」(2006.12.20)

「6·15공동선언을 다시 읽어보라: 반보수대연합 운운하는 北에게」(2007.2.8)

「'노무현' 대신할 '새로운 중심' 세워야: 한미FTA 타결이 초래한 정치지형의 변화」(2007.4.11)

「한미FTA로 잃은 지지층, 언론정책으로 재결집?: 노무현정부 '말싸움'의 정치」(2007.6.6)

「'아베의 패배'에서 한국 대선후보들이 배울 점은?: '양극화', '도농 격차' 방치하다 몰락」(2007.8.1)

「정치주체의 와해가 대선패배 불렀다」(2007.12.26)

- 한겨레

「'선군' 이후 체제 정상화 핵문제 타결 문턱 넘어야」(2005.10.9)

「국정원, 도덕 신뢰로 거듭나야」(2005.11.24)

「"우리도 핵 보유" 주장은 북 핵무장 정당화하는 셈」(2006.10.13)

「포용정책 탓 아니라 포용 못한 탓」(2006.10.26)

「남북 화두는 평화… 공존적 통일로 나아가야」(2007.8.8)

「대형 프로젝트 동력을 달자」(2007.10.7)

- 창비주간논평

「6·15 민족대축전이 남긴 것들」(2006.6.20)

「북한의 핵실험과 미국의 '성동격서'」(2006.10.17)

「그날 평양에서는 무슨 일이 있었나」(2007.6.20)

「정치주체의 와해가 대선 패배를 불렀다」(2007.12.26)

| 찾아보기 |

ㄱ

가족국가(론) 75, 274, 287, 288, 290, 291
가족주의 137, 149, 164
갑산계 126, 129, 131, 136, 207, 211, 214, 270, 283
강성대국론 9, 171, 186, 187, 237, 238, 242
강성산 177, 182
강정구 97, 114, 115, 117, 362
강정인 94~97, 99, 101, 115
강태호 392
개발독재 238, 416, 418, 434
개성공단 411, 423, 438, 441, 445
개혁·개방노선 62, 98, 100, 229, 235, 238, 291, 416

개혁사회주의 98, 233
거번 매코맥(G. MaCormack) 108
경공업 혁명 299
경공업제일주의 299
경수로사업(KEDO) 240
경제동맹 375
경제발전노선 21, 40
경제부문 책임일군협의회 315
경제통합론 429
경제특구 78
계급연대노선 369
계응태 177, 178, 180, 182, 183, 191, 192
계획경제 66, 67, 79, 179, 237, 311
고난의 행군 178, 181, 185, 186, 237, 320, 321~23, 328, 408
고려민주연방공화국 229

고르바초프(M. S. Gorbachev) 291
고무우까(W. Gomulka) 139
코이즈미(小泉)정부 350, 395
공장관리 씨스템 118
곽범기 191, 192
관료주의 207, 279, 303, 308, 312, 316, 390
관문주의자 206
광주항쟁 242
광폭정치 75, 269, 313, 316
교조주의 32, 61, 131, 132, 139, 205
9·19공동성명 387
9·19합의 398, 406, 410
국가계획위원회 중앙통계국 20, 21, 27, 33, 34, 35, 41, 45
국가사회주의 50, 51, 59~62, 65, 66, 67, 75, 76, 79, 80, 100, 109, 111, 112, 116, 123, 124, 135, 157, 166, 168, 180, 196, 234, 270, 271, 371, 433, 436, 442, 443, 451~55
국가안전기획부 87
국가연합 411, 425, 429, 437
국가주의적 내셔널리즘 237
국공내전(國共內戰) 55, 63, 68, 223, 337
국방·경제 병진노선 41
국방개혁 387, 399, 403
국방위원회 110, 175, 176, 189, 190~94, 313, 408
국유화 54, 55, 224
국제원자력기구(IAEA) 253
휴전체제 57, 357, 367
국제주의 68, 69, 338, 369

국체론 275
군사 케인즈주의 442
군사강경노선 229, 232
군협동조합관리위원회 58
권진호 386
극장국가론 276
『근로자』 23, 24, 29, 37, 87, 104, 144, 146, 216, 243, 279, 280, 281, 283, 286, 324, 325
글라스노스뜨(glasnost) 166, 298
금강산개발사업 327
금강산발전소 179~81, 321
금강정치학원 211
금수산기념궁전 355
급진군사주의 449
기업개혁조치 297
기축통화국 379
기획망명 343, 344, 348, 350, 351
길주 164
김광운 450
김광진 175, 176
김구 141
김국태 178, 180, 182, 191, 192
김기남 353
김남천 214
김대중정부 83, 364, 382~85, 392, 393, 395, 396, 410
김두봉 125
김두삼 128
김룡연 192
김명국 175
김병률 177, 191
김봉률 175

김상헌 7, 147
김성보 110, 113, 114, 118, 127, 138, 144, 224, 449
김열 131
김영남 177, 182, 190~92
김영대 192
김영삼정부 240, 392, 393, 409, 410
김영주 177, 191
김영춘 177, 180, 182, 191~93
김용순 178, 180, 183, 191
김웅 203
김윤혁 191, 192
김익현 192
김일 24, 25, 26, 27, 30~32, 38
김일성고급당학교 304
김일성민족 239
김일성사회주의청년동맹 174
『김일성장군 략전』 218
김일성주의청년동맹 239
김일성주의 233, 284
김일성헌법 174
김일철 174, 180, 191~93
김정남 262
김중린 178, 191
김지하 336
김창만 138
김철만 175, 177, 182, 191
김하규 177
김한주 24, 29, 30
김한중 202
김현종 389
까메네프(L. B. Kamenev) 213
꼬스또프(K. Kostov) 214

꼴호즈(kolkhoz, 농업생산 협동조합) 58
꾸바(Cuba) 98, 158
끄레믈린학(Kremlinology) 452

ㄴ

나로드니끄운동 336
나토(NATO) 401
남남갈등 357
남로당 → 남조선로동당
남북관계발전법 365
남북군사회담 356, 364, 423
남북기본합의서 252, 267, 367, 408, 409, 422
남북장관급회담 402
남북정상회담 83, 242, 248, 260, 261, 267, 314, 352, 364, 377, 392, 394, 396, 404, 408, 410, 461
남인호 24, 25, 26
남조선로동당 43, 54, 58, 61, 71, 73, 125~27, 132, 141, 142, 161, 163, 201, 202, 211~17, 219
남조선 혁명론 229
남춘화 44, 45
내재적 발전론 232
내재적 연구 94
네오콘(neocons) 403
노동중심 통일경제연방론 428, 429
노력호조반 157
노멘끌라뚜라(nomenklatura) 54
노무현정부 7, 380, 382, 384~86, 390, 392~94, 396, 398, 399, 402, 404, 410, 414, 422, 423, 427, 443, 444,

464

노태우정부 396, 409, 418
노획북한문서 113
농업집단화 20, 21, 27, 31, 36, 42, 47, 57, 58, 109, 116, 122, 128~30, 135, 136, 137, 144, 149, 454
농업 현물세제 20, 36, 46
농업협동조합 36, 38, 63, 130, 134, 150, 152, 454, 456
농업협동화 22, 24, 36, 114, 127, 310
농업호조반 58

ㄷ

단군릉 77, 81
당=국가체제 452
당=군관계 110, 118, 203, 452, 455
당=정관계 110, 118, 455
대만해협 394
대북송금 특검문제 396
대북억지력 395
대북제재 391
대약진운동 62, 65, 118, 234
대외개방형 발전주의 234
대중적 영웅주의 179
데땅뜨(detent) 67
도시형 통상국가 435, 444
도이 머이(Doi Moi) 98
독립동맹 70, 162
동남아국가연합(ASEAN) 379
동방정책 413
동북아시대 414
동아시아 공동의 집 340

떵 샤오핑(鄧小平) 98, 194, 234, 291
떵 화(鄧華) 203
뜨로쯔끼(L. Trotskii) 213

ㄹ

라이크(L. Rajk) 214
라종일 396
러시아혁명 265, 336, 451
『력사과학』 163
레닌(V. I. Lenin) 142, 162, 318
레바논 파병 414
류미영 183, 192
리 꽝야오(李光耀) 67
리강국 213, 214
리봉원 175, 180
리용무 191, 192
리용철 180, 181
리원조 213, 214
리을설 175, 176, 177, 180, 182, 191
리일경 131
리종산 183, 192
리종옥 128, 177, 182, 191, 192
리 펑(李鵬) 190
리하일 175, 177, 183, 192
리효순 126, 131, 207, 208, 211

ㅁ

마오 쩌뚱(毛澤東) 112, 116, 128, 134, 138, 140, 141, 158, 199, 216, 217, 233, 271, 291
만경대 172, 218

말렌꼬프(G. M. Malenkov) 128
맑스(K. Marx) 318
맑스-레닌주의 70, 74, 129, 138, 142, 144~146, 233, 271, 280, 282, 283, 306
매카서(D. MacArthur) 362
맹종호 213
메르코수르(Mercosur, Southern Common Market) 379~380
모스끄바 3상회의 224
무라야마 토미이찌(村山富市) 254, 255, 257, 258
무정부주의 223
문화대혁명 62, 65, 223, 231
미일방위조약 397
미일방위협력지침 262
미일FTA 378
민족대단결 325, 327, 360
민족통일전선 155
민족해방투쟁 68, 70
민족화해범국민협의회(민화협) 356
민주기지론 224
민주노동당 428
민주당(북한) 52, 53, 130, 204
민주주의 민족전선 52,
민족화합 민족통일방안 229

ㅂ

박광희 202
박금철 126, 129, 210, 211, 273
박기서 183, 192
박문규 27, 31

박성철 177, 182, 191
박송봉 180
박승원 213
박영빈 131, 158, 207, 211, 212, 214
박영순 280
박의완 128
박일우 125~127, 131, 203~205, 208, 210, 213, 218
박재경 175, 180, 320
박정애 208, 211, 215, 216, 218
박정희정권 66, 117, 231, 419, 440
박창옥 23~25, 30~32, 127, 128, 130, 131, 133, 138, 207, 211, 212, 214, 218
박학세 127
박헌영 43, 58, 71, 125~127, 131, 132, 141, 142, 161, 162, 199~202, 205, 211~218, 452
박훈일 25~28
반기문 389, 405
반둥(Bandung) 158
반일민족해방운동 222
반제국주의투쟁 221
방위사업청 387
『법학연구』 147, 148
배철 213
백가쟁명-백화제방 98
『백과전서』 73, 287
백낙청 74, 98, 157, 362, 374, 411, 412, 425, 429
백학림 183, 191~193
백형복 213
베트남전쟁 69, 223, 229, 231, 232,

찾아보기 469

235, 336, 353
보천보 218
부시행정부 249, 261, 262, 393, 394, 395, 400
부하린 213
북미자유무역협정(NAFTA) 379
북미평화협정 229, 242
북일수교 246~250, 252, 253, 255, 258~263, 340, 377, 394, 423
『북조선: 유격대국가에서 정규군국가로』 264, 335, 418
북조선로동당 53, 54, 70, 71, 141, 163, 201
북조선민주주의민족통일전선위원회 53
『북조선사회주의 체제성립사 1945~1961』 5, 10, 11, 447, 448
『북조선의 이데올로기와 정치』 110, 448
북조선인민위원회 53, 109, 266, 453
북조선임시인민위원회 52, 266
북진통일론 159
북풍회 162
『북한』 89
분단민족주의 225
분단체제(론) 74, 98, 157, 361, 362, 367, 369, 370, 407, 412, 429~431, 440, 442
붉은 기 사상 173, 181
브루스 커밍스(B. Cumings) 108, 274, 275, 337, 338, 340
비동맹회의 158
비판적 내재적 방법론 96
빠리평화회의 229
빨치산투쟁 56, 70, 163, 202, 272

뿌띤(V. V. Putin) 260
삐노체뜨(Pinochet)정권 117

ㅅ

사대주의 61, 130, 139, 140, 310
사회연대국가론 428
사회정치적 생명체론 75, 269, 275, 276, 291~295, 299, 305
사회주의 강성대국(론) 12, 83, 187, 237
사회주의 대가정 75, 269
사회주의 시장경제 100, 195
사회주의 초급단계론 81
사회주의공업화 46, 57, 60, 64, 434
사회주의적 코포라티즘(corporatism) 108, 274
사회주의헌법 271
사회투자국가론 428
3단계 통일방안 229, 366
3대 제일주의 173, 315
3자회담 227, 236
생태·평화 사회민주주의국가론 427
서관희 178
서윤석 177, 182
서휘 64, 133
선개혁 후통일 55
선건설 후통일 225
선군정치 195, 324, 331, 402, 408, 417~19
설정식 213
세계청년학생축전
소련공산당 68, 71, 132, 138, 141, 142, 224, 338, 449

소련극동군 222
소련사회주의 450, 451
속도전 172
송예정(송례정) 7, 64, 144, 145
수령제 62, 66, 76, 79, 97, 108, 127, 166, 167, 171, 193, 194, 271, 275, 295
수하르또 117
스딸린(I. V. Stalin) 53, 60, 61, 66, 68, 70, 71, 72, 112, 125, 128, 132, 133, 139, 140~43, 151, 158, 199, 208, 214, 216, 217, 233~35, 291, 318, 338, 434, 449~51, 454
스즈끼 마사유끼(鐸木昌之) 108, 274, 275~77, 283, 294, 295
스칼라피노(R. Scalapino) 21, 448
슬란스끼 213, 214
시민사회론 97
시장만능주의 427, 429, 433, 437, 438
식량난민 345
신냉전 68, 123, 235, 236
신속기동군 395
신자유주의 371, 427, 428
신전체주의 108
신좌익 51
신진보주의국가론 427, 428, 429
12월 테제 222
싱가포르 67
쏘비에뜨(soviet) 53, 94, 110, 310, 450

ㅇ

아리랑축전 351

아세안+3(한·중·일) 380
아시아 NIES(신흥공업국) 68, 227, 229, 234
아시아개발은행(ADB) 379
아시아통화기금(AMF) 378, 379
IMF 경제위기 84, 90, 243, 371, 378, 433, 434, 444
아프간전쟁 399
악의 축 394
안경호 353
안드레이 란꼬프(A. Rankov) 131, 450
알렉쎄이 체삐쯔까 214
애국열사릉 355
야루젤스끼(W. W. Jaruzelski) 117
양형섭 178, 182, 189, 191, 192
에릭 반 리(Erik van Ree) 449
NSC(National Security Council) 382~90, 394, 457, 463
MD(Missile Defense) 260
연방제 160, 228~30, 361, 365, 366, 425, 429, 461
연안계 25, 35, 46, 70, 72, 125~33, 135, 136, 138, 154, 162, 163, 202, 204, 205, 210, 213, 217~19, 452~54
연합제 361, 365, 366
연형묵 178, 182, 189, 191, 192
영도예술 274, 277
오리엔탈리즘(orientalism) 266
오부찌 케이조오(小淵惠三) 254, 262
오진우 175, 176, 177, 178
와다 하루끼(和田春樹) 5, 10, 108, 111, 174, 180, 196, 201, 208, 210, 212,

214, 218, 224, 255, 258, 264~68, 274~76, 287, 294, 295, 299, 319, 335, 336~40, 418, 447, 459, 460
외교안보장관회의 383
외재적 접근법 98, 99, 101, 102, 107, 108
우라늄농축프로그램(UEP) 394
우리민족끼리 360, 361
우리식 사회주의 77, 183, 276, 299, 303, 306, 307, 309, 311, 312, 313
유격대국가 66, 108, 111, 166, 174, 196, 264, 265, 271, 287, 294, 319, 335, 418, 452, 455, 457, 459
유교담론 269, 272~78, 306, 319, 329, 331, 457, 462
유교사회주의 76
유엔식량농업기구(FAO) 39
유일관리제 55, 453, 455
유일사상체계 66, 74, 75, 95, 111, 141, 143, 253, 270, 271, 273, 275, 277~89
유훈통치 106, 171, 173, 315
6·15공동선언 → 6·15 남북공동선언
6·15 남북공동선언 366, 374, 406, 411, 422, 425, 461, 463
6·15선언 → 6·15 남북공동선언
6·15공동행사 356, 359, 361, 362
6·15행사 → 6·15공동행사
6자회담 352, 357, 360, 364, 368, 377, 387, 394, 395, 404, 408, 462
윤공흠 127, 128, 133, 138
이승만(정권) 141, 159, 160, 201, 355
이시이 노리에(石井規衛) 451

이은혜 250, 252
인간개조 사업 310
인덕정치 75
인민경제계획 27, 29, 30, 33, 34, 134
인민무력부 174, 177, 196
인민민주주의 55, 64, 71, 81, 109, 110, 136, 143, 144, 145, 149, 151, 154, 167, 214
인민위원회 52~55, 63, 64, 72, 109, 146, 147, 149, 452~54
일군회의 29, 32, 153, 298, 301
일본공산당 68, 336, 338
일본사회당
일본 자민당 249, 251, 262, 423
임동원 351, 384
임춘추 202
임화 213, 214

ㅈ

자력갱생(론) 65, 178, 231, 321
자립적 민족경제 76, 187, 228, 243, 297, 311, 434
자위대 397, 413
작전지휘권 203, 364, 413
재일조선인 253, 256, 258, 259, 336
재정채권 401
재향군인회 354
장 제스(蔣介石) 67
장 징궈(蔣經國) 67
장 쩌민(江澤民) 190
저우 언라이(周恩來) 158
적군파 258

적색노조 72, 139, 149, 164
적색농조 59, 72, 126, 129
전도벨트론 53
전동렬 131
전문섭 183, 191, 192
전민족대단결 10대강령 173, 326
전병호 175, 177, 178, 182, 189, 191, 192
전재선 183, 192
전쟁사회주의 51, 223, 244, 245
정규군국가(론) 111, 174, 196, 264, 265, 319, 335, 418, 459
정동영 352, 387, 388, 389, 423
정률 32, 131
정신대문제 251, 364
정일룡 128
정전회담 206, 211, 212
정준택 128
정태식 43
제4차 당대회 109, 111, 135, 136, 170
제네바핵합의 240, 255, 261
조국통일 10대 강령 77
조국통일 3대원칙 173
조명록 177, 180, 182, 191, 192, 193, 322
조선민족 제일주의 77, 236, 299, 306~09, 312
조성모 151
조소앙 159
조용복 213
조일명(조두원) 213, 214
조중연합사령부 203, 205, 210, 218
조진성 202

조창덕 191
종속이론 243
주 룽지(朱鎔基) 190
주한미군 59, 242
중공업 중시 노선 22, 60, 128, 134
중국경제위협론 402
중국공산당 동북항일연군 222
중소분쟁 41, 66, 68, 69, 231
중일국교 정상화 251, 257
지노비에프(G. Y. Zinoviev) 213
지방인민위원회 129, 149, 193
직업동맹 62, 64, 202
진보적 아시아주의 264

ㅊ

차우셰스쿠(N. Ceauşescu) 116
찰스 암스트롱(C. K. Armstrong) 224, 449
천리마(운동) 36, 65, 72, 118, 164, 186, 231, 237, 318, 323, 454
천황제 75, 274
청산리방식 38, 39, 62, 136, 454, 455
청우당 53
초(超)토건국가 416, 417, 441, 443, 445
총력전 체제 50
총정치국 177, 182, 193, 194, 202, 204, 205, 206, 322, 453
총폭탄정신 175, 176, 182, 195, 238, 319, 320, 322, 323, 328
최고인민회의 23, 31, 36, 86, 147, 149, 169, 178, 185, 188~191, 194, 218, 281, 313

최광 175~77, 202
최영림 182, 191, 192
최용건 22, 131, 132, 204, 210, 219
최창익 70, 128, 129, 133, 162, 163, 213, 218
최태복 177, 178, 180, 182, 191
7·4공동성명 229, 360, 422
7·1조치 373, 408, 409, 420

ㅋ

카(E. H. Carr) 94, 450, 451
코민테른 68, 70, 221, 222, 224, 231
코민포름 55, 138, 141, 162
콘돌리자 라이스(C. Rice) 386
쿄오또(京都)의정서 444
클리포드 기어츠(C. Geertz) 276
클린턴(B. Clinton) 261, 350, 378, 394

ㅌ

ㅌ-ㄷ 288
타께우찌 요시미(竹內好) 264
태양절 174
토지개혁 52, 56, 57, 79, 114, 117, 127, 224, 226, 449
통일민족주의 225, 241
통일비용 373
통혁당 232

ㅍ

파시즘 75, 274, 275

87년체제 407~09, 411, 412, 426
8월 종파사건 35, 59, 60, 61, 64, 98, 130, 131, 137, 143, 150, 159, 163, 450
'퍼주기'논란 411
펑 떠화이(彭德懷) 203
페리프로쎄스(Perry Process) 248, 394, 410
평화5원칙 158
평화공존론 158
평화통일론 158, 159, 228
평화헌법 241, 461
포드재단(Ford foundation) 86
프롤레타리아국제주의 221, 231
프롤레타리아독재 63, 64, 81, 145, 146, 153, 165, 281, 313

ㅎ

한일국교 정상화 241, 246, 251, 255, 373
한국전쟁 20, 56, 57, 62, 63, 69~71, 86, 102, 109, 113, 114, 118, 125~27, 138, 139, 141, 144, 149, 155, 158~60, 179, 199, 200, 201, 203, 209, 211, 216, 222, 223, 226, 228, 237, 244, 321, 335~41, 449
한미FTA 375, 376, 380, 381, 389, 393, 399, 402, 404, 414, 415, 422, 444~46
한미동맹 360, 364, 375, 393~98, 400, 401, 405
한미일 TCOG 261
한민족공동체 통일방안 229

한반도경제론 411, 423, 427~31, 433, 435~37, 440, 458, 462
한반도비핵화 공동선언 239, 357, 406
한반도 평화체제 340, 357, 367, 368, 406, 442
한상두 129, 131, 207
한설야 16
한성룡 177, 178, 180, 191, 192
한일기본조약 246, 247, 249, 254, 259, 460
한일연대운동 264
한일합방 247, 251, 254, 255
합영법 68, 98, 123, 227, 235
항일무장투쟁 69, 136, 162~64, 222, 265, 336, 454
핵 주권론 239
햇볕정책 384
허가이 125~27, 202, 205~08, 210, 211, 213, 216, 218

허성택 202
혁명열사릉 353, 355
혁명적 군중노선 65, 73, 231
현대그룹 327
현철해 177, 180
협력안보 414, 423
혜산진 218
호찌민(胡志明)주의 77
홍석형 178, 182, 191
홍성남 178, 182, 191~93
화선입당 209
환(環)동해 경제권 441
환(環)황해 441
황세환 151
황장엽 146, 178, 347
회상기 학습 164
흐루시초프(N. S. Khrushchyov) 33, 132, 158, 291
흡수통일론 78, 83, 245, 369

북조선 연구
서동만 저작집

초판 1쇄 발행 • 2010년 5월 28일

엮은이 • 서동만저작집간행위원회 엮음
펴낸이 • 고세현
책임편집 • 박영신
펴낸곳 • (주)창비
등록 • 1986년 8월 5일 제85호
주소 • 413-756 경기도 파주시 교하읍 문발리 513-11
전화 • 031-955-3333
팩시밀리 • 영업 031-955-3399 편집 031-955-3400
홈페이지 • www.changbi.com
전자우편 • human@changbi.com
인쇄 • 한교원색

ⓒ 김진영 2010
ISBN 978-89-364-8565-8 93340

* 이 책 내용의 전부 또는 일부를 재사용하려면
  반드시 저작권자와 창비 양측의 동의를 받아야 합니다.
* 책값은 뒤표지에 표시되어 있습니다.